Bilanzskandale

Delikte und Gegenmaßnahmen

Von
Professor Dr. Volker H. Peemöller
und Dipl.-Kfm. Stefan Hofmann

ERICH SCHMIDT VERLAG

Bibliografische Information der Deutschen Bibliothek
Die Deutsche Bibliothek verzeichnet diese Publikation
in der Deutschen Nationalbibliografie;
detaillierte bibliografische Daten sind im Internet über
dnb.ddb.de abrufbar.

Weitere Informationen zu diesem Titel finden Sie im Internet unter
ESV.info/3 503 09031 2

ISBN-13: 978 3 503 09031 0
ISBN-10: 3 503 09031 2

Alle Rechte vorbehalten
© Erich Schmidt Verlag GmbH & Co., Berlin 2005
www.ESV.info

Dieses Papier erfüllt die Frankfurter Forderungen
der Deutschen Bibliothek und der Gesellschaft
für das Buch bezüglich der Alterungsbeständigkeit und
entspricht sowohl den strengen Bestimmungen der US Norm
Ansi/Niso Z 39.48-1992 als auch der ISO-Norm 9706.

Druck und Bindung: Strauss, Mörlenbach

Vorwort

Innerhalb der Betriebswirtschaftslehre besitzt das Prüfungswesen seit jeher einen engen Bezug zu Wirtschafts- und Bilanzdelikten. Trotz unzähliger Publikationen im Zusammenhang mit den spektakulären Unternehmenskrisen bzw. -zusammenbrüchen der jüngeren Vergangenheit sind gründliche Analysen und gesichertes Wissen zu den Skandalfällen im Einzelnen jedoch nur selten zu finden.

Die inhaltliche Qualität der Berichterstattung in den Medien bewegt sich zum Teil auf relativ niedrigem Niveau. Geschrieben wird häufig lediglich das, was die Adressaten bzw. Kunden durch ihr Leseverhalten dominant nachfragen. Ausgewogene Analysen drohen nicht wahrgenommen zu werden. Quote verdrängt immer mehr Qualität.

Diese Tatsache war ein wesentlicher Anstoß zu einer vertieften Auseinandersetzung mit der Materie. Nach einer Bestandsaufnahme der Skandale im Rahmen von Einzelfallstudien sowie einer abstrahierenden Analyse soll hinterfragt werden, welchen Beitrag die verschiedenen Corporate Governance-Organe des Unternehmens – zumal der Abschlussprüfer – leisten können und müssen, um betrügerische Handlungen aufzudecken und zukünftig zu verhindern.

Zur Ausarbeitung der Fallstudien wurden neben eigenen Recherchen stets mehrere Quellen aus wissenschaftlichen Aufsätzen und aus dem Internet herangezogen. Zusätzlich wurden Artikel aus Fachzeitungen und -zeitschriften ausgewertet. Eine Auswahl wichtiger benutzter Quellen findet sich jeweils am Ende eines Falles. Ergänzend sei zudem auf das Quellenverzeichnis verwiesen.

Die Fallstudien wurden in drei geographische Blöcke gegliedert und innerhalb dieser chronologisch dargestellt. Die Zeitangabe in der Überschrift bezieht sich jeweils auf die akute Krisenphase des betreffenden Unternehmens und soll eine grobe zeitliche Einordnung des Skandals ermöglichen.

Die geschilderten Fälle stellen eine repräsentative Auswahl der bedeutsamsten Bilanzskandale der jüngeren Vergangenheit dar – ohne Anspruch auf Vollständigkeit. Ein Schwerpunkt wurde auf den Enron-Skandal gelegt, weil dieser Fall aufgrund der vorgenommenen Gestaltungsmaßnahmen in der Fachliteratur besonders intensiv diskutiert wurde.

Im Anhang erfolgt nach einer zusammenfassenden Darstellung der wichtigsten „Lösungsansätze" eine kompakte Beschreibung der wesentlichen Inhalte von ausgewählten Reforminitiativen, die die aktuelle Corporate Governance-Diskussion maßgeblich prägen.

Ein Anliegen ist es uns, an dieser Stelle Dank zu sagen. Zunächst geht unser Dank an Herrn Dr. Joachim Schmidt, Herrn Ulrich Krassowsky und Frau Anke Wehmeier vom Erich Schmidt Verlag für die redaktionelle Unterstützung, das geduldige Warten und die schnelle Drucklegung dieses Buches. Besonderer Dank gebührt auch Herrn Dipl.-Kfm. Joachim Schroff vom Lehrstuhl Prüfungswesen der Friedrich-Alexander-Universität Erlangen-Nürnberg für die engagierte Unterstützung und die wertvollen Hinweise bei der Erstellung des Manuskripts. Schließlich danken wir allen Freunden und Gesprächspartnern aus Wissenschaft und Praxis für spannende Diskussionen und hochinteressante Beiträge.

Nürnberg, im Juli 2005   Die Autoren

Inhaltsverzeichnis

Vorwort 5
Abkürzungsverzeichnis 11

1. EINFÜHRUNG 17

1.1 Aktualität des Themas 17

1.2 Begriffsdefinitionen und -abgrenzungen 19
    1.2.1   Der Begriff Wirtschaftskriminalität 19
    1.2.2   Klassifikation von Wirtschaftsdelikten 20
    1.2.2.1 *Nicht das Bilanzrecht betreffende Wirtschaftsdelikte* 20
    1.2.2.2 *Das Bilanzrecht betreffende Wirtschaftsdelikte* 21
    1.2.3   Systematisierung von Bilanzdelikten und begriffliche
             Abgrenzung Bilanzdelikt – Bilanzskandal 21
    1.2.4   Problematik der Abgrenzung von „Grauzonen" 23
    1.2.4.1 *Riskantes, betriebswirtschaftlich fragwürdiges oder
              unethisches Verhalten* 23
    1.2.4.2 *„Window dressing" – Bilanzschönung bzw.
              -kosmetik* 24
    1.2.5   Bilanzdelikte – Auslöser wesentlicher Entwicklungsschritte
             im Prüfungswesen 26

1.3 Vorgehensweise und Beschränkungen 27
    1.3.1   Konzentration auf Top Management Fraud und
             Vernachlässigung von Employee Fraud 27
    1.3.2   Fokussierung auf das deutsche Corporate Governance-
             System im Rahmen der Darstellung der Gegenmaßnahmen 28

2. BILANZSKANDALE: EINZELFALLSTUDIEN 29

2.1 Bilanzskandale in den USA 29
    Fall 1:   Enron (Energiehandel, 2001) 29
    Fall 2:   Reliant Resources / CMS Energy / Dynegy
               (Energiehandel, 2002) 37

	Fall 3:	WorldCom (Telekommunikation, 2002)	39
	Fall 4:	Xerox (Bürotechnik, 2002)	44
	Fall 5:	Tyco International (Mischkonzern, 2002)	46
	Fall 6:	Global Crossing / Qwest Communications International (Glasfaserbetreiber, 2002)	49
	Fall 7:	Merck (Pharmakonzern, 2002)	52
	Fall 8:	Adelphia Communications (TV-Kabelnetzbetreiber, 2002)	54
	Fall 9:	AOL Time Warner (Medienkonzern, 2002)	56
	Fall 10:	Computer Associates (Software, 2004)	58
2.2	**Bilanzskandale im europäischen Ausland**		60
	Fall 11:	SAirGroup (Fluggesellschaft, Schweiz, 2001)	60
	Fall 12:	Lernout & Hauspie (Speech Products, Belgien, 2001)	63
	Fall 13:	Ahold (Einzelhandel, Niederlande, 2003)	66
	Fall 14:	YLine (Software/Internet Services, Österreich, 2003)	69
	Fall 15:	Parmalat (Milch und Nahrungsmittel, Italien, 2003)	71
	Fall 16:	Adecco (Zeitarbeit, Schweiz, 2004)	76
	Fall 17:	ABB (Elektrotechnik/Anlagenbau, Schweiz, 2004)	78
2.3	**Bilanzskandale in Deutschland**		80
	Fall 18:	Herstatt-Bank (1974)	80
	Fall 19:	Neue Heimat (Immobilienkonzern, 1982)	83
	Fall 20:	Co op (Lebensmittelkette, 1988)	85
	Fall 21:	Metallgesellschaft (1993)	87
	Fall 22:	Jürgen Schneider („Baulöwe", 1994)	90
	Fall 23:	Balsam / Procedo (Sportstättenbau, 1994)	92
	Fall 24:	Bremer Vulkan (Schiffbau, 1996)	94
	Fall 25:	Flowtex (Bohrsysteme, 2000)	98
	Fall 26:	EM.TV (Medienkonzern, 2000)	102
	Fall 27:	Infomatec (Internet-Surfstationen, 2000)	106
	Fall 28:	Philipp Holzmann (Baukonzern, 2002)	108
	Fall 29:	Comroad (Telematikanbieter, 2002)	111
	Fall 30:	Phenomedia (Software, 2002)	114
	Fall 31:	Hugo Boss (Herrenmode, 2002)	117
	Fall 32:	MLP (Finanzdienstleister, 2002)	119
	Fall 33:	Bankgesellschaft Berlin (2002)	122

3. ANALYSE DER BILANZSKANDALE 127

3.1	**Bilanzdelikte**		127
	3.1.1	Manipulationen im Bereich der Bilanz	127
	3.1.2	Manipulationen im Bereich der GuV	135

	3.1.3	Manipulationen im Bereich des Anhangs 136
	3.1.4	Manipulationen im Bereich des Lageberichts 137
3.2	**Umstände und Rahmenbedingungen** 138	
	3.2.1	Parallelen der Skandalfälle 138
	3.2.2	Unternehmenskrisen als Auslöser von Bilanzmanipulationen . 142
3.3	**Erkennbarkeit** 144	
3.4	**Ursachen** 152	
	3.4.1	Motive für Bilanzmanipulationen 152
	3.4.2	Erfolgsdruck auf die Unternehmensleitung: Shareholder Value-Philosophie 153

4. DIE CORPORATE GOVERNANCE-DISKUSSION ALS REAKTION AUF DIE BILANZSKANDALE 157

4.1	**Gegenmaßnahmen im Bereich der Corporate Governance zur zielführenden Bekämpfung von Bilanzdelikten** 157	
	4.1.1	Aktionäre / Hauptversammlung 157
	4.1.2	Unternehmensleitung / Vorstand 163
	4.1.3	Interne Revision 178
	4.1.4	Aufsichtsrat 182
	4.1.5	Abschlussprüfer 192
	4.1.6	Rechnungslegung / Finanzberichterstattung 212
4.2	**Diskussion von Kernmaßnahmen** 221	
	4.2.1	Einführung von klaren, eindeutigen und harmonisierten Rechnungslegungsstandards 221
	4.2.2	Weiterentwicklung des Risikoorientierten Prüfungsansatzes zu einem Fraud- & Error-orientierten Prüfungsansatz 224
	4.2.3	Management Auditing 228
	4.2.4	Enforcement der Rechnungslegung 230
	4.2.5	Reform des Wirtschaftsstrafrechts 233

5. SCHLUSSBETRACHTUNG: FAZIT UND AUSBLICK 237

Anhang: Reaktionen auf die Bilanzskandale 245
    A/1:   Ausgewählte Reaktionen im Überblick 245
    A/2:   Der Sarbanes-Oxley Act of 2002 als Antwort der USA 248
    A/3:   Die Mitteilung der EU-Kommission zur Stärkung der
            Abschlussprüfung 257
    A/4:   Der Aktionsplan „Modernisierung des Gesellschaftsrechts
            und Verbesserung der Corporate Governance in der EU" 259
    A/5:   Der Entwurf der EU-Kommission zur Modernisierung der
            8. EU-Richtlinie (Abschlussprüferrichtlinie) 261
    A/6:   Das „10-Punkte-Programm" der Bundesregierung
            (Maßnahmenkatalog zur Stärkung der Unternehmens-
            integrität und des Anlegerschutzes) 263
    A/7:   Der Deutsche Corporate Governance Kodex 273

Quellenverzeichnis 277
    1.   Literaturverzeichnis 277
    2.   Verzeichnis der verwendeten Gesetze, Verordnungen und
          Entscheidungen 291
    3.   Verzeichnis der Internetquellen 292
    4.   Verzeichnis der sonstigen Quellen und Hilfsmittel 294

Stichwortverzeichnis 297

Autorenportrait 303

Abkürzungsverzeichnis

AC	Audit Committee (Prüfungsausschuss des Aufsichtsrats)
AfA	Abschreibung für Abnutzung
AG	Aktiengesellschaft
AK	Anschaffungskosten
AKEIÜ	Arbeitskreis „Externe und Interne Überwachung der Unternehmung" der Schmalenbach-Gesellschaft für Betriebswirtschaft e.V.
AKEU	Arbeitskreis „Externe Unternehmensrechnung" der Schmalenbach-Gesellschaft für Betriebswirtschaft e.V.
AktG	Aktiengesetz
AMEX	American Stock Exchange
AnSVG	Anlegerschutzverbesserungsgesetz
AP	Abschlussprüfer
APAG	Abschlussprüferaufsichtsgesetz
APAK	Abschlussprüferaufsichtskommission
APB	Accounting Principles Board (APB Opinions, US-GAAP)
AR	Aufsichtsrat
BaFin	Bundesanstalt für Finanzdienstleistungsaufsicht
BAG	Bundesarbeitsgericht
BB	Betriebs-Berater (Zeitschrift)
BBK	Buchführung, Bilanz, Kostenrechnung (Zeitschrift)
BCG	Boston Consulting Group
BetrVG	Betriebsverfassungsgesetz
BFuP	Betriebswirtschaftliche Forschung und Praxis (Zeitschrift)
BGAG	Beteiligungsgesellschaft für Gemeinwirtschaft AG (Gewerkschaftsholding)
BGB	Bürgerliches Gesetzbuch
BGH	Bundesgerichtshof
BilKoG	Gesetz zur Kontrolle von Unternehmensabschlüssen (Bilanzkontrollgesetz)
BilReG	Gesetz zur Einführung internationaler Rechnungslegungsstandards und zur Sicherung der Qualität der Abschlussprüfung (Bilanzrechtsreformgesetz)
BMF	Bundesministerium der Finanzen
BMJ	Bundesministerium der Justiz
BMWA	Bundesministerium für Wirtschaft und Arbeit
BND	Bundesnachrichtendienst
BSC	Balanced Scorecard
CalPERS	California Public Employees' Retirement System
CAO	Chief Accounting Officer
CC	Compensation Committee (Vergütungsausschuss des Aufsichtsrats)
CEO	Chief Executive Officer
CFE	Certified Fraud Examiner
CFO	Chief Financial Officer
CFROI	Cash flow Return on Investement

Abkürzungsverzeichnis

CG	Corporate Governance
CHF	Schweizer Franken
CONSOB	Commissione Nazionale per le Società e la Borsa (Italienische Börsenaufsicht)
COSO	Committee of Sponsoring Organizations of the Treadway Commission
CPA	Certified Public Accountant
CRO	Chief Risk Officer
CW	Computerwoche (Zeitschrift)
DAX	Deutscher Aktienindex (DAX-30)
DB	Der Betrieb (Zeitschrift)
DCGK	Deutscher Corporate Governance Kodex
DM	Deutsche Mark
DPR	Deutsche Prüfstelle für Rechnungslegung e.V.
DRSC	Deutsches Rechnungslegungs Standards Committee
DStR	Deutsches Steuerrecht (Zeitschrift)
DSWR	Datenverarbeitung, Steuer, Wirtschaft, Recht (Zeitschrift)
EBIT	Earnings before interests and taxes
EBITDA	Earnings before interests, taxes, depreciation and amortization
eG	eingetragene Genossenschaft
EK	Eigenkapital
ERM	Enterprise Risk Management
ERP	Enterprise Resource Planning
EU	Europäische Union
e.V.	eingetragener Verein
EVA	Economic Value Added
FAU	Friedrich-Alexander-Universität Erlangen-Nürnberg
FAZ	Frankfurter Allgemeine Zeitung
FBI	Federal Bureau of Investigation
FE	Fertige Erzeugnisse
F&E	Forschung und Entwicklung
FEE	Fédération des Experts Comptables Européens
FiBu	Finanzbuchhaltung
FinDAG	Finanzdienstleistungsaufsichtsgesetz
FK	Fremdkapital
FRRP	Financial Reporting Review Panel
FTD	Financial Times Deutschland
GAAP	Generally Accepted Accounting Principles
GCCG	German Code of Corporate Governance
GenG	Gesetz betreffend die Erwerbs- und Wirtschaftsgenossenschaften
GG	Grundgesetz
GK	Gemeinkosten
GmbH	Gesellschaft mit beschränkter Haftung
GmbHG	Gesetz betreffend die Gesellschaften mit beschränkter Haftung (GmbH-Gesetz)
GoB	Grundsätze ordnungsmäßiger Buchführung
GoU	Grundsätze ordnungsmäßiger Unternehmensleitung

GoÜ	Grundsätze ordnungsmäßiger Überwachung
GuV	Gewinn- und Verlustrechnung
HB	Handelsblatt
HFüG	Gesetz zur Führung des Handelsregisters und des Genossenschaftsregisters durch die Industrie- und Handelskammern (Handelsregisterführungsgesetz)
HGB	Handelsgesetzbuch
HGrG	Haushaltsgrundsätzegesetz
HK	Herstellungskosten
HTML	HyperText Markup Language
HV	Hauptversammlung
IAS	International Accounting Standards
IASB	International Accounting Standards Board
IDW	Institut der Wirtschaftsprüfer
IFAC	International Federation of Accountants
IFRS	International Financial Reporting Standards
IHK	Industrie- und Handelskammer
IIA	Institute of Internal Auditors
IIR	Deutsches Institut für Interne Revision e.V.
IKS	Internes Kontrollsystem
IPO	Initial Public Offering
IR	Interne Revision
ISA	International Standards on Auditing
IT	Informationstechnologie
Jedi	Joint Energy Development Investments (Enron-SPE)
JoA	Journal of Accountancy (Zeitschrift)
JV	Joint Venture (Gemeinschaftsunternehmen)
KapAEG	Gesetz zur Verbesserung der Wettbewerbsfähigkeit deutscher Konzerne an Kapitalmärkten und zur Erleichterung der Aufnahme von Gesellschafterdarlehen (Kapitalaufnahmeerleichterungsgesetz)
KapCoRiLiG	Kapitalgesellschaften und Co-Richtliniengesetz
KapInHaG	Kapitalmarktinformationshaftungsgesetz
KapMuG	Kapitalanleger-Musterverfahrensgesetz
KFR	Kapitalflussrechnung (Cash flow statement)
KG	Kommanditgesellschaft
KMU	Klein- und Mittelunternehmen
KonTraG	Gesetz zur Kontrolle und Transparenz im Unternehmensbereich
KoR	Zeitschrift für Kapitalmarktorientierte Rechnungslegung
KPMG	Klynveld Peat Marvick Goerdeler (WP-Gesellschaft)
KWG	Gesetz über das Kreditwesen
LoI	Letter of Intent
LuL	Lieferungen und Leistungen
M&A	Mergers and Acquisitions
m.a.W.	mit anderen Worten
M-DAX	Mid-Cap-DAX (DAX-70)

Abkürzungsverzeichnis

Mio.	Millionen
MitbestG	Gesetz über die Mitbestimmung der Arbeitnehmer (Mitbestimmungsgesetz)
Mrd.	Milliarden
NASDAQ	National Association of Securities Dealers Automated Quotation
NaStraG	Gesetz zur Namensaktie und zur Erleichterung der Stimmrechtsabgabe
NJW	Neue Juristische Wochenschrift (Zeitschrift)
N.V.	Naamloze Venootschap (dt. Aktiengesellschaft)
NYMEX	New York Mercantile Exchange
NYSE	New York Stock Exchange
NZG	Neue Zeitschrift für Gesellschaftsrecht
NZZ	Neue Zürcher Zeitung
OFD	Oberfinanzdirektion
OLG	Oberlandesgericht
OWiG	Gesetz über Ordnungswidrigkeiten
PCAOB	Public Company Accounting Oversight Board
PDF	Portable Document Format
PfQK	Prüfer für Qualitätskontrolle
PS	Prüfungsstandard
PublG	Gesetz über die Rechnungslegung von bestimmten Unternehmen und Konzernen (Publizitätsgesetz)
PwC	Price Waterhouse Coopers (WP-Gesellschaft)
qm	Quadtratmeter
rd.	rund
RefE	Referentenentwurf
RegE	Regierungsentwurf
RIW	Recht der Internationalen Wirtschaft (Zeitschrift)
RMS	Risikomanagementsystem
ROI	Return on Investment
S.A.	Societé Anonyme (dt. Aktiengesellschaft)
SAS	Statement(s) on Auditing Standards (US-GAAP)
SEC	Securities and Exchange Commission
SFAS	Statement(s) of Financial Accounting Standards (US-GAAP)
SHV	Shareholder Value
SOA	Sarbanes-Oxley Act of 2002
SPE	Special Purpose Entity (Zweckgesellschaft)
StB	Steuerberater
Stbg	Die Steuerberatung (Zeitschrift)
StGB	Strafgesetzbuch
StuB	Steuer und Bilanzen (Zeitschrift)
SWOT	Strenghts – Weaknesses – Opportunities – Threats
SWX	Swiss Exchange
SZ	Süddeutsche Zeitung

TransPuG	Gesetz zur weiteren Reform des Aktien- und Bilanzrechts, zur Transparenz und Publizität
UE	Unfertige Erzeugnisse
UL	Unternehmensleitung
UMAG	Gesetz zur Unternehmensintegrität und Modernisierung des Anfechtungsrechts
UmwG	Umwandlungsgesetz
UWG	Gesetz gegen den unlauteren Wettbewerb
VAG	Versicherungsaufsichtsgesetz
VFE-Lage	Vermögens-, Finanz- und Ertragslage
VorstOG	Gesetz über die Offenlegung der Vorstandsvergütungen
WACC	Weighted Average Cost of Capital
WiSt	Wirtschaftswissenschaftliches Studium (Zeitschrift)
WiPrPrüfV	Wirtschaftsprüferprüfungsverordnung
WP	Wirtschaftsprüfer
WPg	Die Wirtschaftsprüfung (Zeitschrift)
WpHG	Wertpapierhandelsgesetz
WpÜG	Wertpapiererwerbs- und Übernahmegesetz
WPK	Wirtschaftsprüferkammer
WPO	Wirtschaftsprüferordnung
WSJ	Wall Street Journal
XBRL	eXtensible Business Reporting Language
XML	eXtensible Markup Language
Zfbf	Schmalenbachs Zeitschrift für betriebswirtschaftliche Forschung
ZRP	Zeitschrift für Rechtspolitik

Kapitel 1: Einführung

1.1 Aktualität des Themas

Seitdem es Handel und Warenverkehr gibt, werden Wirtschaftsdelikte begangen. „Der Welt Wagen und Pflug sind Lug und Betrug" schrieb *Georg Paul Hönn* in seinem „Betrugs-Lexicon" bereits im Jahre 1720. Die vielschichtigen und facettenreichen Skandalfälle der vergangenen Jahre jedoch, die in diesem Buch thematisiert werden, wären sicher auch *Georg Paul Hönn* Einträge wert gewesen. Bei diesen Betrugsfällen handelte es sich hinsichtlich ihrer gesamtwirtschaftlichen Auswirkungen um eine neue Dimension von Wirtschaftskriminalität; die Skandale wurden – national wie international – in bisher nicht gekanntem Ausmaß zum Gegenstand der öffentlichen Berichterstattung und Diskussion.

Wirtschaftskriminalität ist heute ein akutes gesamtgesellschaftliches Problem; der Verfall ethischer Werte und die – vor allem durch die rasch voranschreitende Globalisierung bedingte – zunehmende Komplexität der Geschäftsabläufe, die Wirtschaftskriminalität im Vorfeld kaum erkennbar werden lässt, sind augenscheinlich die Hauptgründe für die Zunahme von Wirtschaftsstraftaten. Eine von der Wirtschaftsprüfungsgesellschaft KPMG im Jahr 2003 durchgeführte Umfrage unter den 1.000 größten deutschen Unternehmen kommt zu dem Ergebnis, dass knapp zwei Drittel der befragten Unternehmen in den zurückliegenden drei Jahren Opfer von Wirtschaftskriminalität wurden. Über 70 % empfinden Wirtschaftskriminalität als ernsthaftes Problem, und vier von fünf Unternehmen erwarten, dass das Ausmaß wirtschaftskrimineller Handlungen in Zukunft weiter steigen wird.[1]

Da KPMG die Untersuchung in ähnlicher Form bereits in den Jahren 1997 und 1999 durchführte, können aus der Analyse der zeitlichen Entwicklung wertvolle Erkenntnisse gewonnen werden:[2]

---

[1] Zur Auswertung der Studie vgl. insbesondere *Knabe/Mika/Müller/Rätsch/Schruff* (2004, S. 1057) und *Schindler/Gärtner* (2004, S. 1233).

[2] Vgl. *KPMG* (1997, 1999, 2003d). Während die Untersuchungen der KPMG auf schriftlichen Erhebungen in Form von standardisierten Fragebögen beruhen, führte PwC im Rahmen seiner Umfragen zum Thema Wirtschaftskriminalität Telefoninterviews durch: so wurden in 2003 weltweit 3.623 Unternehmen befragt, von denen allerdings nur 150 ihren Sitz in Deutschland haben. Laut PwC wurden 39 % dieser deutschen Unternehmen innerhalb der letzten zwei Jahre Opfer wirtschaftskrimineller Handlungen, 48 % halten es für wahrscheinlich, in den nächsten fünf Jahren Opfer zu werden. 33 % der Delikte – Mehrfachnennungen von Aufdeckungsarten waren möglich – wurden u.a. durch Zufall offenkundig. Vgl. *PwC* (2003).

Studie	1997	1999	2003
Von Wirtschaftskriminalität in den vorangegangenen Jahren betroffene deutsche Unternehmen	61 % (in den letzten fünf Jahren)	61 % (in den letzten fünf Jahren)	64 % (in den letzten drei Jahren)
Unternehmen, für die Wirtschaftskriminalität in Zukunft ein ernsthaftes Problem darstellt	69 %	69 %	71 %
Unternehmen, die *generell* ein Gleichbleiben oder eine Zunahme wirtschaftskrimineller Handlungen erwarten	99 %	99 %	100 %
Manager, die ihre Kenntnisse wirtschaftskrimineller Handlungsmuster als gut bis sehr gut einschätzen	37 %	28 %	15 %
Fälle, die nur durch Zufall aufgedeckt wurden	10 %	16 %	44 % [3]

Berücksichtigt man noch jene Delikte, die durch anonyme Informanten aufgedeckt wurden (19 % in 2003), so wird der Handlungsbedarf deutlich, der bei den Unternehmen im Bereich der Früherkennung und der systematischen Prävention wirtschaftskrimineller Handlungen besteht. Die Untersuchungen zeigen ferner eine Unterschätzung der im Zuge von Wirtschaftkriminalität bestehenden latenten Gefahren: viele Manager gehen nicht von einem wesentlich erhöhten Risiko in ihrem Unternehmen aus; nach deren Selbsteinschätzung haben sich allerdings die eigenen Kenntnisse von kriminellen Handlungsmustern im Vergleich zu früheren Jahren verschlechtert.

Bezüglich der vorherrschenden Deliktsformen ergibt sich nach der KPMG-Studie 2003 folgendes Bild:[4]

Diebstahl	74 %
Unerlaubte Nutzung von Unternehmensressourcen	61 %
Betrug im Bereich Personal- bzw. Spesenabrechnung	41 %
Wechsel-/Scheck-/Kreditkartenbetrug	37 %
Korruption/Bestechung	35 %
Informations-/Datendiebstahl, Spionage	20 %
Kreditbetrug	19 %
Fälschung von Jahresabschlüssen/Finanzinformationen	*19 %*
Cybercrime, eKriminalität	15 %
Verletzung von Schutz-/Urheberrechten, Produktpiraterie	11 %
Kapitalanlagebetrug	4 %
Umweltkriminalität	2 %

---

[3] Mehrfachnennungen möglich.
[4] Mehrfachnennungen möglich; vgl. *KPMG* (2003d, S. 14).

Während die Veruntreuung von Vermögensgegenständen durch Mitarbeiter die mit Abstand am weitesten verbreitete Deliktsform darstellte, kam es in nahezu jedem fünften Unternehmen auch zu Bilanzmanipulationen.

In 84 % der Fälle stammten die Täter aus dem Kreis der Mitarbeiter, in sieben Prozent der Delikte war die Unternehmensführung maßgeblich involviert.[5] Wenngleich der prozentuale Anteil der Beteiligung des Top-Managements damit als relativ niedrig einzustufen ist, so verdient dieses Phänomen dennoch besondere Beachtung: im Jahr 2003 belief sich der von der Unternehmensleitung verursachte finanzielle Schaden auf über 57 % des entstandenen Gesamtschadens im Bereich Wirtschaftskriminalität.

Wirtschaftskriminelles Verhalten kann nicht geduldet werden: es widerspricht grundlegenden rechtlichen und ethischen Anforderungen und stellt eine Gefahr für die Marktwirtschaft dar. Dieses Buch will in keinem Fall die kriminelle Energie von Führungskräften anregen oder beflügeln bzw. dem Leser „Handlungsmuster" aufzeigen; vielmehr soll durch eine Verbreiterung des Wissensstandes über Wirtschafts- und Bilanzdelikte zu deren Prävention beigetragen werden.

1.2 Begriffsdefinitionen und -abgrenzungen

1.2.1 Der Begriff Wirtschaftskriminalität

Bei der wissenschaftlichen Auseinandersetzung mit wirtschaftsdeliktischem Handeln ist es bisher weder gelungen, sich auf eine Definition zu einigen, noch gibt es einen einheitlich verwendeten Terminus.[6] Erste Definitionsansätze stammen von Soziologen, die die gesellschaftlichen Faktoren der Täter in den Vordergrund stellen. Für sie sind Wirtschaftsdelikte typische Rechtsverstöße der besitzenden Schicht, die häufig aber – wie etwa die Steuerhinterziehung – als „Kavaliersdelikte" angesehen wurden.[7] Aus betriebswirtschaftlicher Sicht erweisen sich solche Definitionen anderer Disziplinen – dies gilt auch für juristische Definitionsansätze – nur als bedingt zweckmäßig.

---

[5] Eine Ernst&Young-Studie aus dem Jahr 2003 kommt zu dem Ergebnis, dass nur jeder zwanzigste Täter ein Mitglied der Geschäftsführung war. Vgl. *Die Welt* vom 14.03.2003 („Unternehmen leiden unter dem Verfall der Sitten – Berater kritisieren mangelhafte Vorsorge").

[6] Auf die Problematik machte erstmals *Sutherland* im Jahre 1940 mit seinem berühmten Aufsatz „White-collar-criminality" aufmerksam. *Gisler* (1994, S. 30) weist z.B. darauf hin, dass auf dem Schweizer Juristentag 1985, der dem Thema Wirtschaftskriminalität gewidmet war, der Versuch, eine Definition zu finden, aufgegeben wurde.

[7] Vgl. *Gisler* (1994, S. 29).

Gleichwohl ist Wirtschaftskriminalität ein „interdisziplinäres Phänomen".[8] Da eine abschließende und gleichzeitig allgemeingültige Begriffsdefinition dadurch im Grunde unmöglich ist, wurde in der Literatur ein Indikator-Modell entwickelt, bei welchem anhand von Indizien auf Wirtschaftskriminalität geschlossen wird. Folgende Indikatoren werden genannt:[9]

- Es liegt ein Verstoß gegen eine Rechtsnorm vor (*Tatbestandsmäßigkeit*).
- Das Verhalten beinhaltet einen *Vertrauensmißbrauch*: das Grundprinzip des „Treu und Glaubens" im Geschäftsverkehr wird verletzt.
- Das Opfer wird vom Täter als solches nicht oder nur in eingeschränkter Form wahrgenommen (*„Verflüchtigung der Opfereigenschaften"*).
- Dem Verhalten liegt *betriebswirtschaftliches Fachwissen* zugrunde.
- Das Handlungsziel soll nicht primär durch physische Gewalt erreicht werden (*keine Gewaltanwendung*).

Je mehr Indikatoren im konkreten Sachverhalt erfüllt sind, umso stärker sind die Indizien auf das Vorliegen von Wirtschaftskriminalität.

1.2.2 Klassifikation von Wirtschaftsdelikten
Wirtschaftskriminalität ist somit ein offener Begriff; eine Definition wirft Schwierigkeiten auf. Hinsichtlich einer weiteren Untergliederung von Wirtschaftsdelikten soll einer Systematisierung von *Sell* gefolgt werden, die wirtschaftskriminelles Handeln wie folgt differenziert:[10]

1.2.2.1 Nicht das Bilanzrecht betreffende Wirtschaftsdelikte
Diese Verstöße, die nicht unmittelbar Rechnungslegung und Jahresabschluss betreffen – und hier auch nicht im Vordergrund stehen sollen – können in Form von *bewussten Verstößen mit Bereicherungsabsicht* oder in *sonstigen Gesetzesverstößen ohne unmittelbare persönliche Bereicherungsabsicht* auftreten.

Zu den bewussten Verstößen zählen vor allem die sog. *„dolosen Handlungen"*, die stets vorsätzlich auf die Schädigung des Unternehmens abzielen und auch regelmäßig zu einer Verminderung des Jahresergebnisses führen. In der Literatur

---

[8] Vgl. im Folgenden *Müller* (1995, S. 839 ff.), aus dessen Sicht ein wirtschaftskrimineller Sachverhalt vor allem durch die fünf Dimensionen Betriebswirtschaft, Strafrecht, Psychologie, Soziologie sowie Ethik und Moral geprägt wird.

[9] Vgl. *Müller* (1995, S. 840). Dieser weist darauf hin, dass eine Definition von Wirtschaftskriminalität somit nie richtig oder falsch, sondern nur zweckmäßig oder unzweckmäßig sein kann.

[10] Vgl. *Sell* (1999, S. 1–6, 81, 89).

werden hierzu u.a. die Unterschlagung, der Diebstahl, die Urkundenfälschung sowie die Untreue gerechnet. Auch die Korruption wird unter die dolosen Handlungen subsumiert.

1.2.2.2 Das Bilanzrecht betreffende Wirtschaftsdelikte

Die die Rechnungslegung unmittelbar betreffenden Verstöße werden abhängig von der hinter dem Verstoß liegenden Absicht in *bewusste und unbewusste Falschaussagen* differenziert.

Fehler im Rechnungswesen geschehen unbewusst: folglich werden keine Maßnahmen ergriffen, um sie zu verdecken. Fehler hinterlassen dadurch immer eine Prüfspur, der der Prüfer nachgehen kann. Im Gegensatz dazu sind *Bilanzdelikte* bewusste Verstöße gegen bilanzrechtliche Vorschriften sowohl auf der vorgelagerten „Erstellungsebene" der Buchführung als auch auf der „Abbildungsebene" im Jahresabschluss.

1.2.3 Systematisierung von Bilanzdelikten und begriffliche Abgrenzung Bilanzdelikt – Bilanzskandal

Le Coutre versteht unter *Bilanzdelikten* jeden bewussten Verstoß gegen das Prinzip der Bilanzwahrheit und -klarheit, der darauf abzielt, demjenigen, dem mit der Bilanz Rechenschaft gelegt werden soll, zu dessen Nachteil ein anderes Bild der wirtschaftlichen Verhältnisse vorzuspiegeln, als es der Wirklichkeit entspricht und als es sich in der Bilanz bei voller Beachtung der notwendigen bilanztechnischen Ansatz- und Bewertungsgrundsätze ergeben würde.[11] Dieser – eher betriebswirtschaftlichen als juristischen – Definition aus dem Jahr 1949 soll hier gefolgt werden.

In seiner „Praxis der Bilanzkritik" identifizierte *Le Coutre* bereits 1926 – neben der „korrekten Bilanz" – verschiedene Bilanztypen und gab diesen jeweils persönliche, menschliche Attribute:[12]

---

[11] Vgl. *Le Coutre*, „Bilanzrecht und Gesellschaftsbilanzen", S. 97; zitiert u.a. bei *Gössweiner* (1970, S. 51).

[12] Vgl. *Gössweiner* (1970, S. 100). Die Aufzählung erscheint heute aktueller denn je.

- die *naive* Bilanz (erkennbar an der „Verkennung des Wertes einzelner Posten")
- die *saloppe* Bilanz (erkennbar an den „unexakten Bezeichnungen")
- die *verschlossene* Bilanz (im Gegensatz zur „offenherzigen Bilanz")
- die *tendenziöse* Bilanz (erkennbar an ihrer „einseitigen Ausrichtung")
- die *bösartige* Bilanz (erkennbar an den „mit Händen zu greifenden Verschleierungen und an das Deliktische grenzende Charakterliche der Bilanz")

Gössweiner differenziert Bilanzdelikte danach, wie sie das Jahresergebnis eines Unternehmens beeinflussen und unterscheidet erfolgsneutrale sowie erfolgswirksame Bilanzdelikte:[13]

Erfolgsneutrale Bilanzdelikte (Darstellungsfälschungen)

- Unberechtigte Gruppenbildungen:
Mehrere Bilanzposten, die eigentlich einzeln auszuweisen wären, werden zu einem Posten zusammengefasst, so dass dessen genaue Zusammensetzung nicht mehr erkennbar ist.

- Falschbenennungen:
Ein Posten in der Bilanz oder GuV wird unter einer Bezeichnung ausgewiesen, die dem Charakter des Postens in keiner Weise Rechnung trägt und für Jahresabschlussadressaten irreführend ist.

- Unberechtigte Saldierungen oder Unterlassung notwendiger Saldierungen:
Diese verändern zwar nicht das Jahresergebnis, führen aber zu einer willkürlichen Verkürzung oder Aufblähung einzelner Bilanzposten bzw. der Bilanzsumme.

Erfolgswirksame Bilanzdelikte (Ergebnisfälschungen)

- Bewertungsdelikte:
Hierzu gehören sowohl Über- als auch Unterbewertungen von Bilanzposten, etwa bewusste Unterdotierung von Rückstellungen oder unterlassene außerplanmäßige Abschreibungen.

- Nicht-Bilanzierung von Bilanzposten:
Aktivierungspflichtige Aktiva oder passivierungspflichtige Passiva werden nicht vollständig erfasst.

- Einstellen von nicht vorhandenen Posten in die Bilanz:
Es werden entweder imaginäre Aktiva oder imaginäre Passiva bilanziert („Luftbuchungen").

---

[13] Vgl. *Gössweiner* (1970, S. 53 ff.), *Sell* (1999, S. 17 ff.).

Der in den Medien oft gebrauchte Begriff „*Bilanztrick*" ist allenfalls umgangssprachlich bzw. journalistisch zu akzeptieren. Im Folgenden soll daher der juristisch exaktere Begriff *Bilanzdelikt* verwendet werden. Von *Bilanzskandal* wird dann gesprochen, wenn ein – tatsächliches oder vermeintliches – Bilanzdelikt in der breiten Öffentlichkeit Aufsehen erregt.[14]

1.2.4 Problematik der Abgrenzung von „Grauzonen"

Die Abgrenzung, welche Sachverhalte als Wirtschafts- bzw. Bilanzdelikte gelten, ist nicht einfach. Zwischen dem Legalen und dem Illegalen existiert ein breiter „Grenzbereich", in dem eine rechtliche Qualifikation der Sachverhalte häufig nicht trennscharf vorgenommen werden kann.[15]

Die Handlungen in den Grauzonen zwischen „legal acts" und „fraudulent conduct", auf die in Relation ein hoher prozentualer Anteil entfällt, sind daher ein grundsätzliches, charakteristisches Problem der modernen Wirtschaftskriminalität und sollen im Folgenden näher analysiert werden.[16]

1.2.4.1 Riskantes, betriebswirtschaftlich fragwürdiges oder unethisches Verhalten

Riskantes oder *spekulatives Verhalten* ist an und für sich kein Wirtschaftsdelikt, solange in der Unternehmung die zuständigen Organe informiert sind sowie im Jahresabschluss entsprechend Vorsorge getroffen und z. B. Rückstellungen gebildet werden. Chancen und Risiken werden vom Management bewusst ins Kalkül gezogen. Die Kombination von riskantem Verhalten und bewussten Falschbuchungen sowie der Fälschung oder Zurückhaltung von Belegen muss allerdings als Delikt gewertet werden.

Widersprechen die in einer Unternehmung getroffenen Maßnahmen *betriebswirtschaftlichen Grundsätzen* – z. B. erfolgt eine nahezu hundertprozentige Fremdfinanzierung – so können diese Maßnahmen ebenfalls nicht den Wirtschaftsdelikten zugerechnet werden, solange nicht gegen Rechtsnormen verstoßen wird.

---

[14] Griechisch „Skandalon" = Anstoß, Ärgernis, Aufsehen erregendes, schockierendes Vorkommnis; „skandalös" = unerhört, unglaublich, ärgerlich (vgl. Duden/Fremdwörterbuch).
[15] Vgl. im Folgenden *Gisler* (1994, S. 42 ff).
[16] Vgl. auch *Sablowski* (2003, S. 19): „In der kapitalistischen Konkurrenz werden gerade die Unternehmen belohnt, die in jeder Hinsicht bis an die Grenzen des Machbaren und Zulässigen gehen. Dass es dabei immer wieder auch zu Grenzüberschreitungen kommt, liegt in der Natur der Sache."

Hingegen erscheinen die Grenzen zwischen *wirtschaftsethisch fraglichem* oder *unethischem Verhalten* und Wirtschaftsdelikten fließend. Zu berücksichtigen ist, dass – bekannt gewordene – Verstöße gegen übergeordnete ethische Normen zudem regelmäßig das Potenzial besitzen, der Unternehmung zu schaden, wenngleich sich das Verhalten auch noch innerhalb der Grenzen der Gesetze bewegt.[17]

1.2.4.2 „Window dressing" – Bilanzschönung bzw. -kosmetik

Durch das sog. „Creative Accounting" versuchen Unternehmen, ihre Geschäftszahlen besser darzustellen, als sie effektiv sind.[18] Das Management ist bestrebt, die eigene Leistung besser als in Wirklichkeit aussehen zu lassen. Creative Accounting bewegt sich zwar zumeist am Rande der Legalität, stellt aber in der Regel noch keinen Gesetzesverstoß dar. Dass eine klare Grenzziehung zwischen Bilanzdelikten und Nicht-Bilanzdelikten unmöglich ist, verdeutlicht auch die folgende Aussage von *Mulford/Comiskey*:

„*Determining the point at which aggressive accounting practices become fraudulent is more art than science*".[19]

Der ehemalige Shell-Manager *Kets de Vries* bemerkt in diesem Zusammenhang: „Die Grenze wird jeden Tag ein bisschen weiter verschoben. Man probiert etwas aus, das eben noch oder schon nicht mehr erlaubt ist (…) So geht das Maß dafür, was richtig oder falsch ist, nicht mit einem Schlag, sondern Stück für Stück verloren."[20]

Zulässig ist es, wenn im Rahmen der sog. „Bilanzpolitik" vom Gesetzgeber eingeräumte Ansatz- und Bewertungswahlrechte ausgenutzt werden, um den Erfolgsausweis im gewünschten Sinne zu beeinflussen. Angestrebt wird häufig eine Nivellierung bzw. Glättung des Gewinnausweises im Sinne einer „Normallinie des Gewinns", verbunden mit einer stabilen Dividendenpolitik.[21]

---

[17] „Ethics goes beyond the Law" (*McNamee*, „Resolving Problems in Ethics and Management"), zitiert u.a. bei *Gisler* (1994, S. 42).

[18] Vgl. *Wägli* (2003, S. 6 ff.), der in diesem Zusammenhang eine Reihe von Begriffen aufführt, u.a. Bilanzartistik, Accounting for Profits, Earnings Management, Cooking the books, Fiddling the Numbers, Bringing the Sales forward, Camouflage, Bricolage, Bilan fabriqué oder Créativité sans limites.

[19] *Mulford/Comiskey* (2002, S. 41 f.); zitiert u.a. bei *Preißler* (2002, S. 2393).

[20] Vgl. *Ogger* (2003, S. 225).

[21] Vgl. statt vieler *Peemöller* (2003, S. 188 f.) sowie *Schneck* (2003).

Zu einer solchen Erfolgsregulierung stehen dem Rechnungsleger nach deutschem HGB eine große Anzahl von Wahlrechten und Bilanzierungshilfen zur Verfügung. Nachstehend einige Beispiele:[22]

„Progressive Bilanzierung" bei schlechter wirtschaftlicher Lage
- Aktivierung von Aufwendungen für die Ingangsetzung und Erweiterung des Geschäftsbetriebs, des derivativen Firmenwerts, der aktivischen latenten Steuern und des Disagios
- Keine Bildung von Pensionsrückstellungen für Zusagen vor dem 01.01.1987 (sog. „Altzusagen")
- Bewertung der UE und FE zu Vollkosten sowie Ansatz der FK-Zinsen
- Lineare Abschreibung

„Konservative Bilanzierung" bei guter wirtschaftlicher Lage
- Passivierung von Aufwandsrückstellungen
- Passivierung von Rückstellungen für unterlassene Reparaturen, die nach dem dritten, aber bis einschließlich des zwölften Monats nach dem Bilanzstichtag nachgeholt werden
- Bewertung der UE und FE zu Einzelkosten
- Degressive Abschreibung
- Zinssatz für Pensionsrückstellungen unter 6 %

Die internationale Rechnungslegung räumt weit weniger Wahlrechte ein als das HGB. Hinzu kommt, dass der Grundsatz der Bewertungsstetigkeit in § 252 I Nr. 6 HGB nur als Sollbestimmung ausgestaltet ist, während dieser bei den IAS/IFRS und US-GAAP ein Fundamentalprinzip darstellt. „Sachverhaltsgestaltende Maßnahmen" – etwa Sale-and-lease-back, Factoring, Asset Backed Securities oder In-substance-defeasance – haben daher vor allem in der internationalen Rechnungslegung an Bedeutung gewonnen.[23]

---

[22] Vgl. *Peemöller* (2003, S. 192 f.).
[23] Vgl. hierzu auch Kapitel 3.1 sowie ausführlich *Peemöller* (2003, S. 189 ff.).

1.2.5 Bilanzdelikte – Auslöser wesentlicher Entwicklungsschritte im Prüfungswesen

Überlieferungen aus Babylon, Griechenland und dem Römischen Reich kann entnommen werden, dass die Prüfungen im Altertum nahezu ausschließlich zur Verhinderung und zur Aufdeckung von Diebstahl und Veruntreuung sowie zur Sicherung der staatlichen Steuereinnahmen durchgeführt wurden.[24]

Im Laufe der Zeit verlagerte sich jedoch das Schwergewicht von staatlichen Prüfungen auf Prüfungen im Interesse von Privatpersonen und Gesellschaften. Zu Zeiten der Anfänge des modernen Prüfungswesens um 1850 erfolgte – bedingt durch das enorme Wachstum der Unternehmen – eine Neuausrichtung auf die Aufdeckung von Buchhaltungs- und Bilanzierungsfehlern.

Die historische Betrachtung zeigt ein symbiotisches Verhältnis zwischen Wirtschaftsprüfung und Bilanzdelikten: gäbe es keine Delikte, so bestünde kaum eine Notwendigkeit für eine Prüfung. Treten sie tatsächlich auf, so lösen sie stets Druck auf die betroffenen Unternehmen, den Berufsstand der Prüfer sowie auf den Gesetzgeber aus. Als Reaktion auf die Bilanzdelikte – in der Regel immer erst nachdem ein größerer Schaden eingetreten war – wurden Gegenmaßnahmen ergriffen. Somit waren es vor allem die medienwirksamen Bilanzdelikte und Unternehmenskrisen, die die Entwicklung des Revisionswesens maßgeblich prägten.

Wegweisend war in diesem Zusammenhang insbesondere der viel zitierte Zusammenbruch der Firma *McKesson & Robbins, Inc.* im Jahre 1938, die elf Jahre lang einen erheblichen Teil ihrer Inventare und Forderungen mitsamt den dazugehörigen Rechnungen und Belegen gefälscht hatte, ohne dass dies von deren renommierter Prüfungsgesellschaft aufgedeckt wurde. Zuletzt hatte die Firma ihre Vermögensgegenstände um 19 Mio. US-$ überbewertet (= 25 % des Gesamtvermögens), wovon allein 10 Mio. US-$ auf nicht-existierenden Vorräten beruhten. Seit 1939 ist der Abschlussprüfer in den USA daher verpflichtet, an der Inventur des Unternehmens teilzunehmen. Erstmals wurde aufgrund des *Mc Kesson & Robbins*-Falls auch in 1940 von SEC und NYSE die Implementierung von Audit Committees empfohlen. Zudem löste der Betrugsfall zahlreiche berufsständische Aktivitäten aus, insbesondere die Formalisierung des „standard setting process".[25]

---

[24] Vgl. im Folgenden *Gisler* (1994, S. 46 ff.)
[25] Vgl. *Gisler* (1994, S. 49, 58f.) sowie *Sell* (1999, S. 205).

1.3 Vorgehensweise und Beschränkungen

In diesem Buch werden zunächst die in den Einzelfallstudien des folgenden Kapitels gewonnenen Erkenntnisse bezüglich der in den Skandalen vorgenommenen Bilanzmanipulationen systematisch ausgewertet und abstrahiert.

Anschließend erfolgt eine Identifizierung von Umständen und Rahmenbedingungen, die vielen Skandalfällen gemeinsam sind. Ein Schwergewicht liegt dabei auf den Signalen zur frühen Erkennbarkeit der Bilanzskandale. In einem nächsten Schritt werden deren Ursachen analysiert, ehe eine ausführliche Darstellung ausgewählter, derzeit aktuell diskutierter und aus Sicht der Verfasser effizienter Gegenmaßnahmen zur Bekämpfung und vor allem zur Prävention von Bilanzdelikten vorgenommen wird. Bei diesem Vorgehen sind die folgenden beiden Restriktionen zu beachten:

1.3.1 Konzentration auf Top Management Fraud und Vernachlässigung von Employee Fraud

Die anglo-amerikanische Literatur unterscheidet zwischen dem sog. *„Management Fraud"* und dem *„Employee Fraud"*:[26] Managementdelikte, die von Mitgliedern der Geschäftsleitung begangen werden, können aufgrund der Hierarchiestufe der Täter erhebliche Schäden für das Unternehmen bewirken. Aufgrund ihrer Machtposition und der damit verbundenen Verfügungsgewalt sind die Täter in der Lage, die internen Kontrollen des Unternehmens auszuschalten bzw. zu umgehen (sog. „Management Override"). Bilanzdelikte sowie Falschinformationen der Jahresabschlussadressaten stellen regelmäßig Fälle von (Top-) Management Fraud dar.

Hingegen sind die Auswirkungen von Mitarbeiterdelikten, die in der Regel mit dem Ziel der persönlichen Bereicherung begangen werden, weniger weitreichend und sollen deshalb im Folgenden nicht weiter betrachtet werden: „Kleine Diebstähle, Veruntreuungen und ähnliche Delikte auf Sachbearbeiter-Ebene hat es schon immer gegeben und wird es auch in Zukunft geben. Die Zunahme von Wirtschaftskriminalität unter maßgeblicher Beteiligung von Mitgliedern des Top Managements (...) ist jedoch ein Phänomen unserer Zeit, das nachdenklich stimmt, wenn nicht Beängstigung hervorruft."[27]

Im Mittelpunkt dieses Buches stehen Top-Manager. Unternehmensexterne Täter (z. B. Kunden, Lieferanten oder Wettbewerber) sind nur insoweit von Bedeutung, als sie in Zusammenarbeit mit internen Personen Fehldarstellungen im Jahresabschluss bewirken (sog. „Kollusion").

---

[26] Vgl. *Gisler* (1994, S. 41) und *Sell* (1999, S. 16); englisch „Fraud" = Betrug, List, Täuschung, Unterschlagung.
[27] Vgl. *Langenbucher/Blaum* (1997, S. 440).

1.3.2 Fokussierung auf das deutsche Corporate Governance-System im Rahmen der Darstellung der Gegenmaßnahmen

In Theorie und Praxis steht das deutsche „dualistische" (Trennungs-) Modell der Unternehmensführung und -überwachung dem international vorherrschenden „monistischen" anglo-amerikanischen Ansatz gegenüber.[28] Wenngleich im Rahmen der Darstellung der Bilanzskandale in den USA (Kapitel 2.1) ausführlich auf das einstufige Board-System eingegangen wird, soll dennoch das maßgeblich von Vorstand und Aufsichtsrat geprägte deutsche Corporate Governance-System im Vordergrund stehen.

Die Trennung von Geschäftsführungskompetenz und Überwachung im deutschen Modell erscheint strukturell und funktional durchaus überzeugend. Insbesondere kann der Grundsatz der „Checks and Balances" in einem dual ausgeprägten System leichter verwirklicht werden als in einer einpoligen („one tier"-) Struktur. Gleichwohl zeigt die praktische Handhabung oftmals massive Probleme auf, wie es die Fallstudien in Kapitel 2.3 verdeutlichen.

Vorstand und Aufsichtsrat bilden zusammen mit der Internen Revision, dem Abschlussprüfer und der Hauptversammlung die „Eckpfeiler" der Corporate Governance in Deutschland und sind deshalb – neben den Maßnahmen im Bereich der Rechnungslegung und Finanzberichterstattung – Kern der Ausführungen bei der Analyse der Reaktionen auf die Bilanzskandale.

---

[28] Vgl. statt vieler *Peemöller* (2000, S. 653 ff.) und *Peemöller* in *Förschle/Peemöller* (2004, S. 28 ff.).

Kapitel 2: Bilanzskandale: Einzelfallstudien

2.1 Bilanzskandale in den USA

Fall 1: Enron (Energiehandel, 2001)

Der Zusammenbruch der Enron Corp. aus dem texanischen Houston – hinsichtlich der gesamtwirtschaftlichen Auswirkungen teilweise auf eine Stufe gestellt mit der Kapitalismuskrise des „Schwarzen Freitags" im Oktober 1929 – gilt als die „Mutter aller Skandale" und als der „Finanz-GAU" schlechthin. Das „Power House" war im Jahr 2001 mit einem offiziellen Umsatz von 101 Mrd. US-$ die siebtgrößte Unternehmung der USA und stand auf der Liste der „Most Admired American Companies" des Magazins „Fortune". Von diesem wurde es auch fünf Jahre hintereinander zur innovativsten Firma der USA gekürt. Der Börsenwert von Enron war seit 1996 um 50 Mrd. US-$ auf über 80 Mrd. US-$ gestiegen: das Musterunternehmen hatte in 20 aufeinanderfolgenden Quartalen steigende Gewinne und von 1999 bis 2001 ein jährliches Umsatzwachstum von ca. 52 % vermeldet. Zwischen dem Zeitpunkt des erstmaligen Bekanntwerdens von Unregelmäßigkeiten im Rechnungswesen und der Insolvenz lagen lediglich sechs Wochen.

Gegründet wurde Enron 1985 als Energiekonzern durch die Fusion der beiden Gasunternehmen „Houston Natural Gas" und „Internorth". Der Aufstieg begann mit der schrittweisen Deregulierung und Liberalisierung der Energiemärkte. Durch die Freigabe der Preise für Strom und Gas sah Enron Wachstumsmöglichkeiten im Geschäftsmodell des Energiehandelsunternehmens, das sich in der Supply Chain zwischen Produzent und Verbraucher positioniert, und entwickelte sich so vom Versorger zum Händler und Vermittler.

1990 begann Enron mit dem Trading von Derivaten an der NYMEX. Bald wurden über die zur Risikominimierung erforderlichen Absicherungsgeschäfte hinaus spekulative Termin- und Optionsgeschäfte auf Strom und Gas abgeschlossen. Als „Strom- und Gasbank" offerierte man Lieferanten und Kunden – aufgrund exzellenter Marktkenntnisse – maßgeschneiderte Kontrakte zur Absicherung gegen Preis- und Mengenschwankungen der beiden Rohstoffe. Enron profitierte von dieser Doppelfunktion als Energiehändler und Finanzdienstleister und galt diesbezüglich als „Market Maker".

1997 versuchte das Unternehmen, seine Erfahrungen aus dem Handel von Strom- und Gasderivaten auf andere „Commodities" wie Kohle, Wasser, Papier, Metalle und Kunststoffe sowie auf Wetterderivate zu übertragen.

1999 profilierte sich Enron als New-Economy-Unternehmen. Mit der Handelsplattform „EnronOnline" wurde ein Marktplatz für Strom und Gas im Internet etabliert und mit der Expansion in den Telekommunikationssektor – dem Angebot von Breitbandkapazitäten zur Datenübertragung – schließlich ein zweites New-Economy-Standbein geschaffen.

Als Enron im Frühjahr 2000 von dem Abwärtssog, der die New Economy erfasst hatte, mitgerissen wurde, ergaben sich erste ernsthafte Verluste in den Kerngeschäftsfeldern. Der Einstieg in den Telekommunikationsmarkt erwies sich als Fehler, hinzu kamen der Rückgang der Energiepreise und eine allgemeine Konjunkturkrise. Um mit hohen Wachstumsraten glänzen zu können, hatte das Unternehmen immer neue Produktmärkte erschlossen und auch geographisch expandiert; die Investitionen waren allerdings weitgehend fremdfinanziert und die Cash flows deckten nicht die Finanzierungskosten ab.

Am 16.10.2001 musste CEO Kenneth Lay, der nach nur halbjähriger Amtszeit seines Vorgängers Jeffrey Skilling wieder den Vorstandsvorsitz übernommen hatte, für das dritte Quartal 2001 überraschend einen Verlust von 618 Mio. US-$ bekannt geben. Nachdem Enron dann auch seine Betriebsergebnisse der letzten vier Jahre rückwirkend um insgesamt 586 Mio. US-$ nach unten korrigiert und einer Übernahme durch den wesentlich kleineren Konkurrenten Dynegy zugestimmt hatte, reagierten die Finanzmärkte hektisch: der Aktienkurs fiel innerhalb weniger Wochen von 85 US-$ auf 68 Cent, die Banken kündigten die eingeräumten Kreditlinien. Als der Takeover durch Dynegy scheiterte, musste Enron bereits am 02.12.2001 Gläubigerschutz beantragen.

Enron hatte seine wahre VFE-Lage über lange Zeit mit einer unzureichenden Informationspolitik verschleiert. Vor allem war die Konzernstruktur so komplex konstruiert, dass das Geflecht von Beteiligungen und vertraglichen Beziehungen für Außenstehende nicht durchschaubar war. Enrons Aktivitäten stellten im Kern eine subtile Variante des sog. „Pyramidenspiels" dar, das nach dem Bostoner Bankier Ponzi, der 1920 einen Finanzskandal verursacht hatte, auch als „Ponzi-Finanzierung" bekannt wurde. Durch den Nichtausweis von Verbindlichkeiten im Konzernabschluss wurde eine zu gute Kreditwürdigkeit vorgetäuscht, wodurch das Unternehmen stets neue Kredite erhielt. Dies funktionierte aber nur so lange, wie es seinen Zins- und Tilgungsverpflichtungen nachkommen konnte.

Die Transaktionen Enrons waren im Wesentlichen auf zwei Ziele ausgerichtet: das Verbergen der Verbindlichkeiten und das Vortäuschen nicht-existierender Gewinne. Enron nutzte hierbei die bestehenden Ermessensspielräume der US-GAAP und bewegte sich häufig im Grenzbereich zwischen Erlaubtem und Illegalem. Die komplexen *sachverhaltsgestaltenden Maßnahmen* können wie folgt systematisiert werden:

– *Marktmanipulationen*
Das Ergebnis der Deregulierungspolitik im Energiesektor war nicht der freie Markt, sondern ein mächtiges Oligopol auf der Anbieterseite. So wurde z. B. während der kalifornischen Energiekrise 2000/2001 eine Überlastung der Überlandleitungen simuliert, um die Preise in die Höhe zu treiben. Für bestimmte Märkte reservierte Energiemengen wurden zunächst anderweitig an Partnerunternehmen verkauft, um eine zusätzliche Nachfrage vorzutäuschen. Erst als es in den Zielmärkten zu Versorgungsengpässen kam und die Energiepreise gestiegen waren, lieferte Enron und realisierte so einen Zusatzgewinn.

– *Umsatz- und Ertragsmanipulationen*
Enron schloss mit Geschäftspartnern sog. „Roundtrip-Deals" ab, bei denen wechselseitige Lieferungen und Leistungen in gleichem Umfang und zum gleichen Preis vereinbart wurden. In den Bilanzen der Käufer wurden diese zirkulären Ringgeschäfte über Netzwerk-Kapazitäten jeweils wie eine Investition aktiviert und über eine Laufzeit von mehreren Jahren abgeschrieben; die Verkäufer wiesen in ihren GuVs stets sofortige Umsatzerlöse in vollem Umfang aus. Insofern lagen klassische „Win-win-Situationen" vor; angeregt und mitgetragen wurden diese „capacity swaps" von Enrons Wirtschaftsprüfer, Arthur Andersen. De facto handelte es sich um Leergeschäfte, die ein US-Senator wie folgt beschrieb: „Es wurde etwas gekauft, was man nicht brauchte, mit Geld, das man nicht hatte, und man verkaufte es an jemandem, der keinen Bedarf danach hatte." Gleichwohl stand die buchhalterische Behandlung dieser „Wash-Trades" formell im Einklang mit US–GAAP.

Ferner wies Enron bei seinen Warentermingeschäften stets den Gesamtbetrag der Kontrakte als Umsatz aus; Investmentbanken verbuchen bei Wertpapiertermingeschäften hingegen nur die Zahlungsdifferenz als Umsatz. Hätte Enron nicht das Bruttovolumen aller Transaktionen, sondern nur die Differenzbeträge angegeben, dann hätte der Umsatz in 2001 statt 101 Mrd. US-$ nur 6,3 Mrd. US-$ betragen. Doch gerade bei Unternehmen der New Economy achteten Investoren und Finanzanalysten besonders auf die Umsatzentwicklung; deshalb trug diese Buchungsmethode erheblich zur positiven Bewertung der Enron-Aktie bei.

Schließlich führte die buchhalterische Erfassung des Gegenwartswerts der voraussichtlichen künftigen Zahlungsströme aus langfristigen Energieversorgungsverträgen zu einer frühzeitigen Gewinnrealisierung. Enron galt als einer der Pioniere bei der Bewertung auf Basis des Fair Values. Der Ansatz von prognostizierten zukünftigen Gewinnen führte zu einem nicht cash-wirksamen Ergebnisbeitrag, der z.B. in 2000 mehr als 50 % des ausgewiesenen Vorsteuerergebnisses von 1,41 Mrd. US-$ ausmachte. Eine Analyse der KFR hätte dies deutlich gezeigt.

- *„Asset light"-Strategie und Minimierung der Kapitalbindung*

In 2000 entfielen weniger als 20 % der Bilanzsumme auf das Anlagevermögen, was im Vergleich zu den traditionell anlageintensiven Betrieben der Energiewirtschaft extrem wenig ist. „Harte Assets" wie Bohrtürme, Kraftwerke oder Pipelines galten für Enron als Ballast. Zur Reduzierung des Sachanlagevermögens bzw. zur Verminderung der Verbindlichkeiten wurden „fixed assets" und „liabilities" in Joint Ventures bzw. in sog. Zweckgesellschaften ausgelagert. Häufig wurden Vermögensgegenstände kurz vor dem Abschlussstichtag an diese nicht in den Konzernabschluss einbezogenen „Special Purpose Entities" veräußert (nach dem Stichtag fand teilweise ein Rückerwerb statt). Dadurch konnten stille Reserven aufgedeckt und als Veräußerungsgewinne ausgewiesen werden.

- *SPEs: Off-Balance-Sheet-Behandlung von Risiken und Verbindlichkeiten*

Bei den SPEs, die allein für eine bestimmte Geschäftsaktivität gegründet oder zur Finanzierung von einzelnen Projekten genutzt werden, handelt es sich um weit verbreitete, grundsätzlich legale Konstruktionen im Bereich „structured finance". Durch diese Instrumente kann bei Einhaltung bestimmter Bedingungen die Bilanzstruktur des Initiators, der sog. „Sponsoring Entity", verbessert werden; Risiken werden separiert und weit gestreut. Wesentliche Voraussetzung, damit SPEs nach US-GAAP nicht im Konzernabschluss erfasst werden müssen, ist die Beteiligung externer Dritter („third party equity owners"), d.h. konzernfremder Gesellschafter, mit einem Anteil von mindestens 3 % an der jeweiligen SPE.

Enron nutzte diese Möglichkeit intensiv, durch Auslagerung risikobehafteter Geschäftsteile auf SPEs die VFE-Lage der Muttergesellschaft besser darzustellen. Man übertrug nicht voll werthaltige Vermögensgegenstände auf diese – auch als Special Purpose Vehicles bzw. Variable Interest Entities bezeichneten – Objektgesellschaften, wobei diese „harte" Verbindlichkeiten und hohe Eventualrisiken übernehmen mussten. Enron gab für seine SPEs Garantien, Bürgschaften und Patronatserklärungen ab, auf deren Basis diese zinsgünstige Kredite bei den Banken aufnehmen und diese Mittel an die Mutter – z. B. in der Form des Erwerbs von neu emittierten Enron-Aktien zu überhöhten Kursen – weitergeben konnten.

Die überwiegende Anzahl dieser „partnerschaftlichen Firmen" – bei deren Namensgebung (Jedi, Chewco o. ä.) man offensichtlich von dem Weltraumepos „Star Wars" inspiriert war – befand sich in Offshore-Steueroasen. Manche Gesellschaften wurden speziell zum Zweck der Senkung der Konzernsteuerquote errichtet: z. B. gründeten Enron und der Banker's Trust 1997 eine gemeinsame SPE, in die Banker's Trust „Mortgage Backed Securities" mit hohen steuerlichen Verlustvorträgen einbrachte, die von beiden Partnern anteilig genutzt werden konnten.

Eine strategisch bedeutsame SPE stellte vor allem „Jedi" dar: der Zusammenschluss mit CalPERS, dem Pensionsfond der Beschäftigten des Öffentlichen Dienstes von Kalifornien, einem der angesehensten institutionellen US-Investoren, erhöhte 1993 die Glaubwürdigkeit Enrons erheblich. Im Dezember 2000 weigerte sich CalPERS allerdings, sich an einer weiteren SPE (LJM 3) zu beteiligen, u. a. weil Enron-CFO Andrew Fastow selbst CEO dieser SPE war. Gleichwohl unternahm CalPERS nichts, um seine Bedenken gegen diese SPE offenzulegen. Dieses Verhalten ist erstaunlich, da der Pensionsfond in Fragen der Corporate Governance als „aktiv" und konsequent gilt.

Enron hatte seit 1999 nahezu 5.000 solcher SPEs gegründet, die regelmäßig nur mit einem geringen Eigenkapital ausgestattet waren. Das Management dieser SPEs setzte sich in vielen Fällen aus Enron-Executives zusammen; die gesetzlich geforderten 3 % der Anteile in Fremdbesitz wurden häufig nur „formal" von Konzernfremden gehalten. In praxi schloss man die Transaktionen oftmals nicht wie mit unbeteiligten Dritten („at arm's lenghts") ab: die externen Partner trugen durch interne Haftungsfreistellungen kein unternehmerisches Risiko und besaßen kaum Einflussmöglichkeiten. Später verzichtete man zunehmend auf das Zwischenschalten von Externen und übertrug die „Fremdanteile" an Mitarbeiter und andere, neu gegründete SPEs. Stieg z. B. ein externer Partner aus einer SPE aus und konnte kein neuer Gesellschafter gefunden werden, so gründete man eine neue SPE und übertrug dieser die Anteile des ausgeschiedenen Gesellschafters. Durch die Nichtkonsolidierung dieser SPEs lagen klare Verstöße gegen US-GAAP vor. Als im Herbst 2001 drei solche eindeutige Fälle bekannt wurden, musste Enron diese SPEs im Konzernabschluss rückwirkend voll konsolidieren. Dies führte zu einem hohen Vertrauensverlust und löste schließlich den skizzierten rapiden Niedergang Enrons aus.

Die Frage der Konsolidierungspflicht der Enron-SPEs ist von der Gestaltung im jeweiligen Einzelfall abhängig. Bei rein formalrechtlicher Betrachtungsweise konnte bei einem Teil auf eine Konsolidierung verzichtet werden. Gleichwohl trug Enron als „Sponsoring Entity" Chancen und Risiken und hatte vor allem die wirtschaftliche Verfügungsmacht inne. Gemäß dem „substance-over-form"-Grundsatz sollte es bei der Entscheidung über die Einbeziehung einer SPE in den Konsolidierungskreis auf das wirtschaftliche Verhältnis zwischen Initiator und SPE ankommen.

– *Hedging-Transaktionen mit SPEs*
Die SPEs wurden auch dazu benutzt, Verluste zu verschleiern. Sie übernahmen im Rahmen von Kurssicherungsgeschäften die Verpflichtung, im Falle von Kursverlusten Zahlungen an Enron zu leisten. Enron tätigte somit mit den eigenen SPEs Absicherungsgeschäfte. Letztlich waren diese Hedges aber nur fiktiv. Das Problem bestand darin, dass die Zahlungsfähigkeit der SPEs vom Kurs der Enron-Aktien abhängig war, mit denen die SPEs ausgestattet waren und die bei Bedarf beliehen wurden. Durch den Rückgang des Enron-Kurses sowie die übernommenen Verluste sank der innere Wert der SPEs und verminderte deren Kreditfähigkeit. Es wurde offensichtlich, dass Enron Sicherungsgeschäfte nicht mit Dritten, sondern mit sich selbst abgeschlossen hatte. Im September 2001 mussten diese Konstruktionen daher aufgegeben werden.

Bei einer *Analyse der Ursachen der Enron-Krise* können sowohl Defizite in den unternehmensinternen Überwachungsstrukturen als auch das Versagen externer Akteure im Rahmen der Corporate Governance festgestellt werden.

– *Unzureichendes internes Kontrollsystem*
Durch die Firmenkultur von Enron entwickelte sich ein Umfeld, das die Missachtung und Aushebelung von Kontrollen förderte. Auf dem Papier existierten zwar interne Kontrollen, die aber in der Praxis nicht durchgeführt wurden. So sah z. B. der Enron-„Code of Conduct" vor, bei Interessenskonflikten – etwa von Mitarbeitern, die gleichzeitig Managementaufgaben in SPEs wahrnehmen – Genehmigungen bzw. neutrale Gutachten einzuholen. Häufig wurde dieser Pflicht jedoch nur pro forma oder überhaupt nicht nachgekommen. Bei diesem schriftlich niedergelegten Verhaltenskodex handelte es sich zu keiner Zeit um ein „living paper": zunächst nur nicht gelebt, wurde der Ethik-Kodex später sogar kommentarlos abgeschafft. Selbst persönliche Bereicherungen von – in die Bilanzdelikte eingeweihten – SPE-Managern wurden toleriert. Transaktionen mit Nahestehenden wurden unvollständig offengelegt; gegen den Grundsatz der Funktionstrennung wurde häufig verstoßen.

Board und Audit Committee setzten sich aus hochangesehenen und fachlich qualifizierten Persönlichkeiten zusammen: der Vorsitzende des Audit Committees war beispielsweise renommierter Accounting-Professor und ehemaliger Dekan der Stanford Business School. Dem Audit Committee war wohl bewusst, dass die Gestaltungsmaßnahmen bilanzpolitisch und steuerlich motiviert waren, gleichwohl ließ es sich – vor allem über die kritischen SPE–Transaktionen – nicht im erforderlichen Umfang informieren. Die erhaltenen Informationen wurden kaum hinterfragt, so dass die Enron-Manager erhebliche Handlungsspielräume erhielten. Kein Zufall war es daher, dass bei einem derartig mangelhaften Informationssystem und schwachen Kontrollumfeld die bestandsgefährdenden Risiken aus den SPEs zu spät erkannt und die erforderlichen Sanierungsmaßnahmen nicht mehr rechtzeitig eingeleitet werden konnten. Man wusste zwar um seine Kontrollpflichten, nahm diese aber nicht wahr.

Dass seitens der Mitarbeiter keine Bedenken gegen die fragwürdigen Geschäfts- und Bilanzierungspraktiken laut wurden, lag auch an der Etablierung von Anreizsystemen (wie z. B. Aktienoptionsprogrammen) sowie am System des sog. „forced ranking" im Rahmen der persönlichen Leistungsbeurteilung durch Vorgesetzte. Alle sechs Monate wurde jeder Enron-Mitarbeiter einem Ranking unterworfen, wobei der Hälfte der Belegschaft permanent mit Entlassung gedroht wurde. Durch die so geschaffene interne Konkurrenz wurde tendenziell unterwürfiges Verhalten gefördert. Niemand wagte es, Dissenz zu äußern bzw. offen die Wahrheit auszusprechen. Die Organisationskultur Enrons glich teilweise der einer Sekte.

- *Fehlverhalten von Wirtschaftsprüfern, Banken und Ratingagenturen*

Für eine Notierung an der NYSE benötigte Enron das Testat eines von der SEC lizenzierten Wirtschaftsprüfers. Die bestellte WP-Gesellschaft Arthur Andersen war jedoch gleichzeitig in erheblichem Umfang beratend tätig: z. B. betrugen im Jahr 2000 die Aufwendungen für Prüfungsleistungen 25 Mio. US-$ und für sonstige Dienstleistungen 27 Mio. US-$. Andersen war im Rahmen dieser Beratungstätigkeit wesentlich an den kreativen bilanziellen Gestaltungsmaßnahmen Enrons beteiligt; die Risiken aus den sachverhaltsgestaltenden Maßnahmen wurden nicht offen gelegt. Verstärkt wurde das Fehlverhalten durch die Vernichtung von Beweismitteln, nachdem der Skandal aufgedeckt worden war: in verschiedenen Niederlassungen wurden ermittlungsrelevante Dokumente entsorgt. Arthur Andersen kann somit als Mittäter bezeichnet werden, obwohl das ursprüngliche Urteil – Justizbehinderung wegen Aktenvernichtung – im Mai 2005 durch den Obersten US-Gerichtshof wieder aufgehoben wurde und ein Freispruch erfolgte. Die WP-Gesellschaft wurde nicht zuletzt aufgrund des Falles Enron aufgelöst.

Auch bestimmte Banken erwiesen sich für Enron als professionelle „Gatekeeper": bis zuletzt hatte Enron Kredite von der Citigroup und J. P. Morgan Chase erhalten. Es ist unverständlich, warum diese nach ihren Analysen und Bonitätsbeurteilungen die eingeräumten Kreditlinien nicht früher gekündigt haben. Wahrscheinlich handelte es sich bei dem klassischen Kreditgeschäft nur um einen Köder, um beim attraktiven Investment Banking im Geschäft zu bleiben. Zudem konnten die Banken einen Großteil der eingegangenen Risiken an Dritte transferieren: sie verkauften ihre Forderungen in Form von Collateralized Debt Obligations oder Asset Backed Securities an gutgläubige Investoren.

Schließlich sahen auch die Ratingagenturen Standard & Poor's und Moody's – noch kurz bevor Enron seine Abschlüsse rückwirkend korrigierte – keine Notwendigkeit für eine Herabstufung der Bonität.

Der Enron-Fall ist nicht nur ein Musterbeispiel für das Versagen der Kontrollorgane, sondern auch für ein weitverzweigtes Netzwerk von Beziehungen zwischen den Führungskräften des Unternehmens und der Politik. Enron war nicht nur Nutznießer der Deregulierung im Energiesektor gewesen, sondern hatte diese durch intensive Einflussnahme auf Politiker auch wesentlich mit vorangetrieben. So war Unternehmensgründer Kenneth Lay als einflussreicher Berater von US-Vizepräsident Dick Cheney unmittelbar an dessen Plänen zur Energiepolitik beteiligt und pflegte auch zu George W. Bush junior, den er bereits aus dessen Zeit als texanischer Ölunternehmer kannte, ein enges freundschaftliches Verhältnis. Enron gehörte zu den größten „Supportern" der Bush-Cheney-Kampagne im Wahlkampf 2000. Im Gegenzug setzte sich Cheney, der als CEO der Energie- und Baufirma Halliburton in den Jahren 1995 bis 2000 selbst einen Bilanzskandal durchstehen musste, z. B. für die Genehmigung eines Kraftwerkprojekts im indischen Dabhol bei Sonia Gandhi ein. Es muss somit von Vetternwirtschaft („cronyism") gesprochen werden, die noch durch den massiven Einsatz von Bestechungsgeldern („Bakschisch") verstärkt wurde. Böse Zungen behaupten, Enron hätte keine Steuern gezahlt, sondern die Politiker über Parteispenden direkt finanziert: politischer Einfluss wäre der wichtigste Rohstoff Enrons gewesen.

Literatur:
Luther *(2003), S. 208–212;* **Menzies** *(2004), S. 7–9;* **Ogger** *(2003), S. 135–137;* **Peter / Maestretti** *(2002);* **Sablowski** *(2003), S. 5–16;* **Schmidt** *(2002), S. 1–14;* **Wägli** *(2003), S. 13 f., 67–71.*
Matzner *(2002): Enron, Andersen und der virtuelle Kapitalismus, www.oebv.com.*
Missbach *(2002): Der Fall Enron und die globalisierungskritische Bewegung, www.evb.ch.*
Powers / Troubh / Winokur *(2002): Report of Investigations by the Special Investigative Committee of the Board of Directors of Enron Corp.,*
www.news/findlaw.com/hdocs/docs/enron/sicreport.
Thomas *(2002): The Rise and Fall of Enron, in: JoA, April 2002, S. 41–48.*
Unger *(2002): Bilanzkosmetik – Die Enron-Pleite und die kreative Buchführung im Zuge der allgemeinen Deregulierung, www.das-gibts-doch-nicht.de.*
Energiehändler Enron: Ausgestöpselt, **FTD** *vom 03.12.2001.*
Bushs Angst vor „Enrongate" – Bush-Regierung wusste frühzeitig Bescheid – US-Regierung verheddert sich in Widersprüchen, **Spiegel Online** *10./11.01.2002.*
Der Fall Enron entzaubert die amerikanischen Bilanzregeln, **HB** *vom 30.01.2002.*
Pleiten: Aktion Reißwolf – Bei fast allen Wirtschaftsskandalen der vergangenen Jahre spielten Wirtschaftsprüfer eine unselige Rolle. Im Fall Enron haben sie sogar wichtige Akten vernichtet, **Der Spiegel** *4/2002.*
Die Mega-Blamage: Der Enron-Skandal schockiert die ökonomische Weltmacht, **Wirtschaftswoche** *5/2002.*
Keine Panik vor Enronitis bei Bonds, **HB** *vom 22.02.2002.*
Verschwörung bei Enron-Pleite, **TAZ** *vom 24.01.2004.*
Enron-Skandal: Europäische Banken verklagen US-Geldinstitute, **Die Welt** *vom 24.03.2004.*
Präsidentenfreund in Handschellen: Der Prozess gegen den Ex-Chef des US-Pleitekonzerns Enron beginnt. Kenneth Lay beteuert seine Unschuld, **HB** *vom 09.07.2004.*
Enron-Skandal: Urteil gegen Arthur Andersen aufgehoben, **Die Welt** *vom 01.06.2005.*

Fall 2: Reliant Resources / CMS Energy / Dynegy (Energiehandel, 2002)

Das traditionelle Geschäftsmodell der Energieunternehmen, die eigentliche physische Lieferung von Energie oder Energieträgern, wurde in den letzten Jahren zunehmend durch den Handel mit Finanzprodukten ergänzt, insbesondere dem Abschluss von Termingeschäften. In diesem Kontext gingen die Branchenunternehmen vermehrt Partnerschaften mit Finanzorganisationen und Banken ein. Vor allem aber entstand nach dem „Co-opetition-Modell" ein Verbundsystem zwischen den an sich konkurrierenden Energielieferanten, durch das Versorgungsengpässe ausgeglichen werden sollten.

Aus diesen – betriebswirtschaftlich richtigen und notwendigen – Lieferungen zum Ausgleich von Bedarfsspitzen entwickelte sich die Idee der „Roundtrip-Deals", denen gar keine tatsächlichen Energielieferungen mehr zugrunde lagen. Einkauf und Verkauf erfolgten zum gleichen Zeitpunkt und zu praktisch gleichen Preisen. Eine gängige Variante dieser Scheingeschäfte war in der Energiebranche zudem der Abschluss von sog. „Back-to-back-Deals": hier erfolgten die beiden Transaktionen zeitlich versetzt. Stets konnten die beteiligten Vertragspartner jedoch zusätzliche Umsatzerlöse zeigen, wenngleich diese auch keinen wirklichen wirtschaftlichen Hintergrund mehr hatten.

So entfielen z. B. bei der *Reliant Resources Inc.*, Houston/Texas, einem der Hauptkonkurrenten des damaligen Branchenführers Enron, seit 1999 jährlich 10 % der Umsätze auf solche Ringgeschäfte, von denen der Großteil mit der *CMS Energy Corp.* abgewickelt wurde. Bei dieser betrug der Anteil der fingierten Umsatzerlöse in den Jahren 2000 und 2001 jeweils sogar über 70 %.

Gegenpart der CMS-Scheingeschäfte war neben Reliant vor allem der texanische Energiehändler *Dynegy (Dynamic Energy Corp.)*. Allein mit dem Volumen der imaginären Transaktionen zwischen CMS und Dynegy hätte die Stadt Houston ein Jahr lang mit Strom versorgt werden können. Während die CEOs von CMS und Dynegy, William T. McCormick und Chuck Watson, im Mai 2002 zurücktraten, machte Reliant-CEO Steve Letbetter „fehlgeleitete Mitarbeiter" für die vorgetäuschten Geschäfte verantwortlich.

Nach deren Aufdeckung wurden auch die von den US-Steuerbehörden gewährten Steuervergünstigungen, die an tatsächliche Lieferungen geknüpft waren, zurückgefordert. So musste z. B. Dynegy für das Jahr 2001 einen Betrag von 79 Mio. US-$ zurückbezahlen, was den Profit After Tax um 12 % reduzierte.

Gegen Dynegy, das wie Enron seinen Sitz in Houston hatte und als dessen „verkleinerte Kopie" galt, ermittelte die SEC auch wegen eines anderen Bilanzdelikts: im Rahmen des sog. „Project Alpha" wurde eine Anleihe in Höhe von 300 Mio. US-$ im Abschluss nicht als Verbindlichkeit ausgewiesen. Der verantwortliche Manager, der 38-jährige Jamie Olis, erhielt – obwohl keine persönliche Bereicherung vorgelegen hatte – eine für Bilanzdelikte außergewöhnlich hohe Haftstrafe von 24 Jahren.

Ähnliche Deals wie bei Reliant, CMS und Dynegy hatte es bei Duke Energy, Williams und vor allem bei Enron gegeben. Auf die Jahresergebnisse hatten diese „Wash-Trades" keinen Einfluss, da den fiktiven Umsätzen ein fiktiver Materialeinsatz in gleicher Höhe gegenüberstand. Gleichwohl wurde dem Markt eine höhere Nachfrage suggeriert, was zu steigenden Energiepreisen führte. Die damals gesetzlich festgelegten Höchstpreise wurden nach oben revidiert, was für alle Energieunternehmen Gewinnsteigerungen bewirkte.

Literatur:
Wägli (2003), S. 23, 63, 66 f.
Energiehandel wird zum strategischen Werttreiber für Energiekonzerne,
www.energiehandel.stromtabelle.de/archiv.
Scheingeschäfte des amerikanischen Energiehändlers Reliant sorgen für Aufregung,
FAZ *vom 15.05.2002.*
Krisenstimmung beim Energiehändler Dynegy, www.netzeitung.de/wirtschaft.
Skandal um Scheingeschäfte spitzt sich beim US-Konzern Dynegy zu – Bilanzskandal führt zu Rücktritten, ***Die Welt*** *vom 30.05.2002.*
24 Jahre Haft für Finanzmanager, ***Die Welt*** *vom 27.03.2004.*
USA: Wirtschafts-Justiz im Kreuzfeuer, www.diepresse.com.

Fall 3: WorldCom (Telekommunikation, 2002)

Ein Musterbeispiel für die erheblichen Auswirkungen selbst einfachster Manipulationen des bilanziellen Rechenwerkes lieferte der Telekom-Konzern WorldCom Inc. aus Clinton/Mississippi. 1983 vom Kanadier Bernard J. Ebbers gegründet und 1989 an die Börse gebracht, konnte das Geschäftsmodell am Besten mit „Size does matter" beschrieben werden: um Wachstum und Größe demonstrieren zu können, wurden im Laufe der – relativ kurzen – Firmengeschichte mehr als 75 Übernahmen vorgenommen. Durch die zahlreichen Zukäufe avancierte das Unternehmen nach AT&T zum zweitgrößten US-Anbieter von Fernverbindungen. 1998 hatte man den umsatzmäßig mehr als 2,5 mal größeren Ferngesprächsanbieter MCI übernommen, 1999 war der Versuch, den Telefon- und Mobilfunkanbieter Sprint – die Nummer drei der Branche – zu akquirieren, nur am Veto der Kartellbehörden gescheitert. Durch die Akquisition von Unternehmen wie UUNet, CompuServe und der Datennetze von AOL stieg WorldCom gleichzeitig zum führenden Betreiber von Internet-Infrastrukturen auf. Im Jahr 2001 betrugen bei einer Mitarbeiterzahl von 80.000 die ausgewiesenen Umsatzerlöse 39,2 Mrd. US-$.

Der Niedergang von WorldCom begann mit dem sich abzeichnenden Ende der Wachstumseuphoriephase in der Telekommunikationsbranche. Angesichts bilanzieller Verbindlichkeiten von mehr als 30 Mrd. US-$ infolge des Expansionskurses und der daraus resultierenden Zinsbelastungen sah sich WorldCom erheblichen Schwierigkeiten ausgesetzt. Die Ergebnisse aus den erworbenen Beteiligungen erfüllten die Erwartungen nicht. Die Konkurrenten drückten die Preise, und die Firmenkunden, auf die sich WorldCom spezialisiert hatte, brachten nicht die erhofften Umsätze. Die Planungen bezüglich des erforderlichen Kapazitätsbedarfs erwiesen sich als zu optimistisch: WorldCom hatte Überkapazitäten aufgebaut und zudem die gekauften Firmen nur mangelhaft integriert; im WorldCom-Konzern kamen z. B. 55 verschiedene FiBu-Abrechnungssysteme zum Einsatz. Der Markteinbruch und die internen Probleme führten zu Kursrückgängen und damit zu einem steigenden Druck durch Investoren und Gläubiger. Schließlich kursierten erste Gerüchte, WorldCom benutze die Rechnungslegung, um seine stark rückläufige Ertragskraft zu verschleiern und um vor allem den Erwartungen der Wall Street gerecht zu werden.

Die Aufdeckung des Bilanzbetrugs begann mit dem Rücktritt des Unternehmensgründers und CEOs Ebbers im April 2002. Der ehemalige Basketballtrainer und Motelbesitzer konnte einen persönlichen Kredit von 340 Mio. US-$ nicht mehr an WorldCom zurückzahlen. Ebbers war zahlungsunfähig, obwohl er zuvor noch seine Yacht „Aquasitions", seine Rinderfarm und das eigene Eishockeyteam verkauft hatte. Die SEC – die später in Section 402 des SOA Privatkredite an leitende Manager verbot – begann sich für die Bilanzierungsusancen bei WorldCom zu interessieren.

Ebbers-Nachfolger John Sidgmore beauftragte daraufhin als erstes die Leiterin der Internen Revision, Cynthia Cooper, mit einer Überprüfung der Konzernrechnungslegung. Diese deckte die Bilanzdelikte bemerkenswert schnell auf und wandte sich direkt an den Leiter des Audit Committee, Max Bobitt. Cooper überging dabei ihren direkten Vorgesetzten (!), den CFO Scott Sullivan, der sie gebeten hatte, die Veröffentlichung ihrer Prüfungsergebnisse um einige Monate hinauszuschieben. Bobitt, der bereits wegen des Ausfalls des an Ebbers gewährten Privatkredites unter Druck stand, verständigte umgehend den neuen Abschlussprüfer, die KPMG, die das Vorgehen als einen grundlegenden Verstoß gegen die Bilanzierungsregeln der US-GAAP wertete. Sullivan und dem Chefcontroller David Myers wurde Gelegenheit gegeben, in einem „white paper" persönlich Stellung zu nehmen. Als sie in der Board-Sitzung am 24.06.2002 keine befriedigenden Erklärungen vorbringen konnten, wurden beide fristlos entlassen und die Presse informiert.

WorldCom gab bekannt, dass während eines Zeitraums von fünf Quartalen (1. Quartal 2001 bis einschließlich 1. Quartal 2002) fälschlicherweise insgesamt 3,85 Mrd. US-$ als Anlagevermögen aktiviert statt als laufenden Aufwand in der GuV ausgewiesen wurden. Es handelte sich dabei vor allem um sog. „line costs", d. h. um Zugangs- und Durchleitungsgebühren für die Nutzung fremder Telekommunikationsinfrastruktur. WorldCom hatte Aufwendungen für die Nutzungsüberlassung wie Investitionen behandelt; dass diese in künftigen Perioden einer Abschreibung unterliegen würden, störte bei der angestrebten kurzfristigen Ergebnisverbesserung nicht.

Die Netzgebühren, die für die laufende – nicht zukünftige – Nutzung der Telefonleitungen anderer Gesellschaften zu zahlen waren, um die Gespräche der eigenen Kunden abzuwickeln, stellten mit knapp 50 % des Gesamtaufwands die bedeutendste Aufwandsart WorldComs dar. Entsprechend war die sog. „line cost expense to revenue - ratio" eine der Schlüssel-Performance-Kennzahlen des Unternehmens, die durch die Manipulation erheblich verbessert wurde. Diese „aggressive capitalization of cost - policy" hatte zudem gewollte positive Auswirkungen auf weitere für Investoren und Analysten wichtige Kennzahlen, insbesondere auf die Umsatzrendite, den Verschuldungskoeffizienten, den operativen Cash flow sowie auf die „Mode-Kennzahl" EBITDA – und nicht zuletzt auf die Ratingwerte.

Nachdem der WorldCom-Kurs innerhalb weniger Wochen von 60 US-$ auf 35 Cent gefallen und der kapitalisierte Börsenwert von 150 *Mrd.* US-$ im Januar 2000 auf 150 *Mio.* US-$ im Juli 2002 gesunken war, meldete der hochverschuldete Konzern nach einem „Credit Crunch" am 22.07.2002 Insolvenz an und arbeitete zunächst unter gerichtlicher Aufsicht weiter.

Im August 2002 weitete sich der Skandal dann nochmals aus: bei einer erneuten internen Überprüfung stellte die Konzernrevision eine „exaggeration of reported revenues" fest. „Non-recurring items" waren unter den betrieblichen Erträgen ausgewiesen worden. So erfasste man z. B. die Auflösung von in den Vorjahren zu hoch gebildeten Rückstellungen als reguläre Erträge. Mit der willkürlichen Bildung und Auflösung von stillen Reserven war für Außenstehende die tatsächliche Ertragsentwicklung nicht mehr erkennbar. Infolge dieser Manipulationen bei den Rückstellungen wurden für die Jahre 1999 bis 2002 insgesamt 3,3 Mrd. US-$ auf „Revenue Accounts" im Haben gebucht.

Bei der rückwirkenden Änderung der Konzernbilanzen schrieb WorldCom im März 2003 Goodwill in Höhe von 45 Mrd. US-$ und materielle Anlagen von 35 Mrd. US-$ ab: diese Abschreibung des Anlagevermögens entsprach mehr als einer Halbierung der Restbuchwerte und spiegelte den enormen Wertverlust des Firmenwerts und der Datennetze wider, die WorldCom im letzten Jahrzehnt aufgebaut hatte.

Die – vorsätzliche – Täuschung der Bilanzadressaten war wertmäßig mehr als sechsmal so hoch wie im Fall Enron. Im Gegensatz dazu handelte es sich hier aber nicht um eine Ausnutzung von Gesetzeslücken bzw. um gestalterische Maßnahmen in der „Grauzone", sondern um simplen – gleichwohl effektiven – Bilanzbetrug. Dass diese relativ einfachen, eindeutigen Bilanzdelikte in einem derartig massiven Ausmaß wirkungsvoll vorgenommen werden konnten, lag vor allem an der mangelhaften Überwachungsstruktur von WorldCom und an der Missachtung der Grundsätze guter Corporate Governance.

So hielt sich Arthur Andersen – seit 1989 und bis Mai 2002 als Wirtschaftsprüfer beauftragt – nicht für verantwortlich, weil WorldCom wichtige Informationen vorenthalten habe. Bezüglich der Aktivierung von laufenden Aufwendungen für die Nutzung der Überlandleitungen als Investitionen wäre man nicht zu Rate gezogen worden. Doch obwohl große und vor allem auffällig runde Summen von den „expenses" auf die „assets" umgebucht wurden, wollten die Prüfer die Bilanzdelikte nicht bemerkt haben. In 2001 vereinnahmte Andersen Honorare von 4,4 Mio. US-$ für Prüfungstätigkeiten und von 12,4 Mio. US-$ für Beratung und ähnliche Dienstleistungen. Somit drängte sich der Verdacht auf Befangenheit der externen Überwachung geradezu auf.

Aber auch die Analysten von Banken und Ratingagenturen erwiesen sich als allzu gutgläubig und unkritisch. So hatte z. B. Standard & Poor's lange Zeit an den Erfolg des „Multimedia-Geschäftsmodells" geglaubt und erst (zu) spät im Juni 2002 die WorldCom-Bonität von BBB+ auf CCC– zurückgestuft.

Zudem wurden wirksame unternehmensinterne Kontrollen ausgeschaltet, weil Ebbers sämtliche Führungspositionen, insbesondere die des Finanzvorstands, mit vertrauten Weggefährten besetzt hatte. Vor allem war der CFO auch gleichzeitig Vorgesetzter der Leiterin der Internen Revision, „filterte" deren Berichte und steuerte somit die hauseigene Prüfinstanz. Diese war aller Wahrscheinlichkeit nach voll informiert, die Weitergabe der Informationen wurde aber von Ebbers und CFO Sullivan stets unterdrückt. Ferner arbeiteten das Board und das Audit Committee nicht unabhängig. Andernfalls wäre der Privatkredit an Ebbers nicht gewährt worden. Die Bilanzdelikte wurden von wenigen „Senior Executives" begangen; insgesamt waren wohl weniger als 100 Mitarbeiter in die tatsächlichen Vorgänge eingeweiht.

Im Mai 2003 einigte sich WorldCom mit der SEC auf die Zahlung eines Bußgeldes in Höhe von 500 Mio. US-$, um das langwierige Verfahren beizulegen. Die Entschädigungssumme erhöhte sich im Juli 2003 aufgrund neuer Tatsachen auf 750 Mio. US-$. WorldCom verpflichtete sich zusätzlich, Management und Mitarbeiter des Rechnungswesens künftig gezielt zu schulen sowie einen Berater zu benennen, der die Erstellung der Abschlüsse und die Bilanzierungspraktiken überwacht. Im Oktober 2003 installierte man einen „Chief Ethics Officer", der als „Executive Vice President for Ethics and Business Conduct" direkt an den neuen CEO, den Ex-HP- und Compaq-Manager Michael D. Capellas, berichtet. Nach einem Wechsel des Firmennamens – man hatte sich in MCI, das 1998 übernommen worden war, umbenannt – startete das neue Management ein Restrukturierungsprogramm. Die WorldCom-Gläubiger wurden zum Teil mit MCI-Aktien abgefunden, die Residualansprüche der Aktionäre blieben zunächst unerfüllt. WorldCom war das größte Insolvenzverfahren der amerikanischen Wirtschaftsgeschichte.

Im Januar 2005 begann das Strafverfahren gegen Ex-CEO Ebbers. Die Staatsanwaltschaft warf ihm u. a. Verbreitung von Falschinformationen und Wertpapierbetrug vor. Weil Ebbers kaum Notizen verfasst und nur selten schriftlich mit seinen Mitarbeitern kommuniziert hatte, waren keine Beweismaterialien vorhanden. Ebbers' Verteidiger stützten ihre Argumentation auf dessen geringen Bildungsgrad: Ebbers, Sohn eines Tankwarts mit zwei abgebrochenen Schulausbildungen, habe bilanzielle Gestaltungen grundsätzlich Spezialisten überlassen.

Die Anklage basierte auf den Kronzeugen-Aussagen des Ex-CFO Sullivan, der sich bereits im Frühjahr 2004 vor einem Untersuchungsrichter für schuldig erklärt und zugegeben hatte, die Bilanzdelikte mit initiiert zu haben. Im März 2005 wurde Ebbers in sämtlichen Anklagepunkten für schuldig befunden. Sein ehemaliger Finanzchef hatte ihn als bilanziell versierten Manager bezeichnet, der über alle wesentlichen Vorgänge genau informiert war. Ebbers erwartet eine lebenslange Freiheitsstrafe.

Im Juni 2005 erklärte sich Ebbers gegenüber der Staatsanwaltschaft bereit, rd. 45 Mio. US-$ – fast sein gesamtes verbliebenes Privatvermögen – in einen Fond für geschädigte Anleger einzubezahlen. In diesen Fond waren bereits 6,1 Mrd. US-$ aus Vergleichen mit Banken, Wirtschaftsprüfern und Board-Mitgliedern von WorldCom geflossen.

Literatur:
***Bierach** (2005), S. 180–186;* ***Menzies** (2004), S. 9–11;* ***Ogger** (2003), S. 138–140;* ***Tanski** (2002);* ***Wägli** (2003), S. 18, 91 f..*
***Beresford / Katzenbach / Rogers** (2003): Report of Investigations by the Special Investigative Committee of the Board of Directors of WorldCom Inc.,*
www.wiwi.uni-frankfurt.de/Professoren/boecking.
Bilanzskandal bei WorldCom, **FAZ** *vom 26.06.2002.*
WorldCom: Das zweite Enron, www.e-business.de.
Bilanzskandal: WorldCom nahe an Insolvenz, www.netzeitung.de/wirtschaft.
WorldCom-Skandal belastet auch Banken, **FAZ** *vom 26.06.2002.*
WorldCom – Menetekel für die gesamte Branche, **FAZ** *vom 26.06.2002.*
Gummiparagraphen machen Bilanztricks möglich, **HB** *vom 28.06.2002.*
Bilanzskandal: Ex-WorldCom-Chef Ebbers im Visier, www.teltarif.de/arch/2002/kw27.
US-Unternehmen: Hauptsache groß, **Der Spiegel** *27/2002.*
Telekombranche: Alles verloren, **Wirtschaftswoche** *28/2002.*
WorldCom findet erneut unechte Gewinne, **FTD** *vom 06.11.2002.*
WorldCom einigt sich mit Börsenaufsicht, www.zdnet.de/news.
WorldCom schreibt fast sein gesamtes Netz ab, **FTD** *vom 17.03.2003.*
WorldCom-Bilanzskandal weitet sich erneut aus, www.heise.de/newsticker.
Bilanzskandal um WorldCom nimmt neue Ausmaße an, **FTD** *vom 02.04.2003.*
WorldCom kauft sich bei US-Börsenaufsicht frei, **FTD** *vom 20.05.2003.*
MCI WorldCom muss Strafe von 500 Mio. Dollar zahlen, www.zdnet.de/news.
MCI will WorldCom-Skandal abhaken, **CW** *vom 05.06.2003.*
WorldCom entschädigt Betrugsopfer, **FTD** *vom 03.07.2003.*
MCI installiert Chief Ethics Officer, **CW** *vom 15.10.2003.*
WorldCom/MCI nach Bilanzskandal saniert aus Insolvenzverfahren, www.verivox.de/News.
WorldCom-Aktionäre werden entschädigt: Von US-Sammelklage profitieren auch deutsche Anleger – Abwicklung der großen US-Bilanzskandale kommt ins Rollen, **HB** *vom 29.10.2004.*
Porträt: Bernie Ebbers – Vom gescheiterten Milchmann zum Telekom-Magnaten, **Die Welt** *vom 17.01.2005.*
Kronzeuge als Sündenbock: Wie sich WorldCom-Chef Ebbers im Betrugsprozess gegen die Aussagen seines Ex-Finanzvorstands Sullivan wehrt, **HB** *vom 18.02.2005.*
WorldCom: Ebbers in allen Punkten schuldig, www.manager-magazin.de.
Das große Bibbern: Nach dem harten Urteil gegen Ex-WorldCom-Chef Ebbers herrscht in den US-Unternehmen Angst, **Wirtschaftswoche** *13/2005.*
Ex-Chef von WorldCom nimmt Vergleich an, **HB** *vom 01.07.2005.*
Ex-WorldCom-Chef Ebbers gibt Vermögenswerte an Entschädigungsfond, www.heise.de/newsticker.

Fall 4: Xerox (Bürotechnik, 2002)

Die Xerox Corp. aus Stamford/Connecticut entwickelte sich seit Beginn der 60er Jahre zum Marktführer für Kopiergeräte. Zwei Drittel des Umsatzes wurde mit diesen Produkten, die den Büroalltag wesentlich revolutionierten, generiert. Das Unternehmen galt als äußerst innovativ: auch die Erfindung von Laserdrucker und Computermaus wurde dem F&E-Bereich von Xerox zugeschrieben. Doch obwohl Xerox die neue „digitale Technologie" selbst angestoßen hatte, wurde insbesondere der zunehmende Ersatz der traditionellen Kopierer durch vernetzte PC-Drucker zu spät erkannt. Pioniere dieser „Substitute" waren Hewlett-Packard, Canon und Lexmark, wohingegen Xerox seinen Fokus weiterhin auf den stagnierenden Kopierermarkt richtete. Als Xerox schließlich – infolge seiner Hochpreispolitik – sogar in diesem angestammten Kerngeschäftsfeld von billigeren Anbietern wie Canon oder Eastman Kodak überholt wurde, geriet das Unternehmen in den 90er Jahren infolge erheblicher Umsatzeinbußen in eine schwere Krise.

Durch strategische Allianzen mit Computerfirmen wie Microsoft, Lotus oder Compaq sowie durch die Übernahme des Druckerherstellers Tektronix zu einem Kaufpreis von rd. 1 Mrd. US-$ sollte der Übergang von der papiernen zur digitalen Technologie geschaffen werden. Im Rahmen eines veränderten Geschäftsmodells plante Xerox sich neu aufzustellen: man wollte sich von einem reinen Hardware-Hersteller in eine „Solutions-Company", d. h. in einen Dienstleister für das gesamte Dokumentenmanagement, verwandeln. Mit einem rigiden Kostensenkungsprogramm wurden allerdings sowohl Mitarbeiter demotiviert als auch Kunden verärgert: z. B. erhielten aufgrund von Einsparungen im – zentralisierten – Rechnungswesen viele Kunden falsche Rechnungen. Entgegen der beabsichtigten Verbesserung der Serviceleistungen verschlechterte sich der Kundendienst weiter.

Im Jahr 2001 weigerte sich die KPMG, die den Konzern seit 30 Jahren geprüft hatte, den Abschluss 2000 ohne eine tiefergehende Sonderprüfung zu testieren. Die Wirtschaftsprüfer hatten bereits mehrfach auf grundlegende Schwächen im IKS hingewiesen, die Finanzberichterstattung als unseriös kritisiert sowie den Rücktritt von CFO Barry Romeril gefordert. Daraufhin revidierte Xerox den Abschluss, entzog aber anschließend der KPMG das Prüfungsmandat und übertrug dieses an PwC. Xerox-Boardmitglieder hatten den KPMG-Prüfern vorgeworfen, das Board nicht in dem erforderlichen Umfang über die kritischen Buchführungspraktiken informiert zu haben. Offiziell ließ Xerox verlautbaren, man wolle durch den Wechsel der WP-Gesellschaft die Prüfung des Abschlusses 2001 unbelastet angehen.

Seit dem Jahr 2000 ermittelte die SEC gegen Xerox: die US-Börsenaufsicht warf dem Unternehmen vor, in den Jahren 1997 bis 2000 die Umsatzerlöse um 3 Mrd. US-$ und den Vorsteuergewinn um 1,5 Mrd. US-$ zu hoch ausgewiesen zu haben. Konkret bezogen sich die Vorwürfe auf die bilanzielle Behandlung von Leasingverträgen für Kopierer und andere Bürogeräte. Es war erforderlich, die Verträge im Einzelnen zu würdigen. Diese Aufgabe wurde dadurch erschwert, dass mit Zusatzvereinbarungen gearbeitet wurde, die den Prüfern häufig vorenthalten wurden. Grundsätzlich ist nach US-GAAP beim Finanzierungsleasing der Leasinggegenstand dem Leasingnehmer und beim Mietleasing dem Leasinggeber zuzurechnen. Die von Xerox vorgenommene sofortige Umsatz- und Gewinnrealisierung wäre daher nur dann zulässig gewesen, wenn das wirtschaftliche Eigentum stets auf den Leasingnehmer übergegangen wäre und die Leasingverträge eher den Charakter von Kauf- als von Mietverträgen gehabt hätten. Um die Auseinandersetzung mit der SEC bzgl. dieser strittigen Fragen beizulegen, erklärte sich Xerox im April 2002 in einem Vergleich – ohne Anerkennung einer Schuld – dazu bereit, einen Betrag in Höhe von 10 Mio. US-$ zu zahlen.

Im Juni 2002 gelangte PwC zu der Auffassung, dass die Umsatzerlöse seit 1997 sogar um rd. 6 Mrd. US-$ überhöht angegeben waren. Xerox erkannte die erneuten Vorwürfe nun teilweise an und revidierte die Umsätze für die Jahre 1997 bis 2001 um insgesamt 1,9 Mrd. US-$, was ca. 2 % der Gesamtumsatzerlöse in diesem Fünfjahreszeitraum entsprach. Der Vorsteuergewinn wurde für den gleichen Zeitraum um 1,4 Mrd. US-$ nach unten korrigiert. Die Xerox-Manager, die persönlich durch gewinnabhängige Bonuszahlungen und Aktienoptionen von der unzulässigen zeitlichen Vorverlagerung der Umsatzerlöse profitiert hatten, mussten Geldstrafen in Höhe von insgesamt 22 Mio. US-$ entrichten. Der Ende 2001 entlassene CFO Barry Romeril erhielt ein lebenslanges Verbot der Board-Mitgliedschaft bei börsennotierten Unternehmen.

Literatur:
***Ogger** (2003), S. 142;* ***Wägli** (2003), S. 26, 93 f..*
Xerox: Kopierte Vision, ***Wirtschaftswoche** 10/2000.*
Xerox: Risse im Fundament, ***FTD** vom 26.10.2000.*
Xerox feuert Wirtschaftsprüfer KPMG, ***CW** vom 08.10.2001.*
SEC hat Xerox im Visier, ***FAZ** vom 11.04.2002.*
Falschbuchungen auch bei Xerox – Umsatz um 1,9 Mrd. US-$ revidiert,
www.ngz-online.de/news/wirtschaft/2002-0628/xerox.
Kopierer: Bilanz-Skandal bei Xerox weitet sich aus, ***FAZ** vom 28.06.2002.*
Xerox-Manager müssen für Bilanzskandal bluten, www.frauenfinanzseite.de.

Fall 5: Tyco International (Mischkonzern, 2002)

Unter der Führung von CEO Dennis Kozlowski war die Tyco International Ltd. zum nach General Electric zweitgrößten Konglomerat der USA herangewachsen. Der Konzernumsatz erhöhte sich – vor allem bedingt durch zahlreiche Akquisitionen – während dessen rd. zehnjähriger Amtszeit von 3,1 Mrd. US-$ in 1992 bis zum Rücktritt im Jahr 2002 auf 36 Mrd. US-$. Vom weitgehend unbekannten Hersteller von Feuerlöschern und Sprinkleranlagen mutierte Tyco zum „Gemischtwarenladen" mit 270.000 Beschäftigten, dessen Produktpalette von elektronischen Sicherheitssystemen über Kleiderbügel, Plastikfolien, Chirurgiewerkzeuge, medizinische Spritzen und Pflaster bis hin zu Unterseekabeln, Schaltern und Telefonrelais reichte.

Die Reputation Tycos nahm erstmalig Schaden, als der gelernte Buchhalter Kozlowski im Jahr 1997 den Firmensitz von New Hampshire aus steuerlichen Gründen nach Pembroke auf die Bermudas verlagerte. Als Konzern, dessen Obergesellschaft ihren Sitz in einer Steueroase hatte, stand Tyco ab diesem Zeitpunkt besonders im Fokus der US-Behörden, zumal die Geschäfte weiterhin von New Hampshire und New York aus gesteuert wurden.

Im Jahr 2002 musste Tyco dann einräumen, dass in den Geschäftsjahren 1999 bis 2001 mehr als 700 Firmen mit Anschaffungskosten von rd. 8 Mrd. US-$ akquiriert wurden, ohne der gesetzlichen Mitteilungspflicht nachzukommen. Für Externe war es somit nicht mehr möglich, bzgl. der Umsatzsteigerung zwischen internem und externem Wachstum zu unterscheiden. Schwierig war es zudem, die Erstkonsolidierung von Zukäufen im Konzernabschluss nachzuvollziehen, da dieser mit einer schier endlosen Anzahl von Fußnoten versehen war, womit eine bewusst verkomplizierte Darstellung des Zahlenmaterials erfolgte. Insbesondere war für Investoren nicht erkennbar, welchen Betrag Tyco für den Kauf einer Beteiligung tatsächlich entrichtet hatte; bei der Erstkonsolidierung wurden vom bezahlten Kaufpreis die flüssigen Mittel des erworbenen Unternehmens gekürzt, um zu den (Netto-) Anschaffungskosten zu gelangen.

Durch die Vielzahl der Übernahmen stieg die Gesamtverschuldung auf rd. 25 Mrd. US-$. Als Anleihen in Höhe von 4,5 Mrd. US-$ zur Rückzahlung anstanden, war dies nur unter Schwierigkeiten und durch Aufnahme neuer Kredite möglich. Um die Verbindlichkeiten abzubauen, plante Kozlowski eine Neustrukturierung des Konzerns in vier Produktsegmente (Sicherheit/Elektronik, Gesundheitspflege, Feuerschutz und Finanzdienstleistungen) und die anschließende Veräußerung des einen oder anderen Segments. Diese Überlegungen wurden später wieder verworfen. Lediglich am Verkauf der Finanztochter CIT Group wurde festgehalten.

Nach dem erzwungenen Rücktritt von Kozlowski im Juni 2002 musste Tyco bei Nachprüfungen über 6 Mrd. US-$ außerplanmäßige Abschreibungen vornehmen. Davon entfielen allein 4,5 Mrd. US-$ auf die für 10 Mrd. US-$ erworbene CIT Group. Aus der Sicht von Tyco handelte es sich bei den unterlassenen Wertberichtigungen nicht um vorsätzlichen Bilanzbetrug. Nach Einschätzung der Staatsanwaltschaft wusste allerdings die WP-Gesellschaft PwC von den Bilanzierungsfehlern. PwC sei mitverantwortlich gewesen und hätte die Pflicht gehabt, einzuschreiten. Laut Aussage des Staatsanwalts schuf sich Kozlowski ein Netz von Vertrauten, setzte sie unter Druck oder korrumpierte diese, um seine Machenschaften zu decken.

Kozlowski und sein CFO Mark Swartz wurden ferner angeklagt, sich um 600 Mio. US-$ persönlich bereichert zu haben. So wurden z. B. die Nebenkosten für die private Kozlowski-Villa in Höhe von 600 US-$ pro Monat von Tyco bezahlt und als betrieblicher Aufwand gebucht. Die Aufwendungen in Höhe von 2 Mio. US-$ für eine sechstägige Feier in einem sardischen Luxus-Hotel anlässlich des 40. Geburtstags der Ehefrau wurde zur Hälfte über die Firma abgerechnet und über das Konto Reisekosten verbucht. Teilnehmer waren Tyco-Manager und persönliche Freunde des Ehepaars gewesen. Die 13 Mio. US-$ teure Segeljacht „Endeavor" und das Renoir-Gemälde „Fleurs et Fruits" wurden auf Firmenkosten angeschafft und unterhalten. Zudem missbrauchte Kozlowski ein Firmen-Budget, das für Umzugskosten von Angestellten vorgesehen war, für private Urlaubsreisen. Hinzu kamen vom Board nicht gedeckte, überzogene Gehaltszahlungen sowie langfristige zinslose Darlehen, die das Unternehmensergebnis weiter schmälerten.

Auslöser des Zwangsrücktritts Kozlowskis war letztendlich eine Anklage wegen Umsatzsteuerhinterziehung: er hatte für rd. 13,2 Mio. US-$ Gemälde im Namen und auf Rechnung der Firma gekauft und dabei den Fiskus um rd. 1 Mio. US-$ betrogen. Kozlowski hatte die Kunsthändler angewiesen, als Lieferanschrift für die Gemälde die Tyco-Zentrale in New Hampshire anzugeben; tatsächlich wurden die Kunstwerke aber an seine Privatadresse in der New Yorker Park Avenue geliefert.

In dem Geflecht aus Missmanagement, Bilanzdelikten und persönlicher Bereicherung ist bis heute der Grund für eine Zuwendung von Tyco in Höhe von 20 Mio. US-$ an eine Stiftung, deren wirtschaftlicher Eigentümer Frank Walsh, ein Tyco-Boardmitglied und persönlicher Freund Kozlowskis, war, nicht völlig aufgeklärt.

Im Juni 2005 wurden Kozlowski und Swartz wegen schweren Diebstahls, Konspiration und Wertpapierbetrug von einem New Yorker Gericht verurteilt. Nach Auffassung der Geschworenen hätten der ehemalige CEO und sein Finanzvorstand den Konzern regelrecht „ausgeplündert" und ihren extravaganten Lebensstil mit Firmengeldern finanziert. Die beiden Manager führten zu ihrer Verteidigung an, dass alle Vorgänge durch mündliche Zusagen eines inzwischen verstorbenen Board-Mitglieds gedeckt gewesen wären. Die Jury allerdings schenkte den Angeklagten keinen Glauben.

Literatur:
*Byron (2004), S. 27–33, 78–83, 305–331; **Ogger** (2003), S. 143; **Wägli** (2003), S. 24, 84.*
*US-Mischkonzern Tyco spaltet sich auf, **FTD** vom 22.01.2002.*
*Tyco beginnt mit der eigenen Zerlegung, **FTD** vom 05.02.2002.*
Der Sumpf um Tyco International, www.boerse-online.de/ac/us.
*Tyco-Chef tritt überraschend ab, **FTD** vom 04.06.2002.*
Ex-Tyco-Chef wegen Steuerhinterziehung angeklagt, www.netzeitung.de/wirtschaft.
*Das Kapital: Wenn man den Zahlen von Tyco nur glauben könnte, **FTD** vom 04.06.2002.*
*Neue Abschreibungen belasten Tyco, **FTD** vom 13.06.2002.*
*Tyco muss Verluste hinnehmen, **FTD** vom 23.07.2002.*
*Tyco ernennt Motorola-Manager zum Konzernchef, **FTD** vom 26.07.2002.*
Tyco-Prüfung ergibt noch nichts Auffallendes – Tyco erklärt sich frei von Bilanzbetrug – PwC wusste von Bilanzfehlern bei Tyco, www.netzeitung.de/wirtschaft.
*Anklage konfrontiert Ex-Chef von Tyco mit Party-Video, **FTD** vom 29.10.2003.*
*Gladiatoren und vergoldete Duschvorhänge: Der Preis des großen Geldes, **SZ** vom 29.10.2003.*
*Pudelförmige Schirmständer, Duschvorhänge für 6.000 Dollar: Die Rückkehr der Räuberbarone, **Die Zeit** 6/2004.*
*Hohe Haftstrafen sollen Manager abschrecken: Ex-Tyco-Manager müssen für Jahre ins Gefängnis, **HB** vom 21.06.2005.*

Fall 6: Global Crossing / Qwest Communications International (Glasfaserbetreiber, 2002)

Die beiden Unternehmen gehörten zu einer Gruppe von Telekomanbietern, die erst in den 90er Jahren gegründet worden waren und sich auf das Betreiben von Breitbandnetzen zur schnellen Datenübertragung spezialisiert hatten. Mit dem Internetboom hatten Global Crossing und Qwest wie auch die Branchenrivalen WorldCom, Level 3, BT Ignite oder 360 Networks ganz erheblich in den Ausbau der globalen Glasfasernetze investiert, die Highspeed-Datentransfers – etwa zum Zwecke von Videokonferenzen oder anderer Multimedia-Applikationen – ermöglichen.

Doch die Expansionsstrategie erwies sich als verfehlt: die Nachfrage nach den sog. „Carrierleistungen" blieb weit hinter den Erwartungen zurück, rasch wurden Überkapazitäten aufgebaut, die gesamte Branche litt unter dem Preisverfall. Weltweit lagen rd. 90 % der verlegten Glasfaserkabel ungenutzt im Boden oder auf dem Meeresgrund. Um trotz der einbrechenden Nachfrage die gesetzten Umsatzziele offiziell zu erreichen, begannen die Unternehmen, sich gegenseitig Netzkapazitäten zu vermieten oder zu verkaufen. Man ging hierbei – analog zur Energiebranche – nach dem Modell des „Roundtripping" vor; zwischen den Unternehmen handelte es sich stets um „Nullsummenspiele".

Es war bereits lange branchenüblich, Leitungen von anderen Anbietern anzumieten, da nicht jedes Unternehmen überall Kabel verlegen konnte. Seit dem Jahr 2000 missbrauchte insbesondere *Global Crossing* – das seinen Sitz in Hamilton auf den Bermuda-Inseln hatte – diese Geschäftsusance zunehmend, indem es an Konkurrenten, vor allem an Qwest, Kapazitäten auch dann vermietete, wenn diese sie gar nicht benötigten, um anschließend zeitgleich oder zeitversetzt im gleichen Volumen zu vergleichbaren Konditionen Fremdkapazitäten zurückzumieten. Ergebniswirksam waren diese „leeren" Tauschaktionen grundsätzlich nicht. Lediglich durch das Vorziehen der Mieterträge und das nicht periodengerechte Einbuchen der Mietaufwendungen konnte das Ergebnis manipuliert werden. Gleichwohl konnten die an diesen „Swap-Deals" beteiligten Partner – bei erhöhtem Mietaufwand – zusätzliche Umsatzerlöse ausweisen und damit die tatsächliche rückläufige Umsatzentwicklung verdecken.

Später ging Global Crossing dazu über, die Kapazitäten zu verkaufen und zurückzukaufen. Die Verkäufe wurden unmittelbar in vollem Umfang als Umsatz verbucht, die Rückkäufe wie Investitionen aktiviert und über einen Zeitraum von mehreren Jahren abgeschrieben. Auch diese – im Jahr der Transaktion unmittelbar ergebnisverbessernd wirkenden – „Drehtürgeschäfte" verstießen massiv gegen das GAAP-Gebot des „true and fair view": rd. 20 % der Umsatzerlöse resultierten aus diesen Scheingeschäften.

Auf diese Weise gelang es CEO Gary Winnick, Global Crossing lange Zeit als ein relativ gesundes Unternehmen zu präsentieren. Wie bei Enron und WorldCom war als Prüfungs- und Beratungsgesellschaft Arthur Andersen bestellt. Erst ein Schreiben eines ehemaligen Mitarbeiters an die SEC und das FBI wies auf die Vorgänge hin und löste den Skandal aus. Global Crossing hatte im Zuge des Aufbaus des Hochleistungsnetzes 8 Mrd. US-$ in die Glasfaserinfrastruktur mit einer Kabellänge von 160.000 km auf drei Kontinenten investiert. Infolge der Überschuldung musste Winnick im Januar 2002 Gläubigerschutz nach § 11 des US-Konkursrechts beantragen. Zuvor hatte er jedoch noch Global Crossing-Aktien im Wert von 735 Mio. US-$ aus seinem Privatvermögen verkauft.

Im Dezember 2003 konnte Global Crossing den Gläubigerschutz-Status wieder verlassen. Durch einen Überbrückungskredit des Mehrheitsaktionärs „Singapore Technologies Telemedia" konnte im Mai 2004 das drohende Delisting aus dem NASDAQ verhindert werden. Im April 2005 einigte man sich schließlich mit der SEC: Global Crossing ging straffrei aus. CEO, CFO und Chefbuchhalter wurden zu einer Geldstrafe von jeweils 100.000 US-$ verurteilt.

Als im April 2002 auch gegen den „Roundtripping"-Partner und Konkurrenten *Qwest* aus Denver/Colorado Untersuchungen wegen des Verdachts auf Umsatz- und Ergebnismanipulation eingeleitet wurden und die Qwest-Aktie innerhalb kurzer Zeit 92 % ihres Wertes verlor, entließ das Board den langjährigen CEO Joseph Nacchio und veranlasste den Qwest-Gründer und -Großaktionär Philip Anschutz, den Boardvorsitz abzugeben. Sowohl Anschutz als auch Nacchio hatten vor dem spektakulären Kursabsturz ebenfalls noch einen Großteil ihrer privat gehaltenen Qwest-Aktien veräußert.

Die WP-Gesellschaft Arthur Andersen, die bisher die Abschlüsse testiert hatte, wurde im Mai 2002 durch die KPMG ersetzt. Im Juli 2002 gab der als reiner Glasfasernetzbetreiber gestartete Telekom-Konzern zu, in den Jahren 1999 bis 2001 insgesamt 1,16 Mrd. US-$ an überhöhten Umsätzen ausgewiesen zu haben. Diese Summe erhöhte sich im September 2002 auf 1,48 Mrd. US-$, was durchschnittlich rd. 23 % des Jahresumsatzes der Sparte „Glasfasernetze" entsprach. Im Oktober 2002 musste Qwest im Zuge einer Neubewertung außerplanmäßige Abschreibungen in Höhe von rd. 40 Mrd. US-$ auf das globale Breitbandnetz, das Telefonnetz sowie die Firmenwerte vornehmen.

Trotz bestehender Verbindlichkeiten in Höhe von 26 Mrd. US-$ konnte der neue CEO Richard Notebaert durch eine erweiterte Kreditlinie der Bank of America eine Insolvenz abwenden. Als Sicherheit übertrug Qwest seine Telefonbuch-Sparte Qwest Dex.

Der niederländische Glasfasernetzbetreiber KPNQwest jedoch, der erst 1999 gegründet worden war und an dem die US-Gesellschaft Qwest mit 40 % als Hauptaktionär beteiligt war, musste in 2002 bei einer Überschuldung von 2 Mrd. € Insolvenz anmelden. Bei diesem Unternehmen wurde ebenfalls – wie auch bei anderen europäischen Telekommunikationskonzernen – „Roundtripping" festgestellt.

Da Qwest seine operativen Probleme – vor allem auf dem Geschäftskundenmarkt – nicht aus eigener Kraft lösen konnte, benötigte man einen leistungsfähigen Partner. Notebaert war bereit, für die Zielgesellschaft, den Ferngesprächsanbieter MCI, der unter dem Namen WorldCom den größten Bilanzskandal der Wirtschaftsgeschichte durchgestanden hatte, mehr als das Sechsfache des Unternehmenswertes zu zahlen. Nach monatelangem Bieterwettstreit bevorzugte MCI im Mai 2005 schließlich das Übernahmeangebot des Qwest-Rivalen Verizon, das bei 8,45 Mrd. US-$ lag, und zwang Qwest nach dieser Enttäuschung damit zu einer strategischen Neuorientierung.

Literatur:
Ogger *(2003), S. 141 f.;* ***Wägli*** *(2003), S. 19, 71, 79 f.*
Global Crossing ist pleite, www.netzeitung.de/wirtschaft/boerse/marktberichtusa.
Glasfaserbetreiber stehen am Abgrund, **FTD** *vom 30.01.2002.*
Schöner Traum aus Glas: Der Konkurs von Global Crossing wird weitere Glasfaserbetreiber mitreißen, **Wirtschaftswoche** *6/2002.*
USA weiten Ermittlungen gegen Telekombranche aus, **FTD** *vom 12.02.2002.*
KPN Qwest meldet Konkurs an, **FTD** *vom 31.05.2002.*
Qwest sucht Rettung bei Branchenkenner, **FTD** *vom 18.06.2002.*
Bankrotte KPN Qwest schaltet im Glasfasernetz das Licht aus, **FTD** *vom 04.07.2002.*
Ermittlungen gegen Qwest aufgenommen, **FTD** *vom 10.07.2002.*
Kaum jemand will Carrier Global Crossing übernehmen – Global Crossing-Chef will Angestellte entschädigen – Auch Telecom-Konzern Qwest gibt falsche Bilanzierung zu, www.heise.de/newsticker.
Kommentar: Eine Branche unter Generalverdacht, **FTD** *vom 29.07.2002.*
Qwest befällt die Enronitis, **FTD** *vom 30.07.2002.*
Qwest-Kredite drohen zu platzen, **CW** *vom 09.08.2002.*
Qwest gesteht höhere Falschbuchungen, **FTD** *vom 24.09.2002.*
Qwest nimmt hohe Wertberichtigung vor – Kommentar: Schein und Wirklichkeit bei Qwest, **FTD** *vom 29.10.2002.*
Rumsfeld-Berater Perle stolpert über Global Crossing, **CW** *vom 28.03.2003.*
Global Crossing erhält Überbrückungskredit, **CW** *vom 21.05.2004.*
Global Crossing einigt sich mit der SEC, **CW** *vom 12.04.2005.*
Qwest erhöht Übernahmeangebot für MCI, www.heise.de/newsticker.
MCI-Management bevorzugt neues Übernahmeangebot von Verizon: Qwest ist im Bieterwettstreit trotz eines höheren Angebots abgeschlagen, **HB** *vom 03.05.2005.*
Verizon sticht Qwest aus, www.manager-magazin.de.
Niederlage im Bieterkampf belastet Qwest, **FTD** *vom 04.05.2005.*

Fall 7: Merck (Pharmaindustrie, 2002)

Die Unternehmensphilosophie des umsatzmäßig zweitgrößten US-Pharmakonzerns galt als konservativ: man verzichtete in den zurückliegenden Jahren auf die in der Branche üblichen Fusionen und Akquisitionen, setzte konsequent auf stetiges internes Wachstum und konzentrierte sich auf das eigentliche Kerngeschäft, die Erfindung und Vermarktung von Medikamenten. So wurde dem F&E-Bereich ein hoher Stellenwert eingeräumt: jedes Jahr brachte Merck & Co. zwei bis drei verkaufsstarke neue Medikamente („Blockbuster") auf den Markt. Der Konzern, der rd. 55.000 Mitarbeiter beschäftigte, erzielte im Jahr 2001 einen Umsatz von 50,7 Mrd. US-$. Davon entfielen mit 29,7 Mrd. US-$ rd. 59 % auf die 100 %ige Konzerntochter „Medco Health Solutions Inc.", einem Spezialisten für Apothekenmanagement, der auch die weltgrößte Online-Apotheke betrieb.

Medco fungierte im amerikanischen Gesundheitssystem als Serviceunternehmen in doppelter Funktion: neben dem Einkauf von Medikamenten und deren Vertrieb an die Apotheken übernahm das Unternehmen auch die Organisation der sog. „Health Programs" für die Mitarbeiter amerikanischer Firmen sowie die Abrechnung mit den betrieblichen Krankenkassen. Ein Viertel aller krankenversicherten US-Bürger zählte zu den Kunden von Medco. Der Umsatz hatte sich seit 1993 verzehnfacht, zwischen den Jahren 1997 und 2001 konnte dieser um durchschnittlich 25 % p.a. gesteigert werden.

Im Juli 2002 wurde Medco vorgeworfen, die Umsatzerlöse in dem Dreijahreszeitraum von 1999 bis 2001 um 12,4 Mrd. US-$ zu hoch ausgewiesen zu haben (1999: 2,8 Mrd., 2000: 4,1 Mrd., 2001: 5,5 Mrd.). Infrage gestellt wurden Rezeptzuzahlungen von Patienten, die von den Apotheken vereinnahmt wurden und dort auch endgültig verblieben, aber bei Medco als Umsatz erfasst wurden. Medco-Kunden entrichteten in den Apotheken für verschreibungspflichtige Medikamente eine Selbstbeteiligung von ca. 10–15 %. Der Rest wurde mit den betrieblichen Krankenversicherungen abgerechnet.

Nach Auffassung von Merck-CEO Raymond Gilmartin war die Verbuchung der Zuzahlungen als Umsatzerlöse korrekt, da die Apotheker als Subunternehmer – im Auftrag und für Rechnung – von Merck-Medco agierten. Zudem würde eine Nichterfassung dieser Zuzahlungen das absolute Ergebnis nicht verändern, da sich die Aufwendungen entsprechend vermindern würden. In diesem Fall hätte man Merck sogar den Vorwurf gemacht, zu hohe prozentuale Gewinnmargen zu zeigen. Gilmartin wies ferner darauf hin, dass auch andere Branchenunternehmen wie z. B. Caremark RX die Eigenbeteiligungen der Patienten in gleicher Weise verbuchten. Vor allem aber hätte Medco sogar schon vor der Übernahme durch Merck im Jahre 1993 diese „Bruttomethode" – also Ausweis von Umsatzerlösen und entsprechenden Aufwendungen – kontinuierlich angewendet, was bislang weder von den Wirtschaftsprüfern noch von der SEC als ein Verstoß gegen US-GAAP angesehen wurde.

Rechnungslegungsexperten merkten jedoch kritisch an, dass die Zuzahlungen nie bei Medco eingegangen wären und somit ein Umsatzausweis unzulässig sei. Wenngleich diese Art der Verbuchung zwar rein technisch GAAP-konform sei, so verletze sie jedoch den Grundsatz der „Fair Presentation". Zusätzliche Skepsis verbreitete sich, weil die Bonusvergütungen des Merck-Managements zum Teil auf Umsatzerlösen basierten.

Durch die „Zwischenschaltung" von Medco erhoffte sich Merck, dass die selbst hergestellten Medikamente bevorzugt abgesetzt würden. Als die Aufsichtsbehörden diese in der Pharma-Branche übliche Konstruktion untersagten, verkauften viele konkurrierende Medikamentenhersteller ihre konzerneigenen Apothekenmanagement-Firmen unter Hinnahme von teils hohen Verlusten. Bei Medco waren die Bruttogewinnmargen seit 1999 von 5,5 % auf 3,2 % zurückgegangen. Auch Merck plante daher, sich von seiner Tochter zu trennen und im Zuge eines IPO in einem ersten Schritt 20 % der Anteile zu veräußern. Medco war jedoch in jedem Fall durch eine Abnahmeverpflichtung gebunden, noch fünf Jahre lang Merck-Produkte in einem vertraglich festgelegten Umfang zu vertreiben. Da diese Vereinbarung eine eindeutige Bevorzugung von Merck bewirkte, sah man sich mit erheblichen wettbewerbsrechtlichen Problemen konfrontiert.

Literatur:
Ogger (2003), S. 142 f.; **Wägli** *(2003), S. 74 f..*
Merck: Triumph des Außenseiters, **Wirtschaftswoche** *6/2000.*
Merck trennt sich von Apotheken-Tochter, **FTD** *vom 30.01.2002.*
Massenklage gegen Merck, **FTD** *vom 03.07.2002.*
Pharma: Merck-Tochter blähte Umsatz kräftig auf, **FAZ** *vom 08.07.2002.*
Merck bangt um Milliarden in der Bilanz, **FTD** *vom 09.07.2002.*
Wundermittel in der Merck-Bilanz: Gerüchte über zuviel gebuchte Umsätze – Aktienkurs bricht ein, **Berliner Morgenpost** *vom 09.07.2002.*
Raymond Gilmartin: Herr der leisen Töne, mit Vorbehalt beäugt, **FTD** *vom 09.07.2002.*
Merck sagt Medco-Börsengang ab, **FTD** *vom 10.07.2002.*
Merck muss das IPO von Medco verschieben – Ungünstiges Klima für Börsengänge, www.nzz.ch/2002/07/11.
„Zuerst Klarheit schaffen": Merck-Chef Gilmartin über die amerikanischen Bilanzskandale und mögliche Wege aus der Vertrauenskrise, **Wirtschaftswoche** *32/2002.*

Fall 8: Adelphia Communications (TV-Kabelnetzbetreiber, 2002)

Adelphia war der sechstgrößte Kabelnetzbetreiber in den USA mit knapp 6 Mio. Abonnenten. Die Historie des ehemals an der NASDAQ gelisteten High-Tech-Konzerns war eng mit der Familie Rigas verbunden: John J. Rigas hatte Adelphia gegründet und war bis zu seinem Ausscheiden CEO und Kopf des Unternehmens. Seine Söhne Timothy und Michael waren Boardmitglieder und für die Finanzen bzw. für die Organisation des operativen Geschäfts verantwortlich.

Neben verschiedenen Bilanzdelikten war Adelphia vor allem wegen der exorbitanten persönlichen Bereicherung von Mitgliedern des „Rigas-Clans" in den Fokus geraten. Ermittlungen ergaben, dass Aufwendungen für die private Lebensführung als Betriebsausgaben geltend gemacht und damit außenstehende Aktionäre, Gläubiger sowie der Fiskus in erheblichem Umfang geschädigt wurden.

So wurden z. B. mehrere Appartements in New York im Betriebsvermögen erfasst, obwohl die Familie Rigas diese ganz überwiegend privat nutzte. Auch die Maklergebühren für diese Immobilien bezahlte die Firma Adelphia. Ein Golfplatz wurde aus Firmenmitteln – ohne Wissen der übrigen Boardmitglieder – mit einem Aufwand von 13 Mio. US-$ angelegt. Die erforderliche Grundstücksfläche erwarb die Firma zu einem überhöhten Preis von der Rigas-Familie. Obwohl die betriebliche Nutzung auch in diesem Fall von untergeordneter Bedeutung war, machte das Unternehmen sämtliche Aufwendungen in der GuV geltend. Zudem führten Betriebshandwerker an privaten Immobilien Instandhaltungs- und Erweiterungsmaßnahmen durch, eine Bezahlung durch die Familie Rigas erfolgte nicht. Private Urlaubsreisen wurden als Dienstreisen über die Firma abgerechnet. Selbst für Luxus-Safaris nach Afrika erstellte man Reisekostenabrechnungen. Um für eine Familientochter ein Betätigungsfeld zu schaffen, erwarb Adelphia eine Filmproduktionsfirma. Die Verluste dieses branchenfremden Unternehmens belasteten das Konzernergebnis. Nach eingehenden Ermittlungen forderte die SEC im Juli 2002 die Familie Rigas auf, für die verdeckten Entnahmen mehr als 1 Mrd. US-$ wieder in die Firma einzubezahlen.

Die SEC warf Adelphia – das über ein Netz von 200 Tochtergesellschaften verfügte – außerdem vor, Verbindlichkeiten in Höhe von 2,3 Mrd. US-$ in der Konzernbilanz nicht ausgewiesen zu haben. Diese Kredite waren von nicht in den Konsolidierungskreis einbezogenen Unternehmen aufgenommen worden. Der Familie Rigas waren darüber hinaus private Kredite in Höhe von 3,1 Mrd. US-$ ausgereicht worden, für welche Adelphia eine Garantieerklärung abgegeben hatte. Als die Gesellschaft aus dieser Kreditbürgschaft tatsächlich in Anspruch genommen wurde, musste sie unter Gläubigerschutz gestellt werden. Zuvor hatte der

Konzern sieben Jahre in Folge Verluste ausweisen müssen. Im Juli 2002 wurden John J., Timothy und Michael Rigas schließlich wegen „schwerstem Betrug" verhaftet: die Ermittlungen ergaben, dass auch die Anzahl der Abonnenten um rd. 500.000 zu hoch angegeben worden war.

Im August 2002 wurden auch die Elektronikkonzerne Motorola und Scientific-Atlanta in den Adelphia-Skandal involviert: die SEC untersuchte Zahlungen der beiden Unternehmen an Adelphia im Rahmen der Lieferung von Set-Top-Boxen. So überwies Adelphia beispielsweise an die Herstellerfirma Motorola anstatt des ursprünglich vereinbarten Kaufpreises von 100 US-$ pro Box 125 US-$. Die Rechnung war von Motorola auf 125 US-$ ausgestellt; diesen Betrag verbuchte Adelphia auch als Anschaffungskosten für die Investition. Über den Differenzbetrag von 25 US-$ pro Box erstellte Adelphia eine Rechnung über Marketingleistungen an Motorola und verbuchte diese als sonstige betriebliche Erträge.

Obwohl im wirtschaftlichen Ergebnis Adelphia pro Box – per Saldo – 100 US-$ bezahlte, erhöhte sich durch diesen „Gestaltungsumweg" Adelphias EBITDA: während die Marketing-Rechnung als „Earnings" diese Pro-Forma-Kennzahl verbesserte, blieben die Abschreibungen auf die Investition ungekürzt. Bei Motorola wurden zusätzliche Umsatzerlöse von 25 US-$ pro Box ausgewiesen. Diesen Erträgen standen jedoch zusätzliche Marketingaufwendungen in gleicher Höhe gegenüber, wodurch das Jahresergebnis unverändert blieb.

Im Mai 2005 einigte sich Adelphia mit der SEC zur Zahlung von 715 Mio. US-$, um einen drohenden Prozess wegen Betrugs und Bilanzfälschung abzuwenden. Das Geld floss in einen Fond für geschädigte Anleger, in den auch die WP-Gesellschaft Deloitte & Touche 50 Mio. US-$ einzahlen musste. Mitglieder der Familie Rigas wurden zur Zahlung von insgesamt 1,5 Mrd. US-$ an Adelphia verpflichtet. Zwischenzeitlich wurde Adelphia, das sich seit 2002 in einem Insolvenzverfahren befand, durch Time Warner und Comcast übernommen.

Literatur:
Ogger *(2003), S. 145;* ***Wägli*** *(2003), S. 21, 59.*
Milliardenbetrug bei US-Kabelbetreiber Adelphia entdeckt, www.zdnet.de/news.
Adelphia-Gründer und seine Söhne festgenommen, ***FTD*** *vom 25.07.2002.*
Adelphia-Manager wegen Betrugsverdacht in Haft – Adelphia-Gründer Rigas und Söhne wegen Diebstahls verklagt, www.heise.de/newsticker.
Adelphia-Gläubiger verklagen Banken, www.onlinepc.ch.
Bilanzierungsskandal um US-Kabelnetzbetreiber Adelphia weitet sich aus, www.reiner.ntz.de.
Motorola gerät in den Sog der Skandalpleite von Adelphia, ***FTD*** *vom 09.08.2002.*
Adelphia-Skandal: US-Börsenaufsicht ermittelt auch gegen Motorola, ***CW*** *vom 12.08.2002.*
Ehemaliger Adelphia-Manager bekennt sich schuldig, ***Die Welt*** *vom 13.01.2003.*
Time Warner und Comcast übernehmen Adelphia, ***CW*** *vom 22.04.2005.*
Adelphia einigt sich mit der SEC und zahlt 715 Mio. Dollar, www.de.biz.yahoo.com.
Millionenstrafe für US-Kabelbetreiber Adelphia, www.derstandard.at.
Adelphia-Gründer soll 15 Jahre ins Gefängnis, ***HB*** *vom 22.06.2005.*

Fall 9: AOL Time Warner (Medienkonzern, 2002)

Der Internet-Provider America Online (AOL), eine der erfolgreichsten Firmen der New Economy, hatte im Januar 2000 die Übernahme des deutlich größeren Medienkonzerns Time Warner, der u. a. Beteiligungen in der Kinoindustrie, im TV-Bereich und bei Presseverlagen hielt, angekündigt. Genau ein Jahr später kam es schließlich zur größten Fusion der US-Wirtschaftsgeschichte. Auf dem Papier schienen sich die beiden Partner ideal zu ergänzen: durch das Verschmelzen von alter und neuer Medienwelt sollten zusätzliche Vermarktungschancen genutzt werden.

Rückblickend musste der Zusammenschluss als betriebswirtschaftliche Fehlentscheidung bezeichnet werden, insbesondere aus Sicht der ehemaligen Time Warner-Aktionäre. AOL wurde vorgeworfen, bereits den Konzernabschluss 2000 – im Hinblick auf die anstehende Fusion – zu positiv dargestellt zu haben. Seit Beginn des Jahres 2001 gab AOL immer wieder sehr ehrgeizige und optimistische Umsatz- und Gewinnprognosen ab, die später nie realisiert werden konnten. Das als „Kronjuwel" gepriesene Herzstück der Fusion enttäuschte sämtliche Erwartungen: im Jahr 2002 musste AOL Time Warner einen Verlust von nahezu 100 Mrd. US-$ hinnehmen, der hauptsächlich auf den negativen Ergebnisbeitrag der Internet-Sparte AOL zurückzuführen war.

Im August 2002 gab AOL mögliche Falschangaben zu. Bei der Abgabe der eidesstattlichen Erklärung über die Richtigkeit der Finanzberichterstattung gemäß Section 302 SOA räumten CEO Richard Parsons und CFO Wayne Pace ein, in 2000 bzw. 2001 insgesamt 49 Mio. US-$ unzulässigerweise als Umsatzerlöse ausgewiesen zu haben. AOL hatte von UUNet, einer Tochter des US-Carriers WorldCom, der sich seinerseits ebenfalls massiven Vorwürfen der Bilanzmanipulation ausgesetzt sah, Netzkapazitäten für das Internet erworben. Im Rahmen eines Gegengeschäftes buchte WorldCom bei AOL Werbeflächen. Diese beiden Transaktionen waren aneinander gekoppelt und erfüllten den Tatbestand des „Roundtripping": bei einem Tauschvorgang unter fremden Dritten wäre als Wert der jeweiligen Gegenleistung ein wesentlich niedrigerer Betrag vereinbart worden. Die Höherfakturierungen bewirkten bei beiden Konzernen zusätzliche Umsatzerlöse.

In einer Sammelklage der New Yorker Anwaltskanzlei Lovel & Stewart LLP wurde AOL darüber hinaus vorgeworfen, die Umsatzerlöse um weitere 270 Mio. US-$ aufgebläht zu haben. Zum Beispiel hatte AOL seine Werbeeinnahmen im Jahr 2001 dadurch erhöht, dass die Firma „24dogs.com" Online-Anzeigen schalten musste, um einen Rechtsstreit – bei dem AOL obsiegte – ohne Schadensersatzzahlung beizulegen. In der AOL-GuV wurde somit ein außerordentlicher Ertrag in operative Umsatzerlöse umgewandelt.

In einem weiteren Sachverhalt hatte AOL Anzeigen für Rechnung des Online-Auktionshauses Ebay vermittelt. Die Einnahmen, die im Wesentlichen an Ebay weitergeleitet wurden, erfasste AOL als eigene Umsätze, obwohl es sich – mit Ausnahme der Provision – um „durchlaufende Gelder" handelte. Gleichwohl hatte die WP-Gesellschaft Ernst & Young den Jahresabschluss 2001 testiert.

Die „Washington Post" berichtete, dass AOL unter seinen Mitarbeitern sog. „Creative Transactions Awards", d. h. Belohnungen für besonders kreative und aggressive Gestaltungsmaßnahmen vergab. Prämiert wurde u. a. ein Deal, bei dem AOL für die Softwarefirma „Purchase Pro Inc." Softwareprogramme verkaufte und als Gegenleistung Optionsscheine bekam, mit denen Anteile von Purchase Pro Inc. zu einem festgelegten Kaufpreis innerhalb eines bestimmten Zeitrahmens erworben werden konnten. Der Wert dieser Warrants, die einem erheblichen Bewertungsspielraum unterlagen, wurde als Werbeeinnahmen verbucht, obwohl eine Realisierung in dieser Höhe zum Bilanzstichtag noch mehr als fraglich war.

Im AOL Time Warner-Konzernabschluss zum 31.12.2001 standen aus der Erstkonsolidierung von AOL Goodwill und immaterielle Vermögensgegenstände in Höhe von insgesamt 34 Mrd. US-$ zu Buche. Aufgrund der negativen VFE-Lage von AOL ergab sich hieraus ein exorbitanter Abschreibungsbedarf.

Im Oktober 2003 wurden die drei Buchstaben „AOL" aus dem Konzernnamen gestrichen, wodurch die zunehmende Dominanz der Mediensparte über den kriselnden Internet-Bereich deutlich zum Ausdruck kam.

Literatur:
Ogger *(2003), S. 144;* ***Wägli*** *(2003), S. 27, 60.*
Bilanztricks: Vorwürfe gegen US-Medienkonzern AOL Time Warner, www.teltarif.de.
AOL: Sammelklage wegen angeblicher Bilanztricks eingereicht, ***FTD*** *vom 19.07.2002.*
Der Riese wankt: SEC dehnt die Überprüfung von AOL Time Warner aus, www.jungewelt.de.
Bilanzskandale: AOL Time Warner gibt Fehlbuchungen zu, ***FAZ*** *vom 15.08.2002.*
AOL Time Warner räumt mögliche Bilanzfehler ein, www.phoenix.de.
Geschäft zwischen AOL und WorldCom im Visier, www.netzeitung.de/wirtschaft.
AOL's „Round Trips", www.n-tv.de.
Bilanzskandal setzt AOL Time Warner zu, ***FTD*** *vom 26.08.2002.*
Klick und weg: Gelähmt, zerstritten, desillusioniert – bei AOL Time Warner droht zu zerfallen, was womöglich nie zusammengehörte. Aus der Jubel-Fusion wird ein Flop-Lehrstück,
Der Spiegel *35/2002.*
AOL-Struktur wird umgebaut, www.zdnet.de/news.
Weitere Bilanzmanipulation bei AOL, www.de.internet.com.
AOL Time Warner streicht „AOL" aus Konzernnamen, www.teltarif.de.

Fall 10: Computer Associates (Software, 2004)

Das auf Mainframe- und Client-Server-Software spezialisierte Unternehmen mit Sitz in Islandia/Long Island im Bundesstaat New York stand im Jahr 2001 bei einem angegebenen Umsatz von knapp 4,2 Mrd. US-$ auf der Liste der 500 größten US-Unternehmen des Wirtschaftsmagazins „Fortune". Die Software von Computer Associates (nachfolgend: CA) sollte vor allem die IT-Systeme von Großunternehmen effizienter gestalten. Hierzu wurde u. a. auch Speicher- und Sicherheitssoftware offeriert.

Die SEC hatte gegen das Unternehmen bereits im Zeitraum 1998/1999 wegen des Verdachts auf zu hoch ausgewiesene Umsatzerlöse ermittelt. Damals hatten CA-Manager infolge der künstlich gepushten Börsenkurse „share-based payments" im Wert von rd. 1,1 Mrd. US-$ erhalten. CA musste schließlich den Umsatz für die beiden Jahre um 543 Mio. US-$ nach unten korrigieren. Vor allem seit dem Jahr 2000 machte CA jedoch mehrmals durch Bilanzmanipulationen auf sich aufmerksam.

So wurde in mehreren Geschäftsjahren ein Teil der Umsatzerlöse vorzeitig, nämlich bereits vor Unterzeichnung der entsprechenden Software-Lizenzverträge, verbucht. Der Vice President of Finance, Lloyd Silverstein, hatte auf Anweisung seines Vorgesetzten, des CFOs Ira Zar, eine Rückdatierung der Verträge auf einen Zeitpunkt jeweils vor dem Bilanzstichtag (31.03.) vorgenommen und dies gegenüber den Ermittlungsbehörden verschwiegen, so dass die Bilanzmanipulation erst im November 2003 durch eine interne Prüfungskommission aufgedeckt wurde.

In einer Vorabmitteilung zu den Geschäftszahlen des Fiskaljahrs 2001 gab CA zunächst einen Gewinn von 230 Mio. US-$ bekannt. Mit der Begründung, es habe sich um einen Tipp- bzw. Druckfehler gehandelt, wurde diese Zahl später auf 90 Mio. US-$ revidiert. Die Korrektur erfolgte erst, nachdem ehemalige Mitarbeiter über Bilanzmanipulationen bei CA berichtet hatten und am 29.04.2001 ein entsprechender Artikel in der „New York Times" erschienen war.

Für das vierte Quartal 2001 vermeldete der Softwarekonzern einen Pro-forma-Gewinn von 667 Mio. US-$. Dieses Ergebnis erwies sich als irreführend, weil als Comprehensive Income nach US-GAAP ein Verlust von 275 Mio. US-$ ausgewiesen werden musste.

Zudem hatte das Unternehmen seit Oktober 2000 unter dem Namen „New Business Model" eine grundlegende Änderung der Umsatzrealisierung vorgenommen. CA begann die Erlöse aus den mehrjährigen Lizenzverträgen nicht mehr direkt bei Vertragsunterzeichnung in vollem Umfang als Ertrag zu verbuchen, sondern periodengerecht und gleichmäßig über die Laufzeit zu verteilen. Wenngleich diese neue Vorgehensweise nach US-GAAP als legal und richtig bewertet wurde, sorgte sie doch bei den Anlegern für gewisse Verwirrung, weil die Erlöse zunächst um mehr als zwei Drittel zurückgingen und keine Vorjahresvergleiche mehr vorgenommen werden konnten. Kritiker warfen CA vor, dass mit dieser Buchungsmethode, die in Zukunft kontinuierliche Umsatzerlöse sicherstellen sollte, erhöhte Auftragseingänge bzw. -bestände vorgetäuscht und vor allem die rückläufige tatsächliche Umsatzentwicklung verdeckt werden sollte.

Im April 2004 bekannten sich Zar und Silverstein, die bereits 2003 das Unternehmen verlassen mussten, der Verschwörung zum Wertpapierbetrug und zur Justizbehinderung schuldig. Das CA-Board hielt auch die Ablösung von CEO Sanjay Kumar für angemessen, obwohl diesem kein konkretes Fehlverhalten bezüglich des vorzeitigen und überhöhten Ausweises der Umsatzerlöse nachgewiesen werden konnte. Kumar legte noch im April 2004 sein Amt nieder.

CA beabsichtigt, zukünftig freiwillig für mehr Klarheit in der Rechnungslegung zu sorgen: Aufwendungen für Aktienoptionsprogramme für Top-Manager sollen – der allgemeinen Entwicklung in der internationalen Rechnungslegung folgend – in der GuV erfasst werden, wodurch man eine erhebliche Verschlechterung des Jahresergebnisses in Kauf nimmt. Nach US-GAAP besteht bei entsprechender individueller Ausgestaltung der „share-based payments" das Wahlrecht, diese Aufwendungen in der GuV auszuweisen oder lediglich in den „Notes" anzugeben.

Literatur:
Ogger *(2003), S. 144;* ***Wägli*** *(2003), S. 20, 64.*
CA vertippt sich um 140 Millionen Dollar – Analysten vermuten systematische Bilanzfehler, www.computerpartner.de/newsarchiv/2001/05/09.
CA will Aktienoptionen in der Bilanz verbuchen, ***CW*** *vom 30.07.2002.*
Computer Associates kündigt Manager wegen umstrittener Bilanzierungspraktiken – Computer Associates droht SEC-Klage – Schuldbekenntnisse in CA-Bilanzskandal, www.futurezone.orf.at.
CA-Chef Kumar wäscht seine Hände in Unschuld, ***CW*** *vom 05.02.2004.*
CA-Chef Kumar abgetreten, www.tagesspiegel.de/newsticker.

2.2 Bilanzskandale im europäischen Ausland

Fall 11: SAirGroup (Fluggesellschaft, Schweiz, 2001)

Am 2. Oktober 2001 musste die Swissair – einst nach Air France, British Airways und Lufthansa viertgrößte europäische Airline und Schweizer „Nationalstolz" – Gläubigerschutz beantragen. Ursächlich für das „Grounding" waren letztlich Verstöße gegen elementare Grundsätze der Corporate Governance. Der mit der Liquidation betraute Sachwalter Karl Wüthrich machte gegen Mitglieder des Vorstandes und des Verwaltungsrates Haftungsklagen geltend.

Für 1999 wurde offiziell noch ein Gewinn von 273 Mio. CHF gezeigt. Im Abschluss 2000 konnten Absturz und Bruchlandung jedoch nicht mehr verheimlicht werden: der Konzern musste einen Jahresfehlbetrag von nahezu 2,9 Mrd. CHF ausweisen. Die Anschläge von New York und Washington vom 11. September 2001 versetzten der Swissair schließlich den „Todesstoß": infolge von erheblichen Umsatzausfällen, gestiegenen Versicherungsprämien und neuen, teuren Sicherheitsbestimmungen verschlechterte sich die VFE-Lage dramatisch.

Durch mehrere „Kunstgriffe" wurde die VFE-Lage 1999 wesentlich zu gut dargestellt. Zum Beispiel wies man unter der GuV-Position „Ergebnis aus ausländischen Beteiligungen" einen Verlust in Höhe von 31 Mio. CHF aus. Dieser Betrag setzte sich aus Abschreibungen auf Beteiligungen (436 Mio.), Zuschreibungen auf Beteiligungen (150 Mio.), Dividendenerträgen und Gewinnen aus Beteiligungsabgängen (200 Mio.) sowie Gewinnen aus assoziierten Unternehmen (55 Mio.) zusammen, womit eindeutig gegen das Saldierungsverbot verstoßen wurde.

Um die Eigenkapitalquote – die ohne diese Maßnahme 2 % betragen hätte – zu verbessern, wurde zum 31.12.1999 zudem eine Neubewertung der betrieblichen Versorgungszusagen durchgeführt und die Pensionsrückstellungen um 1.030 Mio. CHF niedriger angesetzt. Unter Verstoß gegen das Saldierungsverbot wurden Steuerschulden in Höhe von 259 Mio. CHF von diesem Auflösungsbetrag gekürzt und der Saldo von 771 Mio. CHF als zusätzliches Eigenkapital ausgewiesen.

Die Swissair hatte sich durch zum Teil unkontrollierte Akquisitionen – größte Zukäufe waren der Ferienflieger LTU und die französischen AOM in 1998 – zu einem 260 Beteiligungsgesellschaften umfassenden Firmenkonglomerat entwickelt, das aufgrund der unübersichtlichen Struktur nur schwer zu steuern war. Das Unternehmen, das als „beraterfreundlich" galt, verfolgte dabei zunächst die von McKinsey propagierte „Hunter-Strategie", dem steten Zukauf von Minderheitsbeteiligungen von 10 – 30 %: aufgrund EU-Rechts war es der Swissair-Gruppe untersagt, Mehrheitsbeteiligungen an EU-Luftfahrtunternehmen zu erwerben.

Doch CEO Philippe Bruggisser versuchte, die ausländischen Airlines tatsächlich zu beherrschen und vereinbarte komplexe vertragliche Transaktionen, um die EU-Auflagen zwar formell nicht zu verletzen, gleichzeitig aber die de-facto-Kontrolle über die Gesellschaften auszuüben. Gleichwohl wurden diese Beteiligungen in den IAS-Konzernabschlüssen der SAirGroup nicht voll konsolidiert, weil sich sonst ein deutlich negativeres Bild der VFE-Lage des Konzerns ergeben hätte. Bei erfolgter Vollkonsolidierung der de-facto-kontrollierten Gesellschaften wäre die Überschuldung der Swissair bereits Ende 2000 zu Tage getreten.

Beispielsweise erwarb die Swissair-Gruppe 1999 in zwei Tranchen 95,3 % der Aktien an der „Air Littoral" und „verkaufte" bereits vor dem Kauf der zweiten Tranche 46,3 % zum symbolischen Preis von einem Franken an einen Treuhänder (sog. „Porteur"). Diesem gegenüber ging man die vertragliche Verpflichtung ein, alle ihm entstehenden Aufwendungen zu übernehmen und ihn intern von allen Haftungsansprüchen freizustellen. Der Rückkauf der von dem Porteur gehaltenen Beteiligungsrechte wurde durch ein Optionsgeschäft abgesichert. Nach eigenem Bekunden übte die Swissair auf die Air Littoral einen herrschenden Einfluss aus, vollkonsolidiert wurde diese allerdings – fälschlicherweise – nicht.

In den Jahren 1999 bis 2001 arbeitete die SAirGroup intensiv mit Equity-Swap-Geschäften. Eigene Aktien wurden zum Börsenkurs auf eine bestimmte Laufzeit verkauft und danach zum dann aktuellen Kurs – bei einem Ausgleich der Wertdifferenz – zurückerworben. Während der Laufzeit musste die SAirGroup vom jeweiligen Marktwert abhängige Zinsen bezahlen. Durch diese Transaktionen verbesserten sich die Liquidität und das Verhältnis von Eigen- zu Fremdkapital, das Kursrisiko trug aber die SAirGroup.

Der Niedergang der Swissair wurde begleitet von einer zunehmenden „Nichtüberwachungskultur" seitens der Kontrollorgane. So wurde etwa der Revisionsstelle PwC zeitweise ein gewinnabhängiges Honorar (!) ausgezahlt. Kritisiert wurde jedoch vor allem die zu passive Haltung des Verwaltungsrates. Dessen Mitglieder kamen aus anderen Branchen, brachten keine Erfahrungen im Airline-Geschäft mit und hatten somit nicht die Fachkompetenz, um die Swissair-Organisation zu verstehen. Auch wurde ein Sitz im Swissair-Verwaltungsrat oft nur als eine prestigeträchtige Pfründe gesehen: die Verwaltungsräte hatten parallel zahlreiche andere Verpflichtungen zu erfüllen und waren bei den Sitzungen häufig nicht präsent.

Letztlich handelte es sich um eine auf den CEO zugeschnittene Unternehmensorganisation: der dominante Autokrat Bruggisser konnte beim Verwaltungsrat jeweils die Strategie durchsetzen, die er persönlich für richtig hielt. Das Middle Management war zu bedingungsloser Konformität verpflichtet, die als Loyalität verpackt und kommuniziert wurde.

Überlagert wurde diese Konsensorientierung und Konfliktvermeidungsstrategie durch vielseitige Beziehungsgeflechte zwischen Wirtschaft, Politik und Militär, dem „Swiss Filz". Durch die vielen Koalitionen, Verstrickungen und Seilschaften entstanden Abhängigkeiten, die einer professionellen Corporate Governance abträglich waren. *Loepfe* beschreibt die entwickelte „Filzkultur" wie folgt: man hatte sich gegenseitig viel zu verdanken, deshalb wollte keiner dem anderen auf die Füße treten. Man drückte ein Auge zu, erwartete dasselbe aber auch von seinem Gegenüber. Von der ursprünglich angestrebten Balance zwischen Vertrauen und Kontrolle konnte somit nicht mehr die Rede sein.

Im April 2002 nahm die neue Schweizer Airline „Swiss" den Flugbetrieb auf. Sie ist Rechtsnachfolgerin der ehemaligen Regionalfluggesellschaft Crossair, die eine Tochtergesellschaft der zusammengebrochenen Swissair war. Für den Neuanfang der Swiss wurden von der öffentlichen Hand rd. 1,4 Mrd. CHF eingebracht. Dies entspricht ungefähr dem Sechsfachen des Betrages, der 1999 von Schröder zur Rettung der Philipp Holzmann AG bereitgestellt wurde.

Während sich die Swissair im Frühjahr 2005 noch immer im Konkursverfahren befand, entwickelten sich Ertragslage und Kostenstruktur der Swiss unbefriedigend. Ungelöst blieb zudem das Hauptproblem der viel zu großen Interkontinentalflotte. Im März 2005 unterschrieb das Swiss-Management daraufhin ein Übernahmeangebot der Lufthansa, nachdem die Hauptaktionäre ihre Zustimmung erteilt hatten. Die öffentlichen Reaktionen in der Schweiz waren zurückhaltend; man schien sich damit abzufinden, dass das nationale Symbol zum Auslaufmodell degenerierte.

Literatur:
Moser** (2001);* ***Schmeh *(2002), S. 126–128;* ***Wägli*** *(2003), S. 28 f., 82–86.*
Jud *(2005): Das Swissair-Debakel – Von Alcazar über die Hunter-Strategie zum Grounding 2001, www.chronik.geschichte-schweiz.ch.*
Loepfe *(2003): Lehren aus dem Fall Swissair – Auswertung in einem Doktorandenseminar der Universität Sankt Gallen, in: Der Schweizer Treuhänder 9/2003, S. 715–722.*
Richter *(2001): Der Zusammenbruch der Swissair, www.wsws.org/de/2001/okt2001/swis-o11.*
Ikarus in den Alpen: Die stolze Swissair verliert ihre Selbständigkeit, **Die Zeit** *41/2001.*
Aktion Größenwahn, **Der Spiegel** *41/2001.*
Schweizer retten nationale Airline, **Die Welt** *vom 24.10.2001.*
Swissair-Pleite holt Ospel ein, **FTD** *vom 14.02.2002.*
Bund bürgte für Swissair und Sabena – Swissair verklagt Crossair, www.netzeitung.de/wirtschaft.
Swiss: Stolz und Gefühl – Die neue Schweizer Airline will Europas viertgrößte Fluglinie werden, **Wirtschaftswoche** *14/2002.*
Bundesrat Merz rechnet mit Klage gegen Swissair-Verantwortliche, www.nzz.ch/2004/06/07.
Swissair-Pleite: Ex-Bosse verklagt – Swissair-Zahlungen unter der Lupe, www.news.ch.
Lufthansa: Umweg über die Schweiz, **Manager Magazin** *5/2005.*

Fall 12: Lernout & Hauspie (Speech Products, Belgien, 2001)

Lernout & Hauspie (nachfolgend: L&H), ein Spezialist für Spracherkennungs- und Übersetzungssoftware aus dem westbelgischen Ieper, erzielte im Jahr 1999 mit 5.800 Mitarbeitern einen Umsatz von rd. 335 Mio. US-$. Das Unternehmen, das einen zweiten Firmenhauptsitz in Burlington/Massachusetts unterhielt, tätigte 25 % seiner Umsätze – in 1998 waren es noch 10 % gewesen – aus Lizenzverkäufen an 30 in Belgien und Singapur registrierte Start-Ups. Diese auf die Weiterentwicklung von Sprachtechnologien spezialisierten Jungunternehmen zahlten hohe Anschaffungskosten zum Erwerb der L&H-Software.

Im Jahr 2000 fanden Journalisten des „Wall Street Journal" heraus, dass die Start-Ups von engen Geschäftsfreunden der L&H-Gründer Jo Lernout und Pol Hauspie gegründet worden waren, die offensichtlich nur als Treuhänder fungierten, und beschuldigten L&H des Bilanzbetrugs und der Börsenkursmanipulation.

Das WSJ veröffentlichte auch mehrere Beiträge, in denen es die Validität von L&H-Kunden in zwei asiatischen Ländern anzweifelte. So hatte L&H 1999 in Singapur 80,3 Mio. US-$ und in Südkorea 62,9 Mio. US-$ an Umsätzen ausgewiesen. Ein Jahr zuvor war in beiden Ländern zusammen lediglich Software im Wert von 300.000 US-$ verkauft worden. Als die WSJ-Journalisten vor Ort recherchierten, stellten sie fest, dass es für sämtliche 15 von L&H genannten Firmenkunden in Singapur nur eine einzige Adresse gab: No. 5 Shenton Way. Dort trafen sie lediglich einen Rechtsanwalt an, der abgesehen von der Bestätigung, die genannten Unternehmen hätten hier tatsächlich ihren Firmensitz und wären im örtlichen Handelsregister eingetragen, keine weitere Stellungnahmen abgab. Nachforschungen in Südkorea führten zu einem vergleichbaren Ergebnis.

Nachdem die eingeschalteten Börsenaufsichten in den USA und in Europa ihre Ermittlungen aufgenommen hatten, musste L&H nach und nach einräumen, dass es sich bei den Verkäufen nach Singapur und Südkorea zum Großteil um Innenumsätze handelte, die im Rahmen der Umsatzkonsolidierung hätten eliminiert werden müssen. Wirtschaftlicher Eigentümer der dortigen Firmen war häufig der „Flanders Language Valley Fund", der von Jo Lernout und Pol Hauspie gegründet und beherrscht wurde. Welche Investoren außerdem hinter diesen Firmen standen, konnte nicht abschließend festgestellt werden.

Ferner ergab sich, dass diese „Kunden" ihre Rechnungen an L&H erst begleichen konnten, nachdem ihnen die finanziellen Mittel – über Umwege – zur Verfügung gestellt worden waren. Teilweise erfolgte der Zahlungsausgleich auch über dubiose Kompensationsgeschäfte. Zur Aufbesserung der Jahresergebnisse wurden auf Veranlassung des L&H-Managements Kaufverträge auf das alte Jahr zurückdatiert und Langfristkontrakte nachträglich in abrechenbare Einzelleistungen zerlegt, um Umsatzerlöse vorzeitig realisieren zu können.

Nachdem der KPMG Belgien ein gewisses Mitverschulden an den Bilanzdelikten vorgeworfen wurde, erklärte diese in einem Schreiben an die SEC und an die Easdaq ihre Prüfungsberichte für 1998, 1999 und das erste Halbjahr 2000 offiziell für ungültig. Der L&H-Aufsichtsrat führte als Entschuldigung für sein Versagen an, von den Wirtschaftsprüfern nicht im erforderlichen Umfang informiert worden zu sein.

Die belgische Zeitung „De Standaard" deckte schließlich eine Verbindung von L&H zum militärischen Geheimdienst auf: sie stellte infrage, warum L&H Sprachtechnologien für kommerziell relativ irrelevante Sprachen wie z.B. Farsi, Hindi oder Türkisch entwickelte, die nur ein geringes Umsatzpotenzial versprachen. Ein gewisser Stephan Bodenkamp, dessen wirklicher Name Christoph Kionowski war, hatte seit 1997 ein Netz von Tarnfirmen aufgebaut, das als geheime Brücke zwischen Polizei, BND, Entwicklern strategisch relevanter Softwaretechnologien sowie Finanzinvestoren diente. Dieser übte in dem Geflecht eine Schlüsselfunktion aus: er war Agent sowie technologischer Direktor der auf Sprachtechnologien spezialisierten Abteilung des BND und Mitbegründer der 30 Softwareentwicklungs-Start-Ups. Aus dieser Allianz von Wirtschaft und Geheimdienst sollten alle profitieren: L&H verkaufte Spracherkennungsprogramme, die 30 Entwicklungsfirmen verbuchten Umsatzerlöse und der BND bekam Spitzentechnologien in ausgefallenen Sprachen. Was jedoch fehlte waren tatsächliche Umsätze mit außenstehenden Dritten im notwendigen Umfang.

Ende 2000 musste sich L&H für zahlungsunfähig erklären. Erst im zweiten Anlauf konnten beim belgischen Handelsgericht die erforderlichen Buchhaltungsunterlagen vorgelegt werden. Zur Sanierung des Konzerns wurde die Schließung der südkoreanischen „Dependance" durchgeführt, bei der ein Fehlbetrag von 100 Mio. US-$ zu verzeichnen war. Außerdem wurde die Mitarbeiterzahl des Konzerns um rd. 25 % abgebaut. Trotz dieser Maßnahmen erklärte das Handelsgericht Ieper L&H im Oktober 2001 für bankrott, da der Restrukturierungsplan in seiner Auswirkung auf die Liquidierung von L&H und nicht auf dessen Sanierung abzielte. Eine Aktionärsgruppe hatte vorher noch – erfolglos – versucht, mit einem eigenen Rettungsplan, der die Gründung einer Auffanggesellschaft vorsah, die Veräußerung von essenziellen Bestandteilen und grundlegenden Technologien an Konkurrenten und damit den Ausverkauf der Firma zu verhindern.

Literatur:
Kreative Bilanzierung weckt Verdacht: Der Fall Lernout & Hauspie beschäftigt die US-Börsenaufsicht und die Easdaq, **CW** *vom 29.09.2000.*
Bilanzskandal bei L&H zwingt auch Gründer Hauspie zur Aufgabe, **CW** *vom 01.12.2000.*
BND-Verbindung im Lernout & Hauspie-Skandal, www.heise.de/newsticker.
Bei Lernout & Hauspie beginnt der Überlebenskampf, **CW** *vom 12.01.2001.*
Lernout & Hauspie: Ausverkauf oder Rettung?, www.heise.de/newsticker.
Lernout & Hauspie steht vor der Aufspaltung, **CW** *vom 15.06.2001.*
Gericht erklärt Lernout & Hauspie für bankrott, www.zdnet.de/news.
Lernout & Hauspie ist bankrott, www.tecchannel.de/news/20011025.

Fall 13: Ahold (Einzelhandel, Niederlande, 2003)

Die Royal Ahold N.V. aus dem holländischen Zaandam war im Jahr 2002 die größte Supermarktkette der Niederlande und nach Wal-Mart und Carrefour, gemessen an den Umsatzerlösen von rd. 73 Mrd. €, die drittgrößte Einzelhandelsgruppe der Welt. Anders als z. B. Konkurrent Metro setzte Ahold schwerpunktmäßig auf eine Expansion in den USA, wo der Konzern in 2002 rd. zwei Drittel seines Umsatzes erzielte. Insbesondere durch mehr als 50 Akquisitionen seit Ende der 90er Jahre war man dort rasant gewachsen. CEO Cees van der Hoeven glänzte durch hohe Wachstumsraten und Gewinnsprünge. Dogmatisch verpflichtete er sich selbst zu einem jährlichen Gewinnwachstum von 15 %. Doch diese derartig ambitionierte Zielsetzung erwies sich als Stimulus für Schönrechnerei und Manipulation. Letztlich fiel van der Hoeven seinem eigenen Größenwahn und seiner aggressiven Akquisitionspolitik zum Opfer.

Im Laufe des Jahres 2002 musste Ahold seine Gewinnprognose bereits zweimal nach unten korrigieren. Bei der Budgetierung waren die Einkaufsboni sowie die Umsatz- und Gewinnzuwächse aus den Jahren 2000 und 2001 einfach linear auch für 2002 fortgeschrieben worden, ohne den absehbaren Konjunktureinbruch zu berücksichtigen.

Hinzu kamen schwierige gesamtwirtschaftliche Rahmenbedingungen, massive Konkurrenz durch Discounter und eine Reihe von internen Problemen, wodurch van der Hoevens Wachstumsstrategie zunehmend gebremst wurde. Zunächst erklärte sich der argentinische Joint-Venture-Partner „Velox Retail Holding" für zahlungsunfähig und schied aus dem JV aus. Ahold musste dessen Anteile übernehmen, was Abschreibungen in Höhe von 490 Mio. € erforderlich machte. Später revidierte Ahold außerdem die Umsatzerwartung seiner US-Tochter „Foodservice" um 1 Mrd. € nach unten.

Im Februar 2003 stellte die bis dato als Abschlussprüfer bestellte WP-Gesellschaft Deloitte & Touche im Zuge der Jahresabschlussprüfung zum 31.12.2002 fest, dass diese US-Tochter ihren operativen Gewinn um mehr als 500 Mio. US-$ zu hoch ausgewiesen hatte. Foodservice hatte Forderungen auf Lieferanten-Boni und Provisionen zum Bilanzstichtag bewusst höher angesetzt, als diese dann im neuen Kalenderjahr tatsächlich eingegangen waren. Durch Rabattgewährung im alten Jahr und der Ankündigung von Preiserhöhungen im neuen Jahr wurden Umsätze und Gewinne auf das alte Jahr vorgezogen.

Die Wirtschaftsprüfer informierten van der Hoeven und seinen CFO Michael Meurs über diese Vorgänge. Doch diese gaben den Bilanzskandal erst dann bekannt, nachdem sie mit einem Bankenkonsortium einen neuen Kreditrahmen über 3,1 Mrd. € zur Abwendung des entstandenen akuten Liquiditätsengpasses ausgehandelt hatten. Hätten die Kreditinstitute vorher von dem Bilanzbetrug bei der US-Tochter erfahren, wäre diese Kreditzusage wohl nicht erfolgt. Durch das Expansionsstreben waren bei Ahold Verbindlichkeiten von insgesamt 13 Mrd. € aufgelaufen.

Insgesamt musste das Konzernergebnis 2002 um nahezu 1 Mrd. € nach unten korrigiert werden. Nach Veröffentlichung dieser Nachricht und dem Rücktritt von van der Hoeven und Meurs sank der Aktienkurs binnen zweier Tage um 70 %. Die Rating-Agentur Standard & Poor's stufte die Bonität Aholds auf „Junkstatus" herunter. Auch Fitch und Moody's schlossen sich dem allgemeinen „Herdentrieb" an und rateten Ahold nun auf Schrott-Niveau.

Im Zuge der eingeleiteten Ermittlungen der Ahold-Heimatbörse Euronext Amsterdam, der SEC sowie der Staatsanwaltschaft weitete sich der Umfang des Skandals aus: von 2000 bis 2002 waren die Umsätze allein bei der US-Tochter im Gesamtumfang von 880 Mio. US-$ künstlich erhöht worden.

Im Juli 2003 kamen – nach einer Hausdurchsuchung der niederländischen Steuerfahndung – schließlich sog. „Side Letters" zu den Verträgen mit den JV-Partnern ICA (Schweden), Jéronimo Martins (Portugal) und Disco (Argentinien) sowie mit zwei weiteren Partnerfirmen in Brasilien und Guatemala über die Kontrolle der jeweiligen Gemeinschaftsunternehmen zum Vorschein.

Die Side Letters existierten in doppelter Ausfertigung und hatten völlig unterschiedliche Inhalte: nach dem offiziellen „Side Letter Number One", der auch den Wirtschaftsprüfern von Deloitte & Touche präsentiert wurde, waren beide Partner zur Hälfte beteiligt, wobei den Niederländern ein herrschender Einfluss bzw. die Managementkontrolle über das JV ausdrücklich zugestanden wurde. Damit konnte Ahold dieses Unternehmen in vollem Umfang in die Konsolidierung einbeziehen und somit auch die Außenumsätze zu 100 % erfassen. Im „Side Letter Number Two" wurde allerdings „Side Letter Number One" wieder in vollem Umfang aufgehoben und für nichtig erklärt.

Die JVs hätten somit – bei einer Rechnungslegung nach US-GAAP – nach der Equity-Methode in den Konzernabschluss einbezogen werden müssen. Durch dieses Vorgehen, das strafrechtlich den Tatbestand der Urkundenfälschung erfüllte, hatte Ahold die Prüfer seit 1998 getäuscht und die Umsätze in diesem Fünfjahreszeitraum um insgesamt 40 Mrd. € zu hoch ausgewiesen.

Das zuständige Amsterdamer Gericht wird darüber entscheiden, ob die Jahresabschlüsse von 1998 bis 2002 für nichtig erklärt werden und Ahold zu einer gesetzeskonformen Neuerstellung verpflichtet wird.

Unter der Führung eines neuen CEO, dem früheren Ikea-Manager Anders Moberg, wurde nach dem Skandal das Sanierungsprogramm „Strasse zur Erholung" gestartet, im Rahmen dessen die Verbindlichkeiten abgebaut und Beteiligungen in Nicht-Kernmärkten verkauft wurden. Dadurch soll Ahold, das jahrzehntelang als Aushängeschild der niederländischen Wirtschaft gegolten hatte und dessen Aktien in Holland „Volksaktien" gewesen waren, wieder „Investment-Status" zurückerlangen.

Literatur:
Fritz (2004), S. 174 f..
Ahold kappt seine Gewinnprognose, **FTD** *vom 18.07.2002.*
Lateinamerika-Geschäft vermiest Aholds Ergebnis, **FTD** *vom 29.08.2002.*
Ahold wächst kaum noch aus eigener Kraft, **FTD** *vom 25.10.2002.*
Ahold senkt erneut die Gewinnprognose, **FTD** *vom 20.11.2002.*
Bilanzskandal erschüttert Ahold – Ahold weckt böse Erinnerungen an Enron – Euronext leitet Untersuchung gegen Ahold ein – Kommentar: Absturz eines Handelsriesen, **FTD** *vom 25.02.2003.*
US-Börsenaufsicht ermittelt gegen Ahold, **FTD** *vom 26.02.2003.*
Ahold-Bilanzskandal – Schlamperei der Wirtschaftsprüfer Deloitte & Touche? Klagen gegen Ahold N.V., ehemalige Manager und Wirtschaftsprüfer, **Rotter Rechtsanwälte: Mitteilung der Pressestelle** *Nr. 3/2003 vom 26.02.2003.*
Ahold-Skandal diskreditiert Analystenzunft weiter, **Die Welt** *vom 26.02.2003.*
Verdacht auf Insiderhandel im Ahold-Skandal – Einige Aktionäre des Einzelhandelskonzerns wussten bereits vier Tage vorher von der Bilanzfälschung, **Die Welt** *vom 03.03.2003.*
Ahold hielt Informationen über Bilanzskandal bewusst zurück, **FTD** *vom 04.03.2003.*
Ahold stößt Südamerika-Geschäft ab, **FTD** *vom 03.04.2003.*
Ahold sucht neues Vertrauen – Konzernchef Moberg schreckt nicht vor unangenehmen Wahrheiten zurück, **HB** *vom 22.05.2003.*
Ahold meldet neue Bilanzfehler, **FTD** *vom 26.05.2003.*
Ahold: Skandal mit Fortsetzungscharakter, www.boerse.ard.de.
Ahold: Bilanzprüfung fördert weitere Ungereimtheiten zu Tage, **FTD** *vom 01.07.2003.*
Staatsanwälte durchsuchen Ahold-Büros, **FTD** *vom 08.07.2003.*
Ahold droht ein neuer Betrugsskandal, **Die Welt** *vom 16.02.2004.*
Ahold macht ein Jahr nach Bilanzskandal fast wieder Gewinne, **Die Welt** *vom 20.04.2004.*

Fall 14: YLine (Software/Internet Services, Österreich, 2003)

Die Wiener „YLine Internet Business Services AG" musste bereits im September 2001 Insolvenz beantragen, nachdem bei Gesamtverbindlichkeiten von 26 Mio. € Forderungen in Höhe von 8,7 Mio. €, ein erheblicher Teil davon gegenüber der ebenfalls insolventen Tochter „I-Online", vollständig ausgefallen waren und abgeschrieben werden mussten. Eine weitere Ursache war die von IBM geltend gemachte und ausgeübte Forderungs-Generalzession, wodurch YLine die Einnahmen entzogen und die Finanzierung der laufenden Geschäfte wesentlich erschwert wurde. Der zur Unternehmensrestrukturierung eingesetzte Sanierer sowie eine Beratungsgesellschaft hatten im Rahmen von Going-concern-Analysen dem Softwarehaus keine Überlebenschancen mehr eingeräumt. Im Zuge des Insolvenzverfahrens nahm die Staatsanwaltschaft Wien Ermittlungen gegen Vorstand, Aufsichtsrat und Wirtschaftsprüfer auf. Gegen Ex-CEO Werner Böhm wurde wegen Verdachts des schweren Betrugs, der Untreue und der Bilanzfälschung sowie mehrerer Verstöße gegen das Aktiengesetz ein Strafverfahren eingeleitet. Die Ermittlungen sind noch nicht abgeschlossen und werden noch länger andauern.

YLine hatte u. a. im Jahr 2000 Lizenzen einer Software namens „Ares" im Gesamtwert von rd. 5 Mio. € – einen Großteil davon aber an verbundene Unternehmen – verkauft und erfolgswirksam verbucht. Durch Hinweise von Mitarbeitern der ehemaligen deutschen YLine-Tochter „Proofit M-Commerce AG" wurde jedoch aufgedeckt, dass es sich bei „Ares" um kein fertiges Produkt, sondern allenfalls um eine Philosophie bzw. eine Marketingidee handelte.

Eine Wirtschaftsprüferin von Ernst & Young hatte zwar ebenfalls Bedenken geäußert und diese auch dem Vorstand (!) gutachterlich mitgeteilt: das sehr komplexe Produkt befände sich offenbar erst in der Konzeptionierungsphase, es sei völlig unklar, welchen Kundennutzen es bieten und wie eine potenzielle Vertriebsstrategie aussehen könnte. Gleichwohl hatte die WP-Gesellschaft den Jahresabschluss 2000 testiert. Ernst & Young betonte, dass die Ermittlung der tatsächlichen Inhalte der Geschäftsvorfälle nicht Gegenstand der Abschlussprüfung und die Unternehmensorgane zu wahrheitsgetreuen Aussagen verpflichtet wären.

Die ehemaligen Proofit-Mitarbeiter bestätigten ferner, dass YLine Umsätze künstlich generiert hatte: so verkaufte YLine z. B. am 30.09.2000 an Proofit eine Ares-Lizenz zum Preis von 1,8 Mio. €. Am 14.12.2000 erhielt Proofit von ihrer Mutter als „Gesellschafterzuschuss" einen Scheck über ebenfalls 1,8 Mio. €. Schließlich bezahlte Proofit am 23.12.2000 die Lizenz wiederum mit einem Scheck über 1,8 Mio. €. Damit floss das Geld wieder an YLine zurück.

Nachdem sich der Verdacht auf fingierte Zahlungsflüsse innerhalb der Unternehmensgruppe erhärtet hatte und auch eine überhöhte Bewertung von Sacheinlagen festgestellt wurde, begann man, das YLine-Geschäftsmodell an sich kritisch zu hinterfragen. So war dem Masseverwalter unklar, welcher Tätigkeit YLine eigentlich nachgegangen war. Ein Insolvenzexperte des österreichischen Kreditschutzverbandes KSV konnte außer dem Halten von Beteiligungen ebenfalls keinen Geschäftszweck erkennen. Schließlich wurde als verfügbare Konkursmasse nur ein einziger Server identifiziert.

Eine fragwürdige Rolle spielte der Hauptgläubiger IBM: dieser hatte an YLine, das 1999 laut testiertem Abschluss Umsätze in Höhe von nur knapp 3 Mio. € erzielte und einen Bilanzverlust von rd. 6,3 Mio. € ausweisen musste, in 2000 für rd. 30 Mio. € insgesamt 30.000 PCs verkauft. Zu diesem für IBM beachtlichem Risiko kam hinzu, dass die Hälfte der PCs ohne vertragliche Finanzierungsvereinbarung geliefert wurde. Zur teilweisen Abdeckung der Verbindlichkeiten soll die Hälfte der Einnahmen aus dem YLine-Börsengang 1999 zur Rechnungsbegleichung direkt IBM zugeflossen sein. Bezüglich der übrigen Mittelverwendung aus dem IPO bestand weitgehend Intransparenz.

IBM profitierte insoweit von der Zusammenarbeit, dass der Konzern im Jahr 2000 zum PC-Marktführer in Österreich aufstieg. Nach Aussage eines ehemaligen IBM-Managers soll die Partnerschaft von einem IBM-Prokuristen auf den Weg gebracht worden sein, der nachweislich Gründungsaktionär von YLine war: YLine sollte zu Investitionen in IBM-Equipment veranlasst werden, um so signifikante Umsätze für IBM zu generieren. Laut Vorstand Böhm war IBM bei YLine tief eingebunden und hatte – unter Ausnutzung seiner marktdominierenden Stellung – eine eigentümerähnliche Funktion inne. Böhm soll IBM zunächst als Partner, später als „zweiten Aufsichtsrat" bezeichnet haben.

Ein im Auftrag des Masseverwalters bestellter Gutachter kam zu dem Schluss, dass YLine nicht primär von dem „jedem Unternehmen inhärenten" Gedanken geleitet war, am Markt Umsätze zu tätigen und Gewinne zu erwirtschaften. Ziel wäre vielmehr gewesen, am Kapitalmarkt Geld aufzunehmen, um eine Finanzierung der laufenden Aufwendungen sicherzustellen.

Literatur:
Fritz (2004), S. 183 f..
YLine im Clinch mit IBM, www.ccone.at.
YLine insolvent, www.asp-magazin.de/texte.
Anzeichen für Bilanzskandal bei YLine, www.derstandard.at.
Nur ein Server blieb von YLine – YLine „sollte gar kein Geld verdienen" – YLine-Gründer Böhm im Visier der Justiz – Die Spätfolgen der YLine-Pleite, www.futurezone.orf.at.
Weiterer Schaden durch YLine, www.wienerzeitung.at/wirtschaft.
YLine-Gründer Böhm in Nebenverfahren freigesprochen, www.derstandard.at.

Fall 15: Parmalat (Milch und Nahrungsmittel, Italien, 2003)

Im Jahr 1961 gründete Calisto Tanzi, Sohn eines Wurst- und Konservenfabrikanten aus dem italienischen Parma, nach dem Tod seines Vaters im Alter von 22 Jahren eine eigene kleine Molkerei. 1965 brachten ihm zwei Produktinnovationen erhebliches Umsatzwachstum: er führte in Italien das schwedische „Tetra Pak"-System ein, nach dem Milch in preiswerten Kartons anstelle in Flaschen ausgeliefert wird und lancierte als Pionier die H-Milch, bei der Milch mittels Hitze haltbar gemacht wird. 1968 gab Tanzi dem schnell wachsenden Unternehmen den Firmennamen „Parmalat", bereits 1973 brachte er dieses an die Börse. Tanzis Vertriebskonzept basierte auf dem Aufbau einer starken Marke. Früh erkannte er die Bedeutung des Sports als „Publicity-Vehikel": durch sein Sponsoring entwickelte sich der AC Parma vom Provinzclub zum Spitzenverein. Parmalat wurde zum größten Nahrungsmittelkonzern Italiens: neben Milchprodukten wurden auch Käse, Yoghurt, Tiefkühlkost, Snacks, Cookies, Mineralwasser und Fruchtsäfte in die Produktpalette aufgenommen. Im Jahr 2002 erzielte Parmalat mit rd. 37.000 Mitarbeitern einen Umsatz von 7,6 Mrd. € und avancierte in Europa hinter den Konkurrenten Nestlé, Unilever und Danone zur Nummer vier der Branche.

Bis Ende der 80er Jahre war Parmalat ein erfolgreiches und solide finanziertes Unternehmen mit transparenten Strukturen gewesen. In der Folgezeit jedoch wurde durch zahlreiche Akquisitionen und Neugründungen ein verschachteltes und unüberschaubares internationales Firmennetzwerk aufgebaut. Dabei wurden weltweit über 100 Offshore-Briefkastenfirmen und ca. 5000 Schwarzgeldkonten eingerichtet.

Um in der offiziellen Finanzbuchhaltung keine Spuren zu hinterlassen, wurden Schwarzgeldzahlungen, z. B. Schmiergelder oder verdeckte Kaufpreiszahlungen, konsequent über Schwarzgeldkonten abgewickelt. Es existierte somit ein separater „zweiter Buchungskreis".

Durch die Zwischenschaltung von Briefkastenfirmen in Niedrigsteuerländern, die von Treuhändern gehalten wurden, minimierte Parmalat die Konzernsteuerquote: auf der Beschaffungsseite erfolgte durch die Zwischengesellschaften eine Höherfakturierung, ehe die erhöhten Rechnungen in der offiziellen Buchhaltung erfasst wurden. Auf der Absatzseite nahm man Unterfakturierungen an die Zwischengesellschaften vor, bevor diese an fremde Dritte zum Wettbewerbspreis weiterverkauften. Den Gewinnen in den „Fakturiergesellschaften" standen entsprechende Ergebnisminderungen bei Parmalat gegenüber. Die daraus resultierende Steuerersparnis war eine willkommene „Manövriermasse" für den Konzern.

In 2002 operierte Parmalat in insgesamt 30 Ländern, wobei man auch in ungewöhnlichen Staaten wie Kuba, Mosambik oder Swasiland sowie in den Steuerparadiesen Cayman-Islands, den Niederländischen Antillen, Luxemburg, Malta und der Isle of Man vertreten war. Die rasante Expansion wurde fast ausschließlich über Fremdkapital finanziert. Um die Zinsen hierfür entrichten zu können, reichten die Erträge aus den zugekauften Unternehmen nicht aus. Zum Ausgleich der Finanzierungslücke mussten weitere Schuldverschreibungen ausgegeben werden. Obligationen wurden auch emittiert, um in spekulative Finanzanlagen – z. B. Hedge-Fonds – zu investieren.

Als im Herbst 2003 der italienische Lebensmittelkonzern Cirio zahlungsunfähig wurde, der ebenfalls riskante Investments mit der Ausgabe von Obligationen finanziert hatte, wurden die Banken sensibilisiert und kündigten Parmalat die eingeräumten Kreditlinien. Parmalat, das im Quartalsbericht zum 30.09.2003 noch liquide Mittel in Höhe von 4,2 Mrd. € ausgewiesen hatte, war kurz darauf nur unter größten Schwierigkeiten in der Lage, die Rückzahlung einer Obligation über 150 Mio. € bei Fälligkeit vorzunehmen.

Parmalat hatte bereits in der Konzernbilanz zum 31.12.2002 Bankguthaben von 3,95 Mrd. € aktiviert. Als Beleg diente ein Schreiben der Bank of America, das ein Guthaben der Parmalat-Offshore-Tochter „Bonlat" in dieser Höhe bei dem US-Bankhaus bestätigte. Doch im Dezember 2003 stellte die Bank of America in einer Mitteilung klar, dass ein solches Guthaben bei ihr nicht bestehe und die den Wirtschaftsprüfern vorgelegten Belege nicht authentisch seien. Bei den staatsanwaltschaftlichen Ermittlungen ergab sich, dass das Bankbestätigungsschreiben von Parmalat selbst erstellt und das Bank-Logo eingescannt worden war. Dieser Bilanzbetrug – verbunden mit Urkundenfälschung – war über nahezu 15 Jahre hinweg begangen worden, wobei der fiktive Kontostand jährlich sukzessive erhöht wurde.

Außerdem wurde festgestellt, dass rd. 500 Mio. €, die angeblich von dem Fond „Epicurum" auf den Cayman-Islands gehalten wurden, nicht mehr verfügbar waren. Zudem hatte Tanzi mit Hilfe seines Finanzvorstandes Fausto Tonna in den frühen 90er Jahren begonnen, Gelder aus dem Unternehmen teilweise auf Konten unterkapitalisierter und nicht in den Parmalat-Konzernabschluss einbezogener Töchter wie dem AC Parma oder dem Reisebüro Parmatours, vor allem aber auf private Schwarzgeldkonten zu verschieben. So sollen insgesamt 800 Mio. € auf Privatkonten der Tanzi-Familie geflossen sein, davon allein 70 Mio. € „Rabatte" des schwedischen Verpackungsherstellers Tetra Pak. Diese verdeckten Kaufpreisrückzahlungen wurden jedoch von den Schweden dementiert, gleichwohl habe Parmalat jedoch wie andere Großkunden von Rabatten profitiert. Bei der Kontenabstimmung bzw. der Überprüfung der Saldenbestätigungen konnten die Wirtschaftsprüfer die nachträglichen Kaufpreiserstattungen nicht erkennen, da die Gutschriften und Auszahlungen von Tetra Pak nicht an Parmalat, sondern an Deckadressen (Briefkastenfirmen, Schwarzgeldkonten) erfolgten, deren wirtschaftlicher Eigentümer Calisto Tanzi war. Durch diesen Zahlungsumweg wurden von Parmalat auch Steuern in Italien in erheblichem Umfang hinterzogen.

Als bekannt wurde, dass Verbindlichkeiten in Höhe von rd. 10 Mrd. € in der Konzernbilanz nicht erfasst worden waren, fiel der Börsenkurs dramatisch. Die Parmalat-Aktie wurde schließlich vom Handel suspendiert. Kurz zuvor hatte Tanzi, den Konkurs vor Augen, bereits alle Ämter im Konzern, dessen Aktienkapital er zu 52 % hielt, niedergelegt und alle Machtbefugnisse an Enrico Bondi, einem erfahrenen Sanierer und Krisenmanager, übertragen.

Bei dem von Tanzi konzipierten Betrugssystem handelte es sich zwar nicht um die einfache „take-the-money-and-run"-Variante, im Vergleich etwa zum Fall Enron sind die sachverhaltsgestaltenden Maßnahmen aber als eher schlicht und wenig kreativ zu bezeichnen. Dass der Skandal trotzdem nicht früher aufgedeckt wurde, hat folgende Ursachen:

- Tanzi wurde durch ein systematisch angelegtes und gut gepflegtes Netz von befreundeten, hochrangigen Vertretern aus Politik, Wirtschaft, Banken, Sport und Kirche gestützt. Selbst Silvio Berlusconi gehörte zu seinem engeren Bekanntenkreis.
- Tanzi war aus der „Clean Hands"-Anti-Korruptionskampagne in den 90er Jahren unbescholten hervorgegangen und genoss in der Öffentlichkeit hohes Ansehen und Vertrauen. Er besaß Ausstrahlung und Charisma. Zudem war sein Lebensstil nach außen hin unauffällig und von relativer Bescheidenheit geprägt, so dass keine Anzeichen für eine persönliche Bereicherung vorlagen.
- Trotz permanenter Vergrößerung des Firmenimperiums wurden die Strukturen eines typischen Familienunternehmens beibehalten: die Macht blieb bei dem Patriarchen Tanzi, dem „grande capo", zentralisiert. Unabhängige interne Kontrollen gab es kaum. Firmengeheimnisse blieben innerhalb eines engen, geschlossenen Kreises von Tanzi-Vertrauten. Nur diese waren in der Lage, die komplexen Strukturen zu verstehen und die Bilanzdelikte zu erkennen. Fragen besorgter Mitarbeiter wurden ausweichend beantwortet.

Gleichwohl lagen deutliche Warnsignale vor, die die Kontrollorgane, insbesondere die Wirtschaftsprüfer und die Börsenaufsicht CONSOB, nicht hätten ignorieren dürfen:

- Das weit verzweigte, labyrinthische Firmennetz war selbst von professionellen Finanzanalysten als undurchsichtig bezeichnet worden. Das Parmalat-Konzept – rasche Expansion durch Akquisitionen, riskante Finanztransaktionen, „thin capitalization" und Zweckgesellschaften in „Offshore-Tax Havens" – war bei vorausgegangenen Bilanzskandalen charakteristisch gewesen. Zudem firmierte eine der Zweckgesellschaften unter „Bucanero", zu deutsch: „schwarzes Loch".
- Es hätte kritisch hinterfragt werden müssen, warum trotz der angeblich hohen Bankguthaben weitere Schuldverschreibungen ausgegeben wurden.

Insbesondere hätte die Frage gestellt werden müssen, warum der Bestand an liquiden Mitteln – dem in der GuV keine entsprechenden Zinserträge gegenüberstanden – nicht zur Tilgung von hochverzinslichen Verbindlichkeiten verwendet wurden.
- Mittels einfacher Plausibilitätschecks hätten unglaubwürdige Relationen erkannt werden können. So wurde z. B. angeblich so viel Milch nach Kuba geliefert, dass jedem Kubaner pro Jahr 490 Liter Milch zur Verfügung gestanden hätten.
- Der Manager eines britischen Pensionsfonds hatte bereits ein Jahr vor dem Zusammenbruch wiederholt vergeblich eine Sonderprüfung der Parmalat-Abschlüsse gefordert.

Folglich gerieten die Wirtschaftsprüfer Grant Thornton Italia und Deloitte & Touche massiv unter Druck. Grant Thornton war bis 1999 Prüfer von Parmalat gewesen und dann aufgrund der gesetzlichen Pflicht zur externen Rotation von Deloitte als Prüfer des Konzernabschlusses abgelöst worden. Gleichwohl war Grant Thornton weiterhin als Prüfer von bestimmten Tochtergesellschaften bestellt. Der Grant Thornton-Anteil am Gesamtumfang der Prüfung war in 2002 bis zur gesetzlichen Obergrenze von 49 % ausgedehnt worden; 51 % mussten bei Deloitte als „main auditor" verbleiben.

Durch dieses – heftig kritisierte, weil mit erheblichen Abstimmungsproblemen verbundene – „Divide-et-impera-Prinzip" gelang es Parmalat, dass keine der beiden Prüfungsgesellschaften in der Lage war, sich ein vollständiges Bild von der gesamten wirtschaftlichen Lage des Konzerns zu verschaffen. Deloitte wies z. B. Schadensersatzansprüche mit dem Argument zurück, dass der Bonlat-Einzelabschluss von Grant Thornton geprüft worden war und man sich auf deren Testat verlassen hatte. Die Grant Thornton-Prüfer sahen sich dem Vorwurf von „soft audits" und Gefälligkeitstestaten ausgesetzt, worauf sich die US-Mutter von ihrer italienischen Niederlassung distanzierte, die sich in „Italaudit" umbenennen musste.

Aber auch bestimmten Banken wurde vorgeworfen, in dem Skandal nicht Opfer, sondern Mittäter gewesen zu sein. So musste z. B. die Gläubigerbank Capitalia, deren Engagement 393 Mio. € betrug, die Aufnahme Tanzis in den Aufsichtsrat des Geldinstituts begründen. Im Fokus stand auch die Deutsche Bank, die im November 2003 ihren Anteil an der Parmalat-Tochter „Finanziaria" von 2,5 % auf 5,1 % mehr als verdoppelt hatte, obwohl sie über die Schieflage informiert war, und damit Anleger zum Kauf von Parmalat-Bonds animiert hatte. Zwei Tage vor dem offiziellen Bekanntwerden des Skandals wurde dieser Anteil von der Deutschen Bank aber wieder verkauft. Im Juli 2004 verklagte Parmalat die Citigroup auf 10 Mrd. US-$ Schadenersatz, weil diese laut dem neuen CEO Bondi ebenfalls längst von der prekären Lage gewusst hatte. Im Gegenzug reichte die Citigroup eine Klage gegen Parmalat wegen der Veruntreuung von Krediten ein.

Während der Ausgang der von Bondi angestrengten Schadensersatzklagen gegen Banken und Wirtschaftsprüfer ungewiss ist, konnte bei der Sanierung vor allem durch die Konzentration auf das Kerngeschäft und den radikalen Abbau von Mitarbeitern der Turnaround vollzogen werden. Im Mai 2005 signalisierte die CONSOB, dass sie einer Rückkehr von Parmalat an die Börse zustimmen würde. Aus bisherigen Gläubigern sollen Aktionäre der „Neuen Parmalat" werden.

Literatur:
Fritz *(2004).*
Trueman *(2004): Parmalat – Risk Implications for Accountants, www.wiwi.uni-frankfurt.de/Professoren/boecking.*
Parmalat-Gründer Tanzi: Tiefer Fall eines Vorzeigeunternehmers, **SZ** *vom 16.12.2003.*
Milchmulti vor dem Ruin, **TAZ** *vom 22.12.2003.*
Bilanz-Skandal ohne Beben: Beim Lebensmittelriesen Parmalat klafft ein Milliardenloch, **Berliner Morgenpost** *vom 23.12.2003.*
Fälschungen mit Scanner: Parmalat vor Insolvenzantrag, **SZ** *vom 23.12.2003.*
Dokumente mit einem Scanner gefälscht, **TAZ** *vom 24.12.2003.*
Parmalat-Skandal: Deutsche Bank im Visier der Ermittler, **SZ** *vom 05.01.2004.*
Tetra Pak dementiert Schmiergelder, **Börsen-Zeitung** *vom 14.01.2004.*
Kritik an der Arbeitsteilung der Parmalat-Prüfer, **Börsen-Zeitung** *vom 15.01.2004.*
Wirtschaftsprüfer: Grant Thornton Italia heißt jetzt Italaudit, **Börsen-Zeitung** *vom 15.01.2004.*
Italien im Milchsumpf – Der Skandal um den Lebensmittelkonzern Parmalat zeigt: Berlusconi fördert die Selbstherrlichkeit von Unternehmen, **Die Zeit** *2/2004.*
Die unersättliche Gier des Milchbarons, www.derstandard.at.
„Alzheimer des Kapitalismus": Die seltsamen Erinnerungslücken der Banker im Parmalat-Skandal, **Die Zeit** *4/2004.*
AC Parma für insolvent erklärt, **HB** *vom 29.04.2004.*
Staatsanwälte beantragen Prozess gegen Parmalat, **HB** *vom 27.05.2004.*
Parmalat reicht Klage gegen Deutsche Bank ein, www.123recht.net.
Wirtschaftsprüfer von Parmalat angeklagt, www.netzeitung.de/wirtschaft.
Parmalat: Geheimer Schatz gehoben, www.manager-magazin.de.
Parmalat-Skandal: Gericht veröffentlicht Gläubiger-Liste, **Die Welt** *vom 18.12.2004.*
Citigroup klagt gegen Parmalat, **TAZ** *vom 19.03.2005.*
Parmalat-Prozess: Staatsanwalt klagt 71 Personen an, www.manager-magazin.de.
Parmalat kehrt aufs Parkett zurück: Lebensmittelkonzern hält sich für saniert, **Die Welt** *vom 24.05.2005.*
Parmalats Gläubiger entscheiden über Angebot zum Aktientausch, **HB** *vom 20.06.2005.*

Fall 16: Adecco (Zeitarbeit, Schweiz, 2004)

Das vom Kaffeeunternehmer Jacobs gegründete Unternehmen aus dem schweizerischen Cheserex hatte sich durch eine aggressive Wachstumsstrategie zum Weltmarktführer für die Vermittlung von Zeitarbeitskräften entwickelt und den beiden Hauptkonkurrenten, dem US-Konzern „Manpower" und der niederländischen „Randstad"-Gruppe, kontinuierlich Marktanteile abgenommen. CEO Jérôme Caille und sein Vorgänger John Bowmer hatten die Adecco S. A. durch zahlreiche Zukäufe – u. a. der Personalvermittler Delphi und Jobpilot – zu einem globalen Konglomerat geformt, das in 2002 bei 30.000 Mitarbeitern in 68 Ländern einen Umsatz von rd. 25 Mrd. CHF erzielte.

Im Januar 2004 musste der Personaldienstleister mitteilen, dass die für den 4. Februar geplante Veröffentlichung der Geschäftszahlen für das Jahr 2003 auf unbestimmte Zeit verschoben werden würde. Das Unternehmen veröffentlichte ein knappes Statement, wonach „Schwachstellen bei internen Kontrollen im Nordamerikageschäft und Probleme bei der Revision in gewissen anderen Ländern" identifiziert worden wären. Auch Adeccos Wirtschaftsprüfer Ernst & Young verweigerte außer einem Hinweis auf „materielle Schwächen in der Rechnungslegung" eine Stellungnahme.

Sofort wurde über die unübersichtliche Konzernstruktur spekuliert. Finanzanalysten vermuteten als Ursache der Verschiebung der Bilanzvorlage Manipulationen bei der erst in 2000 erworbenen US-Tochter „Olsten", insbesondere zu hoch ausgewiesene Umsätze, Fehler bei der Rechnungserstellung, inkorrekte Verrechnung von Provisionen in der Staffing-Sparte und unsystematische Dokumentation der abgeschlossenen Tarifverträge sowie der geleisteten Stunden. Zudem war ein hoher Abschreibungsbedarf auf den Beteiligungsbuchwert der US-Tochter in der Diskussion. Die Bedeutung des US-Marktes für Adecco geht aus der Tatsache hervor, dass sich von den insgesamt 5.800 Filialen rd. 1.500 in den USA befinden.

Als zudem das Nordamerika-Management ausgetauscht, der Finanzchef Felix Weber entlassen und Machtkämpfe zwischen verschiedenen Fraktionen im Verwaltungsrat bekannt wurden, verzeichnete der Adecco-Aktienkurs innerhalb weniger Tage ein Minus von 45 Prozent. Die Unsicherheit über das tatsächliche Ausmaß der Probleme, verstärkt durch die spärlichen Informationen des Unternehmens, hatten den Kurs einbrechen lassen. Fehlende Transparenz und eine schlechte Kapitalmarktkommunikation hatten zu dem deutlichen Abschlag der Aktie geführt. In den USA warfen Adecco-Aktionäre dem Unternehmen in Sammelklagen vor, durch sein unzureichendes öffentliches Kommuniqué gegen das WpHG verstoßen zu haben. Die SEC und die Schweizer Börse SWX leiteten Untersuchungen wegen möglichen Verstößen gegen die Publikationspflicht ein.

Nach einer aufwendigen Sonderprüfung der Konzernrechnungslegung, im Laufe derer angeblich 23 Mio. E-Mails und 2 Mio. Seiten schriftliche Dokumente untersucht wurden und die Kosten in Höhe von 100 Mio. € verursachte, legte das Unternehmen schließlich im Juni 2004 – nach zweimaligem Verschieben – seinen Konzernabschluss zum 31.12.2003 vor. Die Prüfer von Ernst & Young, die das Mandat von Arthur Andersen übernommen hatten, erkannten keine erheblichen Mängel und versahen den Abschluss 2003 mit dem uneingeschränkten Bestätigungsvermerk. Auch die Vorjahre mussten nicht revidiert werden.

Verwaltungsratspräsident John Bowmer kündigte gleichwohl eine weitere Verbesserung des IKS an. Die Sicherheit von Computersystemen soll erhöht und alle Vorgänge systematischer dokumentiert werden. Probleme der Handhabung der Compliance innerhalb des Konzerns habe es aber nur auf Filialebene gegeben. In Zukunft wolle man mit allen Stakeholdern rechtzeitig kommunizieren und vor allem mit Großkunden vertrauliche Gespräche führen.

Im Mai 2005 wies das Bezirksgericht des Southern District of California die Sammelklagen der Aktionäre vorbehaltlos zurück. Adecco hatte von vornherein mit einem positiven Ausgang der Klagen gerechnet und hierfür keine Rückstellungen gebildet.

Adecco war das erste Unternehmen, das aus Fällen wie Enron oder Parmalat die richtigen Lehren ziehen wollte. Richtig war, bei den ersten Anzeichen von Bilanzunregelmäßigkeiten die Veröffentlichung des Konzernabschlusses zu verschieben, falsch, dass anschließend die Strategie verfolgt wurde: „Nichts sagen, Schweigen ist Gold!" Das Unternehmen galt bei Banken und Finanzanalysten als „Black Box": Transparenz hätte Not getan; Reden wäre die bessere Alternative gewesen.

Literatur:
Fritz (2004), S. 173 f..
Adecco schockt mit Bilanzproblem – Adeccos Bilanzprobleme lasten auf Ernst & Young, ***FTD*** *vom 13.01.2004.*
Zeitarbeitsunternehmen: Imageprobleme einer Branche, ***Der Tagesspiegel*** *vom 14.01.2004.*
Adecco: Österreich-Chefin geht, ***OÖNachrichten*** *vom 14.01.2004.*
Adecco: Finanzchef räumt seinen Posten, ***FTD*** *vom 16.01.2004.*
Adecco kündigt vertrauliche Gespräche mit Großkunden an, ***FTD*** *vom 23.01.2004.*
Adecco entdeckt „lokale" Unregelmäßigkeiten, ***FTD*** *vom 30.01.2004.*
Adecco schafft den ersten Schritt aus der Krise: Mit Verspätung legt der Zeitarbeitskonzern Jahresabschluss vor – Weiterhin offene Fragen, ***HB*** *vom 02.06.2004.*
Kommentar: Adecco – Falsche Lehren, ***HB*** *vom 02.06.2004.*
Adecco legt endlich Bilanz vor – Aufräumarbeiten bei Adecco, www.boerse.ard.de/content.
Sammelklagen gegen Adecco in den USA zurückgewiesen, www.nzz.ch/2005/05/19/wi.

Fall 17: ABB (Elektrotechnik und Anlagenbau, Schweiz, 2004)

Die schweizerisch-schwedische Asea Brown Boveri S. A. (rd. 1000 Tochtergesellschaften in 140 Ländern, 160.000 Mitarbeiter, ca. 24 Mrd. US-$ Umsatz p.a.) mit Sitz in Zürich-Oerlikon geriet in der jüngeren Vergangenheit mehrmals wegen mangelhafter Corporate Governance in die Kritik, vor allem jedoch wegen exorbitanter Pensionszahlungen an ehemalige Spitzenmanager.

So genehmigte sich 1997 der damalige CEO Percy Barnevik, der zu diesem Zeitpunkt gleichzeitig die Funktion des CFO ausübte und in Personalunion auch Vorsitzender des ABB-Verwaltungsrates war, ein Altersruhegeld im Werte von 100 Mio. CHF zuzüglich 48 Mio. CHF an Bonuszahlungen. Barnevik überging dabei den Verwaltungsrat und holte sich eine Blankounterschrift von dem Vize-Vorsitzenden des Gremiums ein. Dieser begnügte sich mit der Vorlage des Pensionsvertrages, in dem jedoch noch keine Beträge eingetragen waren.

Auch seinem Nachfolger als CEO, Göran Lindahl, gewährte Barnevik Pensionszusagen im Werte von 85 Mio. CHF, wiederum wurde die Angelegenheit dem Verwaltungsrat nicht zur Entscheidung vorgelegt und auch nicht zur Kenntnis gebracht. Pikanterweise saß in dem Gremium auch Gerhard Cromme, dessen Kommission zeitgleich in Deutschland den DCGK ausarbeitete und der dort nachdrücklich einen Aufsichtsratsausschuss für Personalfragen gefordert hatte.

Nachdem der „Pensionsskandal" durch wiederholte unbequeme Nachfragen einzelner Mitglieder des Verwaltungsrats, allen voran des Großaktionärs Martin Ebner, offenkundig wurde, galt ABB in den Medien als „Selbstbedienungsladen für Manager". Die Aufwendungen für die Pensionszusagen schmälerten das Konzernergebnis und gingen damit zulasten der Aktionäre. Im März 2002 verpflichtete sich Barnevik daraufhin in einem Vergleich, etwas mehr als die Hälfte der bei seinem Ausscheiden erhaltenen Pensionszahlungen und Abfindungen an ABB zurückzuerstatten. Seinen guten Ruf hatte er gleichwohl längst verloren.

Barnevik hatte ABB über Jahre hinweg als uneingeschränkter Alleinherrscher geführt. Ausgestattet mit einem Freibrief der Großaktionärsfamilie Wallenberg konnte er an der Konzernspitze weitgehend unkontrolliert agieren. Doch dem Top-Manager mangelte es offensichtlich an der Fähigkeit zur Selbstkritik. Der Schwede, der sich selbst gerne als Vorkämpfer für gute Corporate Governance positionierte, avancierte in den Medien zu „Europas geldgierigster Führungskraft". Geld war für ihn vornehmlich ein Mittel zur Selbstbestätigung.

Unter dem Lindahl-Nachfolger Jörgen Centerman entließ ABB im Juli 2002 fünf Manager der Londoner Tochtergesellschaft fristlos, nachdem diese in den Jahren 1999, 2000 und 2001 versucht hatten, Aufwendungen von insgesamt rd. 65 Mio. € nicht in den GuVs zu erfassen und damit die Ergebnisse aufzubessern. Bei einer Nachkalkulation von Langfristaufträgen war die Interne Revision auf die Nichterfassung bzw. anderweitige Allokation der Kosten gestoßen.

Im Juni 2004 wurde schließlich bekannt, dass die Mailänder ABB-Tochtergesellschaft ihre Abschlüsse von 1998 bis 2003 insgesamt um rund 70 Mio. US-$ aufgebessert hatte. Allein in 2002 wurde das operative Ergebnis um 20 Mio. US-$ zu hoch ausgewiesen. Aufgedeckt wurde der Vorfall wiederum von der Internen Revision. ABB bemühte sich um Begrenzung des Imageschadens und entließ den verantwortlichen italienischen Manager mit sofortiger Wirkung. Verwaltungsratsvorsitzender Jürgen Dormann betonte, dass es sich nur um einen isolierten Einzelfall handle und dass in dem Sechsjahreszeitraum die unzulässige Gewinnerhöhung nur 1,4 % der konsolidierten operativen Konzernergebnisse betragen hatte. ABB versprach der SEC und der italienischen Börsenaufsicht CONSOB neue korrigierte Geschäftsberichte.

Literatur:
Bierach (2005), S. 33–35; ***Ogger*** *(2003), S. 165.*
Nötige Remedur: Hohe Bezüge früherer ABB-Konzernchefs, www.nzz.ch/2002/02/14/wi.
ABB – Sicherung durchgebrannt, ***Manager Magazin*** *7/2002.*
Kompetent kontrollieren: Gewaltige Pensionen bei ABB zeigen Hilflosigkeit – auch bei deutschen Aufsichtsräten, ***Wirtschaftswoche*** *9/2002.*
Percy Raffzahn – Wie zwei Ex-Chefs Millionen kassierten und wie sie die Abzockerei verheimlichen wollten, www.manager-magazin.de.
ABB verhindert Bilanzfälschung, ***FTD*** *vom 09.07.2002.*
Percy Barnevik hat 90 Mio. Franken an ABB zurückbezahlt, www.nzz.ch/2003/01/03/wi.
Zu schnell für den Erfolg: Erst hoch gelobt, dann abgestürzt – Die turbulente Geschichte des Elektroriesen ABB, ***Die Zeit*** *19/2003.*
Gläubigerbanken stützen ABB trotz verfehlter Ziele, ***FTD*** *vom 29.10.2003.*
ABB-Tochter frisierte die Bilanzen, ***FTD*** *vom 11.06.2004.*
Bilanzmanipulation bei ABB, www.boerse.ard.de/content.

2.3 Bilanzskandale in Deutschland

Fall 18: Herstatt-Bank (1974)

Die Geschichte des Privatbankhauses Herstatt, dessen Zusammenbruch im Jahre 1974 die bis dahin größte Bankinsolvenz der deutschen Nachkriegszeit darstellte, reicht bis in das Jahr 1727 zurück, in dem Isaak Herstatt in Köln eine Seidenweberei gründete, aus der sich noch im 18. Jahrhundert ein Handelshaus entwickelte. Dieses übernahm auch bankgeschäftliche Aufgaben. Über Generationen hinweg wurde die Geschäftsführung nach dem Tode des Vaters jeweils auf den ältesten Sohn übertragen. Wenn auch der Firmenname vorübergehend erlosch, war das Traditionsbewusstsein der – streng protestantischen – Herstatt-Dynastie aber keineswegs verloren gegangen. Als Iwan D. Herstatt im Jahr 1955 die Privatbank I. D. Herstatt KGaA neu gründete, knüpfte er an die Geschichte des alten Hauses Herstatt an: dessen erfolgreiche Führung hatte wesentlich auf der schlichten Einfachheit, dem rastlosem Streben, dem eisernen Fleiß und der unantastbaren Rechtlichkeit der Bankiersfamilie Herstatt beruht. Auch Iwan D. Herstatt zeichnete sich durch seine nüchterne und abwägende Art sowie eine solide, kontinuierliche und Vertrauen schaffende Geschäftshandhabung aus.

Im Jahre 1974 geriet die Privatbank allerdings durch Devisenspekulationen und Manipulationen im Rechnungswesen in eine dramatische Schieflage. In der Abteilung Devisenhandel – wegen ihrer strengen Abschirmung gegen andere Abteilungen und ihrer modernen Computerausstattung hausintern auch „Raumstation Orion" genannt – durften sechs Mitarbeiter im Alter von knapp über 20 Jahren unter Leitung des Chef-Devisenhändlers Daniel („Danny") Dattel neben ihrer Tätigkeit im Bank-Währungsmanagement auch Devisen auf eigene Rechnung kaufen und verkaufen. Warnungen des hausinternen Revisors bezüglich der riskanten Aktivitäten der sog. „Gold-Jungs" wurden von Iwan D. Herstatt nicht ernst genommen: so war es diesen möglich, Gewinne aus Devisentermingeschäften den eigenen Konten gutzuschreiben und Verluste der Bank anzulasten. Man musste nur abwarten, ob sich ein Kursgewinn oder ein Kursverlust ergeben hatte, und die Terminkontrakte nicht am Tag des Vertragsabschlusses, sondern erst verspätet einbuchen. Die Bankenaufsicht wurde mit frisierten Positionsmeldungen über die im Risiko stehenden ausländischen Valuten getäuscht. Gegenüber einer Schweizer Bank mit Namen „Econ" wurden Guthaben ausgewiesen, wobei – wie sich später herausstellte – weder dieses Kreditinstitut noch entsprechende Guthaben existierten.

Bei einem haftenden Eigenkapital von 77 Mio. DM betrug allein das Volumen der Dollarspekulation zu Beginn des Jahres 1974 8 Mrd. DM, was bei einer Kursschwankung von nur 1 % einen Gewinn oder Verlust von 80 Mio. DM bedeutet hätte. Solange der Dollar stärker wurde, erzielten die „Gold-Jungs" erfreuliche Gewinne. Doch als der $-Kurs seit Januar 1974 stetig fiel, waren die Spekulationen auf einen infolge der Ölkrise weiter steigenden Dollar nicht mehr aufgegangen. Erst als sich im April 1974 aus dem Devisenhandel Verluste von 400 Mio. DM nicht mehr verheimlichen ließen und der Aufsichtsrat den Finanzvorstand mit einer Sonderprüfung beauftragte, wurde Iwan D. Herstatt von Dattel informiert. Zu diesem Zeitpunkt war nicht nur das Eigenkapital aufgezehrt, auch hätte eine Überschuldungsprüfung nach heute gängigem insolvenzrechtlichem Instrumentarium eine negative Zukunftsprognose ergeben.

Im Zuge der nun beginnenden Sanierungsversuche ging man daran, einen „Finanzierungsplan" zu erarbeiten. Dr. Hans Gerling, mit einem Anteil von 81,4 % Hauptaktionär und Aufsichtsratsvorsitzender, führte zur Rettung der Herstatt-Bank zahlreiche Gespräche mit Bankenvertretern, die aber ergebnislos verliefen. Gerling wollte jedoch keine Garantieerklärung durch seinen Versicherungskonzern zugunsten von Herstatt abgeben. Im Juni 1974 nahm das Bundesaufsichtsamt für das Kreditwesen, das zwar frühzeitig misstrauisch geworden war, aber niemals konsequent nachgefasst hatte, „wegen starker Verluste bei Devisentermingeschäften, die in den Büchern unrichtig dargestellt wurden" die der Bank erteilte Erlaubnis zum Betreiben von Bankgeschäften gemäß § 35 II S. 4 KWG zurück. Zudem ordnete es die Abwicklung der Gesellschaft und die sofortige Zahlungseinstellung an. Die Herstatt-Bank musste die Eröffnung des Vergleichsverfahrens wegen Überschuldung beantragen.

Die Insolvenz zog weite Kreise: aus dem Restvermögen der Bank, dem Feuerwehrfond des Bankenverbandes und dem Vermögen von Iwan D. Herstatt konnten die Ansprüche der privaten Gläubiger nur zum Teil erfüllt werden. Nachdem auch Gerling 200 Mio. DM aus seinem Privatvermögen erbracht hatte, konnten Spargut-haben bis 20.000 DM voll ausbezahlt werden. Großkunden mussten allerdings auf rd. 50 % ihrer Einlagen verzichten. Auch das Gastronomieunternehmen Blatzheim, das nur wenige Tage nach dem Zusammenbruch des Bankhauses Antrag auf Eröffnung eines Konkursverfahrens stellen musste, war Opfer des „Kölner Bankskandals". Größte Gläubigerin war mit einer Einlage in Höhe von 190 Mio. DM die Stadt Köln.

Es erfolgten gegenseitige Schuldzuweisungen. Iwan D. Herstatt beteuerte, von den Devisengeschäften lange Zeit nichts gewusst zu haben und sah allein Chef-Devisenhändler Dattel verantwortlich. Gleichwohl wurde er zu einer zweijährigen Freiheitsstrafe auf Bewährung verurteilt.

Gerling versuchte den Skandal als – erstmals in dieser Form bekannt geworden – Computermissbrauch darzustellen: bei Abschluss eines Devisenterminkontraktes sei die erforderliche Buchung durch Drücken der sog. Abbruchtaste nicht von der Computeranlage übernommen worden. Dadurch seien Beträge von mehreren Milliarden US-$ nicht ordnungsgemäß verbucht worden. Der verantwortliche Herstatt-Manager für Rechnungswesen und Organisation betonte hingegen, ein Missbrauch von Datenerfassungsgeräten in den Fachabteilungen wäre grundsätzlich nicht zu verhindern. Man könne aber bei diesem Sachverhalt nicht von Computer-Kriminalität sprechen.

Der Herstatt-Skandal weist gewisse Parallelen zum Fall der renommierten Barings-Bank in Singapur auf, die Mitte der 90er Jahre durch Spekulationen mit Derivaten von dem berühmt gewordenen Nick Leeson in den Ruin getrieben wurde.

Literatur:
Schmeh (2002), S. 199–203.
Bankhaus Herstatt – Bankgeschichte, www.finanzbahnhof.de/bh.
Die Herstatt-Pleite, www.agrarverlag.at/raiffeisenblatt.
Konkurs nach Milliardenverlust: Die Herstatt-Bank muss ihre Schalter schließen, www.general-anzeiger-bonn.de/kultur/jahrhundert/1974/wirtschaft.
Bankenkrach: „Die Bilder sind bedrückend", **Der Spiegel** *27/1974.*
Herstatt-Pleite: Jetzt auch noch Computer-Kriminalität, **CW** *vom 13.11.1974.*

Fall 19: Neue Heimat (Immobilienkonzern, 1982)

Der Vorstandsvorsitzende der „Neuen Heimat" (nachfolgend: NH), Albert Vietor, hatte den gewerkschaftseigenen Baukonzern jahrelang zur persönlichen Bereicherung benutzt. So hatte er bereits im Jahre 1967 die „Wölbern Hausbau Gesellschaft" gegründet, als deren Gesellschafter treuhänderisch die Hamburger Bankiers Ernst und Claus Wölbern fungierten, die letztlich aber nur Strohmänner Vietors darstellten. Ab 1968 beauftragte die Wölbern Hausbau Gesellschaft die NH mit einer „Teilbetreuung vor allem auf technischen Gebieten". Daraufhin wirkten viele NH-Mitarbeiter über Jahre an Wölbern-Projekten mit, wobei die erbrachten Werkleistungen weit unter Marktpreisen abgerechnet wurden. Der Vorteil kam Vietor persönlich zu Gute.
 Eine weitere Gewinnabsaugung erfolgte über die Tarn-Firma „Tele-therm", die zu Beginn der 60er Jahre von NH-Managern gegründet worden war und die Mieter der NH zwang, Fernwärme zu überhöhten Preisen abzunehmen. Viele Mieter beschwerten sich über die hohen Heizungskosten und die unverständlichen Abrechnungen. Die Manager verdienten somit privat an der Heizungsversorgung. Der treuhänderische Gesellschafter der Tele-therm hielt zudem einen 50 %-Anteil an einer Antennenfirma, die NH-Objekte – bei einem großzügigen Gewinnaufschlag – mit Gemeinschaftsantennen ausstattete.
 Auch bei Grundstückskäufen erfolgten „Zwischenfakturierungen": so erwarb z. B. die von einem Treuhänder gehaltene Firma „Terrafinanz" am Stadtrand von München eine Fläche von 500 Hektar zum Preis von 28 Mio. DM, um sie eine Rechtssekunde später für mehr als das Doppelte an die NH weiterzuveräußern.
 Vorgeworfen wurde dem NH-Management darüber hinaus, Beratungsaufträge ohne wirklichen Beratungsbedarf vergeben, Subventionen erschlichen und Firmenspenden großzügig getätigt zu haben. Begünstigt waren stets Personen aus dem Umfeld des NH-Vorstandes. Die NH aber geriet zunehmend in finanzielle Schwierigkeiten. Nach Bekanntwerden der Vorfälle – Ausgangspunkt war ein „Spiegel"-Bericht gewesen – wurden Vietor und fünf weitere Manager 1982 vom NH-Aufsichtsrat mit sofortiger Wirkung entlassen.

Nachdem Sanierungsbemühungen gescheitert waren, verkaufte die Gewerkschaftsholding BGAG im Jahr 1986 die NH zum symbolischen Preis von 1 DM an den Berliner Großbäcker Horst Schiesser. Es bestand der Verdacht, dass dieser nur als Strohmann handelte und ein großer Unbekannter hinter ihm stand. Auf Druck der Banken, die Schiesser kein Vertrauen schenkten, wurde der Kaufvertrag nur sechs Wochen später wieder rückgängig gemacht. Schiesser erhielt für seine Bereitschaft hierzu von der BGAG eine Entschädigung von 14 Mio. DM.

Im Zuge dieser Turbulenzen sank das Ansehen des gewerkschaftseigenen Unternehmens erheblich. Die Idee der „Gemeinwirtschaft", den kapitalistisch geprägten Unternehmen sozial geführte, nicht allein dem Streben nach Gewinnmaximierung verpflichtete Organisationen als Vorbild entgegenzustellen, war ad absurdum geführt worden. Das Steuerprivileg, das gemeinnützigen Wohnungsbauunternehmen eingeräumt war, wurde vom Gesetzgeber gestrichen. Begünstigt durch steigende Immobilienpreise konnte der Konkurs der NH aber abgewendet werden. Im Rahmen eines geordneten Liquidationsverfahrens wurden die Wohnungen – zum Großteil an die Bundesländer – verkauft und die Verbindlichkeiten zurückbezahlt.

Literatur:
***Schmeh** (2002), S. 63–69.*
In die eigene Tasche: Der Skandal um die „Neue Heimat",
www.general-anzeiger-bonn.de/kultur/jahrhundert/1982/wirtschaft.
Gut getarnt im Dickicht der Firmen, **Der Spiegel** *6/1982.*
„Herr, sie wissen nicht, was sie tun", **Der Spiegel** *39/1986.*
Neue Heimat: „Das wird mächtig reinhauen", **Der Spiegel** *40/1986.*
Böse Buben, **Der Spiegel** *46/1986.*
Gewerkschaftsvermögen: Die Hüter des Tafelsilbers, www.freitag.de/1999/47.
Langer Atem: Die Gewerkschaftsholding steckt in der tiefsten Krise seit den Skandalen um die Neue Heimat und den Co op-Konzern, **Wirtschaftswoche** *26/2003.*

Fall 20: Co op (Lebensmittelkette, 1988)

Bilanzfälschung, Kreditbetrug und persönliche Bereicherung führten zum Konkurs der – wie die Neue Heimat – unter dem Dach des Deutschen Gewerkschaftsbundes stehenden Co op AG. Das Frankfurter Handelsunternehmen war 1974 aus über 100 kleinen, finanziell schwach ausgestatteten Konsumgenossenschaften – mit einer Vielzahl von umsatz- und renditeschwachen Filialen – hervorgegangen, die im Wettbewerb mit großen Konkurrenten wie Aldi, REWE oder Spar nicht mehr bestehen konnten. In der Rechtsform einer Aktiengesellschaft sollte eine wettbewerbsfähige Lebensmittel-Einzelhandelskette modernen Zuschnitts entstehen, die jedoch von Beginn an unterkapitalisiert war und unter den hohen Zinsaufwendungen litt. Dem Co op-Vorstandsvorsitzenden Dr. Bernd Otto und seinem Finanzexperten Klaus-Peter Schröder-Reinke gelang es, durch bilanzielle Gestaltungsmaßnahmen die VFE-Lage wesentlich besser darzustellen, als sie tatsächlich war und dadurch zusätzliche Kreditzusagen zu erhalten.

Als sich die Gewerkschaftsholding BGAG Mitte der 80er Jahre selbst in erheblichen finanziellen Schwierigkeiten befand, sollte ein Paket der Co op-Aktien verkauft werden. Da sich kein Käufer fand, gründete Otto eine Beteiligungsgesellschaft, die das Paket erwarb. Den Kauf finanzierte die niederländische Amro-Bank, wobei die Co op AG für den eingeräumten Kredit eine Garantieerklärung abgeben musste. Durch diese Gestaltung konnte das zu diesem Zeitpunkt noch wesentlich strengere aktienrechtliche Verbot des Erwerbs eigener Anteile umgangen werden. Auch die firmeneigene Pensionskasse wurde zur Aufbesserung der Liquidität benutzt: sie erwarb zu einem überhöhten Kaufpreis 8 % der Co op-Aktien, obwohl nur 2 % gesetzlich zulässig waren.

Der Co op-Kurs ging in der Folgezeit überraschend steil nach oben. Ursächlich für die Steigerung waren aber nicht unternehmerische Erfolge, sondern eine künstliche Erhöhung der Nachfrage nach Co op-Aktien: in Steueroasen wie Liechtenstein, Luxemburg, der Schweiz und den Cayman-Islands wurden zahlreiche Scheinfirmen gegründet, die gezielte Aktienkäufe tätigten.

Aufgedeckt wurden diese Kursmanipulationen sowie die finanzielle Schieflage erstmals durch einen „Spiegel"-Bericht im Jahre 1988. Ein Jahr später einigten sich die Gläubigerbanken auf einen Verzicht von 75 % der nicht abgesicherten Forderungen. Große Teile der Vermögensgegenstände gingen an den Handelskonzern Metro. 1994 ging der Prozess gegen Otto und sechs weitere Co op-Manager mit vergleichsweise milden Haftstrafen zu Ende. Das Ziel von Otto und seinen Vorstandskollegen, die Co op offensichtlich als „Selbstbedienungsladen" betrachteten, war primär gewesen, Aktien des Unternehmens – ohne entsprechende Gegenleistung – persönlich zu erwerben und in das Privateigentum zu überführen. Die ausländischen Tarnfirmen hatten hierzu als Verschiebebahnhöfe für den Aktienhandel gedient. Auch am An- und Verkauf von Anteilen an anderen Unternehmen hatte Otto verdient: Provisionszahlungen waren von ihm privat vereinnahmt worden.

Der Co op-Aufsichtsrat hatte Otto, der zwar die Techniken der Macht beherrschte, aber kaum Branchenkenntnisse im Lebensmittel-Einzelhandel besaß, stets gewähren lassen, so dass dieser an der Konzernspitze weitgehend autonom agieren konnte. Aufgrund seiner großzügigen Geschenke in Form von Auslandsreisen und Prämienzahlungen an die Mitglieder des Aufsichtsrats hatten diese ihre Kontrollfunktion nicht in dem erforderlichen Umfang ausgeübt. Um seine Position zu stärken, hatte Otto zudem den Vorstand von sieben auf drei Mitglieder verkleinert.

In Österreich ging die dortige Konsumgenossenschaft „Konsum" im Jahre 1995 in Konkurs. Ähnlich wie die deutsche Co op hatte sie eine Vielzahl von zu kleinen und unwirtschaftlichen Läden, die aus sozialen Gründen häufig zu spät geschlossen wurden. Obwohl hier keine persönlichen Bereicherungen der Vorstandsmitglieder vorlagen, wurde diesen vorgeworfen, grob fahrlässig die „Krida", die dem deutschen betrügerischen Bankrott entspricht, herbeigeführt zu haben.

__Literatur:__
Ogger *(1992), S. 78–85;* ***Schmeh*** *(2002), S. 70–75, 104–108 (Konsum Österreich).*
Co op-Skandal: Manager im Zwielicht – Nun hat auch der gewerkschaftseigene Lebensmittelkonzern Co op AG seinen Skandal, ***Wirtschaftswoche*** *29/1985.*
Co op: Umgebaut und ausgehöhlt, ***Der Spiegel*** *42/1988.*
Co op: Neue Affäre – „Alle haben mitgemacht", ***Wirtschaftswoche*** *51/1988.*
Poker um die Pleite – Chronik eines Beinahe-Konkurses, ***Wirtschaftswoche*** *10/1989.*
Gemeine Wirtschaft: Co op-Prozess – Todesstoss für die Gemeinwirtschaft?,
Wirtschaftswoche *8/1992.*

Fall 21: Metallgesellschaft (1993)

Der 1881 gegründete Traditionskonzern aus Frankfurt am Main mit dem Kerngeschäft Bergbau und Rohstoffhandel, der seit 2000 unter dem Namen „MG Technologies" firmierte und im Juni 2005 in „Gea Group AG" umbenannt wurde, geriet im Herbst 1993 unter dem Vorstandsvorsitzenden Heinz Schimmelbusch in eine existenzbedrohende Unternehmenskrise. Nur durch das Eingreifen der beiden damaligen Hauptaktionäre, der Deutschen Bank – die auch die weitaus größten Kredite ausgereicht hatte – und der Dresdner Bank konnte die drohende Insolvenz abgewendet werden.

Die Metallgesellschaft AG präsentierte sich damals als ein in zwölf Geschäftsfeldern tätiger „Gemischtwarenladen" und bezog 746 Firmen in ihren Konzernabschluss ein. Schimmelbusch wollte durch Diversifizierung in den Kessel-, Werkzeugmaschinen- und Anlagenbau sowie in die Pulverproduktion die Abhängigkeit von den volatilen Rohstoffmärkten (Kupfer, Blei, Zink usw.) reduzieren. Trotzdem konnte Schimmelbusch, dessen Vertragsverlängerung gerade zur Diskussion stand, nur durch sachverhaltsgestaltende Maßnahmen und Bilanzmanipulationen ein negatives Ergebnis im Abschluss 1993 verhindern.

So wurden z.B. ertragsstarke Tochtergesellschaften verkauft und die realisierten Veräußerungsgewinne im operativen Ergebnis erfasst. Die marode Kraftwerkstechnik wurde zu einem deutlich über dem tatsächlichen Wert liegenden Betrag in ein JV mit Babcock-Borsig eingebracht. Bei einer Kapitalerhöhung der Buderus AG verkaufte man die Bezugsrechte, was einen Cash-Zufluss von 50 Mio. DM einbrachte. Allerdings sank dadurch der Prozentanteil dieser Beteiligung. Schließlich löste Schimmelbusch auch dadurch stille Reserven auf, indem er die Konzernzentrale zum aktuellen Marktwert in eine neu gegründete Grundstücksverwaltungsgesellschaft einbrachte. Grundstück und Gebäude standen nur mit einem Bruchteil des Einlagewertes in der Bilanz zu Buche. Anschließend verkaufte er 20 % dieser Grundstücksverwaltungsgesellschaft an die Dresdner Bank.

Ausgelöst wurde die Existenzkrise durch riskante Öltermingeschäfte der New Yorker Tochtergesellschaft „MG Refining and Marketing Inc." (MGRM), die den amerikanischen Rohölmarkt erobern wollte und seit 1992 ihren Kunden – Großhändlern, Großverbrauchern und Tankstellenketten – langfristige Lieferverträge anbot, die diesen auf Jahre hinaus feste Preise für Heizöl, Diesel und Benzin bei zugesicherter Qualität garantierten. Hierfür zahlten die Kunden einen Aufschlag auf den aktuellen Marktpreis bei Vertragsabschluss. Um die MGRM gegen das Preisrisiko, das sie durch diese langfristigen Verträge einging, abzusichern, schloss sie im Rahmen einer „Hedging-Strategie" an der Warenterminbörse NYMEX

Terminkontrakte ab. Man hatte dabei auf steigende Ölpreise gesetzt. Als jedoch der Ölpreis überraschend fiel, musste die MGRM täglich ihren Nachschussverpflichtungen gegenüber der NYMEX, den sog. „Margin-Zahlungen", nachkommen, und die Liquiditätsprobleme wurden akut.

Erst ein 500 Mio. DM-Kredit der Deutschen Bank, deren Vorstandsmitglied Ronaldo Schmitz Aufsichtsratsvorsitzender der Metallgesellschaft war, rettete das Unternehmen, dessen Börsenwert sich innerhalb weniger Monate mehr als halbiert hatte. Schmitz nahm das Desaster aus dem Ölgeschäft bei der US-Tochter zum Anlass, am 17.12.1993 Schimmelbusch – dessen Vertrag vier Wochen zuvor noch um fünf Jahre verlängert worden war – zu entlassen.

Für die Krise im Herbst 1993 konnten rückblickend drei Hauptursachen identifiziert werden:

– Die permanenten Machtkämpfe zwischen Schimmelbusch und Schmitz erfolgten zu Lasten des Konzerns. Der Fall lehrte, dass ein Verhältnis zwischen Vorstands- und Aufsichtsratsvorsitzendem, bei dem beide ständig um die Vorherrschaft streiten, für das Unternehmen schädlich ist.
– Die Öltermingeschäfte gingen in ihrem Volumen weit über die sinnvollen und notwendigen Absicherungsgeschäfte hinaus und waren damit hochriskante Spekulationen. Ein RMS war nicht installiert, wodurch diese Risiken sowie der Liquiditätsengpass lange unentdeckt blieben.
– Die Unternehmensorganisation war wenig transparent, was die Führung und Kontrolle des „Konglomerats Metallgesellschaft" erschwerte und den Tochtergesellschaften zu große Handlungsfreiheiten eröffnete.

Der neue Vorstandsvorsitzende Dr. Karl-Josef („Kajo") Neukirchen leitete ein radikales Sanierungsprogramm ein: er beendete umgehend die Ölspekulationen in den USA und realisierte die angefallenen Verluste. Auch auf der Kundenseite wurden die Lieferverträge unter Inkaufnahme hoher Konventionalstrafen aufgelöst. Da nach der Glattstellung der Terminkontrakte der Ölpreis aber wieder anstieg, wurde die Richtigkeit dieser Maßnahme später bezweifelt. Es erfolgte eine vollständige Neustrukturierung. Die ursprüngliche Metallgesellschaft führte als reine Holding vier Teilkonzerne, in denen die vier Kernkompetenzen Handel, Anlagenbau, Chemie und Bautechnik gebündelt waren. Von den ehemals 746 Beteiligungen verblieben 380. Durch die Etablierung eines RMS und einer wertorientierten Unternehmenssteuerung konnte die Krise überwunden werden.

Doch auch Neukirchen wurde später von Kritikern Bilanzkosmetik vorgeworfen: bei der Umstellung der Rechnungslegung auf US-GAAP, durch Forderungsverkäufe an Banken jeweils kurz vor dem Bilanzstichtag und durch die Veräußerung von ertragreichen Beteiligungen soll er Bilanzstrukturen und Ergebnisse aufgebessert haben. Anlässe für Testatseinschränkungen seitens der WP-Gesellschaft KPMG ergaben sich allerdings nicht.

Nach heftigen Auseinandersetzungen zwischen Neukirchen und dem Großaktionär Otto Happel – beide warfen sich gegenseitig persönliche Bereicherung und mangelndes Strategiedenken vor – wurde Neukirchen in 2003 von Udo Stark abgelöst. Doch auch zwischen Stark und Happel kam es innerhalb kurzer Zeit zu erheblichen Spannungen, nachdem Happel vermehrt in das operative Geschäft eingegriffen hatte. Bereits im Oktober 2004 wurde Stark als Vorstandsvorsitzender wieder abberufen. Unter seinem Nachfolger, dem Schweizer Jürg Oleas, erfolgte im Dezember 2004 der Umzug der Verwaltung vom traditionellen Stammsitz in Frankfurt am Main nach Bochum, wo das heutige Herz des Konzerns, der Spezialmaschinenbauer Gea, sitzt. Der Weggang von Neukirchen und Stark kostete dem Unternehmen über 20 Mio. € an Abfindungen.

Literatur:
Luther *(2003), S. 181–186;* **Schmeh** *(2002), S. 85–89;* **Wägli** *(2003), S. 75 f..*
Schwinn *(2004): Die Liquiditätskrise der Metallgesellschaft AG im Herbst 1993,*
www.krisenkommunikation.de/mafa.
Kleinlaut und klamm, **Der Spiegel** *50/1993.*
Am Rande des Ruins, **Der Spiegel** *2/1994.*
Metallgesellschaft „großen Schaden zugefügt", **Der Spiegel** *13/1997.*
Missmanagement bei Metallgesellschaft: Heinz Schimmelbusch – Schmählicher Abgang,
www.manager-magazin.de.
Bei MG tobt ein offener Machtkampf, **HB** *vom 18.10.2004.*
MG Technologies backt „kleinere Brötchen", **FAZ** *vom 10.11.2004.*
MG Technologies bleibt eine Baustelle, www.boerse.ard.de.
MG Technologies soll Gea Group werden: Nach Chemie-Verkauf konzentriert sich der Konzern auf Maschinenbau, **HB** *vom 30.03.2005.*
„Penibler Umgang mit Geld": MG-Technologies Chef Oleas über sein Verhältnis zu Großaktionär Otto Happel, **Wirtschaftswoche** *21/2005.*
MG Technologies – Ende einer Ära, www.boerse.ard.de.

Fall 22: Jürgen Schneider („Baulöwe", 1994)

Dr. Utz Jürgen Schneider hatte während seiner Tätigkeit im Bauunternehmen seines Vaters Richard Schneider umfangreiche Kenntnisse im Immobiliensektor erworben. Nachdem er Arbeiter und Maschinen ohne Wissen des Vaters für ein eigenes privates Bauprojekt benutzt hatte, wurde er von diesem entlassen. Später warnte Richard Schneider die Banken sogar vor einer Kreditvergabe an seinen Sohn und enterbte ihn schließlich.

Im Jahre 1981 machte sich Jürgen Schneider als Bauunternehmer selbständig. Die Anfangsfinanzierung erfolgte aus Mitteln seiner vermögenden Ehefrau. Seine Kernkompetenz bestand in der Sanierung von zentral in deutschen Großstädten gelegenen Altbauten, die er zu Luxus-Immobilien oder vornehmen Einkaufspassagen aufrüstete und vermietete. So zählten zu den Prestigeobjekten der „Jürgen Schneider AG" etwa die Leipziger Mädler-Passage, die Frankfurter Zeil-Galerie oder das Berliner Kurfürsteneck.

Dabei versuchte Schneider stets, von den Banken weit höhere Darlehen zu erhalten als zur Finanzierung des jeweiligen Projekts tatsächlich benötigt wurden. Den überschüssigen Betrag verwendete er für andere Zwecke, insbesondere zum Aufbau von privaten Festgeldguthaben. Um die Zins- und Tilgungsleistungen erbringen zu können, die betragsmäßig zumeist deutlich über den Mieteinnahmen lagen, nahm Schneider beim folgenden Projekt wieder einen überhöhten Kredit auf. Mit professionellem Auftreten, dem Verweis auf bisherige Erfolge und den als Sicherheit angebotenen privaten Festgeldguthaben – später auch durch Einschaltung von Fakturiergesellschaften, deren wirtschaftlicher Eigentümer Schneider selbst war – gelang es ihm immer wieder, die Banken über das etablierte „Schneeballsystem" im Unklaren zu lassen. Mit manipulierten Geschäftszahlen, gefälschten Mietverträgen, zu hoch angegebenen Mieteinnahmen, Scheinrechnungen, „bestellten" Gutachten und überhöhten Brandversicherungspolicen wurden die Kreditgeber systematisch getäuscht.

Beispielsweise wies er in seinem Kreditantrag bei der Deutschen Bank zum Ausbau der Frankfurter „Zeil" eine vermietbare Gewerbefläche von 22.000 qm aus, während die tatsächliche Mietfläche nur 9.000 qm betrug, was ihm eine erheblich höhere Kreditzusage einbrachte. In Berlin steigerte er künstlich den Wert der Immobilie „Kurfürsteneck" durch erfundene Ausgaben für „Entmietungen" und „Abfindungen an Wettbewerber": so verkaufte er das Objekt, das eine seiner Strohfirmen noch vor wenigen Monaten für 130 Mio. DM erworben hatte, für 370 Mio. DM an eine Gesellschaft, hinter der ebenfalls Schneider stand. Den notariellen Kaufvertrag legte er bei der Bank als Unterlage für die Kreditgewährung vor.

Durch diese Veräußerungen innerhalb der eigenen Gruppe umging Schneider auch § 253 I HGB, nach dem Vermögensgegenstände höchstens mit den fortgeführten Anschaffungs- oder Herstellungskosten anzusetzen sind. Durch die Kaufverträge zwischen den einzelnen Gesellschaften wurde die handelsrechtliche Obergrenze dahingehend ausgeschaltet, dass die Objekte jeweils erneut zu Anschaffungskosten (d. h. zum Kaufpreis) angesetzt wurden.

Als 1994 die Verbindlichkeiten gegenüber verschiedenen Kreditinstituten 5,6 Mrd. DM betrugen und vor allem die Dresdner Bank zunehmend misstrauischer wurde, setzte sich Schneider ins Ausland ab. Das Bauimperium stürzte zusammen, im April 1994 wurde das Konkursverfahren eröffnet. Aus dem Verkauf der Immobilien konnten rd. 3 Mrd. DM erzielt werden; 2,6 Mrd. DM mussten von den Gläubigern ausgebucht werden. Zu den Geschädigten gehörten neben 40 Gläubigerbanken auch zahlreiche Handwerksbetriebe. Die Deutsche Bank übernahm rd. 50 Mio. DM der Verbindlichkeiten der Schneider AG gegenüber diesen Bauhandwerkern und sicherte damit deren Überleben. 1997 wurde Schneider wegen schweren Kreditbetrugs und Urkundenfälschung zu einer Freiheitsstrafe von sechs Jahren und neun Monaten verurteilt.

Nach Feststellung der Frankfurter Staatsanwaltschaft trifft die Banken, die von Schneider zunächst der Mitwisserschaft, Mitverantwortung und sogar der Mittäterschaft beschuldigt worden waren, in juristischer Sicht keine Schuld an dem betrügerischen Bankrott. Die Prüfungsgesellschaft Wollert-Ellmendorff hingegen konstatierte, dass die falschen Angaben Schneiders durch bankinterne Kontrollen und Plausibilitätschecks früher hätten erkannt werden müssen. Kritisch merkten die Gutachter besonders an, dass die Deutsche Bank-Tochter „Centralbodenkredit AG" nie selbst, sondern nur über einen freiberuflichen Vertreter mit dem Hauptkunden Schneider verhandelt hatte. Die Prüfung von Kreditanträgen wurde gleichwohl in der „post-Schneider-Zeit" seitens der Banken deutlich intensiviert und verschärft.

Literatur:
Schmeh *(2002), S. 90–94;* ***Wägli*** *(2003), S. 72–74.*
Die simplen Tricks des Jürgen S., www.neue-oz.de/archiv.
Einfach froh: Nach der Pleite mit dem Frankfurter Immobilienhai Jürgen Schneider nehmen die Banken jetzt auch Privatkunden und kleinere Unternehmen genauer unter die Lupe,
Wirtschaftswoche *24/1994.*
Gemogelt und verloren, ***Der Spiegel*** *27/1996.*
Erfolg mit großem Blöff, ***Der Spiegel*** *28/1996.*
Banken strafrechtlich aus dem Schneider – Kreditgewerbe trifft keine juristische Schuld an der Baupleite, www.rhein-zeitung.de/old/97/01/07/topnews/schneider.
Des Schneiders neue Kleider, ***Der Spiegel*** *28/1997.*
„Auch Wunder gibt es manchmal", ***Der Spiegel*** *41/1997.*

Fall 23: Balsam / Procedo (Sportstättenbau, 1994)

Die im Bereich des Sportbodengeschäfts tätige, im westfälischen Steinhagen bei Bielefeld ansässige Balsam AG war im Jahr 1965 von Friedel Balsam gegründet worden und hatte sich zu einem florierenden mittelständischen Unternehmen mit über 1000 Mitarbeitern entwickelt. 20 Jahre nach Firmengründung konnte sich Balsam – nach mehreren Akquisitionen von Wettbewerbern – als „Global Player" bezeichnen: die Unternehmung lieferte weltweit Kunststoffböden und Kunstrasen, auch zu Anlässen wie Leichtathletik-Weltmeisterschaften oder Olympischen Spielen. Sie verfolgte dabei mit Dumpingpreisen strikt eine Strategie der Kostenführerschaft. Durch die einseitige Fokussierung auf Umsatzwachstum und Unternehmensgröße wurden allerdings Liquidität und Rentabilität sträflich vernachlässigt, so dass Mitte der 80er Jahre erste finanzielle Probleme auftraten, die sich in der Folgezeit permanent vergrößerten.

Balsam-Finanzvorstand Detlef Schlienkamp, der bereits Kontakte zur Wiesbadener Finanzierungsgesellschaft „Procedo Gesellschaft für Exportfactoring D. Klindworth mbH" (nachfolgend: Procedo GmbH) hatte, strebte an, durch den Verkauf von Forderungen (Factoring) einen schnelleren Zahlungseingang zu erreichen. Als sich die Liquidität weiter verschlechterte, erhöhte er zunächst die Beträge auf den Rechnungen, die bei dem Factor, der Procedo GmbH, eingereicht wurden. Dadurch erhielt die Balsam AG höhere Zahlungseingänge, als ihr eigentlich zustanden. Schließlich ging er dazu über, Rechnungen vollständig zu fingieren.

Die Aufdeckung der Vorgänge erfolgte am 08.09.1993: ein ehemaliger Angestellter der Balsam AG erstattete Anzeige bei der Kriminalpolizei Bielefeld. Bereits 1992 hatte dieser in einem anonymen Schreiben an die Staatsanwaltschaft auf die illegalen Geschäfte hingewiesen, doch der Staatsanwalt Jost Schmiedeskamp, dem enge persönliche Beziehungen zur Lebensgefährtin Friedel Balsams nachgesagt wurden, hatte damals keinen Anfangsverdacht für eine strafbare Handlung gesehen.
    Wie sich bei den Nachforschungen herausstellte, hatte Schlienkamp seit Ende der 80er Jahre in immer größerem Umfang angebliche Forderungen der Balsam AG gegen deren Auftraggeber an die Procedo GmbH verkauft, die in Wirklichkeit gar nicht vorhanden waren. Realen Forderungen von lediglich 40 Mio. DM standen verkaufte „Luftforderungen" in Höhe von 1,8 Mrd. DM gegenüber. Im Juni 1994 ging die Balsam AG in Konkurs.
    Die Procedo GmbH hatte die Wertlosigkeit der frei erfundenen Forderungen zunächst nicht bemerkt, weil der Forderungseinzug weiterhin von der Balsam AG vorgenommen wurde und die Procedo GmbH selbst nicht direkt mit den vermeintlichen Schuldnern in Verbindung trat. Da die Abtretung der Forderungen für die

„Schuldner" von Balsam nicht erkennbar war, lag somit ein verdecktes – und kein offenes – Factoring vor.

Mangels Existenz wirklicher Forderungen konnte die Balsam AG die von ihr an die Procedo GmbH abzuführenden Beträge nur aus den jeweils von dieser für den Ankauf weiterer Luftforderungen gezahlten Mitteln vornehmen. Die Balsam AG war somit zur Verheimlichung des Betrugs gezwungen, ständig neue und immer höhere Forderungen zu fingieren und an die Procedo GmbH zu verkaufen.

Aufgrund dieses „Schneeballeffekts" vergrößerten sich auch laufend die wertlosen Forderungen der Procedo GmbH. Nachdem die Balsam AG 1994 in Konkurs gegangen war, musste die Procedo GmbH ihre Forderungen gegenüber der Balsam AG weitgehend abschreiben. Damit geriet diese selbst in ein gerichtliches Vergleichsverfahren. 1995 gelang es dem Vergleichsverwalter, die Gesellschaftsanteile der Procedo GmbH aufgrund des hohen steuerlichen Verlustvortrags von mehr als 7 Mrd. DM an die REWE-Gruppe zu veräußern. In der Folge gesundete die nunmehr anders firmierende Procedo GmbH zunehmend.

Während des Konkursverfahrens der Balsam AG wurde deutlich, dass Schlienkamp auch über Spekulationen mit Devisenoptionen versucht hatte, die Verluste des Unternehmens aus dem operativen Bereich auszugleichen. Mit über zwei Dutzend Kreditinstituten hatte er Währungsgeschäfte in Höhe von insgesamt etwa 14 Mrd. DM getätigt – eine für ein mittelständisches Unternehmen extrem hohe Summe. Im Ergebnis mussten die Banken aus diesen Geschäften Forderungen in Höhe von rd. 500 Mio. DM ausbuchen.

Der Prozess gegen Schlienkamp und Firmengründer Balsam endete im September 1999 mit langjährigen Haftstrafen. Die Angeklagten hatten 45 Banken um ca. 2,5 Mrd. DM betrogen. Relativ schadlos blieben die Deutsche Bank sowie die Dresdner Bank. Sie hatten mit der Balsam AG eine Globalzession vereinbart, so dass sämtliche andere Kreditgeber leer ausgingen. PwC, das die Balsam-Abschlüsse testiert hatte, zahlte den Gläubigern des Sportbodenherstellers – ohne Anerkennung einer Rechtspflicht – 48 Mio. DM.

Literatur:
***Dahnz** (2002), S. 152 f.;* ***Schmeh** (2002), S. 95–99;* ***Wägli** (2003), S. 61 f.*
***Pressestelle des Bundesgerichtshofs Karlsruhe** (2000): Grundsatzentscheidung des BGH zum Kapitalerhaltungsrecht bei der GmbH (Balsam/Procedo), www.bghcam.de/presse.*
Balsam AG: Neuer Fall Schneider?, **Wirtschaftswoche** *24/1994.*
Heiße Luft, **Der Spiegel** *24/1994.*
Doppelt Luft eingekauft, **Der Spiegel** *25/1994.*
Einlullen lassen: Wie der Finanzchef der Balsam AG die Banken mit Devisengeschäften hereinlegte, **Wirtschaftswoche** *26/1994.*
Wundersame Geldvermehrung, **Der Spiegel** *17/1996.*
„Irgendwo steckt noch Geld", **Der Spiegel** *36/1999.*

Fall 24: Bremer Vulkan (Schiffbau, 1996)

Als die damalige Provinzwerft während der Werftkrisen der 80er Jahre nur durch Subventionen von Bund und Ländern vor dem Konkurs gerettet werden konnte, übernahm der Bremer SPD-Senator Friedrich Hennemann 1987 den Vorstandsvorsitz der „Bremer Vulkan Verbund AG" – mit der Zielvorstellung, aus dem 1893 gegründeten Unternehmen durch Strategien der Akquisition und der Diversifikation einen „führenden maritimen Technologie-Weltkonzern" zu formen. Er glaubte langfristig an das Herannahen einer „ozeanischen Ära", in der seine Firma viele Schiffe würde verkaufen können und entwickelte die Vision vom „maritimen Zeitalter". Um die gegenwärtigen Risiken des ertragsschwachen Schiffbaus zu verringern, baute er neben den Reedereien mit dem Maschinenbau und einem Elektroniksektor neue „Standbeine" auf.

Im Jahr 1992 kaufte Hennenmann von der Treuhandanstalt die Wismarer MTW-Werft, die Rostocker Neptun-Industrie und die Stralsunder Volkswerft. Für dringend erforderliche Investitionen in diesen drei ostdeutschen Werften überwies die Treuhand insgesamt 1,8 Mrd. DM an Subventionen. Davon wurde für 946 Mio. DM ein ordnungsgemäßer Verwendungsnachweis erbracht. 854 Mio. DM, also nahezu die Hälfte der erhaltenen Fördergelder, lenkte Hennemann jedoch in marode westdeutsche Betriebe, um diese vor der Illiquidität zu bewahren.

In der Zuwendungsvereinbarung hatte er sich zudem verpflichtet, einen zusätzlichen Eigenanteil für Investitionen in den drei Ostwerften in Höhe von 780 Mio. DM zu erbringen. Aufgrund der Liquiditätsplanung Ende 1993 war bereits absehbar, dass der Bremer Vulkan diesen Eigenanteil in den Folgejahren in keinem Fall würde finanzieren können und dramatische Liquiditätsengpässe auf den Konzern zukommen würden.

In 2001 wurde Hennemann wegen Veruntreuung öffentlicher Mittel und Subventionsbetrug angeklagt. Trotz der Entlastung durch die Zeugenaussage der ehemaligen Treuhandchefin Birgit Breuel, die Verträge hätten keine eindeutige Zweckbindung enthalten, wurde er zu einer zweijährigen Bewährungsstrafe verurteilt. Nach Auffassung der Staatsanwaltschaft hätten die gewährten Subventionen jederzeit und in vollem Umfang den drei Ostwerften zur Verfügung stehen müssen.

Mitte der 90er Jahre traten die Schwächen des Vulkan-Konglomerats – zu dieser Zeit bestehend aus rd. 100 Firmen – immer deutlicher hervor: extreme Fertigungstiefe, mangelhafte Prozessorientierung und überflüssige Hierarchien hatten niedrige Produktivität – bis zu 30 % unter Weltniveau – zur Folge. Das Portfolio bestand weitgehend aus wettbewerbsintensiven und risikoreichen Geschäftsfeldern. Es waren vor allem „Sanierungsfälle" mit unsicheren Perspektiven zugekauft worden.

Hohen Personalkosten standen überwiegend Verkäufe in Niedriglohnländer zu Dumpingpreisen gegenüber: die Verkaufspreise lagen bis zu 15 % unter den Selbstkosten. Hinzu kam unzureichendes Finanzmanagement. So stellte die Coopers & Lybrand Deutsche Revision in 1995 erhebliche Mängel im internen Planungssystem der Werftengruppe fest. Subventionsgelder wurden bereits fest eingeplant, obwohl eine verbindliche Zusage noch gar nicht vorlag.

Bei hohen operativen Verlusten in allen Geschäftsfeldern sicherten allein diese staatlichen Zuschüsse, die dem Vulkan regelmäßig zugeflossen waren, bis dahin die Liquidität. Doch als die Treuhand-Nachfolgeorganisation BvS (Bundesanstalt für vereinigungsbedingte Sonderaufgaben) im Juli 1995 ihre Auszahlungen verzögerte, führte dies zu einem Liquiditäts-Crash, dem ein Verlust der Kreditwürdigkeit bei den Banken folgte. Lieferanten waren nur noch bereit gegen Vorkasse zu liefern. Kunden verlangten für geleistete Anzahlungen Sicherheiten. Im Zuge des verlorenen Vertrauens und des freien Falls der Vulkan-Aktie musste die Geschäftsleitung im Februar 1996 wegen Zahlungsunfähigkeit Vergleich anmelden. Im Mai 1996 eröffnete das Amtsgericht Bremen den Anschlusskonkurs für den Vulkan-Verbund. Die drei Ostwerften wurden von der BvS zurückgenommen und an skandinavische Unternehmen verkauft.

Hennemann hatte nicht nur öffentliche Subventionen zweckwidrig verwendet, sondern bis Mitte 1995 auch im Rahmen einer euphemistischen Informationspolitik stets positive Zukunftsszenarien in Aussicht gestellt. Selbst im letzten publizierten Konzernabschluss des Vulkans für das Geschäftsjahr 1994 hatte Hennemann noch einen schöngerechneten Nachsteuer-Gewinn von 57 Mio. DM ausgewiesen und „Dividendenfähigkeit" für 1995 angekündigt, obwohl bereits 1993 die Betriebsergebnisse in sämtlichen Geschäftsfeldern ausnahmslos negativ waren. Der Cash flow war trotz der hohen Subventionszuflüsse seit Jahren tiefrot. Die Hamburger Wirtschaftsprüfer Susat & Partner bemerkten nach dem Konkurs, die Ermessensspielräume der handelsrechtlichen Bilanzierungs- und Bewertungsvorschriften wären eindeutig jeweils bis an die Obergrenzen ausgenutzt, die Grundsätze der Wahrheit und Klarheit bei der Darstellung der VFE-Lage zum Teil massiv missachtet worden.

So löste Hennemann zum 31.12.1994 sonstige Rückstellungen in Höhe von 96 Mio. DM über sonstige betriebliche Erträge auf, um einen Jahresüberschuss ausweisen zu können. Erträge aus Beteiligungen und aus Firmenverkäufen rechnete er in das operative Ergebnis ein. Die Subventionen von Bund und Ländern reichte er häufig als langfristige Darlehen an die Schiffsbesitzer weiter und zeigte diese „Schiffsbeteiligungen" als Aktiva in der Bilanz.

Damit die zu teuren Schiffe verkauft werden konnten, erklärte sich der Vulkan bereit, auf die Bezahlung eines Teils des Kaufpreises, in der Regel 10 – 20 %, zu verzichten, wenn ihm die Käufer in gleicher Höhe „stille Beteiligungen" einräumten. Diese Beteiligungen, die im Grunde Preisnachlässe darstellten, waren Ende 1994 mit 139 Mio. DM aktiviert.

Ließen sich Schiffe nicht verkaufen, wurden im Vulkan-Einzelabschluss trotzdem Umsatzerlöse ausgewiesen. Die Schiffe wurden dann an die „Senator-Linie" veräußert, eine Konzern-Tochtergesellschaft, unter deren Flagge die Schiffe einstweilen fuhren und die somit Aufgaben eines „Parkhauses" hatte.

1995 erwarb der Vulkan vom konzerneigenen Maschinenbauer Dörries Scharmann Kaufoptionen für ein Aktienpaket der Schweizer Firma Mikron. Den Optionspreis von 4,5 Mio. DM konnte Dörries Scharmann in vollem Umfang erfolgswirksam verbuchen.

Sämtliche Unternehmensüberwachungsorgane hatten in ihrer Funktion versagt: bis 1992 stimmten sie optimistisch den Visionen Hennemanns zu. Eine zweite Phase bis 1994 ließe sich als „vorsichtiges Erwachen" bezeichnen, worauf schließlich die (zu) späte Erkenntnis und der schnelle Niedergang des Vulkans folgten.

Vor allem der Aufsichtsrat um den Vorsitzenden Johann Schäffler, einem langjährigen Weggefährten Hennemanns, verletzte seine Pflichten schwer: Schäffler ignorierte nicht nur die Bilanzmanipulationen seines Freundes, sondern stützte diesen bis zu dessen Ausscheiden im November 1995 und überhörte laute Warnungen anderer Vorstandsmitglieder. Doch auch bei den Wirtschaftsprüfern genoss Hennemann ein Übermaß an Vertrauen. Zudem blieben auf den Hauptversammlungen Kritik und Widerspruch gegen das übermäßige externe Konzernwachstum aus, und letztlich wurden alle Vorgänge von den Politikern gedeckt, weil diese in vielfältiger Weise mit dem Unternehmen verflochten waren und vor allem die 23.000 Arbeitsplätze erhalten werden sollten.

Eine zentrale Ursache für das Scheitern des Bremer Vulkans war somit das Versagen der Kontrollorgane, das sich in einer Mischung aus Unachtsamkeit, Naivität, Opportunismus, Betriebspatriotismus und falsch verstandener Loyalität, die bis zur Kumpanei reichte, äußerte.

Hinzu kamen – bei schwieriger Marktlage – Missmanagement und Führungsmängel des Vorstandsvorsitzenden, der eher den Beamten als den klassischen Unternehmer verkörperte. Dessen kontinuierliches Verleugnen der Realität, gepaart mit einem Hang zur Verfälschung und Verzerrung der Wahrheit sowie mit dem blind verfolgten „Prinzip Hoffnung", führte bis hin zum direkten Belügen der Öffentlichkeit.

Auslöser des Konkurses war letztendlich aber eine nicht fristenkongruente Finanzierung, womit Liquiditätsprobleme vorprogrammiert waren. Eine Parallele ergibt sich hier zum ehemaligen Bremer Autohersteller Borgward, der im Jahr 1961 ebenfalls wegen Zahlungsunfähigkeit in Konkurs ging.

Literatur:
Enzweiler (1999), S. 11–32; **Schmeh** *(2002), S. 100–103.*
Fleischer *(2004): Konzernuntreue zwischen Straf- und Gesellschaftsrecht: Das Bremer Vulkan-Urteil, in: NJW 40/2004, S. 2867–2870.*
Pröschold *(2004): Insolvenz der Bremer Vulkan Verbund AG im Mai 1996, www.krisenkommunikation.de/mafa.*
Bremen: Konkursverwalter und ihr täglich Brot, **Die Zeit** *10/1996.*
Der erloschene Vulkan, **Die Welt** *vom 08.09.1999.*
Ost-Engagement endete auf der Anklagebank, **Die Welt** *vom 28.09.2000.*
Hennemanns Beutezug – Lug und Trug, **HB** *vom 19.12.2001.*
Die Vulkan-Pleite: „Nieten in Nadelstreifen", **TAZ** *vom 29.03.2003.*

Fall 25: Flowtex (Bohrsysteme, 2000)

Bei der „Flowtex Technologie GmbH & Co. KG" (nachfolgend: Flowtex) handelte es sich um die Obergesellschaft einer 1983 von Manfred Schmider gegründeten badischen Firmengruppe mit Sitz in Ettlingen bei Karlsruhe. Zweck des Unternehmens war der Vertrieb von „Horizontalbohrmaschinen". Mit diesen Bohrsystemen können unterirdische Kanäle, Versorgungsleitungen und Pipelines verlegt werden, ohne dass dafür die Strassen aufgerissen werden müssen. Das Geschäftsmodell kann wie folgt dargestellt werden:

Lieferantin der Bohrsysteme war die Tochterfirma „KSK Guided Microtunneling Technologies Spezial-Tiefbaugeräte GmbH & Co. KG", die diese zunächst von einem deutschen, später von einem italienischen Hersteller bezog. Nach der Grundkonzeption überließ Flowtex die Geräte anschließend an Franchisepartner, die diese ihrerseits an Endkunden, z. B. Baufirmen, vermieteten. Auf die Franchisenehmer bestand allerdings ein wirtschaftlicher Einfluss seitens Flowtex. Dadurch konnten Leasingverträge über Bohrgeräte abgeschlossen werden, die in Wirklichkeit nicht existierten. Der von den Leasinggesellschaften bezahlte und von den Banken teilweise refinanzierte Kaufpreis wurde auf Konten von Flowtex geleitet und von dort zur Zahlung der Leasingraten verwendet.

Somit war ein klassisches Schneeballsystem installiert: Flowtex verkaufte ein – nicht existentes – Bohrsystem an eine Leasinggesellschaft und vereinnahmte den Kaufpreis als Umsatzerlöse. Zwischen der Leasinggesellschaft und einem Flowtex nahestehenden Franchisepartner wurde ein Leasingvertrag abgeschlossen. Flowtex sorgte dafür, dass der Franchisepartner die Leasingraten pünktlich an die Leasinggesellschaft entrichtete. Durch diese Verpflichtung zur Zahlung der Leasingraten war Flowtex gezwungen, stets neue fiktive Bohrsysteme in immer größerem Umfang an die Leasinggesellschaften zu verkaufen. Das System vermittelte nach außen aber den Eindruck eines florierenden und expandierenden Unternehmens.

Um die Finanzierungszusagen der Leasinggesellschaften zu erhalten, erstellte Schmider Leasingverträge ohne materiellen Hintergrund und fälschte Kontoauszüge sowie Jahresabschlussangaben. Sein Geschäftspartner Dr. Klaus Kleiser, Mitunternehmensgründer, stanzte eigenhändig die Typenschilder für die niemals gebauten Bohrgeräte: von den „aktenkundigen" 3411 High Tech-Anlagen existierten tatsächlich 281. Bei 3130 Geräten (= 91,7 %) handelte es sich de facto um fingierte Sale-and-lease-back-Verträge. Strafrechtlich lagen die Tatbestände Urkundenfälschung, Krediterschleichung und Bilanzbetrug vor.

Vor Ort täuschte Schmider die Vertreter der Leasinggesellschaften und der Banken, die die finanzierten Anlagen in Augenschein nehmen wollten, indem er die wenigen tatsächlich existierenden Bohrsysteme von einer Baustelle zur nächsten transportieren ließ und den Finanzexperten nach einem Austausch der Typenschilder immer wieder die gleichen Systeme vorführte. Die unabhängigen Wirtschaftsprüfer der KPMG gaben sich mit dem Hinweis zufrieden, ein Großteil der Bohranlagen wäre gerade zur Wartung abgezogen worden. Bei einem Plausibilitätscheck hätte die viel zu hohe Anzahl der angegebenen Geräte erkannt werden müssen: nach Aussage eines Wettbewerbers betrug der jährliche Bedarf für ganz Europa nur 400 Stück.

Eine Schlüsselrolle in dem Betrugsfall spielte auch der deutsch-syrische Franchisepartner Yassim Dogmoch, dessen Firma „Flowtex Arab International" (FAI) die Bohrgeräte in die Erdölländer lieferte und in diesen strategisch wichtigen Märkten ein Kundennetz aufbauen sollte. Dogmoch hatte im Jahre 1995 Schmider Scheinverträge in Höhe von 142 Mio. DM besorgt, als Finanzbeamte der OFD Karlsruhe bei der Prüfung der GuV auf Umsatzerlöse stießen, denen kein entsprechender Materialeinsatz gegenüberstand, Schmiders „Finanzholding" Finakant in Vaduz/Liechtenstein untersuchten und die Scheingeschäfte bereits aufgedeckt zu werden drohten.

So soll ein steuerlicher Außenprüfer schon in 1996 das Fehlen von echten Eingangsrechnungen für rund 1200 Tiefbohrmaschinen bemerkt haben, sein Wissen jedoch nicht an die Ermittlungsbehörden weitergegeben haben. Bei einer derartigen Wirtschaftsstraftat hätte – entgegen dem Steuergeheimnis, dem steuerliche Außenprüfer grundsätzlich unterliegen – die Staatsanwaltschaft informiert werden müssen. Seitens des Prüfers soll der Vorgang jedoch nicht weiter verfolgt worden sein, weil die Finanzbehörden dann Steuern in erheblichem Umfang an Flowtex hätten zurückerstatten müssen. Zudem soll Schmider den Beamten mit einer Karibikreise bestochen und als Gegenleistung für sein Stillhalten auch einen Pkw finanziert haben.

Offenkundig wurde der Betrug erst im Februar 2000, als Flowtex eine Anleihe von 300 Mio. € auf dem Kapitalmarkt platzieren wollte. Ein ehemaliger Geschäftspartner, der die kriminellen Handlungen kannte und angeblich Kleinanleger vor Fehlinvestitionen schützen wollte, erstattete bei der Staatsanwaltschaft Mannheim Anzeige.

Nach Bekanntwerden der Delikte musste Flowtex Insolvenz anmelden; Schmider wurde in U-Haft genommen. Jahrelang hatte er nicht nur insgesamt 50 Leasinggesellschaften und 70 Banken, sondern auch Rating-Agenturen und Wirtschaftsprüfer getäuscht. So hatten die Analysten von Standard & Poor's Flowtex lange mit der Bonität BBB– geraten, einer für einen Mittelständler passablen Note. Nach eigener Aussage hatten sie sich auf die uneingeschränkten Testate der KPMG verlassen. Auch diese hatte allerdings die fingierten Umsatzerlöse im Rahmen ihrer Abschlussprüfungen nicht erkannt. Durch das Fälschen von Eingangsrechnungen und Lieferscheinen war auch der entsprechende Materialeinsatz vorgetäuscht worden. Trotz Betonung der Korrektheit ihrer Prüfungstätigkeit („Wir sind Wirtschaftsprüfer, keine Kriminalbeamte") überwies die KPMG aber 100 Mio. DM Schadensersatz an Flowtex-Gläubiger ohne Anerkennung einer Rechtspflicht.

Ursächlich für die späte Aufdeckung des betrügerischen Geldkreislaufs waren u. a. das selbstbewusste Auftreten und der elegante Lebensstil Schmiders, von dem sich viele blenden ließen. Zudem hatte von Seiten der Politik, namentlich des früheren baden-württembergischen Ministerpräsidenten Erwin Teufel und dessen Vorgängers Lothar Späth, ein „ausgeprägtes Wohlwollen" gegenüber Schmider bestanden. Auch hatte es Flowtex konsequent vermieden, eine sog. „Hausbank-Beziehung" einzugehen. Vielmehr waren ca. 80 – zum Großteil regionale – Kreditinstitute, insbesondere Sparkassen, mit einer Vielzahl von kleineren Beträgen beteiligt.

Im Dezember 2001 ging der Prozess gegen Schmider und drei weitere Flowtex-Manager (den Miteigentümer Dr. Kleiser, den Finanzchef Schmitz und die KSK-Geschäftsführerin Neumann) mit langjährigen Haftstrafen zu Ende.

Mitentscheidend für den Vorsitzenden Richter des Mannheimer Landgerichts war die persönliche Bereicherung der Angeklagten. So tätigte allein Schmider 325 Mio. DM verdeckte Privatentnahmen, die er zum Großteil in das Vermögen seiner Ehefrau überführte und somit dem Zugriff seiner Gläubiger entzog. Zudem flossen aus dem Betriebsvermögen 150 Mio. DM verdeckt auf eine Familienstiftung Schmiders mit Sitz in Liechtenstein. Ferner wurden zwischen 1989 und 1993 Aufwendungen für die private Lebensführung der Ehefrau Inge Schmider in Höhe von 4,4 Mio. DM bei der Flowtex-Tochter „Texcolor" als Betriebsausgaben verbucht. Selbst die Beerdigungskosten deren ersten Mannes wurden als Betriebsausgaben erfasst.

In einem psychiatrischen Gutachten 2001 wurde Schmider von einem Psychologen für voll schuldfähig erklärt: man könne zwar von einem „Harry-Potter-Phänomen" der halluzinatorischen Wunscherfüllung sprechen, für echte geistige Störungen gäbe es aber keine Hinweise. Schmider leide zwar an Megalomanie (Größenwahn), aber nicht an einer seelischen Krankheit. Nachdem im September 2002 ein Psychiater in einem Zweitgutachten Schmider aufgrund dessen Persönlichkeitsstruktur eine verminderte Schuldfähigkeit bescheinigt hatte, musste das Urteil revidiert werden: das Landgericht Mannheim verminderte das Strafmaß im September 2003 von zwölf Jahren auf elf Jahre und sechs Monate.

Im Januar 2002 wurde auch der bereits im März 2001 inhaftierte Bruder Schmiders, Matthias, verurteilt. Dieser hatte mit seiner zur Unternehmensgruppe gehörenden Firma „Powerdrill" ein Flowtex-System „en miniature" aufgezogen. Über einen Zeitraum von vier Jahren waren von ihm 175 nicht vorhandene Bohrsysteme an 17 Leasinggesellschaften verkauft worden. Tatsächlich hatte das Unternehmen nur zwölf echte Transaktionen vorgenommen.

Im Zuge des Flowtex-Skandals trat im Juni 2004 der baden-württembergische Wirtschaftsminister Walter Döring zurück, nachdem sich der Verdacht auf Vorteilsnahme bestätigt hatte. Der FDP-Politiker hatte eine Infas-Umfrage zu seiner Wirtschaftspolitik in Auftrag gegeben und die Rechnung von der Flowtex-Tochter „Flow Waste" bezahlen lassen.

Literatur:
Schmeh (2002), S. 121–125.
Flowtex: Kleingeist und Größenwahn – Eine Chronologie der Ereignisse,
www.manager-magazin.de.
Wundersame Vermehrung, **Der Spiegel** *7/2000.*
Aus ganz dunklen Kanälen – Die Umstände der Milliardenpleite werden immer dubioser.
Floss Schwarzgeld in das Ettlinger Unternehmen?, **Wirtschaftswoche** *13/2000.*
„Ich will in Beirut verhört werden" – Dogmoch wehrt sich gegen den Verdacht, für Flowtex Geld gewaschen zu haben, **Wirtschaftswoche** *15/2000.*
Flowtex-Prozess wirft nicht nur auf die Angeklagten ein schlechtes Licht,
Die Welt *vom 06.08.2000.*
Big Mannis Schneeballsystem, **HB** *vom 19.12.2001.*
Wirtschaftsprüfer: Schein und Sein, **HB** *vom 19.12.2001.*
Flowtex: Der Staatsanwalt bohrt weiter, **FTD** *vom 19.12.2001.*
Flowtex: Staatsanwalt will Revision, **FTD** *vom 20.12.2001.*
Flowtex-Prozess geht in die zweite Runde, **FTD** *vom 15.01.2002.*
Balsam-Procedo, Flowtex: Betrugsfälle auch in Deutschland, **HB** *vom 28.06.2002.*
Gericht muss Strafmaß für Ex-Flowtex-Chef neu festsetzen, **FTD** *vom 13.09.2002.*
Bundesland droht Klage in Flowtex-Affäre, **FTD** *vom 03.02.2003.*
Flowtex-Chef reißt Finanzbehörde mit in Skandalstrudel, **FTD** *vom 14.05.2003.*
BGH entscheidet über Schadensersatzansprüche infolge des Flowtex-Skandals, **BB** *46/2004,*
Rechtsprechung aktuell.
Leasinggesellschaften haften grundsätzlich nicht für betrügerisches Verhalten des Leasingnehmers, **Pressemitteilung des BGH** *vom 10.11.2004.*
Neuer Prozess zum Flowtex-Skandal, **Die Welt** *vom 14.01.2005.*
Anklage gegen Ex-Ministerin wegen Flowtex-Affäre, **Die Welt** *vom 25.02.2005.*

Fall 26: EM.TV (Medienkonzern, 2000)

EM.TV, Synonym für Aufstieg und Fall eines Unternehmens im ehemaligen Börsensegment Neuer Markt, verdankte seinen Senkrechtstart weitgehend dem PR-Geschick des Firmengründers Thomas Haffa. Im Jahr 2000 betrug der kapitalisierte Börsenwert der Medienfirma aus dem Münchner Vorort Unterföhring bei einem vergleichsweise bescheidenen Konzernumsatz von 160 Mio. € und rd. 300 Mitarbeitern 13 Mrd. €. Das Handeln mit Filmrechten lernte Thomas Haffa bei Leo Kirch, wo er von 1979 bis 1989 als leitender Angestellter beschäftigt war. Anschließend gründete er zusammen mit seinem um 13 Jahre jüngeren Bruder Florian die Entertainment Merchandising GmbH, die sich auf die Produktion und Vermarktung von Kindertrickfilmen spezialisierte und später in EM.TV umfirmierte. Mit Serien wie „Sesamstraße", „Sandmännchen", „Familie Feuerstein", „Die Schlümpfe", „Biene Maja" und „Alfred J. Kwak" glaubte Haffa genau die Produkte zu offerieren, die hohe Einschaltquoten garantieren würden.

Aufgrund seines Expansionsstrebens und daraus resultierender finanzieller Engpässe versuchte Haffa, eine 50%-Beteiligung an EM.TV für rd. 10 Mio. € an Bertelsmann zu verkaufen. Der Gütersloher Medienkonzern lehnte dieses Angebot jedoch ab. Ende Oktober 1997 brachte Haffa ein Viertel der EM.TV-Aktien an die Börse. Das Going Public führte zu Einnahmen von rd. 10 Mio. €. Damit erhielt Haffa für 25% des Unternehmens den Betrag, den Bertelsmann für 50% nicht zu zahlen bereit war.

Durch gestalterische Maßnahmen mit dem Unternehmen seines ehemaligen Arbeitgebers und Lehrmeisters Leo Kirch generierte Haffa künstlich Umsatzerlöse, indem EM.TV Filmrechte – häufig zu überhöhten Preisen – erwarb, um sie später in Teilen zurückzuverkaufen.

Bankern, Analysten und Investoren präsentierte er fortlaufend „Stories", die faszinierend, aber dennoch glaubwürdig erschienen. Haffa, der von einem deutschen Disney-Konzern träumte, wurde nicht müde, die Ertragsaussichten und Wachstumspotenziale im boomenden TV-Entertainment-Markt zu betonen. Er verstand es, mit geplanter und gezielter Regelmäßigkeit angeblich lukrative Deals bekannt zu geben, stets Optimismus zu verbreiten und so die EM.TV-Aktie im Gespräch zu halten. Verschwiegen wurde hingegen beispielsweise, dass dem Unternehmen im Jahr 1999 von der Deutschen Schutzvereinigung für Wertpapierbesitz (DSW) die „Goldene Zitrone" für den dürftigsten Quartalsbericht verliehen wurde.

Haffa inszenierte sich im Stile eines Medien-Tycoons. Auf Hauptversammlungen stand er einem Messias gleich vor den staunenden Kleinaktionären und „zelebrierte" die Bekanntgabe von exorbitanten Umsatz- und Ertragszuwächsen. Zu seinem Verkaufstalent kam das Image des „ewigen Sunny-Boys". Jugendlich-charmant zeigte er sich gerne mit den Mächtigen dieser Welt auf seiner Yacht vor Cannes oder bei Formel-1-Rennen. Haffa wirkte äußerst agil, ohne überehrgeizig und verkrampft zu sein: er galt als Lichtgestalt und Ikone der New Economy. Ihn umgab stets das Parfum „Eau d'Erfolg", wie es die Boulevardpresse formulierte.

Haffa, der sich selbst als risikofreudig einschätzte, wusste, dass er immer wieder neue Beteiligungen an namhaften Firmen akquirieren musste, wenn er den Börsenkurs „unter Dampf" halten wollte. Durch ständige „Erfolgsmeldungen" gelang es ihm, den Kurs in ungeahnte Höhen zu pushen. Für rd. 65 Mio. € wurde eine Beteiligung an der Filmfirma Constantin erworben. An der Tele München erwarb man eine 45%-Beteiligung zu einem Kaufpreis von 400 Mio. €. Der Eintritt in den US-Markt gelang mit der Übernahme der defizitären Jim Henson Company mit den Lizenzrechten an der legendären „Muppet Show". Der Kaufpreis betrug rd. 600 Mio. €. Einen Teil hiervon erhielten die Henson-Eigentümer in bar, einen Teil in neu ausgegebenen EM.TV-Aktien.

Von Kreditinstituten und Rating-Agenturen damals als strategisch besonders wertvoll eingeschätzt wurde schließlich eine 50%-Beteiligung an der Formel-1-Verwertungsgesellschaft SLEC von Bernie Ecclestone. Die Bezahlung des Kaufpreises von 1,8 Mrd. US-$ erfolgte wie üblich durch eine Kaufpreiszahlung in Höhe von 700 Mio. US-$ sowie durch die Übergabe eines EM.TV-Aktienpakets.

Seine „Verkäufernatur" war für Haffa bei den zahlreichen Akquisitionen allerdings eher von Nachteil: anstatt den Kaufpreis der Übernahmeobjekte zu drücken, war er großzügig bereit, auf die Vorstellungen seiner Geschäftspartner einzugehen. Die wesentlich überhöhten Anschaffungskosten führten zu außerplanmäßigen Abschreibungen und zusätzlichen Finanzierungsaufwendungen, durch die das „Kartenhaus" EM.TV letztlich einstürzte.

Im Sommer des Jahres 2000 musste EM.TV die erste negative Meldung bekannt geben: Finanzvorstand Florian Haffa, Bruder des Firmenchefs und Aktionär der Gesellschaft, verkündete, dass die veröffentlichten Zahlen für das erste Halbjahr 2000 unrichtig wären. Umsatz und Gewinne mussten „wegen Buchungsfehlern" deutlich nach unten korrigiert werden. Thomas Haffa ersetzte daraufhin seinen Bruder durch einen neuen CFO, Rolf Rickmeyer. Dieser gab im Dezember 2000 bekannt, dass statt des erwarteten Jahresüberschusses von rd. 250 Mio. € wohl nur mit ca. 25 Mio. € gerechnet werden könne. Finanzexperten kamen zu dem Ergebnis, dass bei konservativer Bilanzierung ein Verlust auszuweisen wäre.

Im April 2001 musste Haffa eingestehen, dass EM.TV in 2000 einen Verlust von 1,4 Mrd. € erwirtschaftet hatte. Es wurde offenkundig, dass die Medienfirma gegen Grundsätze ordnungsmäßiger Buchführung verstoßen hatte. Die veröffentlichten Zahlen und Prognosen waren nicht untermauert und teilweise aus der Luft gegriffen. Ein ausgebautes Controlling war bis Sommer 2000 nicht vorhanden.

Auch die Managementqualitäten der beiden gebürtigen Pfaffenhofener wurden nun in Zweifel gezogen, obwohl längst bekannt war, dass Thomas das Gymnasium vor dem Abitur verlassen hatte und nach einer kaufmännische Lehre als Verkäufer von Autos und Schreibmaschinen tätig war, ehe ihn sein Mentor Kirch engagierte. Bruder Florian hatte sein BWL-Studium vorzeitig abgebrochen.

Um die dringendsten Liquiditätsprobleme zu lösen, musste Haffa 25% des Unternehmens an die Kirch-Gruppe verkaufen. Doch auch Kirch konnte Haffa nicht mehr retten: der kapitalisierte Börsenwert von EM.TV war von ehemals 13 Mrd. € auf 250 Mio. € zurückgegangen. Über die vielen zivilrechtlichen Klagen von enttäuschten Aktionären, insbesondere von Kleinanlegern, liegen bis heute noch keine endgültigen Gerichtsurteile vor. Diese konnten bislang nicht beweisen, ob und in welcher Höhe ihnen wegen der Falschinformationen Schäden entstanden sind.

Die beiden Brüder konnten trotz der Turbulenzen einen beträchtlichen Teil ihres Privatvermögens retten. Rechtzeitig vor Ankündigung der Negativnachrichten und des rapiden Kursverfalls hatten beide einen Großteil der von ihnen gehaltenen Aktien verkauft. Thomas Haffa gelang es sogar, auf dem Kurshöhepunkt im Februar 2000 Aktien vor Ablauf der vorgeschriebenen Haltefrist („Lock-up Period") nahezu unbemerkt zu verkaufen. Ein Strafverfahren wegen verbotener Insidergeschäfte überstanden beide unbeschadet.

Das Landgericht München verurteilte hingegen Thomas Haffa zu 1,2 Mio. € und Florian Haffa zu 240.000 € Geldstrafe wegen fehlerhafter Ad-hoc-Mitteilungen (§ 400 AktG). „Sie wussten, dass die Lage der Gesellschaft falsch dargestellt war oder haben dies billigend in Kauf genommen" hielt das Gericht den Brüdern vor. Insbesondere wären Umsatzerlöse zu hoch und nicht periodengerecht ausgewiesen worden. Auch die Manipulation des Aktienkurses durch die geschönten Halbjahreszahlen 2000 sah das Gericht als erwiesen an. Dieses Urteil wurde von den Haffa-Brüdern nicht akzeptiert. Die Revision vor dem Bundesgerichtshof läuft.

Die EM.TV-Aktie erlebte im Sommer 2001 wieder einen ersten Aufwärtstrend, nachdem Thomas Haffa seinen Rücktritt erklärt hatte. Am 1. August trat der ehemalige Spiegel-Manager Werner Klatten, dessen „Ziehvater" ebenfalls Leo Kirch gewesen war, die Nachfolge als Vorstandsvorsitzender des insolvenzbedrohten

Unternehmens an. Doch die Sanierung und Restrukturierung stellte sich weit schwieriger dar, als sich Klatten dies vorgestellt hatte, zumal EM.TV im Frühjahr 2002 mit der Insolvenz der Kirch-Gruppe seinen wichtigsten Partner verlor. Erst im Jahr 2004 zeichneten sich erste Erfolge ab: es konnte ein um außerordentliche Tatbestände bereinigter Jahresüberschuss von rd. 40 Mio. € ausgewiesen werden, während in den Jahren von 2000 bis 2003 Verluste von insgesamt über 2 Mrd. € erwirtschaftet wurden.

In einem zivilrechtlichen Gerichtsverfahren, das im Frühjahr 2005 begann, macht EM.TV Schadensersatzansprüche von rd. 200 Mio. € gegenüber den beiden Haffa-Brüdern sowie dem damaligen Aufsichtsratsvorsitzenden Nickolaus Becker geltend. Streitpunkt ist, ob beim Einstieg in die Formel-1 im Jahr 2000 die Sorgfaltspflichten verletzt wurden und ob der Vertragsabschluss beim Erwerb der 50%-Beteiligung an der SLEC fahrlässig und ohne die erforderliche Due Diligence bzw. ohne hinreichende Finanz- und Liquiditätsplanung erfolgte. Nachdem ein Rechtsgutachten die Erfolgschancen auf über 50% einstufte, war Klatten gezwungen, die Schadensersatzklage einzureichen. Bei einem Unterlassen der Klage wäre er selbst gegenüber EM.TV schadensersatzpflichtig geworden.

Literatur:
Lachmair *(2001), S. 185–188;* ***Luther*** *(2003), S. 134–139;* ***Schmeh*** *(2002), S. 232–235.*
EM.TV-Chef Haffa gibt unzulässigen Aktienverkauf zu, www.123recht.net.
EM.TV: Eine ehemalige Erfolgsgeschichte des Neuen Marktes vor Gericht, www.heise.de/newsticker.
Haffa-Brüder müssen zahlen, ***TAZ*** *vom 09.04.2003.*
Der Schatten des Sunny-Boys: Thomas Haffa hat mit EM.TV abgeschlossen, ***HB*** *vom 05.07.2004.*
Langsam kehrt das Lächeln zurück: Werner Klatten hat viel Kraft in die Sanierung des Medienkonzerns EM.TV gesteckt. Erste Erfolge werden sichtbar, ***HB*** *vom 27.08.2004.*
Die Abrechnung: Das Medienunternehmen EM.TV versucht, aus seiner skandalreichen Vergangenheit Geld zu machen, ***Die Zeit*** *09/2005.*
EM.TV schreibt wieder schwarze Zahlen, ***Hamburger Abendblatt*** *vom 30.03.2005.*

Fall 27: Infomatec (Internet-Surfstationen, 2000)

Die 1988 gegründete Augsburger „Infomatec Integrated Information Systems AG", die ihre Umsätze zunächst hauptsächlich mit Software und diversen EDV-Dienstleistungen für Firmenkunden tätigte, musste als eine der ersten Neue Markt-Unternehmungen im Mai 2001 Insolvenz anmelden und ist inzwischen in Konkurs gegangen. Lange Zeit hatte sie aber als „Liebling" der Wachstumsbörse gegolten: immer neue Erfolgsmeldungen – insbesondere über die neu entwickelten „Internet-Surfstations" – und vielversprechende Zukunftsszenarien ließen den Kurs der Infomatec-Aktie stetig steigen. Auf den Hauptversammlungen präsentierte man sich bereits als „Global Player" und zeigte stolz Internetzugänge über gewöhnliche Fernsehgeräte mittels Set-Top-Boxen. Gerhard Harlos und Alexander Häfele, die beiden Unternehmensgründer und Vorstände, erfreuten sich hoher Akzeptanz, nicht zuletzt auch in der schwäbischen Heimat aufgrund des großzügigen finanziellen Engagements bei lokalen Sportvereinen.

Auf den vermeintlichen Höhenflug folgte der abrupte Absturz: im August 2000 musste Infomatec einräumen, mehrere falsche Ad-hoc-Mitteilungen herausgegeben und insbesondere weit überzogene Umsatzprognosen sowie unwahre Angaben zu drei Großaufträgen gemacht zu haben. So hatte man z. B. von einem angeblichen Großauftrag des Mobilfunkanbieters Mobilcom über 100.000 Set-Top-Boxen im Wert von rd. 30 Mio. € berichtet, der sich später nur als rechtlich unverbindliche Absichtserklärung erwies.

Gleichzeitig mussten die Umsatzerwartungen halbiert und der prognostizierte Verlust drastisch erhöht werden. Der Personalbestand von bisher 600 Mitarbeitern wurde um 120 verringert. Als sich die beiden Betreuerbanken, die Westdeutsche Landesbank und Sal. Oppenheim, nach dem Bekanntwerden der gefälschten Börsenmitteilungen zurückzogen, geriet Infomatec in Gefahr, vom Neuen Markt ausgeschlossen zu werden. Der Aktienkurs, der 1999 zeitweise über 60 € gelegen hatte, brach bis November 2000 auf unter 2,50 € ein. Die Infomatec-Aktie wurde als „Zockerpapier" eingestuft.

Im November 2000 wurden Harlos und Häfele, die jeweils rund 31 % der Infomatec-Anteile hielten und zuvor bereits den Rücktritt von ihren Vorstandsämtern angekündigt hatten, verhaftet.

Die Staatsanwaltschaft warf beiden falsche Darstellung der wirtschaftlichen Lage des Unternehmens – man habe aus Hoffnungen einfach Tatsachen gemacht – und Insiderhandel vor. Zudem wurden Harlos und Häfele des Gründungsschwindels angeklagt: nach Auffassung des Staatsanwalts hatte die Firmengruppe zum Zeitpunkt des IPO in 1998 lediglich einen Unternehmenswert von 5 Mio. €. Mit 207 Mio. € – der Basis für den Ausgabekurs – wäre diese wesentlich zu hoch bewertet worden. Dieser Anklagepunkt wurde ebenso wie der Vorwurf des Kursbetrugs wieder fallengelassen.

Der weitere Vorwurf, Infomatec habe mit den entwickelten Surfstationen noch gar keine marktfähigen Produkte gehabt, ließ sich ebenfalls nicht aufrechterhalten. Es wurden tatsächlich Surfstationen produziert und zu Stückpreisen zwischen 89 € und 200 € verkauft. Allein an Mobilcom wurden z. B. 14.000 Geräte geliefert. Bei der HV 1999 präsentierte Infomatec allerdings Surfstationen, bei denen es sich nicht um eigene Produkte handelte. Das Logo des wirklichen Herstellers wurde mit einem Infomatec-Aufkleber überklebt.

Drei Jahre nach dem Skandal – im November 2003 – verurteilte das Landgericht Augsburg die beiden Infomatec-Vorstände aufgrund bewusster Falschinformation von Anlegern nach § 400 AktG sowie Insiderhandel zu Geld- und Haftstrafen. Beide hatten den Kurs durch Falschmeldungen in die Höhe getrieben und anschließend für 15 Mio. € Infomatec-Aktien verkauft.

Im zivilrechtlichen Verfahren entschied der BGH Karlsruhe in seinem Grundsatzurteil vom 19.07.2004, dass ein Anleger, der aufgrund der falschen Ad-hoc-Mitteilungen 91.000 DM in Infomatec-Aktien investiert hatte, von den beiden Vorständen seinen gesamten Einsatz zurückverlangen konnte. Das Gericht bejahte in diesem Fall eine persönliche Haftung von Vorständen. Es berief sich auf § 826 BGB, der sittenwidrige vorsätzliche Schädigung verbietet. Statt detailliert die Kaufentscheidung zu belegen, müssen Anleger zukünftig nur noch nachweisen, dass sie in „zeitlicher Nähe" zur Falschmeldung investiert hatten.

Ein weiterer Kläger, der seine Order hingegen erst sechs Monate nach der letzten unrichtigen Information getätigt hatte, wurde vom BGH abgewiesen. Wie die „zeitliche Nähe" zwischen falscher Ad-hoc-Mitteilung und Kaufentscheidung präzise zu definieren ist, überließ der BGH dem Gesetzgeber.

Literatur:
***Edelmann** (2004), S. 2031–2033;* ***Rodewald/Siems** (2001), S. 2438;* ***Schmeh** (2002), S. 242–245.*
Infomatec: Firmengründer und Vorstandschef treten zurück, ***FTD*** *vom 15.09.2000.*
Nachrichten aus der Provinz, ***CW*** *vom 22.09.2000.*
Infomatec – Wieder Skandal am Neuen Markt, www.juchu.de/neuermarkt.
Staatsanwaltschaft durchsucht Infomatec – Infomatec versucht Neuanfang – Infomatec bestimmt neue Vorstände, www.netzeitung.de/wirtschaft.
Infomatec: Vorläufiger Höhepunkt der Skandalserie am Neuen Markt, www.heise.de/newsticker.
Infomatec verklagt Mobilcom auf Schadensersatz, www.heise.de/newsticker.
Infomatec: Schwindel schon beim Börsengang?, www.manager-magazin.de.
Nach Teilgeständnis: Infomatec-Gründer verurteilt, ***SZ*** *vom 27.11.2003.*
Menschen und Märkte: Alexander Häfele, Gerhard Harlos, ***Die Welt*** *vom 20.07.2004.*
Kleinanleger erhält Schadensersatz: Aktienkultur gefördert, www.neue-oz.de/archiv.
Nach BGH-Urteil ist mit Klagewelle zu rechnen, ***HB*** *vom 23.07.2004.*
Infomatec-Prozess: Haftstrafe rechtskräftig, ***Die Welt*** *vom 08.04.2005.*

Fall 28: Philipp Holzmann (Baukonzern, 2002)

Erste Anzeichen einer Krise des traditionsreichen Unternehmens, zu dessen bedeutendsten Bauten unter anderem der 1894 errichtete Berliner Reichstag, der Birecik-Staudamm in der Türkei und die Kölnarena zählten, hatte es bereits in der Zeit der allgemeinen Baurezession zu Beginn der 90er Jahre gegeben.

So musste die Philipp Holzmann AG, die neben Hochtief und Bilfinger Berger zu den „Großen Drei" der deutschen Baubranche zählte, seit dem Geschäftsjahr 1994 hohe Verluste im sog. Projektgeschäft, dem Bau von Immobilien auf eigene Rechnung, hinnehmen. Die Wirtschaftsprüfer von KPMG hatten 1994 in einem Sondergutachten einen Abschreibungsbedarf auf diese Immobilien, die häufig weit unter Selbstkosten verkauft werden mussten, in Höhe von rd. 500 Mio. DM ermittelt.

In 1996 – einem sehr schwierigen Jahr für Philipp Holzmann – ergab sich konzernweit ein operativer Verlust von 1 Mrd. DM, der aber durch Ausübung handelsrechtlicher Wahlrechte und teilweise unter Verstoß gegen die GoB in einen Jahresüberschuss von 1 Mio. DM modifiziert wurde. Verwaltungsgemeinkosten wurden erstmalig in die HK-Ermittlung einbezogen, steuerliche Sonderabschreibungen zurückgenommen und Teilleistungen, die nicht klar abgrenzbar waren und für die es auch keine schriftlichen Abnahmebestätigungen gab, bereits zum anteiligen Veräußerungspreis aktiviert. Zudem wurden Verkäufe von Werkswohnungen und profitablen Beteiligungen mit erheblichen Veräußerungsgewinnen vorgenommen.

1997 erfolgte ein Wechsel des Vorstandsvorsitzes. Lothar Mayer, der sich bei seinem Antritt 1988 zum Ziel gesetzt hatte, aus Holzmann einen profitablen „Full-Service-Dienstleister" im Baugeschäft zu machen, in dessen Ära aber durch eine weite Auslegung des Stetigkeitsgrundsatzes stille Reserven in Höhe von ca. 3 Mrd. DM zur Ergebnisverbesserung aufgelöst worden waren, wurde von Dr. Heinrich Binder abgelöst.

Trotz dessen rigiden Sanierungskurses erwirtschaftete Holzmann weiter operative Verluste, deren Ausweis jedoch durch Bewertungsänderungen und sachverhaltsgestaltende Maßnahmen umgangen wurde: u. a. aktivierte Binder bei den unfertigen Erzeugnissen Aufwendungen zur Auftragsgewinnung, -vorbereitung und -abwicklung, löste Rückstellungen auf, die angeblich nicht mehr erforderlich waren, nahm Sale-and-lease-back-Transaktionen vor, bei denen Veräußerungsgewinne in Höhe von 545 Mio. DM erzielt wurden und verkaufte nicht mehr genutzte Grundstücke und Gebäude. Durch die Anwendung des „Schütt-aus-Holzurück-Verfahrens", bei dem Töchter Dividenden ausschütteten, die sie anschließend von der Muttergesellschaft in Form einer Kapitalerhöhung zurückerhielten, gelang es, die Buchwerte der Beteiligungen zu erhöhen und gleichzeitig Dividendenerträge auszuweisen.

Im Februar 1999 wurde für 1998 ein positives Jahresergebnis gemeldet, im August 1999 ein gegenüber dem entsprechenden Vorjahreszeitraum um 8 % gestiegener Auftragseingang. Für 2000 stellte Binder sogar Dividendenausschüttungen in Aussicht. Die Gesundung des Unternehmens schien rasch voranzuschreiten. Eine Kapitalflussrechnung hätte allerdings bereits zu diesem Zeitpunkt die tatsächliche Entwicklung gezeigt.

Am 15.11.1999 musste Holzmann – für die Öffentlichkeit überraschend – eine Überschuldung in Höhe von 2,4 Mrd. DM bekannt geben. Angeblich waren Altlasten nun offenkundig geworden. Nur durch das Intervenieren des Bundeskanzlers Gerhard Schröder und durch staatliche Kredite bzw. Bürgschaften in Höhe von 250 Mio. DM konnte die drohende Insolvenz und der Verlust von 25.000 Arbeitsplätzen verhindert werden. Insbesondere die Wirtschaftsprüfungsgesellschaft KPMG, die die Holzmann-Abschlüsse testiert hatte, sah sich massiver Kritik ausgesetzt. Sie geriet in Verdacht, für die Holzmann-Konzernabschlüsse falsche Testate erteilt zu haben.

In den Folgejahren zeigte sich durch weitere hohe operative Verluste, die insbesondere auf defizitäre Aufträge und Dumpingpreise zurückzuführen waren, dass Holzmann auf Dauer nicht wettbewerbsfähig war. Trotz bis zuletzt optimistisch gefärbter Prognosen durch den Vorstand musste Holzmann im März 2002 Insolvenz beantragen. Die 20 beteiligten Gläubigerbanken hatten sich nicht auf eine Rettung des Konzerns einigen können. Die Deutsche Bank, die seit 1873 eine Beteiligung an dem Baukonzern hielt und seit 1932 dessen AR-Vorsitzenden stellte, hatte zwar einen erneuten Sanierungsplan ausgearbeitet, dieser wurde von den anderen Gläubigerinstituten jedoch abgelehnt. Der Konzern wurde zerschlagen und in Teilen verkauft.

Im November 2003 stellte die Staatsanwaltschaft Frankfurt nach vierjährigen intensiven Ermittlungen die Verfahren gegen KPMG–Mitarbeiter im Fall Holzmann ein: die testierten Abschlüsse sind nach wie vor gültig. Die Prüfungstätigkeit der KPMG war wohl korrekt gewesen. Als die eigentlich Schuldige des Niedergangs wurde vielfach die Deutsche Bank bezeichnet, deren Aktienanteil in den Nachkriegsjahren stets zwischen 25 und 35 % betrug. Durch diese enge Verbindung hatte sie ihre Funktion als Kreditgeber weit überschritten und war zum eigentlichen

Unternehmer geworden. Sie war Ziel bankenfeindlicher Äußerungen. Die „Holzmänner" wurden in der Opferrolle gesehen.

Literatur:
Enzweiler (1999), S. 73–78; **Schmeh** *(2002), S. 113–116.*
Priem *(2004): Finanzkrise der Philipp Holzmann AG, www.krisenkommunikation.de/kofa.*
Philipp Holzmann ist nicht mehr zu retten, **Die Welt** *vom 20.11.1999.*
Wundern über das Wunder – Bau-Mittelstand kritisiert Retter Schröder, **Die Welt** *vom 26.11.1999.*
Sanierungsgespräche gescheitert: Holzmann steht vor der Insolvenz – Baukonzern Holzmann ist pleite: 25.000 Arbeitsplätze betroffen – Kritik an Banken nach Holzmann-Pleite, www.netzeitung.de/wirtschaft.
Baukonzern Holzmann pleite, **TAZ** *vom 22.03.2002.*
Letzte Arie: Der Baukonzern Holzmann ist am Ende. Der Schönfärberei des Vorstandschefs glaubt keiner mehr – am wenigsten Banken und Mitarbeiter, **Wirtschaftswoche** *12/2002.*
Unterm Hammer: Der Holzmann-Konkursverwalter steht vor einem Chaos, **Wirtschaftswoche** *14/2002.*

Fall 29: Comroad (Telematikanbieter, 2002)

Die im Jahr 1995 gegründete und 1999 an den damaligen Neuen Markt gebrachte Münchner Comroad AG hatte sich auf Telematik-Netzwerke spezialisiert, welche die mobile Überwachung von Autos und LKWs ermöglichen und zu Navigation oder Flottenmanagement einsetzbar sind. Beispielsweise können mit der entwickelten Software Speditionsunternehmen den aktuellen Standort ihrer LKWs orten; satellitengestützte Programme sind in der Lage, gestohlene Fahrzeuge geographisch zu lokalisieren und den Dieb mit einer Computerstimme anzusprechen. Im Zusammenwachsen von Telekommunikation, Internet und Computertechnik sah der Firmengründer Bodo August Schnabel ein zukunftsträchtiges Geschäftsfeld.

Während andere Branchenunternehmen ihre Umsatz- und Gewinnprognosen permanent nach unten revidieren mussten, präsentierte die Comroad AG hervorragende Geschäftszahlen. Immer neue Erfolgsmeldungen bewirkten bis Ende 2000 einen explodierenden Börsenkurs.

Von Analysten und Marktkennern wurden die von Schnabel veröffentlichten Zahlen hingegen zunehmend kritischer hinterfragt. Eine Redakteurin des Magazins „Börse Online" hatte bereits anlässlich des IPO die in Aussicht gestellten Umsatzzuwächse in Zweifel gezogen. Zusätzlich genährt wurde ihre Skepsis durch die Tatsache, dass die Wirtschaftsprüfer von der KPMG der Comroad AG bereits zum 31.12.1998 eine bilanzielle Überschuldung attestieren mussten.

Von Bedenken getrieben, reiste die Journalistin nach Hongkong, wo Comroad über ein Netz von „Partnerunternehmen" angeblich einen erheblichen Teil seines Umsatzes tätigte. Bei ihren Recherchen vor Ort stellte sie fest, dass ein Großteil dieser Geschäftspartner unauffindbar war oder bestritt, mit der Comroad AG in Geschäftsbeziehungen zu stehen.

Zwischenzeitlich war ein Kreditsachbearbeiter der Dresdner Bank zu dem gleichen Ergebnis gekommen, als er mit Comroad-Kunden in Spanien und England Kontakt aufnehmen wollte, diese sich aber als „Phantompartner" erwiesen. So bestand z. B. mit einem spanischen Computerunternehmen namens „Scoobi" seit September 2000 ein Partnerschaftsabkommen, obwohl keine Büroadresse zu ermitteln war.

Die KPMG München, die bis dahin die Jahresabschlüsse der Comroad AG testiert hatte, wurde skeptisch, als sie feststellen musste, dass Erträge aus Lizenzverträgen mit asiatischen Partnern vorzeitig oder zu Unrecht erfasst wurden. Sie beauftragte daraufhin ihre Kollegen in Hongkong, eine Sonderprüfung durchzuführen und legte aufgrund einer Anweisung der KPMG-Zentralabteilung „Risk Management" im Februar 2002 das Prüfungsmandat mit sofortiger Wirkung nieder.

Wegen Betrugsverdachts wurde Schnabel im März 2002 vom Aufsichtsrat des Unternehmens fristlos entlassen und im April 2002 inhaftiert. Schließlich wurde auch Schnabels Ehefrau Ingrid, die einen Sitz im Aufsichtsrat innehatte, von diesem Gremium „aus wichtigem Grund" abberufen. Ab dem 19. April 2002 wurde der Telematik-Anbieter aus der Notierung am Neuen Markt genommen. Die Nürnberger WP-Gesellschaft Rödl & Partner wurde mit der Erstellung eines Sondergutachtens beauftragt. Die Prüfung kam zu folgenden Ergebnissen:

Ein ganz überwiegender Teil der Umsätze war vorgetäuscht. Die Umsatzerlöse wurden aufgrund von Scheinrechnungen verbucht. Der Wareneinsatz wurde über fiktive Eingangsrechnungen fingiert. Für das Jahr 2001 standen den deklarierten Umsätzen von 93,6 Mio. € lediglich 1,3 Mio. € (= 1,4 %) tatsächliche Umsätze gegenüber. Der prozentuale Anteil der Scheinumsätze entwickelte sich wie folgt:

Jahr	Fiktive Umsätze
1998	62,7 %
1999	85,9 %
2000	96,7 %
2001	98,6 %

In der Bilanz waren nicht-existente Forderungen und angeblich geleistete Anzahlungen unzulässigerweise aktiviert. Die Kapitalflussrechnungen waren von der KPMG selbst erstellt und anschließend geprüft worden. Bei der Erstellung des Jahresabschlusses wurde Schnabel von einem befreundeten Steuerberater wesentlich unterstützt, der gleichzeitig – wie Schnabels Ehefrau und ein langjähriger Berater des Unternehmens – Mitglied des Aufsichtsrates war. Das eigentliche Kontrollorgan war damit zu einem „Family-and-Friends-Gremium" degeneriert.

Den Wirtschaftsprüfern von KPMG ist vorzuwerfen, dass sie die Entwicklung der Comroad AG zu einer „virtuellen Firma" früher hätten erkennen müssen: jahrelang hatten sie sich mit einfachen Fax-Mitteilungen als Nachweise über Eingangs- und Ausgangsrechnungen in Millionenhöhe zufrieden gegeben und die Umsatzsprünge sowie die Gewinnentwicklung entgegen der Branchentendenz nicht weiter hinterfragt.

Aufmerksam hätte die KPMG auch anhand der Tatsache werden müssen, dass mit den meisten der insgesamt 31 vermeintlichen Partner im Jahr 2000 keine nennenswerten Umsätze getätigt wurden. Hierdurch sollte ein weltumspannendes Vertriebsnetz vorgetäuscht werden. Allein 97 % der in 2000 insgesamt ausgewiesenen Umsätze entfielen hingegen auf die „VT Electronics Ltd." in Hongkong. Es ist daher unverständlich, warum dieses Unternehmen bei den jährlichen Abschlussprüfungen nicht einer eingehenden Analyse unterzogen wurde. Angesichts der dominanten Bedeutung der VT Electronics Ltd. für den Comroad-Abschluss wäre eine Sonderprüfung dieses „Scheinpartners" vor Ort angezeigt gewesen.

Nach heftiger Kritik an ihrem Verhalten in dem Skandalfall versuchte die KPMG den in der Öffentlichkeit entstandenen Imageverlust offensiv anzugehen: Vorstandssprecher Harald Wiedmann kündigte an, die bereits testierten Abschlüsse 2001 von sämtlichen 45 KPMG-Mandanten, die am Neuen Markt notiert waren, nochmals zu prüfen. Da nach dieser Aussage in Fachkreisen die Frage gestellt wurde, ob die KPMG ihrer eigenen Arbeit noch traue, modifizierte Wiedmann seine Ankündigung: die Gesellschaft unterziehe im Rahmen der üblichen internen Qualitätskontrolle rd. 10 % aller Jahresabschlüsse einer internen Nachschau. In diese sollten die besagten 45 Abschlüsse vollständig einbezogen werden.

Bodo Schnabel, den das „Manager Magazin" als den „Jürgen Schneider des Neuen Marktes" bezeichnete, wurde im November 2002 vom Landgericht München zu einer Haftstrafe von sieben Jahren verurteilt. Nach Ansicht der Richter hatte er sich nicht nur des Betrugs (§ 263 StGB), sondern auch des Insiderhandels (§ 14 WpHG) sowie der Kurs- und Marktpreismanipulation (§ 20a WpHG) schuldig gemacht. Ehefrau Ingrid Schnabel erhielt wegen Beihilfe eine Freiheitsstrafe von zwei Jahren, die zur Bewährung ausgesetzt wurde. Da die Verurteilten die Entscheidung des Gerichts noch im Verhandlungssaal annahmen, waren die Urteile sofort rechtskräftig.

Gleichzeitig erklärte das Landgericht München beschlagnahmtes privates Vermögen der Eheleute Schnabel im Werte von 20,1 Mio. € unter Berufung auf § 73 StGB für „verfallen" mit der Rechtsfolge, dass das Eigentum auf den Freistaat Bayern überging. Die Ansprüche zahlreicher geschädigter Anleger konnten insoweit nicht befriedigt werden. Das OLG München verwarf im November 2003 die sofortigen Beschwerden gegen diese Entscheidung.

Literatur:
Daum (2003); **Luther** *(2003), S. 205–207;* **Ogger** *(2003), S. 162 f.;* **Wägli** *(2003), S. 65 f..*
Comroad gerät aus der Spur – Schnabel in Nöten – Comroad auf dem Highway to Hell –
Comroad: Ein Skandal ohne Ende, www.e-business.de.
Comroad: Schwerster Betrugsfall seit Bestehen des Neuen Marktes, www.heise.de/newsticker.
Comroad: Ein kleines Flowtex?, **Der Spiegel** *10/2002.*
KPMG gerät erneut ins Zwielicht – KPMG versucht die Flucht nach vorn, www.netzeitung.de/wirtschaft.
Geständnisse im Betrugsfall Comroad, www.heise.de/newsticker.
Comroad-Urteil: Aktionäre hoffen auf Schadensersatz – 7 Jahre Haft für ehemaligen Comroad-Chef Schnabel, www.123recht.net.
OLG München belässt beschlagnahmtes Vermögen der Eheleute Schnabel beim Freistaat Bayern, **Rotter Rechtsanwälte: Mitteilung der Pressestelle Nr. 20/2003.**
Comroad: „Notfalls gehen wir bis nach Karlsruhe", www.manager-magazin.de.
Comroad klagt gegen Streichung von der Börse, **HB** *vom 08.10.2004.*

Fall 30: Phenomedia (Software, 2002)

Zusammen mit ehemaligen Schulfreunden hatte Markus Scheer 1992 nach abgebrochener Ausbildung im Alter von 22 Jahren die Art Department Werbeagentur GmbH gegründet, die 1999 in „Phenomedia" umbenannt und an die Börse gebracht wurde. Für die Ausgabe der Aktien wurden 22 Mio. € erzielt, ein enorm hoher Betrag bei einem Jahresumsatz von 4,8 Mio. €. Zur Zeit des IPO umfasste die Produktpalette der Phenomedia AG nur wenige Werbe- und Computerspiele. Populär wurde die Bochumer Softwarefirma erst durch die Erfindung des Jagdspiels „Moorhuhn" im Frühjahr 2000.

Der Spezialist für Internet-Spiele vermeldete als eines der wenigen Medienunternehmen der „New Economy" von 1999 bis 2001 ein rasantes Umsatzwachstum. Phenomedia galt – wie Comroad oder EM.TV – als „Star" des Neuen Marktes. Scheer, der schwierige Unternehmensphasen nur als kurzfristige Irritationen begriff und an die Realisierung seiner Visionen glaubte, sah langfristig eine „phänomediale Zukunft".

Nach Bekanntgabe der vorläufigen Zahlen für das Geschäftsjahr 2001 im März 2002 begannen jedoch in Analystenkreisen erste Vermutungen über Probleme in der Finanzstruktur der Phenomedia AG und Gerüchte über einen Liquiditätsengpass zu kursieren. Besonders der gewaltige Anstieg der Forderungen aus LuL in Relation zu den Umsätzen ließ „Luftbuchungen" vermuten. Auch die Wirtschaftsprüfer der KPMG wurden angesichts eines nicht mehr glaubwürdigen Forderungs-Umsatz-Verhältnisses zunehmend skeptisch:

Jahr	Umsätze (in Mio. €)	Forderungs–bestand 31.12. (in Mio. €)
1999	4,8	3,7
2000	16,3	18,7
2001	25,8	27,1

Die Prüfer, die die Jahresabschlüsse 1999 und 2000 noch testiert hatten, zweifelten an der Werthaltigkeit der Forderungen aus LuL, die sogar die Umsatzzahlen übertrafen, und sahen einen Wertberichtigungsbedarf von über 5 Mio. €. Zudem fehlten im Abschluss 2001 der Anhang, die Kapitalflussrechnung und Angaben zur Eigenkapitalentwicklung. Als Phenomedia den Nachweis für angeblich bestehende Forderungen nicht erbringen konnte, verweigerte KPMG das Testat für den Abschluss 2001. Nach dem Eingeständnis von Luftbuchungen („Forderungen aus LuL an Umsatzerlöse") wurden Scheer und sein CFO Björn Denhard im April 2002 vom Aufsichtsrat fristlos entlassen. Dieser leitete zudem eine Sonderprüfung durch die WP-Gesellschaft Warth & Klein ein.

Die Prüfung ergab einen tatsächlichen Umsatz von lediglich knapp 17 Mio. € im Jahr 2001. Am Bilanzstichtag waren rd. 10 Mio. € fingierte Forderungen aktiviert worden. Aber auch schon in den Abschlüssen 1999 und 2000 waren die Forderungen und Umsatzerlöse der damals noch jungen Firma zu hoch angegeben worden. Für die Jahre 1999 bis 2001 betrug der Verlust insgesamt 29,8 Mio. € anstelle der ausgewiesenen 4,3 Mio. €. Zudem hatte der Vorstand ohne Zustimmung des Aufsichtsrats und ohne die erforderliche Due Diligence Beteiligungen erworben.

Schließlich erhärtete sich auch der Verdacht der BaFin auf Insiderhandel im Umfeld des Vorstands: Anfang April 2002, als noch keine negativen Meldungen über das Unternehmen existierten, waren Phenomedia-Aktien in großer Zahl verkauft worden. Zum Teil war das 14-fache des üblichen Tagesdurchschnitts an Papieren gehandelt worden.

Die Unternehmenskrise hatte sich nicht nur durch den Erfolgsdruck seitens des Neuen Marktes sowie aufgrund der Unerfahrenheit der Manager ergeben, sondern insbesondere durch deren kriminelle Energie. Selbst dem Erfinder des „Moorhuhns" wurde die Auszahlung der vertraglich zugesicherten achtprozentigen Umsatzprovision verweigert. Nach längerer Auseinandersetzung einigte man sich später auf eine Abfindung.

Versagt hatten erneut die Kontrollorgane, vor allem der Aufsichtsrat um den Vorsitzenden WP/StB Dipl.-Kfm. Jörg Penner. Massiver Kritik sah sich ebenfalls die KPMG ausgesetzt, weil sie die offensichtlichen und prozentual erheblichen Luftbuchungen nicht früher erkannt hatte. Zusätzlich genährt wurde die Kritik durch die Tatsache, dass CFO Denhard vor seiner Tätigkeit bei der Phenomedia AG Prüfungsassistent bei KPMG gewesen war.

Im Mai 2002 wurde über die Gesellschaft wegen Zahlungsunfähigkeit das Insolvenzverfahren eröffnet. Im Juli 2002 schloss die Deutsche Börse die Phenomedia AG vom Neuen Markt aus. Diese hatte für 2001 weder einen testierten Jahresabschluss noch Quartalsberichte vorgelegt und verfügte zudem nicht mehr über die zwei erforderlichen Betreuerbanken. Die im Oktober 2002 einberufene Gläubigerversammlung beauftragte den Insolvenzverwalter Wulf-Gerd Joneleit, den Kern des Geschäftsbetriebs fortzuführen. Die 17 Tochtergesellschaften wurden verkauft oder liquidiert, die Mitarbeiterzahl von über 100 auf rd. 30 verringert. Die Steuererstattungen aufgrund der Ergebniskorrekturen verwendete Joneleit zur Schuldentilgung.

Zum Stichtag 01.07.2004 übernahm schließlich eine internationale Investorengruppe die Phenomedia AG i.L. Die neu gegründete Auffanggesellschaft „Phenomedia Publishing GmbH" will sich vor allem auf die Entwicklung und Vermarktung absatzstarker „Casual Games" konzentrieren.

Literatur:
***Ogger** (2003), S. 163;* ***Wägli** (2003), S. 76–79.*
***Hollwöger** (2003): Phenomedia AG – Analyse eines aktuellen Bilanzskandals, Seminararbeit an der Universität Graz (Institut Prof. Wagenhofer), www.hollwoeger.com.*
Affären: Zahlenkolonne in Verruf – Die Wirtschaftsprüfer von KPMG geraten in die Schusslinie, ***Der Spiegel** 18/2002.*
Born to be abgeknallt: Der Absturz des „Moorhuhn"-Erfinders Phenomedia ist symptomatisch für die Zustände am Neuen Markt. Ein Sittenbild, ***Die Zeit** 41/2002.*
Gläubiger geben Phenomedia eine Chance, www.heise.de/newsticker.
Moorhuhn-Bilanzskandal geht ins zweite Jahr, www.de.news.yahoo.com.
Staatsanwaltschaft erhebt Anklage nach Moorhuhn-Bilanzskandal, www.pcwelt.de/news/branchen.
Moorhuhn ist wieder frisch und munter: Internationale Investorengruppe erwirbt Assets der Phenomedia AG i.L., www.golem.de.

Fall 31: Hugo Boss (Herrenmode, 2002)

Das Textilunternehmen aus dem schwäbischen Metzingen war 1975 noch ein unbedeutender Herrenschneider mit einem Umsatz von 30 Mio. DM gewesen. Danach setzte eine rasante Entwicklung ein, durch die die Hugo Boss AG zu einem der bekanntesten Modekonzerne Deutschlands avancierte. Unter dem Vorstandsvorsitzenden Werner Baldessarini konnten 1998 bereits 1,34 Mrd. DM umgesetzt werden.

Das erfolgreiche Unternehmen begann durch eine vorsichtige Bilanzierung stille Reserven zu bilden. Boss legte bei den Abschreibungen kurze Nutzungsdauern zugrunde, schrieb degressiv mit Wechsel zur linearen Methode ab, bewertete UE und FE zu Einzelkosten, verzichtete auf den Ansatz aktivischer latenter Steuern und zinste Pensionsrückstellungen nur mit vier anstelle der steuerlich vorgeschriebenen sechs Prozent ab. Diese Maßnahmen deuteten auf eine konservative Bilanzpolitik hin; die guten Boss-Abschlüsse waren somit in Wahrheit noch viel besser, als sie aussahen. Gleichwohl wies Boss für 2000 einen gegenüber dem Vorjahr fast verdoppelten Jahresüberschuss von 213 Mio. DM aus. Der Aktienkurs erreichte in 2001 seinen Höchststand.

Die Diversifikation in das Damenmodengeschäft brachte hingegen nicht den erwarteten Erfolg. Das neue Geschäftsfeld „Boss Woman" erwies sich als defizitär, der klassische Herrenausstatter musste in diesem Segment Verluste hinnehmen. Boss zog es überraschend vor, im Abschluss 2000 von der handelsrechtlichen Bilanzierungshilfe des § 269 HGB Gebrauch zu machen und die Aufwendungen für die Ingangsetzung und Erweiterung des neuen Geschäftsbetriebs in Höhe von 9 Mio. DM zu aktivieren und auf vier Jahre zu verteilen anstatt als sofortigen Aufwand zu erfassen. Analytiker sahen in dieser Maßnahme, die angesichts der Ertragslage des Konzerns unverständlich erschien, einen deutlichen Hinweis auf eine progressive Bilanzierung.

Während es sich insoweit aber um legale Bilanzpolitik gehandelt hatte, sorgte die US-Tochtergesellschaft des deutschen Edelschneiders, Boss America, in 2002 für einen Skandal. Deren Geschäftsführer Marty Staff hatte über Jahre hinweg amerikanischen Händlern jeweils im Dezember überdimensionale Lieferungen in die Läger gedrückt (sog. „Channel-Stuffing") und dadurch die Umsatzerlöse künstlich aufgebläht. Den Abnehmern wurden bei Auslieferung noch im alten Jahr Sonderrabatte eingeräumt, für Lieferungen im neuen Jahr hingegen erhebliche Preiserhöhungen angekündigt. Außerdem wurde diesen zugesagt, dass man die Kleidungsstücke jederzeit zurücknehmen würde. Da die Ware den Konzern verlassen hatte, wies Boss in der Welt-GuV hierfür stets Umsatzerlöse aus und realisierte die Gewinne, obwohl es sich hierbei nur um ein „Pipeline-Filling" handelte. Vor allem während der Konsumflaute nach dem 11. September 2001 versuchten die Händler ihre viel zu hohen Lagerbestände abzubauen und die Textilien in großem Umfang wieder an Boss America zurückzuschicken. Entgegen den ursprünglichen Zusagen wurden die Rückgaben zumeist unter Vorwänden zurückgewiesen, woraufhin viele Händler ihre Abnahmeverträge mit der US-Tochter kündigten.

Bei der Prüfung des Jahresabschlusses 2001 von Boss America mussten die Umsatzerlöse um 6 Mio. € nach unten revidiert werden. Anstelle eines Gewinnes von 1,2 Mio. € wurde ein Verlust von 4,8 Mio. € ausgewiesen. Im Mai 2002 trennte man sich von US-CEO Staff und dessen CFO Vincent Ottomanelli. Staff hatte auch persönlich von den vorgezogenen Umsätzen profitiert: sein Vertrag sah – branchenüblich – neben dem Grundgehalt hohe Boni für Umsatz- und Gewinnzuwächse vor.

Die deutsche Konzernspitze hatte ihrer US-Tochter einen zu großen Handlungsfreiraum gewährt; der Konzernrevision musste ein Versagen vorgeworfen werden. Erst nach der Neustrukturierung von Boss America und nach dem Überwinden der Anlaufschwierigkeiten im Damen-Segment erholte sich die Boss-Aktie und war wieder „en vogue".

Literatur:
*Enzweiler (1999), S. 95–99; **Ogger** (2003), S. 160; **Schürmann** (2003), S. 171 f.;*
Wägli (2003), S. 25.
*Menschen und Märkte: Marty Staff, Vincent Ottomanelli, **Die Welt** vom 17.06.2002.*
*Blind unten links, **Wirtschaftswoche** 27/2002.*
*Mode: Hugo Boss fehlt der Schwung, **FAZ** vom 22.07.2002.*
Bilanzprobleme bei Hugo Boss: Kanzlei Rotter Rechtsanwälte reicht Sammelklage in den USA ein, www.rechtpraktisch.de.
*Nach einer Schamfrist stehen auch Damen auf Hugo Boss, **Die Welt** vom 29.07.2003.*
*Boss Woman-Kollektion: Auf Kurs gebracht, **Wirtschaftswoche** 39/2004.*

Fall 32: MLP (Finanzdienstleister, 2002)

Das 1971 von Manfred Lautenschläger gegründete Heidelberger Unternehmen hatte sich durch kontinuierliches Wachstum innerhalb weniger Jahre zu einem der erfolgreichsten deutschen Versicherungsvermittler entwickelt. Nach dem Börsengang 1988 wurde MLP systematisch zu einem Finanzkonzern mit vielen Tochtergesellschaften ausgebaut: aus dem ehemaligen Versicherungsmakler wurde ein „Allfinanz-Dienstleister", der sowohl diverse eigene Versicherungspolicen als auch Finanzprodukte anderer Versicherer, von Banken und von Fondsorganisationen vor allem an Studenten und Hochschulabsolventen – Zielgruppe „Akademiker" – verkaufte. 1997 erfolgte die Aufnahme in den M-DAX, 2001 der Aufstieg in den DAX. Ein Jahr später geriet die Bilanzierungspraxis der Heidelberger massiv in die Kritik, womit eine Phase des Niedergangs begann, die 2003 mit dem Ausschluss aus dem DAX endete.

Kritisiert wurde vor allem die fragwürdige Bilanzierung des Lebensversicherungsgeschäftes, in das MLP 1991 mit Gründung der „MLP Leben" eingestiegen war. Diese verkaufte vor allem fondsgebundene Lebensversicherungen. Für 2001 wies sie bei Prämieneinnahmen in Höhe von 367 Mio. € Abschlusskosten von nicht weniger als 76 Mio. € (= 21 % der Prämien) aus.

Um diese hohen Aufwendungen in der GuV auf einen längeren Zeitraum verteilen zu können, bediente sich MLP der Rückversicherung. Hierbei finanziert ein externer Rückversicherer die Abschlusskosten vor. Im Gegenzug muss MLP einen Teil der zukünftigen Prämieneinnahmen, die die Kunden während der Laufzeit des Versicherungsvertrages entrichten, als Rückversicherungsbeitrag abführen. Solange der Bestand an Lebensversicherungen wuchs, erhielt MLP von den Rückversicherern einen höheren Betrag als es selbst an diese zahlen musste.

Bei wirtschaftlicher Betrachtungsweise lag ein „verdecktes Darlehen" vor. Zum 31.12.2001 wurde es von „Börse Online" auf nahezu 150 Mio. € geschätzt, im Abschluss jedoch nicht passiviert. MLP wies darauf hin, dass es sich zivilrechtlich nicht um Darlehen handelte und diese Praxis in der Branche – zumal bei rasch wachsenden Lebensversicherern – üblich sei und auch den Vorschriften des HGB entspräche.

Es wurden Gutachten von renommierten Bilanzexperten eingeholt und Ernst & Young mit einer Sonderprüfung beauftragt. Im Ergebnis wurden keine wesentlichen Verstöße festgestellt und die Legalität des Vorgehens bestätigt. Gleichwohl zeigten sich viele Aktionäre besorgt angesichts der Tatsache, dass der Rückversicherungsanteil etwa 45 % der künftigen Beitragseinnahmen ausmachte – so viel wie bei keiner anderen Versicherungsgruppe.

Die aggressive Vertriebspolitik kam auch in den hohen Provisionen zum Ausdruck, die für die Vermittlung von Lebensversicherungen bezahlt wurden. Während in der Branche die bezahlten Provisionen üblicherweise auf zwei bis drei Jahre verteilt wurden, legte MLP einen wesentlich längeren Zeitraum zugrunde, was eine Streckung des Aufwandes bedeutete.

Als bekannt wurde, dass MLP bei der Ausgabe von Mitarbeiteraktien das Agio als „sonstigen betrieblichen Ertrag" verbucht hatte, anstelle die Kapitalrücklage zu erhöhen, geriet der Finanzdienstleister im Mai 2002 zunehmend in Verdacht, seine VFE-Lage zu gut dargestellt zu haben.

Die Zweifel erhielten zusätzliche Nahrung durch die Tatsache, dass das – für viele intransparente – MLP-Rechenwerk seit 15 Jahren von demselben Wirtschaftsprüfer, RölfsPartner, testiert wurde. Nach eigenen Angaben gehörte die Abschlussprüfung nicht zu dessen Kernkompetenzen, vielmehr lag der Schwerpunkt der Düsseldorfer in der steuerlichen und gesellschaftsrechtlichen Beratung. Aber nicht nur die Besorgnis mangelnder Unabhängigkeit stand im Raum: RölfsPartner war erst 2001 durch die uneingeschränkte Testierung der 1999er Bilanz der „Securenta", einer Tochter der umstrittenen Göttinger Gruppe, in die Schlagzeilen geraten. Das OLG Köln hatte zuvor die Securenta als „modifiziertes Schneeballsystem" bezeichnet.

Als im Juli 2002 die Staatsanwaltschaft Mannheim zwei Hausdurchsuchungen der MLP-Zentrale vornahm, ging weiteres Vertrauen verloren. Die Ermittler deckten auf, dass der neue Vorstandsvorsitzende Bernhard Termühlen in eine Beziehung zu einer Angestellten einer Londoner Investmentbank verwickelt wurde und – von dieser erpresst – vertrauliche Informationen preisgegeben hatte. MLP sollte systematisch für die Übernahme durch einen ausländischen Investor aufbereitet werden. Die Unternehmenskrise spiegelte sich in den Geschäftszahlen und im Börsenkurs wider: die MLP-Aktie verlor im Laufe des Jahres 2002 rd. 88 % ihres Werts.

Erst nach dem DAX-Ausschluss entwickelte sich MLP im ruhigeren Umfeld des M-DAX wieder positiv. Die Heidelberger waren den erheblichen Informationsanforderungen im DAX nicht gewachsen gewesen, vor allem hatten sie die angewandte umstrittene Bilanzierungspraxis der Rückversicherungsgeschäfte nicht transparent am Kapitalmarkt kommuniziert und begründet.

Aber auch strukturelle Mängel im Geschäftsmodell hatten zur MLP-Krise beigetragen: so wurde erst im Dezember 2002 mit dem ehemaligen CFO des Nürnberger Discountbrokers Consors, Uwe Schroeder-Wildberg, erstmals ein Finanzvorstand berufen. Zudem galt das Verhältnis in der „Doppelspitze" zwischen CEO Termühlen und dem Unternehmensgründer Lautenschläger, der 1999 in den Aufsichtsrat gewechselt war, als nicht spannungsfrei. Probleme in den Managementstrukturen unterhalb des Vorstandes auf Geschäftsstellenebene, bei der Anwerbung von externen Führungskräften, bei der Aktionärsstruktur und bei der Nachfolgeregelung offenbarten typische Defizite eines mittelständischen Unternehmens, dessen Organisation nicht mit der Geschäftsentwicklung mitgewachsen war.

Mit der Umstellung der Rechnungslegung von HGB auf IFRS erfolgte eine Erfassung der infrage gestellten „verdeckten Darlehen" unter der Position „Factoring-Rückstellung" in Höhe von 120 Mio. €, die den letzten HGB-Abschluss zum 31.12.2002 „verhagelte" und in die IFRS-Eröffnungsbilanz übernommen wurde.

Literatur:
Ogger *(2003), S. 160 f..*
Aktie von MLP stürzt nach Bericht über Bilanztricks ab, **FTD** *vom 17.05.2002.*
Das Kapital: Aus dem DAX gehört MLP so oder so, **FTD** *vom 17.05.2002.*
MLP – Börsenstar auf Sinkflug, **FTD** *vom 27.05.2002.*
MLP wehrt sich gegen neue Berichte über Bilanztricks, **FTD** *vom 13.06.2002.*
Auf Gedeih und Verderb: Der Grund für die Krise bei MLP, **Wirtschaftswoche** *7/2003.*
„Im Zeitraffer Lernen": MLP-Chef Termühlen über den Rauswurf aus dem DAX, die Fehler der Vergangenheit und die Pläne für die Zukunft, **Wirtschaftswoche** *37/2003.*
Neue Bilanz hilft MLP nicht wie erwartet – Überschuss fällt nach IFRS-Regeln niedriger aus, **HB** *vom 29.04.2004.*
Die unendliche MLP-Geschichte, **Börsen-Zeitung** *vom 29.04.2004.*

Fall 33: Bankgesellschaft Berlin (2002)

Anders als beim Herstatt-Konkurs im Jahre 1974 handelte es sich im Fall der *Bankgesellschaft Berlin AG* (nachfolgend: *BGB*) nicht um eine elitäre Privatbank, sondern um den größten Finanzkonzern der Bundeshauptstadt, der noch in 2001 knapp 16.000 Mitarbeiter beschäftigte. Gegründet worden war die BGB 1994 durch die Zusammenführung mehrerer ehemals im Besitz des Landes Berlin befindlicher Kreditinstitute. Unter dem Dach einer privatrechtlichen, börsennotierten Holding wurden u. a. die *Berliner Bank*, die *Landesbank Berlin (LBB)* und die *Berliner Hypothekenbank (Berlin Hyp)* zusammengefasst. Ferner gehörte neben diesem späteren „Skandaltrio" noch eine Reihe kleinerer Geldinstitute, wie die *Weberbank* oder die *Allbank*, zum Konzern.

Einen ausgesprochenen Problemfall stellte zunächst die *Berliner Bank* dar: in kurzsichtigem Expansionsdrang hatte diese Kredite äußerst großzügig und ohne gründliche Bonitätsbeurteilung der Kunden ausgereicht. Zum 31.12.2000 waren Wertberichtigungen in Höhe von rd. 8 Mrd. DM für voraussichtlich uneinbringliche Forderungen erforderlich.

Im Falle der *Landesbank Berlin* wurden ehemalige Manager wegen Bilanzfälschung angeklagt. Die Staatsanwaltschaft warf ihnen vor, Haftungsfreistellungserklärungen für außenstehende Gesellschafter von Tochterunternehmen und für Komplementäre von geschlossenen Immobilienfonds in den Jahresabschlüssen von 1997, 1998 und 1999 nicht aufgeführt zu haben und weder den Abschlussprüfern von KPMG und PwC noch dem Aufsichtsrat mitgeteilt zu haben.

Auf diese Weise waren Eventualverbindlichkeiten in Höhe von 15 Mrd. DM im Anhang nicht angegeben und damit der Öffentlichkeit verborgen geblieben. Die VFE-Lage des Kreditinstituts war wesentlich zu gut dargestellt worden. Die Wirtschaftsprüfer, die die Abschlüsse testiert und der LBB bescheinigt hatten, sämtlichen Risiken im Kreditgeschäft ausreichend Rechnung getragen zu haben, wurden daraufhin von der BaFin in die Kritik genommen. Die Prüfungsberichte hatten den aufsichtsrechtlichen Regelungen nicht genügt.

Die eigentliche Bankenkrise wurde jedoch durch die auf Immobilienfinanzierung spezialisierte *Berlin Hyp* und deren Töchter IBG und IBV ausgelöst.
Ein Paradebeispiel für die riskanten Geschäfte, die letztlich die finanziellen Probleme der BGB verursachten, ist der 600 Mio. DM-Kredit der Berlin Hyp an die umstrittene Immobilienfirma Aubis. Die Berlin Hyp, deren Vorstandssprecher Klaus Landowsky CDU-Fraktionschef im Berliner Senat war, hatte das Darlehen ohne ausreichende Sicherheiten und ohne ausreichende Bonitätsprüfung des

Kreditnehmers der Aubis zur Verfügung gestellt. In „unmittelbarer Zeitnähe" zur Kreditzusage hatte Landowsky von den beiden Aubis-Geschäftsführern, einem Ex-CDU-Bundestagsabgeordneten und einem Mitglied der Berliner CDU-Landesgeschäftsführung, eine Parteispende, die nicht ordnungsgemäß verbucht wurde, erhalten.

Die Aubis kaufte in großem Stil Plattenbauten im Ostteil Berlins und anderen Gebieten der ehemaligen DDR, um sie mit staatlichen Zuschüssen zu sanieren und neu zu vermieten. Das Geschäftsmodell scheiterte jedoch: die – meist überteuerten – Plattenbauwohnungen blieben oft leer stehen. Als sich der Bankrott der Aubis abzeichnete, erwarb die BGB die Nutzungsrechte der Immobilien und verzichtete dafür auf eine Rückzahlung der Kredite. Auch auf die den beiden Aubis-Geschäftsführern gewährten Privatdarlehen von insgesamt rd. 5 Mio. DM wurde ausdrücklich verzichtet; sie waren durch den Kaufpreis der erworbenen Nutzungsrechte mit abgegolten. Nach dem Bekanntwerden dieser Vorgänge musste Landowsky von seinem Vorstandsposten bei der Berlin Hyp zurücktreten.

Im Juli 2004 reichte die Berlin Hyp eine Schadensersatzklage in Höhe von 4,1 Mio. € gegen die WP-Gesellschaft Deloitte & Touche Deutsche Baurevision ein. Den Prüfern wurde vorgeworfen, wider besseren Wissens Testate erteilt zu haben und unter Verletzung ihrer Sorgfaltspflicht dazu beigetragen zu haben, dass die Schieflage viel zu spät offen gelegt wurde.

Durch die Vorfälle um die Berlin Hyp-Tochter *IBG (Immobilien- und Baumanagement GmbH)* weitete sich der Bankenskandal zu einem klassischen Bilanzskandal aus. Diese verkaufte Anteile an geschlossenen Immobilienfonds, bei denen die Anleger als Teilhaber einer Immobiliengesellschaft keinerlei Risiko tragen mussten. Ihnen wurden die Mieteinnahmen für 25 Jahre mit einer jährlichen Steigerung von 3 % garantiert; bei Ausfall von Mietern zahlte die IBG als Generalmieter. Zudem hatten die Anleger ein Andienungsrecht: sie konnten ihren Anteil zum Einstandspreis zurückverkaufen. Ziel war es, mit Kampfkonditionen Umsätze zu generieren.

Die IBG verbuchte die für die Übernahme der 25-jährigen Mietgarantien erhaltenen Gebühren als sofort erfolgswirksame Umsatzerlöse. Damit verletzte sie das Realisationsprinzip des § 252 I S. 4 HGB. Die der IBG voraus gezahlten Mietgarantiegebühren hätten nach § 250 II HGB unter den passiven Rechnungsabgrenzungsposten erfasst und auf die Laufzeit des Mietgarantievertrages verteilt werden müssen.

Zweifel an dieser Bilanzierungspraxis waren bereits 1997 einem Bericht der Internen Konzernrevision zu entnehmen gewesen. Die Revisoren hatten einen internen Report über das mangelhafte Risikocontrolling der IBG erstellt und ein unübersehbares schriftliches Warnsignal an Abschlussprüfer und Management übermittelt. Insbesondere wurde auf die fehlende Bildung von Rückstellungen im Jahresabschluss aus den abgegebenen Mietgarantien und den offensichtlichen

Haftungsrisiken hingewiesen. Die Interne Revision merkte an, dass die Nichterfassung der Rückstellungen auch den steuerlichen Interessen der IBG widersprach. Doch die das Prüfungsmandat innehabende WP-Gesellschaft BDO Deutsche Warentreuhand AG wies die Feststellungen mit Schreiben vom 19.01.1998 zurück und testierte den Jahresabschluss 1997. Die IBG gab immerhin eine Sonderprüfung bei dem unabhängigen Wirtschaftsprüfer Achim Walther in Auftrag. Dessen mutiges Gutachten offenbarte nochmals die gravierenden Missstände im Risikomanagement.

Walther stellte fest, dass die Bank durch ihre Garantiezusagen Risiken eingegangen war, die sie auf Dauer möglicherweise gar nicht würde tragen können. Zudem bezeichnete er die Produktkalkulation und die Vertragsdatenverwaltung als ungenügend sowie das eingesetze Finanzbuchhaltungssystem als untauglich. Es habe keine Klarheit über den Umfang der eingegangenen Garantieverpflichtungen gegeben, im Jahresabschluss wurden die erforderlichen Rückstellungen nicht passiviert.

Das Gutachten bewirkte, dass die BDO wissen musste, dass sie der IBG für 1997 kein Testat erteilen durfte. Von dem Walther-Bericht hatten auch führende Berliner Politiker wie der Regierende Bürgermeister Klaus Wowereit und dessen Vorgänger Eberhard Diepgen, die in den Aufsichtsräten der BGB saßen, Ausfertigungen erhalten. Doch beide hatten nicht reagiert und wollten später keine Kenntnis von den Vorgängen gehabt haben. Besondere Brisanz erhält das Gutachten dadurch, dass 1997 noch die „Notbremse" hätte gezogen werden können. So wurden über Jahre hinweg die Risiken aus den Immobiliengeschäften ignoriert und die notwendige Risikovorsorge nicht vorgenommen.

Im Juni 2004 konnte man nach jahrelangem Streit eine außergerichtliche Einigung mit der BDO erzielen. Um einen weiteren Reputationsschaden zu vermeiden, verpflichtete sich die WP-Gesellschaft, der vorgeworfen worden war, ein falsches Testat vorsätzlich erteilt zu haben, vertraglich zu einer Schadensersatzzahlung in Höhe von 12 Mio. €. Die BDO verstand den freiwilligen Vergleich als Teil einer langfristig angelegten Strategie zur Mandatssicherung und damit als Investition in die Zukunft.

Die Misswirtschaft der BGB setzte sich solange fort, bis der Konzern in 2002 nur noch durch einen Staatszuschuss von 2,0 Mrd. € und eine Bürgschaft des Landes Berlin über 21,6 Mrd. € gerettet werden konnte. Um das Überleben der BGB zu sichern, gab das Land eine sog. „harte" Patronatserklärung ab.

Zuvor hatte die BGB noch versucht, die drohende Insolvenz durch einen fingierten Verkauf der Immobilientöchter abzuwenden. Mit Hilfe der Investmentbank J. P. Morgan wurde ein Scheingeschäft getätigt, das jedoch von der BaFin als „In-sich-Geschäft" aufgedeckt wurde: bei dem Käufer handelte es sich um eine reine Zweckgesellschaft auf den Cayman-Islands, deren Anteile indirekt von der

BGB selbst gehalten wurden. Daraufhin stoppte die BaFin den Deal und leitete strafrechtliche Ermittlungsverfahren gegen Manager der BGB ein.

Gleichzeitig wurde mit dem neuen Vorstandssprecher Hans-Jörg Vetter die Sanierung des angeschlagenen Instituts gestartet. Im Herbst 2002 beschloss der Berliner Senat – das Land Berlin hielt zwischenzeitlich 81 % der Anteile – die Aufgliederung und den Verkauf von Teilen der BGB. Als Folge der unklaren künftigen Eigentümerstrukturen stufte die Ratingagentur Fitch die BGB jedoch von A– auf BBB+ herab. Vetter betonte dennoch, „der Patient habe die Intensivstation mittlerweile verlassen".

Inzwischen hat sich die BGB wieder den Ruf eines seriös arbeitenden Kreditinstituts erworben. Seit 2004 werden – auch nach Steuern – „schwarze Zahlen" geschrieben. Im Zuge der Neuausrichtung hatte Vetter die Konzernbilanzsumme gegenüber 2001 um 56 Mrd. € auf 134 Mrd. € zurückgefahren; parallel dazu wurden rd. 4.000 Arbeitsplätze abgebaut. Im Sommer 2005 präsentierte sich die Bankgesellschaft gut erholt und selbstbewusst, wenngleich der Beweis einer nachhaltigen Profitabilität noch zu erbringen ist. Bis zum Jahr 2007 muss das Land Berlin nach Auflagen der EU-Kommission seine Anteile von 81 % verkaufen.

Literatur:
Luther (2003), S. 187–192; Ogger (2003), S. 57 ff., 158 f..
Chronik des Berliner Bankenskandals, www.berliner-bankenskandal.de.
Die Krise der Bankgesellschaft Berlin (BGB) – Ein Ausflug in den Berliner Sumpf, www.wsws.org/de/2001/jun2001/berl-j13.
Bankgesellschaft Berlin: Die Spielbank, **Manager Magazin** *4/2002.*
Der eiskalte Sisyphus: Zwei Amerikaner, Experten für hoffnungslose Fälle, wollen die Staatsbank kaufen, **Wirtschaftswoche** *22/2002.*
Bilanzskandal bei der Bank, **TAZ** *vom 24.08.2002.*
Bilanzskandal bei Bankgesellschaft: Wusste die Politik davon?, www.abendblatt.de/daten/2002/08/24.
Bank Berlin: Für Wirtschaftsprüfer BDO geht es um die Existenz – Land Berlin hat gute Argumente für Schadenersatz durch die BDO Deutsche Warentreuhand, **HB** *vom 24.09.2002.*
Banken: Schlummernde Risiken, **Der Spiegel** *39/2002.*
Beschuldigte im Verfahren um Bankgesellschaft Berlin schweigen zum Prozessauftakt, www.netzeitung.de.
LBB: Prozess wegen Bilanzfälschung, **FAZ** *vom 06.05.2004.*
Bankgesellschaft erhält Schadensersatz: Wirtschaftsprüfer wegen mangelhafter Testate in der Kritik – Sonderprüfung zu Milliardenrisiken nicht ernst genommen, **HB** *vom 25.06.2004.*
Bankgesellschaft drückt beim Weberbank-Verkauf aufs Tempo: Aktionärsschützer loben Sanierungskurs – Risikovorsorge soll sinken, **HB** *vom 05.07.2004.*
Prüfer verklagt: Berlin Hyp fordert 4,1 Mio. € von Deloitte, **HB** *vom 23.07.2004.*
Milliardenpoker mit Anlegern der Bankgesellschaft Berlin: Senat, Bankgesellschaft und Fondszeichner verhandeln Vergleich, **Die Welt** *vom 10.05.2005.*
Vom Pleitekandidaten zur begehrten Braut, **HB** *vom 01.07.2005.*

Kapitel 3: Analyse der Bilanzskandale

3.1 Bilanzdelikte

Die folgenden tabellarischen Übersichten fassen jeweils Manipulationen in der Bilanz, der GuV, dem Anhang sowie dem Lagebricht zusammen. Sie basieren wesentlich auf den Einzelfallstudien des vorangegangenen Kapitels. Da die dort beschriebenen Bilanzdelikte selbstverständlich nur eine Auswahl aus der Vielzahl an praktischen Fällen von Bilanzmanipulationen darstellen können, wurden auch in der Literatur geschilderte Fälle in die Systematisierung integriert.[1] Zusammenfassend lassen sich die meisten Gestaltungsmaßnahmen („illegal acts") letztlich wie folgt charakterisieren: „Inflated assets, understated liabilities, false profits and hidden losses".[2]

3.1.1 Manipulationen im Bereich der Bilanz

Immaterielle Vermögensgegenstände und Sachanlagen
– *Überhöhte Bewertung* aufgrund von Gefälligkeitsgutachten bzw. gefälschten Bestätigungen; Verheimlichung von Informationen, die bestimmte Bewertungen oder Prognosen falsifizieren.
– *Umgehung des Aktivierungsverbots selbsterstellter immaterieller Vermögensgegenstände* (Patente, Gebrauchsmuster, Rezepturen, Produktionsverfahren) gemäß § 248 II HGB durch Vorschalten einer Scheinfirma: Ausgliederung der F&E in eine formell eigenständige Gesellschaft mit anschließender – eventuell sogar überhöhter – entgeltlicher Übertragung der Forschungsergebnisse.
– *Bewertung der selbsterstellten Anlagen zu überhöhten Herstellungskosten*; dementsprechend auch zu hoher Ausweis der aktivierten Eigenleistungen in der GuV.

---

[1] Als relevante Quellen sind insbesondere zu nennen: *Gössweiner* (1970), *KPMG* (2002b), *Langenbucher/Blaum* (1997), *Sell* (1999), *Schiffer/Rödl/Rott* (2003), *Wägli* (2003) sowie *FinanzColloquium Heidelberg* (2004).

[2] Vgl. *Peter/Maestretti* (2002, S. 1135).

- *Behandlung von Erhaltungsaufwand als Herstellungsaufwand;* Aktivierung von Reparaturen trotz Wert-, Art- und Funktionsgleichheit der ausgetauschten Teile und ausbleibender Werterhöhung der Vermögensgegenstände.
- *Gefälschte oder manipulierte Dokumente zum Nachweis der Aktivierungskriterien;* falsche Angaben auf Rechnungen, um wahren Sachverhalt zu verschleiern.
- Aktivierung von Vermögensgegenständen, die im *wirtschaftlichen Eigentum eines fremden Dritten* stehen.
- *Behandlung operativer Leasingverträge als Verkäufe* mit sofortiger Umsatz- und Gewinnrealisierung (*vgl. Fall Xerox*).
- *Verlagerung von Aufwendungen und finanziellen Belastungen auf die Gesellschaft:* Anmietung von Immobilienobjekten, die sich im Eigentum eines oder mehrerer Gesellschafter befinden, zum Nachteil der Gesellschaft bzw. im Interesse der Gesellschafter (zum Ausdruck kommend u. a. in einer überhöhten Miete und dem Tragen der Renovierungsaufwendungen von der Gesellschaft); trotz der steuerlichen Behandlung als „verdeckte Gewinnausschüttungen" zivilrechtlich wirksame Verträge.
- *Aktivierung von laufenden Aufwendungen:* Behandlung von Gebühren für die Nutzungsüberlassung fremder Infrastruktur als Investitionen und Verlagerung der Abschreibung auf künftige Perioden (*„aggressive capitalization of cost - policy";* vgl. *Fall WorldCom*).
- *Auslagerung nicht werthaltiger „fixed assets" und harter „liabilities" in Zweckgesellschaften (SPEs)* zur Minderung des Sachanlagevermögens bzw. zum Abbau der Verbindlichkeiten; dadurch Ausweis von – teilweise bewusst überhöhten – Veräußerungsgewinnen (*„Asset light-Strategie";* vgl. *Fall Enron*).
- *Unzulässige Sale-and-lease-back-Gestaltungen:*
  – Verkäufe zu überhöhten Preisen aufgrund „bestellter" Gutachten (= verdeckte Darlehen der Leasinggesellschaften, die vom Leasingnehmer in Form überhöhter Leasingraten getilgt werden)
  – Mehrfachabschlüsse von Sale-and-lease-back-Verträgen über den gleichen Vermögensgegenstand
  – Verschleierung des Umfangs der Leasingverpflichtungen im Anhang.

Abschreibungen

- *Unterstellung wesentlich längerer Nutzungsdauern* als nach den steuerlichen AfA-Tabellen vorgesehen bzw. als nach der voraussichtlichen tatsächlichen Nutzungsdauer („useful life") zu erwarten ist.
- *Willkürliche Verlängerung der Restnutzungsdauer.*
- *Behauptete temporäre Anlagenstilllegung:* teilweise Aussetzung der Abschreibung.

- *Bewusste Unterlassung erforderlicher außerplanmäßiger Abschreibungen* (z. B. bei Fehlinvestitionen, kontaminierten Grundstücken, baufälligen Gebäuden und schrottreifen Maschinen).
- *Behandlung fertiggestellter Anlagen und Gebäude als im Bau befindlich:* Erstellung des formellen Abnahmeprotokolls erst in der folgenden Periode; Umgehung der Vornahme der notwendigen Abschreibungen und Aktivierbarkeit der FK-Zinsen.
- *Wechselseitiger Kauf und Verkauf von Gesellschaftsanteilen zu überhöhten Preisen:* Ausweis eines fiktiven Veräußerungsgewinns, Aktivierung zu den manipulierten AK, Unterlassung der Abschreibung auf den tatsächlichen Wert der erworbenen Anteile.
- Wegen des angeblich unmittelbar bevorstehenden Verkaufs eines Anlagegegenstandes *Umgliederung in das Umlaufvermögen und Verzicht auf planmäßige Abschreibung.*
- *Behandlung von Abschreibungen auf den Firmenwert* im Konzernabschluss nicht als Aufwand in der GuV, sondern verdeckte und teilweise auf mehrere Jahre verteilte – erfolgsneutrale – Verrechnung mit den Gewinnrücklagen.

Investitionszulagen
- *Verkauf gebrauchter Maschinen in „frisch gestrichenem Zustand" als fabrikneu* von der inländischen Mutter an die ausländische Tochter zu einem überhöhten Preis; Zahlung einer Investitionszulage („grant") durch den ausländischen Staat an die Tochter, die in ihrem Zuschussantrag die Maschinen als „neu" deklariert.
- Ansatz von selbsterstellten Anlagen im Zuschussantrag zu *überhöhten Herstellungskosten;* damit höhere Bemessungsgrundlage für Investitionszulage.
- *Weiterverkauf staatlich bezuschusster Anlagen vor Ablauf der Bindungsfrist;* keine Mitteilung an die öffentlichen Zuwendungsbehörden über diesen Tatbestand, um der Rückzahlungsverpflichtung zu entgehen.
- *Verlagerung von Dauerarbeitsplätzen* von anderen Betriebsstätten an den subventionierten Standort, um die im Zuge der Gewährung der Investitionszulage geforderten zusätzlichen Mitarbeiter nachweisen zu können.
- *Nicht bestimmungsgemäße Verwendung staatlicher Fördermittel;* Weitergabe der erhaltenen Subventionen als langfristige Darlehen an Kunden und Ausweis in der Bilanz als Beteiligungen (*vgl. Fall Bremer Vulkan*).

Vorräte
– *Ausweis von nicht existenten Vorräten:* – Fälschung von Bestandslisten (manuelle Erhöhung der Mengenangaben an der Schnittstelle der Übernahme der Inventur-Zählmengen) – Manipulation von Waagen und Zählmaschinen.
– *Ausweis von Vorräten, obwohl diese in fremdem Eigentum stehen:* – Aktivierung von Kommissionsware der Lieferanten oder von Materialbeistellungen der Kunden – „Ausleihen" von Vorräten zur Inventuraufnahme in betrügerischer Absprache mit Dritten.
– *Doppelerfassungen:* – nochmalige Einzelerfassung von bereits im Festwert (§ 240 III HGB) enthaltenen Materialien – Doppelzählungen unterwegs befindlicher Vorräte – Ansetzung unterschiedlicher Zeitpunkte für die Inventuraufnahme, Verschiebung von Vorräten zwischen den einzelnen Lägern und damit doppelte oder mehrfache Aufnahme.
– *Überbewertung von Roh-, Hilfs- und Betriebsstoffen sowie von Handelswaren:* Verstoß gegen das handelsrechtliche Verbot der Erfassung von Gemeinkosten bei den AK.
– *Manipulationen bei UE und FE:* – Vorgetäuschte stichtagsorientierte Anarbeitung von Aufträgen – Angabe eines höheren Fertigstellungsgrades bei den UE – Ansatz von zu hohen GK-Zuschlagssätzen.
– *Unzulässige Teilgewinnrealisierung:* künstliches Aufspalten von langfristigen Fertigungsaufträgen bei der „Completed Contract Method".
– *Angabe eines höheren Grades der Fertigstellung, zu niedrige Schätzung der voraussichtlichen Gesamtkosten und überhöhte Gewinnerwartung* bei der „Percentage of Completion Method".
– *Verstoß gegen den Grundsatz der Einzelbewertung:* Generierung fiktiver Bewertungseinheiten durch die Zusammenfassung nicht gleichartiger Vermögensgegenstände.
– *Verstoß gegen das strenge Niederstwertprinzip des HGB bzw. gegen den „lower of cost or market"-Grundsatz:* Unterlassung zwingender Bestandsabwertungen (Reklamationsware, Produktionsfehler, fehlende Reichweitenabschläge wegen schlechter Gängigkeit, keine Abschläge wegen Preisrückgängen auf den Rohstoff- bzw. Absatzmärkten).
– *Gefälschte Unterlagen über die Qualität* der Vorräte bzw. *Verheimlichung von Erkenntnissen*, die auf mangelhafte Qualität hinweisen.
– *Manipulation der verlustfreien Bewertung.*
– *Warenentnahmen für private Zwecke* ohne entsprechende Buchung.

- *Keine Anpassung der mengenmäßigen Bestandsführung* bei Abgängen aufgrund von Privatentnahmen, Schwund und Diebstahl vor dem Bilanzstichtag.
- *Kauf von Gegenständen für die private Lebensführung und Abrechnung über die Firma:* Buchung auf Konto Materialeinsatz und Geltendmachung des Vorsteuerabzugs.
- *Manipulation des Cut-off:* trotz Erhalt der Ware im alten Jahr (und Erfassung in der Inventur) Einbuchung der Kreditorenrechnung erst nach dem Bilanzstichtag.
- Erstellung und Verbuchung der Kundenrechnung noch im alten Jahr bei gleichzeitiger Erfassung der Ware in der Inventur, also *Doppelerfassung.*
- *Mehrfache Sicherungsübereignung* der gleichen Warenbestände an verschiedene Kreditinstitute; *verdeckte Verpfändungen* zum Erhalt liquider Mittel.

Forderungen

- *Bewusst unterlassene Wertberichtigungen* bei dubiosen Forderungen; *bewusst unterlassene Abschreibungen* bei voraussichtlich uneinbringlichen Forderungen.
- *Verschweigen relevanter Bonitätsrisiken:* unwahre Angaben über die Kreditwürdigkeit von Kunden.
- *Atomisierung einer „faulen" Großforderung auf eine Vielzahl von fiktiven Debitoren:* durch diese „Risikostreuung" Vortäuschen eines geringeren Ausfallrisikos und Erschweren der Überprüfung des tatsächlichen Bestehens und der Werthaltigkeit der Forderung.
- *Manipulation der Altersstruktur der Forderungen:* Darstellung überfälliger Forderungen als nicht fällige Forderungen durch fiktive Zahlungen oder Stornierung und erneute Einbuchung unter jüngerem Datum.
- *Ausweis von Wertpapieren anstelle einer (dubiosen) Forderung:* Erwerb von Aktien eines Debitors am Jahresende unter der Bedingung, dass diese zu Beginn des neuen Jahres zum gleichen Preis an diesen zurückverkauft werden.
- *Bewusst höhere Einbuchung von Forderungen auf Lieferantenboni und Provisionen* als tatsächlich zu erwarten; in der nachfolgenden Periode Ausbuchung des Differenzbetrages (*vgl. Fall Ahold*).
- Verschieben und „Parken" von „faulen" Forderungen auf *Dummy-Konten*.
- *Ausstellung und Buchung von Rechnungen an fingierte Kunden*, um erhöhte Umsatzerlöse ausweisen zu können; in der nachfolgenden Periode Ausbuchung per Gutschrift.
- Nach Absprache mit tatsächlich existierenden Kunden *Ausstellung von bewusst überhöhten Rechnungen;* in der nachfolgenden Periode Ausbuchung des „Erhöhungsbetrags" per Gutschrift.

- *Simulierung von tatsächlichen Zahlungsvorgängen* zum Ausgleich der fiktiven Forderungen: dem – ausländischen – „Phantomkunden" werden im Rahmen von fiktiven Gegen- oder Ringgeschäften flüssige Mittel zur Verfügung gestellt, mit denen dieser seine Rechnung bezahlen kann (*vgl. Fälle Comroad, Phenomedia*).
- *Manipulationen im Rahmen der Saldenbestätigungsaktionen:*
  – Einflussnahme auf die Auswahl von Saldenbestätigungen
  – bestätigende Rückantworten fiktiver Debitoren durch „Geschäftsfreunde".
- *Missbrauch des Factoring:* Verkauf von künstlich erhöhten oder vollständig fingierten Forderungen an eine Factoring-Gesellschaft, die dadurch in ihrer Bilanz nicht werthaltige Luftforderungen ausweist (*vgl. Fall Balsam/Procedo*).
- *Mehrmaliger Verkauf der gleichen Forderungen* an verschiedene Factoring-Gesellschaften im Rahmen eines verdeckten Factorings.

Guthaben bei Kreditinstituten

- *Ausweis fiktiver Bankguthaben in der Konzernbilanz:* über Jahre hinweg sukzessive Erhöhung der fiktiven Kontostände im Einzelabschluss von Tochtergesellschaften bei – ausländischen – Banken; jeweils Selbsterstellung der Bankbestätigungsschreiben (*vgl. Fall Parmalat*).
- Keine Erfassung von – in der Regel von Treuhändern gehaltenen – *Schwarzgeldkonten* im Konzernabschluss, obwohl die Gesellschaft deren wirtschaftlicher Eigentümer ist; Existenz eines gesonderten zweiten, inoffiziellen Rechenkreises („*Geheimbuchführung*"):
  – Verwendung zur Zahlung von Schmiergeldern und sog. zweiten (steuerfreien) Gehältern an Manager
  – „Speisung" durch verdeckte Kaufpreiserstattungen von Lieferanten, Einnahmen aus Geschäften ohne Rechnung sowie Schwarzmarktdarlehen (*vgl. Fall Parmalat*).
- *Unberechtigte Saldierung von Bankguthaben und Bankverbindlichkeiten,* die bei verschiedenen Kreditinstituten bestehen.
- *Erbringung einer Gesellschaftereinlage im alten Jahr kurz vor dem Bilanzstichtag:* private Kreditaufnahme und Einzahlung auf das Bankkonto der Firma (dadurch bessere Liquidität und höheres EK in der Bilanz); zu Beginn des neuen Jahres Entnahme des eingelegten Betrags und Rückzahlung des Privatkredits.
- Zahlungstransfers zum Zweck der „*Geldwäsche*".

Eigenkapital

- *Umgliederung eines Teils der sonstigen Rückstellungen sowie der Wertberichtigungen auf Forderungen in Eigenkapital* in einer bei Banken als Kreditunterlage eingereichten Bilanz, die aber in allen anderen Positionen mit der offiziellen Handelsbilanz übereinstimmt.
- Bei Gründung bzw. Kapitalerhöhung einer AG *Ausweis des Agios* nicht erfolgsneutral in den Kapitalrücklagen, sondern *erfolgswirksam* unter den sonstigen betrieblichen Erträgen (*vgl. Fall MLP*).
- *Verschleierung von Sacheinlagen als Bareinlagen:* Erbringung einer Bareinlage anstelle einer Sacheinlage durch den Gesellschafter; mit diesen finanziellen Mitteln Erwerb des Vermögensgegenstands durch die Gesellschaft vom Gesellschafter in der zivilrechtlichen Form eines Kaufvertrags – zum Teil zu überhöhten Preisen – zur Umgehung der strengen Bewertungsvorschriften bei Sacheinlagen.
- *Verdeckte Privatentnahmen von Gesellschaftern von Personengesellschaften:* Abrechnung von Aufwendungen für die private Lebensführung über die Firma und Verbuchung als Betriebsausgaben (*vgl. Fall Flowtex*).
- *„Selbstbedienung" von Managern von Kapitalgesellschaften:*
  - „Verdeckte Entnahmen" von Vermögensgegenständen und persönliche Bereicherungen (*vgl. Fälle Tyco International, Adelphia Communications*)
  - Gewinnabsaugungen durch „Zwischenfakturierungen" über Gesellschaften, die im wirtschaftlichen Eigentum der Manager stehen und von Treuhändern gehalten werden (*vgl. Fälle Neue Heimat, Co op*)
  - Abwälzen von privaten Spekulationsverlusten auf die Gesellschaft (*vgl. Fall Herstatt-Bank*).

Rückstellungen

- Trotz Erteilung von rechtsverbindlichen Pensionszusagen an Mitarbeiter *Unterlassung der Bildung der erforderlichen Pensionsrückstellungen;* keine Weitergabe der schriftlichen Zusagen an den versicherungsmathematischen Gutachter.
- Noch im alten Jahr mündliche Mitteilung der Erhöhung der Pensionszusagen an die Mitarbeiter sowie Erstellung der Zusageschreiben; Vordatierung der schriftlichen Erhöhungszusagen auf ein Datum im neuen Jahr und *Berechnung der Pensionsrückstellungen ohne Berücksichtigung der Erhöhungen.*
- Trotz eines Gewinns in der abgelaufenen Periode *keine Bildung von Rückstellungen für Verpflichtungen aus Besserungsscheinen* (während einer vorangegangenen Krise haben Großgläubiger auf einen Teil ihrer Forderungen gegen „Besserungsscheine" verzichtet, wonach bei späteren Gewinnen ein Teil hiervon an sie abzuführen ist).

- *Auslagerung risikobehafteter Geschäfte auf SPEs;* keine Erfassung der separierten und weit gestreuten Risiken unter den sonstigen Rückstellungen im Konzernabschluss (*vgl. Fall Enron*).
- *Nahezu willkürliche Bildung und Auflösung von sonstigen Rückstellungen zur Ergebnissteuerung;* Ausrichtung der Dotierung von Rückstellungen an Budgets oder Ergebniserwartungen (*vgl. Fall WorldCom*).
- *Verheimlichung drohender Verluste* aus Einkaufs- bzw. Verkaufskontrakten.
- *Verschweigen der wahrscheinlichen Inanspruchnahme aus Eventualverbindlichkeiten;* Unterdrückung von durch Dritte geltend gemachten Ansprüchen.

Verbindlichkeiten

- *Nichterfassung von Verbindlichkeiten (Schuldentarnung):* Aufnahme von Darlehen über SPEs, die im Konzernabschluss nicht konsolidiert werden (*vgl. Fälle Enron, Parmalat*).
- *Verbergen von Schwarzmarktdarlehen:* Kreditaufnahme durch ausländische Gesellschaften, die nicht in den Konsolidierungskreis einbezogen sind (*vgl. Fall Adelphia Communications*).
- *Missbrauch von Konzernverrechnungskonten:* Verstecken von kritischen Posten bzw. Beträgen auf Zwischenkonten bzw. Intercompany Accounts.
- *Verstoß gegen das Saldierungsverbot:* Saldierung von „harten" Verbindlichkeiten mit „faulen" Forderungen.
- *Missbrauch von Sale-and-lease-back-Verträgen:* Verkauf von fiktiven Vermögensgegenständen („Luft") an eine Leasinggesellschaft; anschließend Rückübertragung der „Nutzungsrechte" im Rahmen eines Leasingvertrages; bei wirtschaftlicher Betrachtungsweise Vorliegen von nicht in der Konzernbilanz ausgewiesenen Verbindlichkeiten, die durch Bezahlung der Leasingraten getilgt und verzinst werden (*vgl. Fall Flowtex*).
- *Krediterschleichung* durch manipulierte Geschäftszahlen und gefälschte Unterlagen, z.B. Scheinrechnungen, bestellte Gutachten, zu hoch angegebene Einnahmen, mehrmalige Verkäufe von Objekten innerhalb der Gruppe zu immer höheren Preisen (*vgl. Fall Jürgen Schneider*).

3.1.2 Manipulationen im Bereich der GuV

Umsatzerlöse

- *Roundtripping (Dreiecks-, Karussell-, „Drehtür"- bzw. zirkuläre Ringgeschäfte):*
  - Vermietung nicht benötigter eigener Kapazitäten und gleichzeitige Anmietung von fremden Leerkapazitäten; dadurch Generierung zusätzlicher Umsatzerlöse und zusätzlicher Mietaufwendungen
  - Variante: Verkauf und Ankauf von entsprechenden Leerkapazitäten; dadurch sofortige Umsatzrealisierung in vollem Umfang beim Verkäufer und Aktivierung der „Investition" sowie Abschreibung auf mehrere Jahre beim Käufer

  (*vgl. Fälle Enron, Reliant Resources/CMS Energy/Dynegy, Global Crossing/Qwest Communications International*).
- *Tauschvorgänge zu überhöhten Preisen:* durch Höherfakturierungen zusätzliche Umsatzerlöse bei beiden Tauschpartnern (*vgl. Fall AOL Time Warner*).
- *Scheingeschäfte mit fiktiven Partnern:*
  - Fingierte Rechnungen an Phantom- bzw. Tarnfirmen mit Sitz in Nicht-EU-Staaten
  - Fingierte Eingangsrechnungen von „Lieferanten" mit Sitz in Nicht-EU-Staaten
  - Fingierte Zahlungsflüsse innerhalb der Unternehmensgruppe
  - Erstellung fingierter Warenbegleitpapiere von befreundeten Spediteuren

  (*vgl. Fälle Lernout & Hauspie, YLine, Comroad*).
- *Vorverlagerung zukünftiger Umsätze,* z. B. Rückdatierung von Kaufvertrag und Rechnung auf altes Jahr bei wirtschaftlichem Eigentumsübergang im neuen Jahr (*vgl. Fall Computer Associates*).
- *Vorwegnahme der vollen Umsatz- und Gewinnrealisierung bei Leasingverträgen* trotz schriftlicher Zusatzvereinbarungen, die den Verbleib des wirtschaftlichen Eigentums beim Leasinggeber festlegen (*vgl. Fall Xerox*).
- *Volle Erfassung der Umsatzerlöse* und unterlassene Rückstellungsbildung trotz hoher Wahrscheinlichkeit von Kundenretouren aufgrund eines jederzeitigen Rückgaberechts bei voller Kaufpreiserstattung (*vgl. Fall Hugo Boss*).
- *Erfassung durchlaufender Gelder* als eigene Umsatzerlöse (*vgl. Fälle Enron, AOL Time Warner*).
- Künstliche *Umwandlung von „non-recurring items"* in Umsatzerlöse (*vgl. Fall AOL Time Warner*).
- Bei Abzug von Rabatt auf der Rechnung *Einbuchung des ungekürzten Bruttobetrages als Umsatz;* Buchung des Rabattes als sonstigen betrieblichen Aufwand.
- *Gutschreiben von Preisnachlässen an Kunden erst im Folgejahr.*

- *Verstoß gegen den Grundsatz der Periodenabgrenzung:* Buchung erhaltener Prämien für einen Mehrjahreszeitraum im Jahr des Zuflusses in voller Höhe als Umsatzerlöse; keine Bildung eines passiven Rechnungsabgrenzungspostens (*vgl. Fälle MLP, Bankgesellschaft Berlin*).
- Ausweis von *Kapitaleinzahlungen der Gesellschafter* als Umsatzerlöse.
- Ausweis von *Konsignationslieferungen* als Umsatzerlöse.

Aufwendungen der GuV

- *Stornierung von Scheinumsätzen mit fiktiven Geschäftspartnern:* Ausbuchung der Scheinforderung in der Folgeperiode nicht als Minderung der Umsatzerlöse, sondern als sonstigen betrieblichen Aufwand.
- *Abschreibung einer Forderung und private Vereinnahmung:* Forderung wird als uneinbringlich ausgebucht, der Zahlungseingang (z. B. Scheck) dem privaten Bankkonto gutgeschrieben.
- *Private Vereinnahmung einer Gutschrift:* Selbststellung einer schriftlichen Kundenreklamation; danach Fertigung einer Gutschrift auf den Namen des Kunden und Verbuchung als Aufwand; Auszahlung der Gutschrift auf das eigene Privatkonto.
- *Lohn- und Gehaltszahlungen auf den Namen fiktiver oder ausgeschiedener Mitarbeiter.*
- *Rentenzahlungen auf den Namen bereits verstorbener ehemaliger Pensionäre.*
- *Verlagerung von Aufwendungen auf SPEs,* die nicht in den Konzernabschluss einbezogen werden (*vgl. Fälle Enron, Parmalat*).
- *Verstoß gegen das Verrechnungsverbot:* Saldierung von Aufwendungen und Erträgen (*vgl. Fall SAirGroup*).

3.1.3 Manipulationen im Bereich Anhang

Fehlende, unvollständige oder unwahre Angaben bzgl. der
- Bezüge der Mitglieder des Geschäftsführungsorgans, insbesondere der aktienbasierte Vergütungen
- Abgabe von Garantieerklärungen bzw. Bestellung von Sicherheiten für private Verbindlichkeiten von Mitgliedern des Geschäftsführungsorgans (*vgl. Fall Co op*)
- Abfindungen an frühere Mitglieder des Geschäftsführungsorgans
- finanziellen Verpflichtungen aus Leasingverträgen
- Eventualverbindlichkeiten aus Haftungsfreistellungserklärungen, Bürgschaften, Garantien und „harten" Patronatserklärungen (*vgl. Fall Bankgesellschaft Berlin*)

- möglichen Verpflichtungen aus zunächst bilanzunwirksamen Finanzinstrumenten
- Einbeziehung von FK-Zinsen in die Herstellungskosten
- Anteile am Mutterunternehmen (eigene Anteile)
- Erläuterungen zu Kapitalflussrechnung, Eigenkapitalspiegel und Segmentberichterstattung
- Erklärung zum DCGK nach § 161 AktG

3.1.4 Manipulationen im Bereich Lagebericht

Wirtschaftsbericht:
- Zu positive Darstellung des Geschäftsverlaufs und der Lage der Gesellschaft (z. B. Behandlung rechtlich unverbindlicher Absichtserklärungen (LoIs) bereits als rechtswirksame Kundenaufträge; Erfassung von „Bestellungen" aus Scheingeschäften im Auftragsbestand, einem wesentlichen Indikator für die wirtschaftliche Lage)
- Nichterwähnung relevanter negativer Tatsachen und Ereignisse (z. B. Verlust eines Großkunden; Kündigung eines strategisch wichtigen Kooperationsvertrags durch den Vertragspartner)
- Irreführende Pro-forma-Ergebnisse

Risikobericht:
- Allgemeine, formelhafte „Worthülsen" mit geringer Aussagekraft
- Ausführliche Beschreibung unwesentlicher Risiken, aber keine Erwähnung von bedeutenden bzw. bestandsgefährdenden Risiken
- Fehlende oder unpräzise Angaben zu den möglichen Auswirkungen der Risiken

Nachtragsbericht:
- Keine bzw. unvollständige Offenlegung von negativen Ereignissen nach dem Bilanzstichtag („subsequent events")

Prognosebericht:
- Verschleierung von zu erwartenden erheblichen Verschlechterungen der Unternehmenssituation (z. B. Verfall der Verkaufspreise; Verlust von Marktanteilen; abnehmende Wettbewerbsfähigkeit)
- Stärkere Gewichtung der Eintrittswahrscheinlichkeit von „best case"- als von „most likely case"- und „worst case"-Szenarien
- Zunehmend langfristige Prognosehorizonte: abnehmende Verlässlichkeit der Angaben

F&E-Bericht:
- Ankündigung eines neuen Produktes mit angeblich großen Marktchancen, obwohl sich dieses erst in der Anfangsphase der Entwicklung befindet

3.2 Umstände und Rahmenbedingungen

3.2.1 Parallelen der Skandalfälle
Die Bilanzdelikte wurden häufig in Unternehmenskrisen begangen: vor allem in Schieflagen, die zumeist durch Führungsmängel und betriebswirtschaftliche Fehlentscheidungen sowie durch ein Versagen der Kontrollorgane verursacht wurden, sollten Bilanzmanipulationen helfen, um die VFE-Lage positiver darzustellen bzw. die Insolvenz abzuwenden oder zumindest hinauszuschieben. In einigen Fällen – z. B. *Schneider, Flowtex* oder *Comroad* – war sogar das komplette Geschäftsmodell grundsätzlich auf Täuschung ausgelegt.[3]

Zu den untersuchten Bilanzdelikten kamen regelmäßig weitere Gesetzesverstöße – mit zum Teil unmittelbaren Auswirkungen auf den Jahresabschluss – hinzu, etwa persönliche Bereicherungen von Top-Managern (vgl. nur die Fälle *Neue Heimat* und *Co op* bzw. den *Adelphia*-Skandal in den USA), Insiderhandel und Wertpapierbetrug.[4] In nahezu allen analysierten Fällen handelte es sich somit um „komplexe Bündel" von dolosen Handlungen.

Die kriminelle Kreativität der Täter erscheint unerschöpflich.[5] Trotzdem können gewisse Gemeinsamkeiten identifiziert werden, die letztlich den „Nährboden" der Skandale darstellen. Die auffälligsten Übereinstimmungen sind im Folgenden zusammengefasst.

Oftmals handelte es sich um junge Unternehmen mit schnellem, sprunghaftem und oft externem Wachstum. Aber auch hiervon gibt es zahlreiche Ausnahmen, etwa die Traditionsunternehmen *Holzmann* oder *Bremer Vulkan* sowie die elitäre *Herstatt-Bank*.

Grundlage dieser Start-Ups, meist Firmen der „New Economy", war regelmäßig eine gute, innovative Geschäftsidee („Story"), auf welcher sie ihr „Business Model" aufbauten und anfänglich – scheinbar – sehr erfolgreich waren, vielfach sogar gegenläufig zu den Branchentendenzen. Als Musterbeispiele seien etwa die ehemaligen Neue Markt-Unternehmen *Infomatec* (Internet-Surfstationen), *Comroad* (Telematik-Technik) und *Phenomedia* (Computerspiel „Moorhuhn") genannt.

---

[3] Dieses „Erfolgsrezept" hatte allerdings schon Johann Wolfgang von Goethe erkannt: „Die Kunst ist alt und neu. Es war die Art zu allen Zeiten, Irrtum statt Wahrheit zu verbreiten."

[4] Vor allem in den USA erwiesen sich Verkäufe von Aktien durch CEOs oder Boardmitglieder regelmäßig als zuverlässige „Alarmsignale" für bevorstehende Unternehmenskrisen.

[5] Eine standardisierte, „programmierte" Bekämpfung von Wirtschaftsdelikten ist daher nicht möglich. Vgl. auch die Zitate bei *Gisler* (1994, S. 140): „There is no cookbook-approach to detect fraud. (…) It is clearly impossible to prescribe audit techniques which will detect all instances of fraud."

Die Manager verfolgten zumeist überaus ambitionierte Ziele, in der Regel hohe jährliche Umsatz- und Gewinnwachstumsraten. Die Unternehmensentwicklung war primär auf „Bigness" bzw. auf „Macht durch Größe" (economies of scale) ausgerichtet. Dabei entstanden in vielen Fällen komplexe, unübersichtliche Beteiligungsstrukturen und Prozessabläufe, deren Sinn und Zweck von den Kontrollorganen und dem Großteil der Mitarbeiter nicht mehr nachvollzogen werden konnte.

Das Wissen um die Delikte sowie deren Hintergründe wurde in einem kleinen, elitären Kreis von Führungskräften, einem sog. „inner circle", streng geheim gehalten. In der Regel waren die Mitarbeiter im Finanz- und Rechnungswesen nur insoweit in die Vorgänge eingeweiht, wie es zur Ausführung ihrer Tätigkeit unbedingt erforderlich war.

Bei den Skandalunternehmen handelte es sich oft um „Kolosse auf tönernen Füssen": durch unsystematische Zukäufe hatten sie sich zu Konglomeraten entwickelt, das Wachstum war aber in hohem Maße fremdfinanziert worden. Zudem waren die Organisationsstrukturen bei dem Expansionsstreben teilweise nicht mitgewachsen (vgl. exemplarisch die Fälle *Adelphia Communications*, *Parmalat* oder *MLP*): es wurden die Strukturen von typischen Familienunternehmen, an deren Spitze ein mächtiger Patriarch stand, beibehalten. Dies bedeutete zwangsläufig Kompetenzdefizite in der Unternehmensleitung. Nachdem die latenten Probleme offenkundig wurden, setzte dann regelmäßig eine hohe Fluktuation im Upper Management ein.

In vielen Fällen entwickelten sich die Bilanzdelikte inkremental („growing in magnitude"). Zu erwähnen sind vor allem die z. B. von *Balsam*, *Schneider* oder *Flowtex* aufgebauten „Schneeballsysteme".[6] Um den sich stets ausweitenden Finanzbedarf zu decken, wurde ein immer größeres „Rad gedreht", bis schließlich der Luftballon abrupt platzte. Die vermeintlichen „visionären Heroen" erwiesen sich plötzlich schlicht als Betrüger.

Doch lange Zeit gelang es diesen, vor allem durch professionelles Auftreten und einen aufwendigen, flamboyanten privaten Lebensstil, florierende Unternehmen vorzutäuschen und die Banken zur Verlängerung bzw. Erhöhung der eingeräumten Kreditlinien zu bewegen. Genannt seien stellvertretend für viele Bernie Ebbers (*WorldCom*), Dennis Kozlowski (*Tyco International*) und Manfred Schmider (*Flowtex*). Eine Ausnahme bildete hier *Parmalat's* Calisto Tanzi, der in der italienischen Provinzstadt Parma eher zurückgezogen ein vergleichsweise unauffälliges Leben führte.

---

[6] Vgl. hierzu *Langenbucher/Blaum* (1997, S. 440): „Was im ersten Jahr mit einer kleinen „Umsatz- oder Aufwandskorrektur" anfängt, führt nicht selten zu einem Schneeballeffekt an Verschleierungsnotwendigkeiten, sozusagen zu einer Bugwelle der Manipulation. Irgendwann kann dann die wahre Situation nicht mehr verheimlicht werden, vielleicht begeht der Täter auch einen Fehler und das Kartenhaus bricht mit Getöse in sich zusammen."

Zugute kamen den Top-Managern regelmäßig die engen privaten Beziehungen zu Führungspersönlichkeiten in Politik und Wirtschaft. Diese „Filzkultur" geriet v. a. in den Fällen *Swissair*, *Bremer Vulkan* und *Bankgesellschaft Berlin* ins Kreuzfeuer der Kritik. Insbesondere profitierte auch *Enron* von den – durch den langjährigen CEO Kenneth Lay – etablierten Beziehungsgeflechten mit der Energiebranche und der US-Regierung. Als freigebige Gönner und Mäzene unterstrichen die Top-Manager zudem ihre Glaubwürdigkeit und Seriosität öffentlichkeitswirksam durch großzügige finanzielle Engagements bei sozialen Einrichtungen, kulturellen Institutionen und Sportvereinen.[7]

Geschädigte der Bilanzskandale waren hauptsächlich (Klein-) Aktionäre und Gläubiger. Fast durchgängig handelte es sich um Top Management Fraud. Nur in wenigen Ausnahmen – etwa bei *ABB* und der *Herstatt-Bank* – lag Employee Fraud vor, der von der Internen Revision aufgedeckt wurde. Im Falle *Herstatt* überging die UL allerdings die Warnungen der Internen Revisoren. Gleiches gilt für den Skandal der *Bankgesellschaft Berlin*. In den übrigen Fällen trat die Interne Revision aufgrund ihrer Abhängigkeit vom Vorstand nicht wesentlich in Erscheinung: sie reagierte allzu häufig mit einem Verschließen der Augen und bot dadurch ihre Hand zu dem illegalen Verhalten.

Im Zuge des „Management Override" wurde regelmäßig das IKS – sofern existent – ausgeschaltet oder umgangen. Gegenüber den Abschlussprüfern standen stets Vorwürfe von „soft audits" und Gefälligkeitstestaten im Raum. In einigen Fällen waren die Prüfer sogar „participants" und nicht „victims" des Bilanzbetrugs. Auffällig ist die Tatsache, dass die gleiche WP-Gesellschaft häufig bei mehreren „Skandalunternehmen" innerhalb derselben Branche das Prüfungsmandat innehatte (vgl. nur *Arthur Andersen* in den USA bei den Glasfasernetzbetreibern und in der Energiebranche). Zudem erfolgte die Mandatsniederlegung als „schärfste Waffe der Prüfer" oft relativ spät.

Aufgedeckt wurden die Bilanzdelikte dann auch in einer überraschend großen Anzahl der untersuchten Fälle nicht durch die eigentlichen Unternehmensüberwachungsorgane selbst, sondern vielmehr durch das sog. „Whistleblowing" – insbesondere ehemaliger Mitarbeiter – sowie durch Recherchen von Wirtschaftsjournalisten.

Diese gingen dabei oftmals aus Eigeninitiative den aufkommenden Gerüchten nach und hinterfragten kritisch die offiziellen – zum Teil dissonanten – Sprach-

---

[7] Vgl. *Lohse* (1996, S. 197): „Grundsätzlich leben Wirtschaftskriminelle von der Aufrechterhaltung eines schönen Scheins. (...) Sie sind sicher im Auftreten, sympathisch in der Interaktion und beherrschen die Fähigkeit, sowohl auf der Beziehungs- als auch auf der Sachebene Vertrauen zu erwecken und aufrechtzuerhalten. (...) Durch dieses Trugbild hindurchzustoßen, sich durch nur vordergründig bestehende Strukturen nicht abschrecken zu lassen, ist unerlässlich für Prävention und Schadensbegrenzung."

regelungen, die unzureichenden Informations- und Kommunikationsusancen sowie die augenscheinlich unseriösen Finanzberichterstattungen. Insofern erfüllten sie die ihnen in der Demokratie als „vierte Gewalt" zugesprochene Kontrollfunktion. Beispielhaft erwähnt seien etwa die Recherchen des Spiegels in den Skandalen *Neue Heimat* und *Co op,* von WSJ und De Standaard im Falle *Lernout & Hauspie* sowie von Börse Online bei *Comroad*. In den Fällen *Global Crossing, Computer Associates, YLine, Balsam/Procedo* und *Flowtex* hingegen trug „Whistleblowing" erheblich zur Aufdeckung der Bilanzdelikte bei.

Im Jahre 1992 wurde unter dem Titel „Internal Control - Integrated Framework" vom Committee of Sponsoring Organizations in den USA ein – weltweit akzeptiertes – Rahmenkonzept zur (internen) Unternehmensüberwachung publiziert. Das sog. „COSO-Regelwerk" stellt fünf Anforderungen in den Mittelpunkt, gegen die in den Fällen der Bilanzskandale eklatant verstoßen wurde:[8]

Best-Practice-Anforderungen nach COSO	Typisches Szenario der Skandalfälle
1. Kontrollumgebung (Control Environment): Persönliche Integrität und fachliche Kompetenz der Führungskräfte der Organisation Delegation von Aufgaben und Verantwortlichkeiten; Leistungsvorgaben Firmenweiter Ethik-Kodex zur Vermittlung der Unternehmenskultur und -philosophie	*Verhinderung eines effektiven internen Kontrollumfeldes:* Besetzung von Schlüsselpositionen mit langjährigen vertrauten Weggefährten der CEOs und Einbindung von Aufsichtsorganen in andere Funktionen im Konzern
2. Risikobeurteilung (Risk Assessment): Identifizierung, Analyse und Management der Risiken aus den Geschäftsaktivitäten, um eine Gefährdung der definierten Unternehmensziele zu vermeiden	*Unzureichende Risikomanagementsysteme:* Vorliegende Erkenntnisse über Risiken offensichtlich nicht genutzt, falsch eingeschätzt, ignoriert oder unterdrückt
3. Kontrollaktivitäten (Control Activities): Strategien („policies") und Verfahren („procedures"), um den Risiken zu begegnen und die Unternehmensziele zu erreichen	Entscheidungen häufig zum persönlichen Vorteil bestimmter Führungskräfte anstatt zur Erreichung der Unternehmensziele
4. Information und Kommunikation (I & C): Informationsaustausch ohne hierarchische Schranken im gesamten Unternehmen sowie effektive Kommunikation mit externen Adressaten (Kunden, Lieferanten, Aktionäre) zum Management der Geschäftsprozesse	*Mangelhafte Informationssysteme:* Bewusste Zurückhaltung von Informationen bzw. Falschinformationen (Aufdeckung der Fehlmaßnahmen und Delikte oftmals nach dem Ausscheiden von Top-Managern)

---

[8] Zwar erfolgte im Jahr 2004 ein „Update" des COSO-Modells: mit COSO II wurde ein erweitertes Rahmenwerk für das ERM ausgearbeitet. Gleichwohl besitzt COSO I nach wie vor „state-of-the-art"-Charakter und wurde deshalb für diese Analyse herangezogen. Die Synopse ist eine Verallgemeinerung der Ausführungen von *Tanski* (2002, S. 2003 ff.) bezüglich des Falles *WorldCom* (vgl. Kapitel 2.1). Zum IKS nach COSO vgl. zudem ausführlich *Menzies* (2004, S. 74–83 sowie S. 118–126).

5. Laufende Überwachung des IKS (Monitoring): Beobachtung und Beurteilung sämtlicher Prozesse, um die Qualität des IKS im Zeitablauf sicherzustellen und um auf sich verändernde Rahmenbedingungen angemessen reagieren zu können: prozessintegriert durch das Management, prozessübergreifend durch die Interne Revision, den AR bzw. den AP	Erhebliche Zweifel an der Unabhängigkeit der Internen Revision sowie des Prüfungsausschusses des AR bzw. des Audit Committees; Verstrickung des AP durch Beratungsaufträge in das Konzerngeflecht

3.2.2 Unternehmenskrisen als Auslöser von Bilanzmanipulationen

Bei nahezu jeder zweiten Unternehmensinsolvenz liegt auch ein Wirtschaftsdelikt vor, das mittelbar oder unmittelbar den Jahresabschluss betrifft:[9] allein diese Tatsache verdeutlicht, wie schnell die „Trennlinie" vom Legalen zum Illegalen überschritten wird, sobald sich das Unternehmen in einer Krise befindet.[10]

Zu beachten ist jedoch, dass Bilanzmanipulationen häufig nur kurzfristig wirksam sind bzw. allenfalls helfen können, im Sinne einer „Überbrückungsfunktion" die für die Bewältigung einer Krise notwendige Zeit zu gewinnen. Aufgrund der Zweischneidigkeit der Bilanz erfolgt in vielen Fällen nur eine Verschiebung zwischen zwei Abrechnungsperioden. Mittel- und langfristig kann eine Gesundung nur durch eine strategisch richtige Unternehmensführung erfolgen. Schieflagen sind nämlich in aller Regel durch mangelhafte Managementfähigkeiten und klassische betriebswirtschaftliche Fehlentscheidungen bedingt:

- Überhastete Expansion aufgrund falscher Markteinschätzung
- Falsche Preis- und Produktpolitik
- Ineffiziente Materialwirtschaft und Logistik; mangelhafte Kapazitätsauslastung
- Starke Abhängigkeit von wenigen Kunden oder Lieferanten
- Zu niedrige Eigenkapital-Ausstattung („thin capitalization") und zunehmende Verschuldung; Abhängigkeit von einzelnen Kreditgebern
- Zu hohe Entnahmen: Gewinnverwendung außerhalb des Unternehmens

Aufgabe der Wirtschaftsprüfer ist es, zu beurteilen, ob in der Unternehmenskrise die „Going-concern-Prämisse" aufrecht erhalten werden kann, d. h. ob die Liquidität und der Fortbestand der Firma für mindestens zwölf weitere Monate als gesichert gesehen werden können. Nur dann dürfen sie ein uneingeschränktes Testat erteilen.

---

[9] Einschätzung von KPMG Integrity Services, vgl. auch *Ogger* (2003, S. 52).
[10] Vgl. im Folgenden *Hauschildt* (2004).

Im Falle z. B. des spektakulären Insolvenzverfahrens des Münchner Medienunternehmers *Leo Kirch* testierte die KPMG den Jahresabschluss der *KirchMedia* zum 31.12.2000 mit Datum vom 25.05.2001. Nur knapp elf Monate danach – Anfang April 2002 – musste *Kirch Media* Insolvenz beantragen. Die KPMG stützte sich auf die Argumentation, maßgebend sei das Datum des abgelaufenen Geschäftsjahres und nicht das des Testats – eine in Fachliteratur und Branchenpraxis umstrittene Auffassung.[11]

Ein einzelner Management-Fehler löst in aller Regel noch keine schwere Krise aus, sondern erst das Zusammentreffen mehrerer „Misserfolgsquellen". Zur Vermeidung kritischer Unternehmensentwicklungen sind daher die typischen und besonders gefährlichen „explosiven Mischungen" zu ermitteln.

Es ist somit falsch, von „der" Unternehmenskrise zu sprechen. Vielmehr ist von unterschiedlichen Mustern oder Typen von Krisen auszugehen. *Hauschildt* unterscheidet in diesem Kontext etwa Unternehmen mit massiven Absatzproblemen, von starrsinnigen und uninformierten Patriarchen geführte Unternehmen, Unternehmen mit inkorrekten Mitarbeitern und abhängige Unternehmen.

Klein/Poesch betonen, dass jeder Unternehmenskrise eine bestimmte kulturelle Entwicklungsgeschichte vorausgeht. Sie identifizieren folgende fünf Organisationstypen:[12]

- das *„Blender-Unternehmen"* (großes Selbstbewusstsein, narzisstisches Verhalten)
- das *„Depressive Unternehmen"* (interne Selbstvorwürfe, starke Schuldgefühle)
- das *„Eigenbrötler-Unternehmen"* (gesteigerte Unbeteiligung, Rückzug der Mitarbeiter, gering ausgeprägte Kommunikation)
- das *„Paranoide Unternehmen"* (starkes gegenseitiges Misstrauen, ständige Alarmbereitschaft)
- das *„Zwanghafte Unternehmen"* (akribischer Perfektionismus, starre, formelle Kontrollen und geringe Spontaneität).

Es ist die Aufgabe der Unternehmensüberwachungsorgane, diese Fehlentwicklungen möglichst frühzeitig zu erkennen, um etwa bereits in der latenten Krisenphase geeignete Maßnahmen zur Therapie einzuleiten.

Hauschildt hat in diesem Zusammenhang Checklisten entwickelt, in denen die vom Krisenmanager typischerweise zu treffenden Entscheidungen – z. B. in den Bereichen Liquiditäts-, Informations- und Bilanzpolitik – aufgeführt sind.

---

[11] Vgl. Der Spiegel 18/2002 („Zahlenkolonne in Verruf").
[12] Vgl. *Klein/Poesch* (2003, S. 64 f.). In jedem Fall hat im Rahmen des Krisenmanagements eine Revitalisierung der Unternehmenskultur zu erfolgen.

Einen modernen wissenschaftlichen Ansatz zur Krisendiagnose stellt z. B. die sog. „Multivariate Diskriminanzanalyse" dar, mit der anhand von charakteristischen Bilanzkennzahlen bei einer Treffsicherheit von 75 – 80 % Abgrenzungen zwischen „gesunden" und „kranken" Unternehmen sowie Insolvenzprognosen vorgenommen werden können.[13]

Häufig entziehen sich die Fälle allerdings einer Diagnose, die sich lediglich auf Daten des Rechnungswesens stützt. Hier ermöglichen nur detaillierte Recherchen über Strategien, Chancen und Risiken, Produkte und Märkte sowie über die Leitungs- und Leistungsfähigkeit von Unternehmern und Führungskräften Aussagen oder Urteile über mögliche Krisen.

3.3 Erkennbarkeit

Gleichwohl existieren stets Merkmale – wenn auch oftmals nur in Form schwacher Signale –, die Hinweise auf Unternehmenskrisen bzw. Bilanzdelikte liefern können: diese Merkmale werden allgemein als *„Red Flags"* (Warnzeichen) bezeichnet.[14]

Gisler unterscheidet von den Warnzeichen allerdings die sog. „Risikofaktoren". Er definiert Risikofaktoren als Situationen mit einer a priori höheren Wahrscheinlichkeit von Wirtschafts- bzw. Bilanzdelikten. Risikofaktoren begünstigen Delikte und sind diesen zeitlich vorgelagert. Ein Prüfer kann sie deshalb bereits bei der Prüfungsplanung zu Beginn der Prüfung in Erwägung ziehen.

Warnzeichen bzw. -signale hingegen werden erst durch Delikte ausgelöst. *Gisler* vergleicht sie mit Feuermeldern: auch diese geben erst Alarm, nachdem das schädigende Ereignis eingetreten ist, verhindern aber durch rechtzeitige Warnung folgenschwere Schäden. Der Prüfer stößt erst bei der Durchführung der Prüfungshandlungen auf solche Warnsignale.

Gisler räumt allerdings ein, dass eine klare Trennung der beiden Arten von Frühwarnindikatoren nur sehr schwer möglich ist und andere Autoren eine solche eindeutige Unterscheidung ablehnen.

Es können folgende charakteristische Symptome identifiziert werden, die regelmäßig auf Bilanzdelikte hindeuten:[15]

---

[13] Vgl. ausführlich *Peemöller* (2003, S. 262 ff.). Hinzuweisen ist allerdings auf die Tatsache, dass bei diesen Diskriminanzanalysen stets die Gefahr einer „self-fulfilling-prophecy" besteht.

[14] Vgl. *Sell* (1999, S. 106 ff.) und *Gisler* (1994, S. 119 ff.).

[15] Die Beispiele sind den relevanten Prüfungsstandards (IDW PS 210, ISA 240, SAS 99) entnommen. Vgl. weiterführend auch *KPMG* (2002b), *Langenbucher/Blaum* (1997, S. 440 ff.) sowie *Sell* (1999, S. 117 ff.), die Bezug nimmt auf zwei empirische Studien aus den USA: die Untersuchung von *Heiman-Hoffman/Morgan/Patton* (1996) und die Untersuchung von *Hackenbrack* (1993).

Externe Geschäftsfaktoren und Branchenumfeld
- Die *Branchenbedingungen* oder sonstigen – zumal rechtlichen – Rahmenbedingungen sind für das Unternehmen *ungünstig*; die *Rentabilität* ist im Branchenvergleich *unangemessen* oder *inkonsistent*.
- Es herrscht *harter Wettbewerb* oder *Marktsättigung* bei gleichzeitig *sinkenden Margen*.
- Es handelt sich um eine *im Niedergang begriffene Branche* mit sich häufenden Unternehmenszusammenbrüchen und merklichem Nachfragerückgang.
- Die Branche ist durch *schnellen Wandel* (z.B. starke Anfälligkeit gegenüber technologischen Veränderungen, verkürzte Produktlebenszyklen) und daraus resultierend durch eine *schnelle Überalterung der Produkte* geprägt.
- Das Ergebnis der gewöhnlichen Geschäftstätigkeit des Unternehmens ist in hohem Maße *empfindlich gegenüber ökonomischen Faktoren* wie Inflationsrate, Zinssatz, Rohstoffpreise, Dollar-Kurs o. ä.
- Es bestehen *unrealistische* oder *aggressive Gewinnerwartungen* bei Analysten, institutionellen Anlegern, wesentlichen Kreditgebern oder anderen Dritten, die ggf. von der UL selbst durch allzu optimistische Pressemitteilungen oder Jahresabschlussaussagen geweckt und geschürt wurden.

Unternehmenscharakteristika (Geschäfts- und Organisationsstruktur)
- Es besteht die Notwendigkeit, Kapital durch die Ausgabe von jungen Aktien oder durch die Begebung von Anleihen zu beschaffen. Auf dem Management lastet der *Druck, den Börsenkurs des Unternehmens zu steigern*.
- Das Unternehmen hat Probleme, die *Voraussetzungen für eine Kapitalmarktteilnahme* (z. B. Börsennotierung, Schuldverschreibungen) zu erfüllen.
- Es droht eine *feindliche Übernahme*.
- Das Unternehmen ist von *nachteiliger Presseberichterstattung* betroffen.
- Das Unternehmen hat sich auf *ein oder wenige Geschäfte* eingelassen, *die einen wesentlichen Einfluss auf den Abschluss haben*. Das Unternehmen ist in besonderem Maße abhängig von einem oder wenigen Produkten. Es besteht eine Abhängigkeit von wenigen Lieferanten oder Kunden. Ein hoher Anteil der Umsätze wird mit nur einem Geschäftspartner erzielt.
- Das Unternehmen hat *Angst vor scharfer Konkurrenz* oder hat jüngst *wesentliche Kunden verloren*.
- Das Unternehmen befindet sich in einer *starken Expansionsphase* und hat sich kürzlich auf eine *erhebliche Zahl von Akquisitionen* eingelassen. Es existieren viele signifikante, für den AP aber nur *schwer nachvollziehbare Transaktionen*.
- Das Unternehmen tätigt in erheblichem Umfang *Geschäfte mit nahe stehenden Personen, verbundenen Unternehmen* oder mit *Unternehmen in Niedrigsteuerländern*.

- Es gibt wesentliche Transaktionen mit *Unternehmen, die überhaupt nicht oder von einem anderen AP geprüft werden.*
- Die *Organisationsstruktur* ist *übermäßig komplex* mit übertrieben zahlreichen und ungewöhnlichen rechtlichen Einheiten ohne offensichtlichen Geschäftsbezug.
- Es gibt Tochtergesellschaften, Aktivitäten oder wesentliche Bankguthaben in „*Steuerparadiesen*", für die kein klar erkennbarer geschäftlicher Grund besteht.
- *Wesentliche Unternehmensbereiche* befinden sich in *politisch unsicheren Ländern*, die ein anderes Rechtssystem, ein anderes Geschäftsumfeld und eine andere Unternehmenskultur haben.
- *Tochtergesellschaften* und *Joint Ventures* außerhalb des Kerngeschäfts oder in großer räumlicher Entfernung werden *von autokratischen Führungspersönlichkeiten geleitet* und *von der UL nur unzureichend überwacht.*

Kontrollumfeld

- Das Unternehmen hat ein *schwaches Kontrollumfeld*. Das IKS ist mangelhaft; Budgetierung und Berichterstattung sind unangemessen. Bekannte Mängel des Kontrollsystems werden nicht zeitnah durch die UL behoben.
- *Kontrollinstanzen* sind nur *schwer zu identifizieren*. Der Zugang zu Systemen und Dokumenten seitens der Mitarbeiter geht über das für die Ausführung ihrer Arbeit notwendige Maß hinaus. Es bestehen Ineffizienzen im IT-Umfeld.
- Die UL wird *von einer einzigen Person beherrscht*, ohne eine wirksame Überwachung durch den Aufsichtsrat bzw. das Audit Committee.
- Aufsichtsrat bzw. Audit Committee sind *nicht unabhängig* von der UL.
- Es bestehen formelle oder informelle *Beschränkungen hinsichtlich der Kommunikation* zwischen UL und Aufsichtsrat bzw. Audit Committee.
- *Aufsichtsrat* bzw. *Audit Committee* haben *keine ausreichenden Kenntnisse* über die wirtschaftlichen Zusammenhänge sowie über die Kontrollmöglichkeiten zur Vermeidung und Aufdeckung von Verstößen und sind nur in geringem Maße an Fragen der Rechnungslegung und Prüfung interessiert.
- Das Unternehmen wird *zum ersten Mal von dem AP geprüft* (ohne zuvor jemals geprüft worden zu sein bzw. ohne hinreichende Informationen durch den Vorprüfer). Die *Abschlussprüfer wechseln häufig*.
- Die *Interne Revision* ist *wirkungslos*; sie ist nicht unabhängig von den gesetzlichen Vertretern oder wird von diesen in unangemessener Weise beeinflusst (z. B. Bestimmen des Umfangs der Prüfungstätigkeit bzw. Untersagen einer Fokussierung auf besonders risikoreiche Prüffelder).

Unternehmensleitung
- Werte und ethische Grundsätze des Unternehmens werden gar nicht oder nur unzureichend kommuniziert und durchgesetzt bzw. es werden unangemessene Werte und ethische Grundsätze implementiert. Bei der UL besteht nur eine *geringe Moral*.
- Der *Managementstil* ist *dominant* und *aggressiv*. Untergebene werden eingeschüchtert; es wird eine Unternehmenskultur geschaffen, in der „schlechte Neuigkeiten" oder das Verfehlen von Zielvorgaben nicht geduldet werden.
- Auf den oberen Führungsebenen besteht ein *hohes Konfliktpotenzial*. Die *Kündigungsrate* im Management ist *hoch*.
- Nach Beurteilung des AP sind die *fachlichen Fähigkeiten* der UL *gering* oder *mittelmäßig*. Schlüsselpersonen im Unternehmen, die wesentlich an der Abschlusserstellung beteiligt sind, werden vom AP in hohem Maße für unvernünftig oder inkompetent gehalten.
- Das Unternehmen wird *von einer oder von wenigen Personen dominiert*. Das Management beachtet keine Details, geht übermäßige Risiken ein und zeigt eine erhebliche *Geringschätzung* gegenüber Aufsichtsgremien sowie eine signifikante *Respektlosigkeit* gegenüber Behörden.
- Das Management legt übermäßig Wert darauf, Gewinnziele oder andere quantitative Ziele zu erreichen und zeigt ein *übertriebenes persönliches Erfolgsstreben*. Gleichzeitig ist der *variable Anteil der Managementgehälter hoch* bzw. liegt ein übermäßiger Schwerpunkt der Vergütung auf Bonus-Basis.
- In der Vergangenheit wurden *Ergebnisprognosen immer punktgenau getroffen*.
- Die UL übt einen unverhältnismäßig starken *Druck auf die Mitarbeiter der Buchhaltung* aus, den Abschluss innerhalb einer außergewöhnlich kurzen Zeit aufzustellen.
- Die UL ist *nicht bereit*, unterjährig bekannt gewordene *Fehler* in der Buchhaltung zeitnah *zu korrigieren*.
- Es sind *frühere Verstöße* gegen rechnungslegungsrelevante Vorschriften bekannt geworden bzw. es laufen *Verfahren gegen die UL wegen Betrugs*.
- Es gibt *Streitigkeiten zwischen Anteilseignern* in Unternehmen, die nur eine geringe Anzahl von Aktionären haben bzw. zwischen Gesellschaftern in Nicht-Publikumsgesellschaften.
- Die *persönliche finanzielle Situation* von Mitgliedern der UL ist von einer schlechten bzw. einer sich verschlechternden Unternehmenslage *bedroht*, weil von diesen z. B. Anteile am Unternehmen in nennenswertem Umfang gehalten werden oder die entsprechenden Personen persönlich für Schulden des Unternehmens haften.
- Bei Verdacht auf betrügerische Handlungen besteht keine Möglichkeit für Mitarbeiter, sich im Vertrauen zur weiteren Überprüfung an eine neutrale Person (*Ombudsmann*) wenden zu können.

Verhältnis zwischen Unternehmensleitung und Abschlussprüfer

- Das Management *belügt* den AP oder ist bei Prüfungsfragen *übermäßig ausweichend*. Nach der Erfahrung des Prüfers ist das Management zu einem gewissen Grad *unehrlich* oder sogar dem Prüfer gegenüber *feindlich eingestellt*. Aus der Vergangenheit sind bereits betrügerische Handlungen bekannt.
- Das Management hat häufig *Meinungsverschiedenheiten* mit dem AP (vor allem in bezug auf aggressive Anwendung von Rechnungslegungsvorschriften zur Gewinnerhöhung) oder betreibt „*Opinion-Shopping*", d. h. es holt häufig zu Aussagen des Prüfers, die es nicht akzeptieren möchte, Gegenmeinungen ein.
- Die UL stellt *widersprüchliche* oder *nicht zufrieden stellende Prüfungsnachweise* zur Verfügung. Der AP stellt wichtige Sachverhalte fest, die bisher von der UL *verschwiegen* wurden.
- Von der UL wird wiederholt bewusst ein *falscher Ausweis* oder eine *falsche Bewertung* mit dem *Grundsatz der Wesentlichkeit* gerechtfertigt.
- Die UL ist nicht bereit, *Erläuterungen zum Abschluss* mit dem Ziel der Erhöhung der Transparenz zu geben.
- Die UL leistet *Widerstand gegen eine Kontaktaufnahme mit Dritten* (z. B. Banken oder Aufsichtsbehörden).
- Es gibt *Beschwerden* der UL über die *Vorgehensweise bei der Prüfung* oder Mitglieder des Prüfungsteams werden *eingeschüchtert*, insbesondere in Zusammenhang mit der Beurteilung von Prüfungsnachweisen.
- Es kommt zu *ungewöhnlichen Verzögerungen* bei der Bereitstellung der vom Unternehmen angeforderten Unterlagen. Die Informationen werden nur *widerwillig gewährt*.
- Dem AP wird der *Zugang zu IT-Mitarbeitern und -Einrichtungen verwehrt* bzw. der Zugang zu elektronischen Daten, mit denen er Prüfsoftware anwenden kann, nicht gewährt.
- Die UL versucht, *aktiv Einfluss auf den AP auszuüben*, insbesondere hinsichtlich des Umfangs von Prüfungshandlungen oder der Zusammensetzung des Prüfungsteams. Die UL drängt darauf, den *Prüfungsumfang einzuschränken*.
- Der AP wird unter Druck gesetzt, vor allem durch die *Drohung mit Prüferwechsel* bzw. *Honorarkürzung* sowie durch *unzumutbare Termine*. Die Zeitvorgaben für die Durchführung der Prüfung und die Auslieferung des Prüfungsberichts bzw. die Erteilung des Bestätigungsvermerks sind unangemessen und unrealistisch.
- Die UL ist nicht bereit, den vorhergehenden Abschlussprüfer auf Anforderung des AP von der *Verschwiegenheitsverpflichtung* zu befreien.
- Die UL erteilt häufig *lukrative Beratungsaufträge* an den AP. Mitglieder des Prüfungsteams werden von der UL *großzügig behandelt* bzw. *hofiert* (Bewirtung, kleine Geschenke, Abwerbungsangebote) und für gute Leistungen *gelobt*.

Personalpolitik
- Die *Mitarbeiter im Rechnungswesen* sind *unerfahren* oder führen ihre Aufgaben *nachlässig* durch. Sie haben erhebliche *Abneigung gegenüber Autorität*.
- Die *Personalausstattung* ist *unangemessen*: es besteht ein wesentlicher und andauernder Mangel an qualifiziertem Personal im Rechnungswesen.
- Es herrscht eine *hohe* und *unerklärliche Fluktuation* bei den Mitarbeitern des Rechnungswesens, der Internen Revision und des IT-Bereichs.
- Die UL gibt Mitarbeitern *unangemessen aggressive Ziele* vor. Es bestehen unlautere Verkaufsmethoden und überzogene Incentive-Programme.
- Für Mitarbeiter in Schlüsselpositionen sind *keine verpflichtenden Urlaubsregelungen* vorgesehen. Die Führungskräfte nehmen ihren Jahresurlaub kaum in Anspruch, sind ständig präsent und versäumen nie einen Monatsabschluss.

Entwicklung der Geschäftstätigkeit während des Geschäftsjahres
- Das Unternehmen ist trotz *ausgewiesener steigender Gewinne* nicht fähig, einen *positiven Cash flow aus laufender Geschäftstätigkeit* zu erwirtschaften.
- Es gibt *Liquiditätsengpässe* aufgrund von Gewinnrückgängen oder zu schneller Expansion des Unternehmens.
- Es besteht die Notwendigkeit, Gewinnminderungen im operativen Geschäft durch *Sondermaßnahmen* zu kompensieren. Der Anteil der *nicht betrieblichen Erträge* steigt.
- Es gibt *nicht erklärbare Veränderungen* bei betrieblichen *Kennzahlen*. Analytische Prüfungshandlungen führen zu *wesentlichen Abweichungen* von erwarteten Größen.
- Es gibt *wesentliche, ungewöhnliche* und *hochkomplexe Geschäftsvorfälle*, insbesondere am Ende eines Geschäftsjahres, die ggf. eine Verschleierung der wirtschaftlichen Situation des Unternehmens erleichtern. Kurz vor dem Bilanzstichtag werden Korrekturbuchungen mit erheblicher Ergebnisauswirkung vorgenommen (sog. „*year-end adjustments*" bzw. „*top-side entries*").

Unstimmigkeiten bei Buchungsroutinen und Zahlungsvorgängen
- Geschäftsvorfälle werden nur *unvollständig* oder *nicht zeitnah* verbucht bzw. es kommt zu einer *unrichtigen Erfassung* hinsichtlich Betrag, Periode, Ausweis oder der für das Unternehmen gültigen Bilanzierungsrichtlinie.
- Die Buchungen – in der Regel über erhebliche Beträge – erfolgen zu einer *ungewöhnlichen Tageszeit* bzw. *außerhalb der regulären Arbeitszeit* durch Personen, die normalerweise nicht buchen, die einen Phantasie-Benutzernamen verwenden, durch Mitarbeiter der Führungsebene oder des IT-Bereichs auf *nicht sachgerechten, ungewöhnlichen* oder *selten verwendeten Konten*.

- Die Buchungen beinhalten *runde Beträge* oder *gleich bleibende Endnummern*. Es gibt *keinen Buchungstext* oder nur *unzureichende Erläuterungen*. Häufig haben diese Buchungen Auswirkungen auf die Umsatzerlöse. Zu Beginn der folgenden Periode werden sie in der Regel wieder storniert.
- Es fehlt eine *zeitnahe und ausreichende Dokumentation* von Geschäftsvorfällen (z. B. bei Gutschriften für Retouren). Die Buchhaltungsunterlagen sind unvollständig oder unzulänglich.
- Es gibt *Geschäftsvorfälle, für die keine Belege existieren* bzw. *Salden, die nicht bestätigt wurden*. Es bestehen ungewöhnliche Abweichungen zwischen den Debitoren- bzw. Kreditorenkonten des Unternehmens und den Saldenbestätigungen.
- Die Anzahl von Antworten auf Bestätigungsanfragen ist *unerwartet gering*. Durch Bestätigungsanfragen wurden *wesentliche Differenzen aufgedeckt*.
- *Dokumente*, deren Vorhandensein erwartet wird, *fehlen*. Dokumente scheinen *manipuliert* worden zu sein.
- Die Dokumentationen sind *ungewöhnlich*, z. B. wurden Belege handschriftlich geändert oder liegen Belege, die normalerweise elektronisch erzeugt werden, nur in handschriftlicher Form vor.
- Obwohl das Vorhandensein von *Originalbelegen* erwartet wird, stehen nur *Fotokopien* oder *elektronisch übertragene Belege* zur Verfügung.
- Aus *Abstimmarbeiten* und *Überleitungsrechnungen* resultieren *wesentliche ungeklärte Posten*. Inventur- oder Abstimmungsdifferenzen werden nicht angemessen nachverfolgt.
- Es kommt zu *Systemabstürzen der Computer-Informationssysteme* (systembedingt oder scheinbar versehentlich), so dass Prüfungsnachweise nicht hinreichend reproduziert werden können.
- Es gibt *außergewöhnliche Zahlungen* in bar, durch Inhaberschecks oder auf Nummernkonten sowie *Zahlungen ohne angemessenen Nachweis des Zahlungsgrundes*.
- Es werden *Zahlungen an einen Empfänger in einem anderen Land als dem Ursprungsland* von bezogenen Waren und Dienstleistungen getätigt.
- Es werden *Zahlungen für nicht spezifizierte Dienstleistungen oder Darlehen* geleistet an Berater, nahe stehende Personen, Mitarbeiter des Unternehmens oder Mitarbeiter von Behörden.

Das Vorhandensein von Red Flags bedeutet aber nicht zwingend die Existenz von Bilanzdelikten. *Sell* äußert in diesem Zusammenhang auch Kritik an den als Prüfungswerkzeug entwickelten „Warnsignal-Checklisten" bzw. „Red Flags-Questionnaires". So bestehe die Gefahr, dass ausschließlich die in den Checklisten enthaltenen Risikofaktoren und Warnzeichen berücksichtigt und andere, nicht aufgeführte Signale missachtet oder übersehen werden. Auch *Gisler* befürchtet bei der

Verwendung von Checklisten „dysfunktionale Auswirkungen": dadurch würde die „fraud awareness" des Prüfers eher vermindert statt erhöht.[16]

Ein weiteres Problem besteht darin, dass diese Warnzeichen vom Management manipuliert werden können, so dass sich der Prüfer auf scheinbare Red Flags konzentriert und seine Aufmerksamkeit von den tatsächlichen Risiken weg gelenkt wird.

Zusammenfassend kann man sich die drei wesentlichen Aspekte zur Identifizierung von Fraud-Risiken anschaulich anhand des sog. *„Fraud Triangles"*[17] vergegenwärtigen:

- *Anreiz/Druck (incentive/pressure):* Fraudulente Motivation
- *Gelegenheit (opportunity):* Möglichkeit für Fraud
- *Einstellung/Rechtfertigung (attitude/rationalization):* Geringe Moral

Bei Bilanzdelikten liegen diese drei Umstände im Allgemeinen – gleichzeitig – vor:

- Die UL hat einen *Anreiz* (es besteht ein Motiv, d. h. ein Nutzen aus der Tat) oder steht unter *Druck*, die betrügerische Handlung zu begehen.
- Die organisatorischen Verhältnisse im Unternehmen bieten die *Gelegenheit*, den Betrug zu verüben; z. B. sind die Kontrollen unwirksam bzw. fehlen oder die UL hat die Möglichkeit, die Kontrollen zu umgehen (vgl. nur das alte Sprichwort „Gelegenheit macht Diebe").
- Die in die Bilanzdelikte involvierten Personen sind in der Lage, die betrügerischen Handlungen mit ihren persönlichen inneren *Einstellungen* in Einklang zu bringen und vor sich selbst zu *rechtfertigen*. Ihre ethischen Wertvorstellungen erlauben es ihnen, wissentlich und absichtlich unredliche Handlungen vorzunehmen.

In einem Umfeld, das genügend Druck ausübt, können jedoch auch selbst ansonsten ehrliche Personen betrügen. Je größer der Anreiz oder Druck und je günstiger die Gelegenheit, umso wahrscheinlicher ist es, dass eine Person in die Lage versetzt wird, Manipulationen der Rechnungslegung vor sich selbst zu rechtfertigen.[18] Typische Rationalisierungen sind dabei z. B. „Es ist zum Wohl der Firma", „Es steht mir zu", „Es ist nur vorübergehend", „Es ist nicht wesentlich" oder „Die anderen tun es auch alle".

---

[16] Vgl. *Sell* (1999, S. 121 ff.) und *Gisler* (1994, S. 121 f.).
[17] Vgl. ausführlich *Montgomery/Beasley/Menelaides/Palmrose* (2002, S. 63 f.), *KPMG* (2002b), *Knabe/Mika/Müller/Rätsch/Schruff* (2004, S. 1058 f.) und *Schruff* (2005, S. 208 f.).
[18] M.a.W.: „Ist der Boden fruchtbar und wird nicht gejätet, wächst früher oder später Unkraut darauf" (*Knabe/Mika/Müller/Rätsch/Schruff* (2004, S. 1058)).

3.4 Ursachen

3.4.1 Motive für Bilanzmanipulationen

Da die Aktienmärkte nur deutliche, kontinuierliche Gewinnsteigerungen honorieren, überwiegt heute eindeutig die Tendenz, überhöhte Gewinne auszuweisen. Früher hingegen wurden die Ergebnisse eher „schlechtgerechnet", insbesondere um Steuern zu sparen und um Forderungen der Gewerkschaften abzuwehren.

Die folgende Gegenüberstellung zeigt wesentliche Anlässe, um sich besser bzw. schlechter darzustellen als es der Wahrheit entspricht und soll das Spannungsfeld aufzeigen, in dem sich der Bilanzersteller diesbezüglich nach wie vor befindet.[19]

„Sich Reicher Rechnen"	„Sich Ärmer Rechnen"
Vorbereitung eines Verkaufs (Share- oder Asset-Deal): „Braut schmücken"	Steuerminimierung (Senkung der Konzernsteuerquote)
Einbringung eines Teilbetriebs in ein JV bzw. von Anteilen in eine neue gemeinsame Holding	Abfindung eines „lästigen" Gesellschafters (Auseinandersetzungsbilanz)
Abwehrmaßnahme gegen feindliche Übernahmen	Erleichterung von Tarifverhandlungen und Personalabbaumaßnahmen
Besseres Rating	„Clean-Up" („Großreinemachen" bei Wechsel im Vorstand)
Verzögerung des Insolvenzantrags (Vermeidung der Überschuldung)	

Die *Konzernsteuerquote* ist ein gewichteter Durchschnitt der lokalen Ertragsteuersätze aller in den Konsolidierungskreis einbezogenen Gesellschaften. Eine wichtige Stellschraube zu deren Beeinflussung ist – neben der Nutzung von steuerlichen Verlustvorträgen – die Gestaltung der Verrechnungspreise innerhalb des Konzerns. Bezüglich des Gewinnausweises besteht dabei ein Zielkonflikt zwischen Steuerbilanz einerseits und handelsrechtlichem Einzelabschluss bzw. Konzernabschluss andererseits. Verschärft wird dieses Spannungsverhältnis in Deutschland durch den Grundsatz der Maßgeblichkeit der Handelsbilanz für die Steuerbilanz.

In den Fällen von Neubesetzungen der UL wird vom neuen Management regelmäßig ein sog. *„Clean-Up"* vorgenommen. Teil dieser Strategie ist der Ausweis möglichst hoher – vorgezogener bzw. nachzuholender – Aufwendungen, niedriger Erträge (Verschieben laufender Erträge in künftige Perioden) und eine Abschreibung des Goodwill. Häufig werden hohe Restrukturierungsrückstellungen gebildet. Man schafft sich selbst eine glänzende Ausgangsbasis, in dem der letzte

---

[19] Quelle: *Eigene Darstellung*. Zum Erreichen einer Ergebnisglättung sowie zur Demonstration von Sanierungs- bzw. Subventionswürdigkeit wird über die Bildung und Auflösung von stillen Reserven häufig eine Art „Kompromisslösung" angestrebt.

Abschluss, für den man nicht verantwortlich ist, so schlecht wie möglich dargestellt wird. Eine solche Bilanzpolitik widerspricht dem Prinzip des „true and fair view" bzw. der Abbildung der ökonomischen Realität. *Schürmann* illustriert dieses „Big Bath Accounting" am Beispiel *Daimler* und dem Wechsel von Edzard Reuter zu Jürgen Schrempp im Jahre 1995.[20]

3.4.2 Erfolgsdruck auf die Unternehmensleitung: Shareholder Value-Philosophie

Auslöser der Bilanzskandale waren regelmäßig Markteinbrüche im Kerngeschäft der Unternehmen bzw. – im Fall der jungen (High-Tech-) Start-Ups – die nach der ersten Euphoriephase folgende Tendenz zur soliden Betrachtung der Geschäftsmodelle und des Marktgeschehens.[21] Die damit einhergehenden Gewinneinbußen und Kursrückgänge führten zu einem steigenden Druck auf die UL durch unzufriedenen bzw. unruhig werdende Investoren, Gläubiger und Analysten. Um die tatsächlich realisierten Zahlen des Jahresabschlusses an die allgemeinen Hoffungen und Erwartungen zu adaptieren, blieb als „ultima ratio" oftmals nur noch die Manipulation des Rechenwerks. Die Anreize hierzu lieferte aber der Kapitalmarkt selbst.[22] *Tanski* spricht hier von einem „negativen Regelkreis", dessen „Störgröße" die ungünstige Marktentwicklung darstellt.[23]

Es greift somit wohl zu kurz, die Ursachen dieser Entwicklung nur in dem individuellen Fehlverhalten von Top-Managern zu sehen. Man sollte deshalb bei der Kritik an Bilanzbetrug und Korruption nicht stehen bleiben, sondern vielmehr die strukturellen und systemischen Hintergründe beleuchten, die dieses Handeln hervorbringen.[24]

1986 veröffentlichte der Harvard-Professor *Alfred Rappaport* sein Buch „Creating Shareholder Value", in dem er eine Rückbesinnung auf die – seiner Meinung nach vernachlässigten – Interessen der Aktionäre und eine konsequente Ausrichtung allen Denken und Handelns auf die Steigerung des Börsenwertes des Unternehmens forderte.[25] Hierdurch wurde in den USA eine „Shareholder Value-Welle" ausgelöst,

---

[20] Vgl. *Schürmann* (2003, S. 90).
[21] Vgl. die Ausführungen in Kapitel 3.2 sowie *Tanski* (2002, S. 2003).
[22] Vgl. auch *Sablowski* (2003, S. 4): „Wenn die Anforderungen des Kapitalmarkts im operativen Geschäft schwer zu realisieren sind, so gewinnt umso mehr die Rechnungslegung der Unternehmen als Kampffeld (…) an Bedeutung."
[23] Vgl. *Tanski* (2002, S. 2003).
[24] Vgl. ganz so *Warde* in der TAZ vom 09.08.2002 („Die Bruchlandung der Neuen Ökonomie: Zeit der Schurken").
[25] Vgl. Der Spiegel 28/2002 („Gier ohne Grenzen") sowie zu den aktuellen „Auswüchsen" des SHV-Konzepts das *Rappaport*-Interview des Spiegels 30/2002 („Alle folgten der Meute").

die sich seit Beginn der 90er Jahre auch in Deutschland mit großer Euphorie verbreitete. So verwendeten im Jahr 2003 nach einer empirischen Untersuchung von *Aders/Hebertinger/Schaffer/Wiedemann* 97 der DAX-100-Unternehmen SHV-Spitzenkennzahlen, zumal den EVA und den CFROI, zur wertorientierten Unternehmenssteuerung.[26]

Allerdings verselbständigte sich das Konzept von *Rappaport*: anstelle langfristiger nachhaltiger Wertsteigerung rückte die kurzfristige Unternehmensperformance immer mehr in den Mittelpunkt. Erfolg wurde dabei als steigender Aktienkurs definiert.[27]

Von der Schaffung von Unternehmenswert konnte nur die Rede sein, wenn eine bestimmte Mindestkapitalrendite übertroffen wurde (ansonsten lag Wertvernichtung vor). In dem Maße, in dem den Unternehmen dies gelang, trugen sie dazu bei, die Meßlatte immer höher zu schrauben. Es wurde somit eine nach oben offene „Renditespirale" erzeugt.[28]

Der Druck zur Vorlage guter Abschlüsse wuchs permanent: hiervon hingen nicht nur Ansehen und Image, sondern vor allem die Kapitalbeschaffungsmöglichkeiten ab. Hierauf basierten die Ratings der Banken und Ratingagenturen.[29]

Ein gutes Rating wiederum hatte nicht nur einen positiven Einfluss auf den Zinssatz bei Bankkrediten und der Emittierung von Anleihen sowie auf die Konditionen bei Leasing- und Factoringverträgen, sondern vor allem auf den aktuellen Börsenkurs.[30] Diese zunehmende Abhängigkeit der UL von der Entwicklung des Börsenkurses war die eigentliche Ursache der meisten Bilanzskandale.[31]

---

[26] Vgl. *Aders/Hebertinger/Schaffer/Wiedemann* (2003, S. 720).
[27] Vgl. TAZ vom 05.07.2002 („Für ein paar Millionen mehr").
[28] Vgl. *Sablowski* (2003, S. 4).
[29] Vgl. *Wägli* (2003, S. 10). Die Banken reagierten auf die steigende Anzahl von Unternehmensinsolvenzen der letzten Jahre mit verschärften Anforderungen an die Bonitätsprüfung der kreditsuchenden Unternehmen. Als Folge der Neuen Baseler Eigenkapitalvereinbarung („Basel II") müssen die Banken in Zukunft risikoreichere Darlehen mit mehr Eigenkapital unterlegen. Die Banken werden daher in noch verstärktem Umfang die Kreditvergabe sowie die Kreditkonditionen entscheidend von der Bonität ihrer Kunden abhängig machen. Vgl. *Wambach/Rödl* (2001, S. 38, 47). Die Ratingkriterien selbst variieren von Bank zu Bank und von Ratingagentur zu Ratingagentur; insbesondere erfolgt auch eine unterschiedliche Gewichtung der quantitativen und qualitativen Merkmale. Vgl. *Wambach/Rödl* (2001, S. 163).
[30] Für die gerateten Unternehmen sind daher Höher- bzw. Herabstufungen auf der „Notenskala" von großer Bedeutung. Die Versuchung ist deshalb groß, sich besser darzustellen, als es der tatsächlichen Situation entspricht.
[31] Hinzu kam die Liberalisierung bestimmter Branchen, im Zuge derer die Schutzvorkehrungen sukzessive abgebaut sowie die Lenkungsbefugnisse der Behörden eingeschränkt und durch die Selbstregulierung der Märkte ersetzt wurden. Vgl. *Sablowski* (2003, S. 1), der exemplarisch die Deregulierung der Energieversorgung und der Telekommunikation nennt.

Die SHV-Euphorie wich bald einer gewissen Skepsis. Teilweise schlug sie sogar in Verteufelung um:[32] viele Top-Manager missbrauchten den – ursprünglich als Instrument zur Leistungsmotivation gedachten – Anreiz der „share-based payments", um durch Manipulation des Börsenkurses das eigene Einkommen zu maximieren.[33]

Zu diesem Streben nach Optimierung des persönlichen Vorteils – auch über die Grenzen des Zulässigen hinaus – kam bei den meisten „Protagonisten" der Skandalfälle noch das Streben nach Macht, der Drang nach Geltung und der Hunger nach Anerkennung. Ihre Eitelkeit trieb sie zu „großen Leistungen" an. Sie sahen sich als Macher und Katalysatoren des Börsenbooms und genossen ihre Rolle als Medienstars.

Byron zeigt u. a. an den Beispielen Dennis Kozlowski und Albert J. Dunlap („Chainsaw-Al") – die mit ihren Unternehmen *Tyco International* und *Sunbeam* jeweils massive Bilanzskandale auslösten – anschaulich die Fehler und die Charakterschwächen der Top-Manager auf, um diesen anschließend zu mehr Demut, zu weniger Habsucht und zu maßvoller Discretio – wie es z. B. die Führungsgrundsätze der „Regula Benedicti" vorsehen – zu raten.[34]

Durch ihr übersteigertes Selbstinteresse, das bis hin zu Narzissmus und Hybris reichte, und die Fokussierung auf den schnellen Gewinn übersahen die Top-Manager allerdings, dass ein Unternehmen weit mehr ist als nur ein kurzfristig hochgepushtes Zahlengebäude und dass börsenwertorientierte „Schach- und Winkelzüge" zwar vielleicht im Moment den Aktienkurs günstig beeinflussen, langfristig dem Unternehmen aber Schaden zufügen.[35] Sie sind deshalb Täter und Hauptverantwortliche der Bilanzskandale.

---

[32] Die zu aggressiven Bilanzierungsmethoden quasi „verführten" Top-Manager wurden vielfach gar als „Opfer des SHV-Systems" bezeichnet. Häufig wurde daher der Stakeholder-Ansatz als die bessere Alternative propagiert. *Coenenberg* (2003, S. 5 f.) weist allerdings darauf hin, dass ein richtig verstandener SHV in keinem Fall die Interessen von Gläubigern, Mitarbeitern oder Kunden beeinträchtigt. Seiner Meinung nach ist die Steigerung des Unternehmenswertes die einzige Zielsetzung, die einer auf Privateigentum begründeten Marktwirtschaft adäquat ist. Gewinnmaximierung ist dieser wesensimmanent.

[33] Vgl. *Wägli* (2003, S. 10), der in Anlehnung an *Boemle* die Aktienoptionsprogramme („Stock Options") als den eigentlichen Grund der Bilanzskandale ansieht.

[34] Vgl. *Byron* (2004) und auch den Kommentar des HB vom 07.05.2004 („Gefallene Management-Stars").

[35] Vgl. *Bernhardt* (2004a, S. 403).

Kapitel 4: Die Corporate Governance-Diskussion als Reaktion auf die Bilanzskandale

4.1 Gegenmaßnahmen im Bereich der Corporate Governance zur zielführenden Bekämpfung von Bilanzdelikten[1]

4.1.1 Aktionäre / Hauptversammlung

– *Umfassendere Mitwirkungsbefugnisse der Aktionäre bei der strategischen Ausrichtung des Unternehmens*

Nach § 76 I AktG hat der Vorstand einer AG das Unternehmen grundsätzlich weisungsfrei und eigenverantwortlich zu leiten.[2] Bestimmte Geschäftsführungsmaßnahmen greifen allerdings so tief in die Rechte und Interessen der Aktionäre ein, dass er – selbst bei Vorliegen der Genehmigung durch den Aufsichtsrat – als „ordentlicher und gewissenhafter Geschäftsleiter"[3] vernünftigerweise nicht mehr annehmen darf, diese Entscheidungen ohne Zustimmung der HV treffen zu können (sog. „ungeschriebene Zuständigkeit" der HV).[4]

Der BGH hat erstmals im Jahr 1982 in seiner bekannten und seinerzeit revolutionär anmutenden *„Holzmüller-Entscheidung"* festgestellt, dass der Vorstand bei schwerwiegenden Eingriffen nicht nur berechtigt, sondern sogar verpflichtet sein kann, gemäß § 119 II AktG eine Entscheidung der HV herbeizuführen.[5]

---

[1] Bezüglich einer Darstellung der wichtigsten Reforminitiativen, auf die in diesem Kapitel Bezug genommen wird, sei ausdrücklich auf den Anhang (der auch eine überblickartige Zusammenschau sämtlicher Reaktionen auf die jüngeren Bilanzskandale enthält) und die dort zitierte weiterführende Literatur verwiesen.
[2] Vgl. Kapitel 4.1.2 und auch DCGK Tz. 4.1.1.
[3] § 93 I AktG; DCGK Tz. 3.8.
[4] Vgl. *Hinrichs* (2004, S. 6).
[5] In casu ging es um die Ausgliederung eines Seehafenbetriebs auf eine hierzu gegründete Tochtergesellschaft. Der Seehafenbetrieb bildete den wertvollsten Teil des Gesellschaftsvermögens. Vgl. ausführlich *Habersack* (2002, S. I) sowie *Henze* (2002, S. 894 f.).

Gleichfalls anerkannte das Gericht die Befugnis des einzelnen Aktionärs, bei Missachtung der Zuständigkeit der HV von der Gesellschaft Unterlassung bzw. Rückgängigmachung zu verlangen. Der BGH gewährte somit in bestimmten außergewöhnlichen Fällen den Aktionären die Letztentscheidungskompetenz und relativierte dadurch den Grundsatz des § 76 I AktG.

Offen gelassen wurde allerdings die – heute überwiegend bejahte – Frage, ob die Konzern*bildungs*kontrolle des Falles Holzmüller durch eine Konzern*leitungs*kontrolle der HV zu ergänzen ist. Fraglich war zudem, ob auch andere Umstrukturierungsmaßnahmen (z. B. Beteiligungsverkäufe) der HV-Zustimmung bedürfen. Unklar war ferner, ob und welche Schwellenwerte für die zustimmungspflichtigen Maßnahmen gelten. Aufgeworfen wurden z. B. Beträge von 10, 20, 25 oder 50 % des bilanziellen Gesellschaftsvermögens, des Substanzwerts, des Ertragwerts oder auch der Umsatzzahlen.

Die ersten Reaktionen auf das Holzmüller-Urteil waren überwiegend ablehnend: die Rede war von „modischem" und „basisdemokratischem" Denken. Dem BGH wurde attestiert, einen „Holz"-Weg beschritten zu haben.

Dennoch wurde in der Folgezeit in praxi verstärkt die Zustimmung der HV eingeholt, um das Risiko eines potenziellen Verstoßes gegen die Mitwirkungsrechte der HV zu vermeiden. Der Umfang der zustimmungspflichtigen Maßnahmen wurde zunehmend ausgeweitet, der konzernrechtliche Ausgangspunkt der Holzmüller-Entscheidung verlassen. So wird heute z. B. für Entscheidungen über den Börsengang, das freiwillige Delisting, aber auch über Abwehrmaßnahmen gemäß § 33 II WpÜG die Zuständigkeit der HV kaum mehr in Frage gestellt.

Im April 2004 hat der BGH nunmehr in seinen neuen „*Gelatine-Entscheidungen*" einige offene Fragen aus dem Holzmüller-Urteil beantwortet.[6] Danach bestehen ungeschriebene Mitwirkungskompetenzen der HV nur ausnahmsweise und in engen Grenzen. Eine Zustimmung ist bei einer rechtlichen Umstrukturierung der Gesellschaft nur dann erforderlich, wenn diese in ihrer Wirkung einer Satzungsänderung gleich oder zumindest nahe kommt.

Trotz dieser Präzisierung blieb z. B. ungeklärt, ob eine HV-Zustimmung grundsätzlich vor Durchführung der Maßnahme erforderlich ist oder ob eine nachträgliche Genehmigung ausreicht. Ferner wurde nicht klar abgegrenzt, wann eine Umstrukturierungsmaßnahme in ihrer Wirkung einer Satzungsänderung gleichkommt. Der BGH lehnte es außerdem ab, auf umstrittene Schwellenwerte (s. o.) abzustellen.

---

[6] Insgesamt wurde dadurch allerdings die Führungsposition des Vorstands wieder gestärkt, einhergehend mit einem Einflussverlust der Aktionäre. Vgl. *Hinrichs* (2004, S. 7).

In der Praxis besteht somit immer noch große Unsicherheit darüber, welche Entscheidungen des strategischen Managements letztlich der HV vorgelegt werden müssen.[7] Da das in der Aktie verkörperte Anteilseigentum zwar den besonderen Schutz des Art. 14 GG genießt, ein absoluter Bestandsschutz aber letztlich nicht existieren kann,[8] sollte die HV verstärkt Mitwirkungsbefugnisse erhalten.

Intensiviert werden sollte auch der Minderheitenschutz, etwa in Form einer erleichterten Veranlassung von Sonderprüfungen oder ggf. einer weiter vereinfachten Geltendmachung von Haftungsansprüchen gegenüber Vorstand und Aufsichtsrat.

– *Stärkung der Informations- und Auskunftsrechte von Aktionären*

Das Bundesverfassungsgericht sieht das Recht des Aktionärs, Informationen über die Angelegenheiten der Gesellschaft zu erhalten, als sog. „mitgliedschaftliches Grundrecht" an: dieser muss sich ein Bild von dem Unternehmen machen können, damit die Dispositionsfreiheit über sein Anteilseigentum nicht ins Leere läuft. In diesem Sinne sind Transparenz und Informationssymmetrie Grundbausteine eines funktionsfähigen Kapitalmarktes.[9] Die Aktionäre sind zeitnah und gleichmäßig zu informieren – auch mittels moderner Medien wie z. B. dem Internet.[10]

Die Grenzen dieser Informations- und Auskunftspflichten waren in der Vergangenheit Gegenstand mehrerer höchstrichterlicher Entscheidungen:[11]

---

[7] Abgesehen von den aktienrechtlich geregelten grundsätzlichen Rechten und Pflichten der HV wie z. B. der Bestellung des AP und der Anteilseignervertreter im AR, der Entscheidung über die Gewinnverwendung sowie der Entscheidung über die Entlastung von Vorstand und AR. Vgl. § 119 I AktG, DCGK Tz. 2.2.1 und *Peltzer* (2004, S. 120).

[8] So die Rechtsprechung des Bundesverfassungsgerichts; vgl. *Henze* (2002, S. 901).

[9] Vgl. z. B. die Veröffentlichungspflicht des Vorstandes in DCGK Tz. 6.1, der den Rechtsgedanken des § 15 I WpHG – der Regelung der Ad-hoc-Publizität – wiedergibt und Informationsdefizite der Kapitalmarktteilnehmer verhindern soll.

[10] Die „instrumentelle Seite" der Informationsverbreitung behandeln DCGK Tz. 6.4 und 6.8. Da Englisch die Sprache des Kapitalmarktes ist, werden Veröffentlichungen auch in englischer Sprache angeregt. Nach DCGK Tz. 6.7 sollen die Termine der sog. Regelberichterstattung in einem „Finanzkalender" publiziert werden. Die Tagesordnung sowie die gesetzlich für die HV erforderlichen Berichte und Unterlagen sollen auf Verlangen nicht nur an die Aktionäre, sondern auch an in- und ausländische Aktionärsvereinigungen, Finanzdienstleister und Berater übermittelt werden (DCGK Tz. 2.3.1, 2.3.2). Vgl. auch *Peltzer* (2004, S. 122 ff.).

[11] Vgl. ausführlich *Henze* (2002, S. 893 ff.). Teilweise wird vorgeschlagen, dass in Abänderung von § 176 II AktG auch der *AP* verpflichtet wird, den Aktionären auf der HV Auskunft zu erteilen; vgl. *Dörner/Menold/Pfitzer/Oser* (2003, S. 589).

- Im Fall *Hoesch/Hoogovens* befasste sich der BGH mit der Frage, welche Unterlagen der HV bei der Übertragung des gesamten Gesellschaftsvermögens vorzulegen sind, wenn die Verpflichtung zur Übertragung in ein größeres Vertragswerk eingebettet ist. Die notwendige Vorlage an die HV musste sich nach Auffassung des BGH auf sämtliche Vertragsunterlagen erstrecken, deren Kenntnis notwendig war, um in Einschätzung der rechtlichen Tragweite der Vereinbarungen und unter Abwägung aller Vor- und Nachteile verbindlich darüber entscheiden zu können, ob die Übertragung zu diesen Bedingungen vorgenommen werden sollte.
- Im *ABB-Urteil* entschied der BGH, dass Unternehmensverträge in den Geschäftsräumen der AG sowie während der HV zur Einsicht auszulegen bzw. jedem Aktionär auf Verlangen in Abschrift zuzusenden sind. Bei der Abänderung eines solchen Vertrags müssen sowohl die ursprüngliche als auch die geänderte Fassung ausgelegt bzw. auf Verlangen zugesandt werden.
- Entschließt sich der Vorstand, eine an sich in seinen Verantwortungsbereich fallende Maßnahme der HV zur Entscheidung nach § 119 II AktG vorzulegen, muss er ihr nach der *Altana/Milupa-Entscheidung* des BGH auch die erforderlichen Informationen geben, die diese für eine sachgemäße Willensbildung benötigt.
- Bezüglich des Vorhandenseins stiller Reserven besitzt der Vorstand aufgrund der *Scheidemantel II-Entscheidung* des Bundesverfassungsgerichts ein Auskunftsverweigerungsrecht. Das Gericht war der Ansicht, dass sich eine „Politik der gläsernen, aber verschlossenen Taschen" nur schwer durchhalten lasse. Wenngleich die Bildung von stillen Reserven zwar das Ausschüttungsvolumen mindere, so läge dies aber wohl im Interesse derjenigen Aktionäre, für die der Fortbestand des Unternehmens im Vordergrund steht.
Der Vorstand ist somit berechtigt, in bestimmten – in § 131 III AktG abschließend geregelten – Fällen dem Aktionär die begehrte Auskunft zu verweigern. Das Bundesverfassungsgericht sieht in dieser Regelung eine zulässige Beschränkung der Rechte der Anteilseigner.

– *Von der „klassischen" zur „virtuellen" Hauptversammlung*
Die Hauptversammlungen der großen börsennotierten Gesellschaften waren in der Vergangenheit von einer abnehmenden Präsenz geprägt. Zum Teil ist von der sog. „rationalen Apathie" der Aktionäre die Rede. Hauptgrund ist jedoch die Tatsache, dass die Aktien zunehmend von institutionellen Investoren gehalten werden, die sich in Direktgesprächen mit den Unternehmen informieren und für die entsprechend die HV überflüssig ist.[12]

In diesem Zusammenhang wird seit Jahren die Vertretung der Aktionäre in der HV, vor allem das Thema „Depotstimmrecht" nach dem Vorbild des angloamerikanischem „Proxy-Voting", diskutiert. *Peltzer* merkt hierzu an, dass die ideale Stimmrechtsvertretung wohl noch nicht gefunden ist.

Zuletzt wurde vermehrt vorgeschlagen, der zunehmenden Bedeutung der neuen Informations- und Kommunikationsmedien Rechnung zu tragen und die Beteiligung an der HV via Internet, insbesondere die direkte elektronische Stimmrechtsabgabe per Mausklick („E-Voting"), zu ermöglichen.[13]
Der Vorschlag, online Abstimmungsdirektiven erteilen zu können, wurde bislang vor allem deshalb kritisiert, weil es Inbegriff der herkömmlichen HV war, einen Beschluss aus Verhandlungen heraus zu fassen. *Noack* weist allerdings darauf hin, dass eine solche Praxis heute nur noch in Ausnahmefällen der Realität entspricht und es sich dabei eher um eine Fiktion handelt.
Bereits zulässig ist die Mitteilung vorbereitender HV-Unterlagen per E-Mail, die Übermittlung von Gegenanträgen an eine E-Mail-Adresse des Unternehmens, die Veröffentlichung dieser Anträge auf dessen Homepage sowie vor allem die öffentliche Übertragung der HV in Ton und Bild.[14]

Die „Cyber-HV" nimmt somit konkrete Formen an. Die Teilnahme an Informationsempfang, Meinungsaustausch und an der Entscheidung via Internet sollte schon deshalb zum Standard werden, weil in der heutigen Zeit, die gekennzeichnet ist durch einen internationalen Aktionärskreis und zahlreiche Kleinstbeteiligte, eine Investorenzusammenkunft „alten Stils" kaum mehr durchführbar ist.

---

[12] Vgl. *Peltzer* (2004, S. 123 f.).
[13] Vgl. die Anregung in DCGK Tz. 2.3.4. Zum Wandel der HV vgl. *Noack* (2002, S. I), *von Ruckteschell* (2002, S. I) und *Schenk/Leipold* (2004, S. 9).
[14] Vgl. § 118 III AktG. Ferner sieht das UMAG nunmehr vor, dass die Unternehmen zukünftig häufig gestellte Fragen vorab beantworten und als „Frequently asked questions" (FAQ's) im Internet veröffentlichen dürfen. Um die klassische HV zeitlich zu straffen, ermächtigt das Gesetz darüber hinaus den Veranstaltungsleiter, eine angemessene Frage- und Redezeitbegrenzung festzusetzen; vgl. *BMJ* (2004c).

Die traditionelle Saalversammlung wird im Zuge der neueren Entwicklungen zunehmend überflüssig. So sieht *Noack* die klassische HV ohnehin nur noch als „Theater" mit Bewirtung im großen Saal, und auch *Gerke* bemerkt eine gewisse – zu bedauernde – Entwicklung hin zur „Show-Veranstaltung" und zum „medienwirksamen Spektakel".[15]

Es sind alle sich bietenden Chancen auszunutzen, um mittels der modernen Technologien die gebotene Mitwirkung der Eigentümer in der HV sicherzustellen. Die beschriebenen Maßnahmen sind sicherlich dazu geeignet, die Aktionäre wieder stärker für „ihr" Unternehmen zu sensibilisieren, so dass die HV wieder ihrer ureigensten Aufgabe als „power of ultimate control" gerecht werden kann. Gleichwohl besteht Konsens, dass die HV *allein* die Überwachungsfunktion nicht in hinreichend zufrieden stellendem Maße zu gewährleisten vermag.[16]

---

[15] Vgl. *Gerke* (2002, S. 4).
[16] Vgl. *Peemöller* (2000, S. 653).

4.1.2 Unternehmensleitung / Vorstand

– *Detaillierte UL-Geschäftsordnung*
Der Vorstand leitet das Unternehmen in eigener Verantwortung. Die Vorstandsmitglieder sind verpflichtet, die Interessen der Gesellschaft zu wahren und zu fördern sowie den Unternehmenswert nachhaltig zu steigern. Der Vorstand entwickelt die strategische Ausrichtung und sorgt im Unternehmen für die Einhaltung der gesetzlichen Bestimmungen sowie für ein angemessenes RMS.[17]

Neben der Beschreibung dieser allgemeinen Aufgaben und Zuständigkeiten sind in einer hinreichend ausführlichen Geschäftsordnung des Vorstands insbesondere Regelungen zu folgenden Punkten zu treffen:[18]

- Vorstandsvorsitz (Sprecher der UL)
- Geschäftsverteilung und Zusammenarbeit zwischen den Vorstandsmitgliedern
- Entscheidungen des Gesamtvorstands über Fragen von wesentlicher Bedeutung
- Frequenz von Sitzungen oder Besprechungen
- Beschlüsse innerhalb und außerhalb von Sitzungen bzw. sonstigen Zusammenkünften
- Geschäfte mit vorheriger Zustimmungspflicht durch den AR
- Zusammenarbeit mit dem AR

§ 77 II AktG sieht grundsätzlich einen Erlass der Geschäftsordnung durch den AR vor. Liegt keine satzungsmäßige Ermächtigung des AR vor und zieht dieser auch nicht die Kompetenz an sich, kann sich der Vorstand auch selbst eine Geschäftsordnung geben, wobei diesbezüglich ein einstimmiger Beschluss vorliegen muss.[19] Auch die Satzung kann allerdings Einzelfragen der Geschäftsordnung bindend regeln.

Der AR sollte dabei eng mit dem Vorstand zusammenarbeiten. Üblicherweise erstellt der Vorstand den schriftlichen Entwurf, nachdem der AR die Eckpunkte vorgegeben hat. Dieser Entwurf wird dann im AR beraten und endgültig verabschiedet.

---

[17] Vgl. DCGK Tz. 4.1; zur Leitungsverantwortung des Vorstands vgl. ausführlich *Henze* (2000, S. 209 ff.).
[18] Zu einem Muster einer Geschäftsordnung vgl. z. B. *Peltzer* (2004, S. 167 ff.).
[19] Vgl. *Peltzer* (2004, S. 52 f.).

– *Fachliche und persönliche Voraussetzungen*
Angesichts der Fülle der inhaltlichen Pflichten im Rahmen der Unternehmensplanung, -steuerung und -kontrolle müssen die Vorstandsmitglieder höchsten Anforderungen genügen. Nach § 93 I AktG haben sie bei ihrer Geschäftsführung die Sorgfalt eines ordentlichen und gewissenhaften Geschäftsleiters anzuwenden. Hierzu benötigen sie hinreichende *Fach- und Sozialkompetenzen*, auch sollten sie über entsprechende *Berufserfahrung* verfügen.

Dies gilt in verstärktem Maße vor allem für den Vorstandsvorsitzenden: die Analyse der Bilanzskandale zeigt eine extreme Personalisierung des Unternehmensgeschehens. In den untersuchten Fällen wird im Ergebnis die oft zitierte Weisheit „Der Fisch fängt am Kopf zu stinken an" klar bestätigt.

In der Öffentlichkeit werden Firmen überwiegend mit dem „Kopf an der Spitze" identifiziert.[20] Es finden sich immer weniger Gesellschaften, deren Management als Team auftritt und entscheidet. Vielmehr sind Aufgaben und Gewicht zunehmend so verteilt, dass eine starke bis omnipotente Führungsperson das Unternehmen beherrscht bzw. von außen als die allein dominierende Figur wahrgenommen wird.[21]

Ob die Führung durch eine prägende Persönlichkeit oder durch ein Gremium erfolgsversprechender ist, kann nicht eindeutig beantwortet werden. Gerade im Hinblick auf die Vermeidung von Bilanzskandalen ist allerdings das Kollegialprinzip im Vorstand aufgrund der dadurch bedingten gegenseitigen Überwachung effizienter.[22] *Kübler* weist darauf hin, dass in dem Maße, in dem sich der Vorsitzende der Kontrolle durch die übrigen Vorstandsmitglieder zu entziehen vermag, die Verantwortung des AR wächst.

Zudem sind in hierarchisch angelegten Organisationen *feste Altersgrenzen* für das Ausscheiden aus dem Vorstand zu empfehlen: der Führungsnachwuchs, der sich Aufstiegschancen ausrechnet, erhält hierdurch klare Perspektiven und wird somit zusätzlich motiviert.[23]

In börsennotierten deutschen AGs scheint eine Altersgrenze im Allgemeinen keine Schwierigkeiten zu bereiten, da Pensionierungen häufig schon weit vor dem 65. Lebensjahr erfolgen. Anders ist die Situation z. B. in Japan, wo das Senioritätsprinzip gilt und die Weisheit des Alters einen hohen Stellenwert besitzt.

---

[20] Vgl. *Frey* (2004, S. I) und *Kübler* (2002, S. I).
[21] So bemerkt auch *Hein* (2002, S. 502), dass zwischen dem gesetzlichen Bild (§ 78 II AktG, DCGK Tz. 4.2.1) einer kollegialen Unternehmensführung und der Realität in den USA wie in Deutschland eine breite Lücke klafft.
[22] Vgl. *Peltzer* (2004, S. 51 f) sowie *Lanfermann/Maul* (2002, S. 1732).
[23] Vgl. DCGK Tz. 5.1.2 sowie erklärend *Peltzer* (2004, S. 53).

- *Festlegung von angemessenen fixen und variablen Vergütungsbestandteilen in einem ausgewogenen Verhältnis*

Spricht man von einer außerordentlich kritischen Haltung der Aktionäre und der Medien gegenüber den in Deutschland ab etwa 1999 steil angestiegenen Vorstandsbezügen, so ist dies wohl keine Übertreibung.[24]

Die Debatte, bei der der Neidkomplex eine sicher nicht unwesentliche Rolle spielt, kreist vor allem um die Frage, ob die Bezüge der Manager noch leistungsgerecht sind oder ob es sich um „Selbstbedienung" zu Lasten der Aktionäre handelt.[25] Den Vorständen wird eine „enrichissez-vous-Mentalität" vorgeworfen, eine – „greed" genannte – kalte, jedwede andere Erwägung zurückdrängende Geldgier.

Die Analyse der Bilanzskandale zeigt in der Tat eine unverkennbare Tendenz zur Überbewertung monetärer Stimuli, zumeist kann von einer sozialethisch abzulehnenden „money drivenness" gesprochen werden. Die Summe der Gesamtbezüge galt für viele Manager als das Erfolgskriterium schlechthin.

Ins Kreuzfeuer der Kritik geriet vor allem die variable Vergütung:[26] Fakt ist, dass viele Bilanzdelikte eine direkte, unmittelbare Folge dieser „Leistungsentlohnung" sind. Die Top-Manager der Skandalunternehmen erhielten dadurch einen entsprechenden starken Anreiz, das Zahlenmaterial zu manipulieren.

Begünstigt wurden die Vergütungsexzesse in den Publikumsgesellschaften durch die mächtige Position des Vorstands als „Agent" gegenüber den relativ schwachen „Principals", den Aktionären. Hinzu kam die mangelnde Transparenz der oft nur im Personalausschuss des AR festgelegten Gehälter.

Vor diesem Hintergrund erweisen sich die folgenden gesetzlichen Regelungen, Empfehlungen und Anregungen des DCGK als zielführend:[27]

- Die Festlegung der Vorstandsvergütung erfolgt grundsätzlich durch den AR. Künftig soll aber das AR-Plenum als Ganzes – und nicht mehr nur der Personalausschuss – die Struktur des Vergütungssystems bestimmen.

---

[24] Vgl. (auch im Folgenden) *Peltzer* (2004, S. 54 ff.). *Frey* (2004, S. I) stellt allerdings klar, dass die – gleichwohl deutlichen – Zunahmen in Europa noch weniger dramatisch sind als in den USA, wo das Verhältnis der Einkommen von Top-Managern zu denen durchschnittlicher Arbeitnehmer von 25:1 im Jahre 1970 auf heute über 400:1 gestiegen ist.

[25] Vgl. statt vieler *Noack* (2004, S. I).

[26] Gleichwohl gilt diese Vergütungsart nach wie vor als Kennzeichen einer modernen, fortschrittlichen Unternehmung; sie nimmt deshalb einen immer größeren Raum ein. Vgl. *Frey* (2004, S. I).

[27] Vgl. DCGK Tz. 4.2.2 – 4.2.4; illustrierend etwa Der Spiegel 21/2003 („Transparenz für fette Katzen").

- Der AR hat die Gesamtbezüge in einem „angemessenen" Verhältnis zu den *Aufgaben des jeweiligen Vorstandsmitglieds* und zur *Lage der Gesellschaft* festzusetzen.[28] Die Vergütung hat sich zudem wesentlich nach der *individuellen persönlichen Leistung* zu bemessen. Berücksichtigung zu finden hat aber auch die *Teamfähigkeit* des einzelnen Vorstandsmitglieds. Das aktienrechtliche Kriterium der „Lage der Gesellschaft" wird aufgespalten und ergänzt in „wirtschaftliche Lage, Erfolg und Zukunftsaussichten des Unternehmens[29] unter Berücksichtigung seines Vergleichsumfeldes".
- Sämtliche fixe und variable Vergütungsbestandteile müssen für sich und in der Summe angemessen sein.[30] Das Vergütungssystem besteht dabei aus den drei Säulen *Festgehalt, variable Vergütung* und *Komponenten mit langfristiger Anreizwirkung*.
- Das *Festgehalt* stellt im Allgemeinen den unproblematischsten Teil der Gesamtbezüge dar. Eine periodische Prüfung durch den AR ist üblich, eine automatische Anpassung (z. B. eine Indexierung) empfiehlt sich nicht.
- Die *„klassische" variable Vergütung* sollte an das operative Ergebnis des Geschäftsjahres anknüpfen. Bezüglich der Bemessungsgrundlage ist man zu Recht von der Dividende abgerückt. Auch EBIT und EBITDA sollten als Basis ausscheiden. Problematisch ist die Einbeziehung von Gewinnrealisierungen aus der Aufdeckung stiller Reserven. Hier ist zu unterscheiden, ob die UL die Wertsteigerung maßgeblich mit herbeigeführt hat oder ob die Bildung dieser stillen Reserven bereits vor ihrer „Amtszeit" erfolgte.
- Die *Vergütungsbestandteile mit langfristiger Anreizwirkung* sollten nicht nur Chancen, sondern auch Risiken umfassen, um eine größere Parallelität der Interessen zwischen Aktionären und Vorständen zu erreichen. Hierzu zählen neben *eigenen Aktien*[31] vor allem *Aktienoptionen (Stock Options)*[32] und ver-

---

[28] Vgl. § 87 I AktG. Das Aktiengesetz zieht auch Pensionszusagen – die in Einzelfällen (vgl. nur *ABB* in Kapitel 2.2) ebenfalls stark angestiegen sind – in die Angemessenheitsprüfung ein. Bezüglich der Pensionen für ehemalige Vorstandsmitglieder fand sich in den Geschäftsberichten regelmäßig nur eine Gesamtsumme, die Angabe zur Zahl der Anspruchsberechtigten hingegen fehlte.

[29] Vor allem der Neue Markt hat deutlich die Gefahren aufgezeigt, wenn eine Zukunft unterstellt wird, die dann in der Realität nicht stattfindet. Vgl. nur den Fall *Infomatec* in Kap. 2.3.

[30] Bei dem Kriterium der Angemessenheit handelt es sich allerdings um einen unbestimmten Rechtsbegriff.

[31] Bei den sog. *„Aktien der Gesellschaft mit mehrjähriger Veräußerungssperre"*, einem zielgenauen „Motivationsinstrument", ist allerdings die entscheidende Frage – die Dauer der Sperre – offen gelassen. Grundsätzlich gilt: je länger, desto besser; vorgeschlagen wird häufig ein Korridor von 7–10 Jahren.

[32] Vor allem die *Stock Options* – „Kernelement" z. B. des Neuen Marktes – trugen erheblich zur Erhöhung der Gesamtbezüge bei, weil sie als Vergütungskomponente rein additiv hinzutraten. Obwohl sie im Grunde von den bisherigen Gesellschaftern (durch Hinnahme von Kapitalverwässerung) gewährt werden, sind die Aktienoptionen als Personalaufwand zu verbuchen.

gleichbare Gestaltungen (z. B. *Phantom Stocks*)[33], wobei diese auf anspruchsvolle, relevante Vergleichsparameter (z. B. DAX, Branchenindices, Kursentwicklung von Best-Practice-Unternehmen) bezogen sein sollen.
- Für außerordentliche, nicht vorhersehbare Entwicklungen – etwa im Bereich der Aktienoptionspläne – sollen *Begrenzungsmöglichkeiten (Caps)* vorgesehen werden. Trotz prinzipieller Zuständigkeit des AR kann es sich empfehlen, den Aktionären in der Satzung das Recht einzuräumen, Obergrenzen für die jährlichen Gesamtbezüge festzulegen. Eine fixe gesetzliche Gehaltsgrenze wäre hingegen – vor allem angesichts der internationalen Gepflogenheiten und der damit verbundenen Gefahr der Abwanderung von Führungskräften – wenig zielführend. Zudem würde gegen den Grundsatz der Vertragsfreiheit aus § 305 BGB verstoßen werden.[34]
- Die „Grundzüge des Vergütungssystems" sollen „in allgemein verständlicher Form" auf der Internetseite der Gesellschaft, im Geschäftsbericht und auf der HV erläutert werden. Bezüglich der Publizierung der Vorstandsvergütung geht der DCGK somit über § 314 I Nr. 6 HGB hinaus.
- Diese Angaben sollen *individualisiert*, d. h. für jedes Vorstandsmitglied gesondert erfolgen, wobei die einzelnen Vergütungsbestandteile im Konzernanhang getrennt ausgewiesen werden sollen (DCGK 4.2.4).[35]

Im Hinblick auf die Vermeidung von Bilanzskandalen muss zukünftig fixen, nicht durch Manipulationen gestaltbaren Bezügen wieder mehr Gewicht eingeräumt werden. Die Vergütung sollte ganz überwiegend aus einem festen Bestandteil bestehen, damit sich die Top-Manager wieder auf ihre eigentlichen Führungsaufgaben – und nicht auf die künstliche Erhöhung der von ihnen beeinflussbaren Vergütung – konzentrieren.[36] Darüber hinaus sollte die intrinsische Motivation der Mitglieder des Geschäftsführungsorgans und deren Identifikation mit dem Unternehmen gestärkt werden, was durch eine entsprechende Personalauswahl und durch eine wohl verstandene betriebliche Sozialisation erreicht werden kann.

---

[33] Bei den *Phantom Stocks* – sog. „unechten Aktienoptionen" – handelt es sich um zugesagte Barvergütungen, die durch die Kursentwicklung determiniert werden; bilanziell sind für diese zukünftigen ungewissen Leistungen Rückstellungen zu bilden.

[34] Vgl. *Noack* (2004, S. I).

[35] Vor allem diese Empfehlungen zur individuellen Veröffentlichung der Bezüge stießen in der Praxis jedoch auf Ablehnung. Nach einer empirischen Untersuchung von *Oser/Orth/Wader* (2004) hatten z. B. 17 der DAX-30-Unternehmen erklärt, die Vorstandsbezüge künftig nicht individualisiert publizieren zu wollen. Die Vorstellungen in Deutschland waren somit offensichtlich noch sehr von Geheimhaltungsüberlegungen, dem Schutz der Privatsphäre bzw. der „Wagenburg-Mentalität" geprägt. Da dem auf Freiwilligkeit fußenden DCGK in diesem Punkt nur bedingt gefolgt wurde, hat die Bundesregierung nunmehr mit dem „VorstOG" eine verpflichtende gesetzliche Regelung zur Offenlegung der Gehälter auf den Weg gebracht.

[36] Vgl. *Frey* (2004, S. I), der eine Relation fix/variabel von 80:20 für angemessen hält.

– *Formulierung und Implementierung eines unternehmensspezifischen „Code of Ethics"*
Konzerne stehen heute einer kritischen Öffentlichkeit gegenüber: mehr und mehr setzt sich daher – vor allem in der Wissenschaft – die Erkenntnis durch, unternehmensethisches Verhalten „zahle sich aus" und sei – zumindest langfristig – gut für den Unternehmenserfolg.[37]

Um unter Beweis zu stellen, dass moralisches Handeln und Gewinnstreben keine konkurrierenden Zielsetzungen sein müssen, sondern Ethik und Profit vielmehr als komplementär zu sehen sind, kodifizieren Unternehmen zunehmend ihre Werthaltungen als unternehmensspezifische Grundsätze in sog. „Ethik-Kodizes".[38] Bei diesen normativen Richt- bzw. Leitlinien handelt es sich um freiwillige Selbstverpflichtungen, durch die Fehlverhalten verhindert und angemessene Verhaltensweisen gefördert werden sollen.[39] Kernpunkt ist die Beantwortung der Frage, welche Überzeugungen das Unternehmen nach innen und außen vertreten möchte.

Die Initiative zur Erarbeitung und Formulierung eines „Code of Ethics" muss von der UL ausgehen. Folgende Elemente sollten in jedem Fall enthalten sein:[40]

– *Erwartungen, die an ein professionelles Verhalten der Mitarbeiter gestellt werden* (Rechte *und* Pflichten!), insbesondere z. B. bei Interessenskonflikten zwischen persönlichen und betrieblichen Belangen
– *Regelungen zur Verantwortlichkeit der Mitarbeiter* hinsichtlich der Meldung bzw. Offenlegung von ethischem Fehlverhalten und der Äußerung von Bedenken
– *Konsequenzen bei Verletzung der Grundsätze:* Festlegung von konkreten disziplinarischen Maßnahmen abhängig von der Schwere des Fehlverhaltens (mündliche oder schriftliche Abmahnungen, Abhilfe- und Folgemaßnahmen, Entlassungen)

---

[37] Gemäß der Zielsetzung „Mehr Gewinn durch ethisches Handeln". „Ethik lohnt sich auch ökonomisch" heißt es bei *Krelle*. Zitiert u.a. bei *Bernhardt* (2004a, S. 405).

[38] Ob die Unternehmen tatsächlich „moralischer geworden" sind, sei dahingestellt. Vgl. *Lévy* (2004, S. 403).

[39] Zum „Code of Ethics" nach US-amerikanischem SOA vgl. Teil 2 des Anhangs. Auch im deutschen Recht werden ethische Fragen thematisiert: so enthält z. B. der DCGK Regelungen zur Lösung von Interessenskonflikten von Mitgliedern des Vorstands und des AR; vgl. statt vieler *Lanfermann/Maul* (2002, S. 1730) und *Peltzer* (2004, S. 78 ff. und S. 117 ff.).

[40] Vgl. im Folgenden *Strobel* (2001, S. 414 ff.) und *Menzies* (2004, S. 64).

Unternehmensintern sollten die Mitarbeiter in ihren Arbeitsverträgen zur Einhaltung des Kodex vertraglich verpflichtet werden. Um Verständnis und Identifikation zu fördern, muss dieser außerdem – z. B. in Form von Workshops und regelmäßigen Debatten – geschult und kommuniziert werden. Der zentrale Erfolgsfaktor bei der Umsetzung des Ethik-Kodex ist allerdings das Vorleben durch die Mitglieder des Geschäftsführungsorgans.

Um sicherzustellen, dass es sich bei dem Kodex auch um ein „living paper", d. h. um gelebte Alltagspraxis handelt, muss dessen Einhaltung permanent überwacht und Verstöße sanktioniert werden. Auch die oberste Führungsebene muss dabei auf dem Prüfstand stehen. Der Kodex darf aber nicht als Instrument zum „Wertedrill" und zur „Normenindoktrination" verstanden werden. Es muss vor allem die Idee der sichtbar gelebten Werte vorherrschen.

Ein richtig erarbeiteter, umgesetzter und überwachter Ethik-Kodex ist zweifellos ein wichtiges Tool bei der Bekämpfung von Bilanzdelikten:[41] er kann als eine grenzziehende, orientierungsgebende und richtungsweisende Leitlinie die relevanten Werte sichtbar machen und zur Sensibilisierung für ethisches Verhalten sowie zur Vorbeugung gegen Wirtschaftsdelikte beitragen. Zudem sind schriftlich fixierte Normen schwerer zu übertreten als ungeschriebene Regeln, da die „Hemmschwelle" höher liegt.

Insgesamt erfüllt der Ethik-Kodex somit eine bedeutende Funktion, vor allem weil er einen anerkannten Basiskonsens ausdrückt, der als „Verfassung des Unternehmens" Transparenz schafft und eine integrierende Wirkung besitzt.

Staffelbach weist allerdings auch auf die Grenzen eines Ethik-Kodex hin: „Moralische Konflikte können nicht durch Kodizes gelöst werden, sondern nur durch deren Anwender. (…) Kodizes können sittliche Entscheidungen und Handlungen nicht garantieren."[42]

Seine Bewährung erlebt der Kodex spätestens dann, wenn eine bedrohliche Unternehmenskrise eintritt oder dessen Beachtung mit persönlichen Nachteilen verbunden ist. So wurde im Fall *Enron* beispielsweise der eingeführte „Code of Conduct" wieder gänzlich abgeschafft, was eindeutig als Red Flag zu werten war.[43]

Dem Kodex muss vor allem ein funktionierendes IKS im Unternehmen zugrunde liegen. Er sollte zudem mit weiteren flankierenden Maßnahmen kombiniert werden, etwa der Institutionalisierung einer Ethik-Hotline oder eines Ombudsmannes.

---

[41] *Ulrich* fordert ergänzend eine „Personalentwicklung in Richtung einer alltäglich als lebbar erfahrenen Verantwortungskultur". Vgl. *Strobel* (2001, S. 418).
[42] Vgl. *Strobel* (2001, S. 418).
[43] Vgl. Kapitel 2.1.

– *Einrichtung einer Ombudsstelle und Installierung eines „Chief Ethics Officers"*
Mitarbeiter scheuen sich in vielen Fällen aus Angst vor negativen persönlichen Konsequenzen Fraud-Verdachtsmomente ihren Vorgesetzten mitzuteilen. Häufig ignorieren sie deshalb den Verdacht und bleiben untätig. Vor allem für Angestellte aus dem Finanz- und Rechnungswesen, die auf Anweisung des Top-Managements handeln und als ausführende Werkzeuge bei Bilanzdelikten eingeschaltet werden, wäre es wenig sinnvoll, wenn sie dem Vorstand den Betrug vorhalten würden.

Um den Mitarbeitern die Angst vor „Vergeltungsmaßnahmen" zu nehmen, sollte als vertraulicher Ansprechpartner und als zentrale „Anlaufstelle" im Unternehmen ein speziell mit dieser Aufgabe betrauter *Ombudsmann* zur Verfügung stehen.[44]

Dieser nimmt sämtliche Meldungen über mögliche Verfehlungen entgegen, stellt erste Nachforschungen an und teilt bei konkreten Anhaltspunkten und erhärteten Verdachtsmomenten den jeweiligen Sachverhalt – ohne Nennung des Informanten – an eine zuständige Stelle mit, bei der es sich z. B. um den *Chief Ethics Officer* bzw. den *Ethikbeauftragten*, die Interne Revision, die Personalabteilung oder die UL handeln kann. Je nach Art des Verstoßes sollten verschiedene Berichtswege zur Verfügung stehen.

Die Personalabteilung als möglicher Ansprechpartner stellt jedoch keine optimale Lösung dar. Aufgrund deren Loyalität zum Unternehmen könnten Interessenskonflikte bestehen. Dasselbe Problem gilt grundsätzlich auch für Interne Revisoren, die mit dem moralischen Dilemma konfrontiert sind, entweder erhaltene Informationen nicht zum Nachteil des Unternehmens oder bestimmter Personen zu verwenden oder aber „Alarm zu schlagen".

Wichtig ist, dass die Anonymität des Informanten – auch im Fall von weiteren Nachfragen im Zuge der Ermittlungen – gewahrt bleibt und die Mitarbeiter ihre ethischen Konflikte in einem offenen, natürlichen Diskurs besprechen können. Der Ombudsmann sollte deshalb als „Gleichgestellter" wahrgenommen werden.

Zu klären ist ferner, ob dieser ein Unternehmensangehöriger oder ein außenstehender Dritter sein sollte. Einem mit den internen Strukturen und Prozessen vertrauten Mitarbeiter wäre zwar die Einordnung bzw. Überprüfung der an ihn herangetragenen Sachverhalte besser möglich, jedoch bestünde die Gefahr, dass Zweifel an dessen notwendiger unabhängiger und objektiver Stellung aufkommen und dass dieser anfällig für „Druck von oben" wird.

Unter dem Gesichtspunkt des Vertrauensschutzes empfiehlt sich daher eine externe Lösung, etwa in Form der Bestellung eines Rechtsanwalts: dieser – idealerweise mit besonderen Erfahrungen im Strafrecht – wäre in der Lage, ein

---

[44] Der Ombudsmann könnte zudem die Überwachung der Einhaltung des Ethik-Kodex übernehmen. Vgl. *Menzies* (2004, S. 68 f.) und im Folgenden insbesondere *Hoffmann/Sandrock* (2001, S. 433 ff.).

„Ermittlungsverfahren" selbständig durchzuführen. Zudem hätte er in einem späteren gerichtlichen Verfahren ein gesetzliches Zeugnisverweigerungsrecht. Der Fachanwalt würde dadurch als Bindeglied zwischen Arbeitgeber und Arbeitnehmer fungieren. Seine neutrale Stellung käme auch deutlich in der organisatorischen Unabhängigkeit zum Ausdruck.

Gegenüber dem Unternehmen könnte sich der externe anwaltliche Ombudsmann auf ein bei der Bestellung vertraglich vereinbartes Schweigerecht hinsichtlich der Person des Informanten berufen. Eine Aussage vor Gericht wäre nur möglich, wenn zuvor eine Entbindung von der Schweigepflicht durch den Träger des Geheimhaltungsinteresses erfolgt ist.

Durch die Einrichtung einer Ombudsstelle wird den Arbeitnehmern die Möglichkeit gegeben, durch die Meldung von Unregelmäßigkeiten ihr Gewissen zu beruhigen. Davon unberührt bleibt auch die Möglichkeit, sich an den Betriebsrat zu wenden. Dessen frühzeitige und umfassende Information erscheint in jedem Fall sinnvoll. Allerdings sollten alle Mitarbeiter motiviert sein, bei Verdacht auf Fehlverhalten uneingeschränkt zu kooperieren und den Ombudsmann zu informieren, damit der Vorgang einer juristisch einwandfreien Lösung zugeführt werden kann. Die Einrichtung einer Ombudsstelle kann aber nur dann von Erfolg gekrönt sein, sofern die Rückverfolgung der Identität des Informanten – insbesondere bei einer überschaubaren Anzahl an Mitarbeitern des Rechnungswesens – ausgeschlossen ist.

– *Schutz von Informanten („Whistleblower Protection")*
In Deutschland fehlen bislang explizite Gesetzesvorschriften zum „Whistleblowing", wie sie etwa der amerikanische SOA vorsieht.[45] Probleme bei einer Umsetzung des SOA bezüglich des Umgangs mit „Pfeife blasenden" Informanten ergeben sich insbesondere vor dem Hintergrund des deutschen Arbeitsrechts. Zudem scheint in Deutschland noch weitgehend das Motto vorzuherrschen: „Der schlimmste Lump im ganzen Land ist und bleibt der Denunziant".

Vergleichsweise unproblematisch sind arbeitsrechtlich nur *betriebsinterne Beschwerden*. Einschlägig ist hier § 84 BetrVG. Demnach dürfen dem Arbeitnehmer durch die Erhebung einer internen Beschwerde keine Nachteile entstehen. Insbesondere sind deswegen ausgesprochene Kündigungen unwirksam.

Bei *Mitteilungen an Externe* muss eine Abwägung der Grundrechte von Arbeitgeber und Arbeitnehmer erfolgen. Arbeitgeber können die Einschaltung staatlicher Stellen als Vertrauensbruch oder als Verletzung von Betriebsgeheimnis-

---

[45] Vgl. hierzu ausführlich Teil 2 des Anhangs sowie im Folgenden näher *Stein* (2004, S. 1961 ff.).

sen werten. Angeführt werden zudem vertragsimmanente Verschwiegenheitspflichten und Art. 12 GG, nachdem man vom Arbeitnehmer ein gewisses Maß an Rücksicht auf die Geschäftsinteressen verlangen könne. Arbeitnehmer argumentieren mit dem öffentlichen Interesse an einer Strafverfolgung zur Erhaltung des Rechtsfriedens in einem Rechtsstaat. Kritik am Arbeitgeber sei durch Art. 5 GG geschützt.

In der Frage, ob Kritik am Arbeitgeber nach Außen getragen werden darf, sind somit letztlich die Umstände des Einzelfalls entscheidend. Eckpunkte markieren dabei die §§ 138 und 164 StGB. Eindeutig ist die Rechtslage, wenn der Arbeitnehmer zur Strafanzeige gesetzlich verpflichtet ist, etwa zum Schutz der Allgemeinheit oder auch eigener Rechtsgüter. Drohen durch die Anzeige des Arbeitnehmers konkrete, erhebliche Gefahren für Betriebsabläufe oder für die Außenwirkung des Unternehmens, so müssen selbst dann die Reaktionen des Arbeitgebers dem Verhältnismäßigkeitsprinzip entsprechen. In jedem Fall ist zu berücksichtigen, dass nur staatliche Stellen eingeschaltet werden dürfen, die ihrerseits an einen gesetzlichen Auftrag gebunden sind, und keine Information der Presse bzw. Unterrichtung der Öffentlichkeit erfolgen darf.

Früher bestand in Rechtsprechung und Lehre Einigkeit, dass der Arbeitnehmer kraft seiner Treuepflicht gegenüber dem Arbeitgeber alle Mitteilungen an Dritte zu unterlassen habe, die den Ruf des Unternehmens schädigen oder das Erreichen dessen Ziele behindern könnten. Dies sollte selbst für wahre Mitteilungen gelten.

In 2001 stellte das Bundesverfassungsgericht in Abänderung der Rechtsprechung fest, dass eine solche Wahrnehmung staatsbürgerlicher Pflichten grundsätzlich keinen Kündigungsgrund darstellt, es sei denn, es wurden wissentlich unwahre oder leichtfertig falsche Angaben gemacht.

Das BAG ergänzte in seinem Urteil vom 03.07.2004 schließlich diesen „Orientierungsgrundsatz" dadurch, dass die Strafanzeige sich auch nicht als unverhältnismäßige Reaktion auf das Verhalten des Arbeitgebers – etwa einem Handeln aus Rache – darstellen darf. Die Auffassung, einer innerbetrieblichen Klärung gebühre generell Vorrang, lehnte das BAG ab.

Trotzdem sollte Kritik – sofern dem Arbeitgeber die Missstände unbekannt sind und betriebsinterne Zuständigkeits- und Verfahrensregeln vorgesehen sind – zunächst intern vorgebracht werden und die „Flucht in die Öffentlichkeit" nur als „Notausgang" offen bleiben.

Bisherige Erfahrungen – z. B. der Steuerfahndung und der Landeskriminalämter – zeigen, dass es sich bei dem „Anschwärzen" um ein sehr wirksames Tool zur Aufdeckung von Fraud handelt: die Meldungen waren detailliert, überwiegend sachlich und von guter Qualität. Klassische Verleumder waren relativ selten. So sind z. B. beim Landeskriminalamt Niedersachsen nach Einführung einer anonymen Online-

Meldeplattform im Herbst 2003 im Laufe eines halben Jahres 260 Hinweise eingegangen, von denen 173 als „strafrechtlich relevant" eingestuft wurden.[46]

Die große Bedeutung dieser „freien Meinungsäußerung" kann nach den eigenen Analysen der Skandalfälle uneingeschränkt bestätigt werden. Es empfiehlt sich daher, die rechtliche und psychologische „Hemmschwelle" für Whistleblower weiter abzubauen[47] und in den Unternehmen auf Basis von Betriebsvereinbarungen sog. „Incident Management-Systeme" zu entwickeln, bei denen Dissidenten mit qualifizierten und respektierten, die Verschwiegenheit wahrenden Beratern bzw. Ermittlern Kontakt aufnehmen können.

– *Vermeidung von Interessenskonflikten der Vorstandsmitglieder*
– Nach § 88 I AktG und DCGK Tz. 4.3.1 unterliegen Mitglieder des Vorstands während ihrer Tätigkeit für das Unternehmen einem *umfassenden Wettbewerbsverbot:* sie dürfen ohne Einwilligung des Aufsichtsrats weder ein Handelsgewerbe betreiben noch als Organ einer anderen Handelsgesellschaft tätig sein. Ausnahmen in Form von zulässigen Doppelmandaten sind relativ selten. Sie kommen vor allem in Konzernen vor, in dem ein Vorstandsmitglied der Mutter zugleich im Vorstand einer Tochter tätig ist. Zudem sind Geschäfte auf eigene oder fremde Rechnung, die in den Geschäftszweig der AG fallen, verboten.[48]
– *Nebentätigkeiten* wie z. B. die Übernahme von AR-Mandaten außerhalb des Konzerns sollen gemäß DCGK Tz. 4.3.5 nur nach Zustimmung des AR übernommen werden.
– Die *Annahme* oder das *Fordern von Zuwendungen oder sonstigen Vorteilen* in Zusammenhang mit der Vorstandstätigkeit ist als Untreue nach § 266 StGB oder Bestechlichkeit nach § 299 StGB strafbar. Dies gilt auch für die Gewährung von ungerechtfertigten Vorteilen an Dritte, die aktive Bestechung (DCGK Tz. 4.3.2).
– Gemäß DCGK Tz. 4.3.3 verbietet es die Treuepflicht des Vorstandsmitglieds gegenüber der Gesellschaft, bei Entscheidungen *persönliche Interessen* zu verfolgen und Geschäftschancen, die dem Unternehmen zustehen, für sich zu nutzen.

---

[46] Vgl. HB vom 21.04.2004 („Warnpfiffe für Ermittler").
[47] *Gisler* (1994, S. 181) weist auf Forschungsresultate hin, die zeigen, dass die Bereitschaft zum Whistleblowing vor allem vom Grad der moralischen Urteilsfähigkeit des potenziellen Informanten, von dessen organisatorischer Position und von der Art der ihm drohenden „Vergeltungsstrafe" abhängt.
[48] Vgl. erklärend (auch im Folgenden) *Peltzer* (2004, S. 78 ff.). Nicht erfasst wird allerdings das in praxi bedeutsame Wettbewerbsverbot nach Ende der Bestellung als Vorstandsmitglied.

> - DCGK Tz. 4.3.4 fordert, dass alle Geschäfte zwischen Vorstandsmitgliedern bzw. diesen nahe stehenden persönlichen oder juristischen Personen und der Gesellschaft dem „*arm's-lenghts-Prinzip*" standhalten. M.a.W. soll sich die AG so verhalten, als ob auf der anderen Seite ein unabhängiger fremder Dritter stünde bzw. Geschäfte nur zu marktüblichen Konditionen abschließen.
> - Die in § 89 AktG geregelte – bei Zustimmung durch den AR erlaubte – *Kreditgewährung* an Mitglieder des Vorstands sollte äußerst zurückhaltend gehandhabt werden.[49]

Wie die Fallstudien zeigen, ist die weitestmögliche Vermeidung von Interessenskonflikten ein zentraler Ansatzpunkt bei der Bekämpfung von Bilanzdelikten. Notwendige Voraussetzung, um die mit Interessenskonflikten verbundenen Probleme in den Griff zu bekommen, ist zunächst völlige Transparenz: eine lückenlose Offenlegung gegenüber allen Beteiligten, insbesondere die Information des AR und der anderen Vorstandsmitglieder sowie eine Meldung an eine zentrale Stelle im Unternehmen wie z. B. den Ethik- bzw. Corporate Governance-Beauftragten ist zwar noch keine vollständige „Therapie" gegen Interessenskonflikte, entschärft diese aber in erheblichem Maße.

- *Haftungsverschärfung*

Anleger erwarten von den Mitgliedern des Geschäftsführungsorgans einerseits Erfolg in Form von steigenden Aktienkursen, sind aber andererseits vielfach nicht bereit, die damit verbundenen Risiken zu tragen. Wenn Unternehmen insolvent werden oder auch nur erhebliche Kurseinbrüche vorliegen, wird zunehmend versucht, Schuldige in Gestalt der Mitglieder des Vorstands (und des Aufsichtsrats) zu finden und diese persönlich in Anspruch zu nehmen.

Loritz weist darauf hin, dass die persönliche Haftung von Managern in Deutschland bis vor wenigen Jahren noch eher ein Randthema war. Durch die Unternehmenskrisen und Insolvenzen der jüngeren Vergangenheit sowie durch die Bilanzskandale sind die persönlichen Haftungsrisiken für das Management aber rapide gestiegen, da „in angespannter Lage die Chance für Fehler größer ist als in ruhigem Fahrwasser".[50]

Ausfluss dieser Entwicklungstendenz hin zu einer verstärkten Managerhaftung war bereits die Erleichterung der Geltendmachung von Haftungsansprüchen gegenüber Vorstand oder AR durch die Herabsetzung des erforderlichen Aktionärs-

---

[49] Der SOA geht hier weit über das deutsche System hinaus und verbietet die Gewährung fast aller Arten von Darlehen an Board-Mitglieder; vgl. näher Teil 2 des Anhangs.
[50] Vgl. *Loritz* (2002, S. 4) und *Thümmel* (2002, S. 1105).

quorums bei Unredlichkeiten oder groben Pflichtverletzungen im Rahmen des *KonTraG*. Gemäß § 147 III AktG kann gegenwärtig eine Minderheit von Aktionären, deren Anteile zusammen 5 % des Grundkapitals oder 500.000 € erreichen, die Bestellung eines besonderen Vertreters vom Gericht verlangen, wenn der dringende Verdacht besteht, dass der Gesellschaft durch Unredlichkeiten oder grobes Verschulden Schaden zugefügt wurde. Der gerichtlich bestellte Vertreter hat den Ersatzanspruch zugunsten der Gesellschaft geltend zu machen, soweit hinreichend Aussicht auf Erfolg besteht.[51]

Eine wesentliche Haftungsverschärfung erfolgte auch im Jahre 1997 durch die *ARAG/Garmenbeck-Entscheidung* des BGH, wonach der AR zur Geltendmachung von Ansprüchen gegenüber dem Vorstand gezwungen ist, falls Ansprüche der Gesellschaft nach sachgerechter Prüfung erfolgversprechend scheinen. Es genügt ein Brief eines Aktionärs an den AR, damit dieser in die Prüfung eintreten und ggf. Ansprüche durchsetzen muss, wenn er sich nicht selbst einem Haftungsrisiko aussetzen will.[52]

Um die Durchsetzung von zivilrechtlichen Schadensersatzansprüchen der Gesellschaft gegenüber ihren Organen durch eine Aktionärsminderheit weiter zu erleichtern, wurde nunmehr vom Bundestag das *UMAG* verabschiedet.[53] Das – im Vergleich zum KonTraG – erneut abgesenkte erforderliche Quorum soll im Rahmen der Neufassung des § 147 AktG auch für die Einleitung von Sonderprüfungen gelten, die in der Regel erforderlich sind, um die Tatsachen für spätere Haftungsklagen erst festzustellen.

Allerdings regelt auch das UMAG nur die sog. *Innenhaftung*, d. h. die Haftung des Managers gegenüber der Gesellschaft. Der „direkte Zugriff" eines einzelnen Aktionärs auf Vorstandsmitglieder (und Aufsichtsräte) war hingegen bislang nur sehr schwer möglich. Die Ansprüche waren nur in seltenen Fällen durchsetzbar. Wie schwierig es bisher war, Ansprüche der Anleger direkt gegen Manager zur Geltung zu bringen, zeigt etwa der Fall *Infomatec*.[54]

Mit dem *KapInHaG* – das allerdings vorübergehend aufgeschoben wurde – wollen BMF und BMJ nun bei falschen Kapitalmarktinformationen über die VFE-Lage der Gesellschaft auch diese *Außenhaftung* der Manager gegenüber Dritten explizit gesetzlich regeln. Parallel dazu wird durch das *KapMuG* der Rechtsschutz des einzelnen Aktionärs durch eine neue kollektive Rechtsschutzform gestärkt.[55]

---

[51] Vgl. ausführlich *Dahnz* (2002, S. 109 ff.).
[52] Vgl. *Hauschka* (2004a, S. 65) und *Hauschka* (2004b, S. 257).
[53] Vgl. hierzu ausführlich Teil 6 des Anhangs.
[54] Vgl. Kapitel 2.3.
[55] Vgl. *Zypries* (2004, S. I); zu KapInHaG und KapMuG vgl. näher Teil 6 des Anhangs.

Anspruchsgrundlagen für eine persönliche Haftung von Managern können sich de lege lata aus mehreren Rechtsgrundlagen ergeben.

Die *Innenhaftung* ist bei den Kapitalgesellschaften in dem sog. „Sorgfaltsstandard" der §§ 93 AktG und 43 GmbHG gesetzlich geregelt. Die Haftung eines Mitglieds des Vorstands einer AG ist dabei weitergehend als die des Geschäftsführers einer GmbH. Dafür unterliegt letzterer aber einer höheren Weisungsgebundenheit.

Die *Außenhaftung* wird bisher aus allgemeinem deliktischen Handeln heraus begründet: die Ansprüche auf Schadensersatz werden direkt auf § 823 I BGB gestützt. Die gleiche Verpflichtung trifft nach § 823 II BGB denjenigen, der gegen ein den Schutz eines Dritten bezweckendes Gesetz verstößt.[56] Daneben haften Manager persönlich gemäß § 826 BGB gegenüber dem Geschädigten für Schäden, die sie diesem vorsätzlich in einer gegen die guten Sitten verstoßenden Weise zugefügt haben. Zu berücksichtigen ist in diesem Zusammenhang, dass Manager gemäß § 831 BGB auch für das Handeln ihrer Verrichtungsgehilfen schadensersatzpflichtig sind. Allerdings können sie sich in diesem Fall exkulpieren, wenn ihnen der Nachweis gelingt, die Verrichtungsgehilfen sorgfältig ausgewählt und überwacht zu haben. Zusätzlich zu diesen zivilrechtlichen Haftungsrisiken unterliegen Manager der strafrechtlichen Verantwortlichkeit.[57]

Um sich gegen die vielfältigen Haftungsrisiken[58] abzusichern, werden von Vorstandsmitgliedern, Geschäftsführern, Aufsichtsräten und leitenden Angestellten zunehmend sog. *D&O- („Directors and Officers"-) Versicherungen* abgeschlossen.[59] Allerdings bieten diese keinen vollständigen Schutz, da die möglichen Schäden weit höher sein können als die Versicherungssumme, die noch mit einem vertretbaren Prämienaufwand finanziert werden kann. Auch steigen diese – risikoabhängigen – Prämien ständig, so dass sie für manche Unternehmen nicht mehr zu finanzieren sind.

---

[56] Die deutsche Rechtsordnung beinhaltet zahlreiche Schutzgesetze im Sinne dieser Vorschrift; im Kontext der Bilanzdelikte sind neben AktG, GmbHG und dem StGB vor allem das OWiG und das UWG relevant.

[57] Auf wichtige Straftatbestände bei Bilanzdelikten wird in Kap. 4.2.5 gesondert eingegangen.

[58] *Hauschka* (2004b, S. 258 f.) nennt als wesentliche Bereiche, aus denen die hauptsächlichen persönlichen Haftungsrisiken stammen, u. a. gesellschafts- und konzernrechtliche Sachverhalte, Finanzierungen, Risikogeschäfte und Spekulationen, M&A-Aktivitäten (insbesondere Unternehmenskäufe), Geschäfte in der Unternehmenskrise bzw. Insolvenz, Korruptionssachverhalte sowie unbeabsichtigte Schädigungen Dritter durch unbedachte Äußerungen.

[59] Vgl. statt vieler *Peltzer* (2004, S. 50 f.) sowie ausführlich *Schiffer/Rödl/Rott* (2003, S. 178 ff.).

DCGK Tz. 3.8 empfiehlt im Falle des Abschlusses einer D&O-Versicherung einen angemessenen Selbstbehalt des versicherten Organmitglieds zu vereinbaren. Es erscheint sinnvoll, dass die Haftungsrisiken der Manager nicht gänzlich auf eine Haftpflichtversicherung abgewälzt werden können.

Bei bewussten Bilanzdelikten können Top-Manager nicht auf ihre D&O-Police zurückgreifen, da bei Vorsatz und grober Fahrlässigkeit ein Leistungsverweigerungsrecht der Versicherung besteht. Insofern sind zivilrechtliche Haftungsverschärfungen bei der Bekämpfung von Bilanzdelikten wohl ein Schritt in die richtige Richtung.

– *„Bilanzeid" auf den Geschäftsbericht*
Für erhebliches Aufsehen in Deutschland sorgten die neuen amerikanischen Zertifizierungsregeln des SOA, nach denen CEO und CFO im Zuge der Berichterstattung zur eidesstattlichen Bestätigung von Rechnungslegung und IKS verpflichtet sind.[60]

Diese Pflicht – bei falschen Angaben drohen drastische Sanktionen – setzt einen hohen Wissensstand von CEO und CFO voraus, da beiden sämtliche wesentlichen Informationen über die VFE-Lage und das Kontrollsystem selbst bekannt sein müssen. Insgesamt sind damit eine deutliche Steigerung des zivilrechtlichen Haftungsrisikos sowie eine Verschärfung der strafrechtlichen Verantwortlichkeit verbunden. Die Straf- und Bußgeldvorschriften des deutschen Rechts sehen lediglich Geldstrafen oder Freiheitsstrafen von bis zu drei Jahren (§ 331 HGB, § 401 AktG) bzw. von bis zu fünf Jahren – in schweren Fällen bis zu zehn Jahren – (§§ 283, 283a StGB) vor.

Skeptisch bezüglich der hohen Sanktionen des SOA – verurteilte Manager erhalten zudem u. U. ein Berufsverbot – zeigt sich etwa die Schweizer NZZ,[61] vor allem aufgrund der Tatsachen, dass zum einen die Rechnungslegung „keine exakte Wissenschaft" und zum anderen die SEC „ohnehin überlastet" ist. Sie befürchtet deshalb, dass eine seriöse Prüfung der Vielzahl der eingereichten Financial Statements angesichts der bestehenden Ermessensspielräume der US-GAAP zu einem „schwierigen Unterfangen" wird. Die FAZ[62] sieht neben den Sanktionen vor allem den hohen Image-Schaden, der für ein Unternehmen entsteht, wenn zwar ein Schwur geleistet wurde, die Angaben sich aber als unrichtig erweisen. Die Manager

---

[60] Vgl. hierzu ausführlich Teil 2 des Anhangs. Der Umfang der eidesstattlich zu bestätigenden Finanzinformationen geht weit über das in den §§ 242 bis 245 HGB i.V.m. § 264 HGB geforderte Maß hinaus. Zudem ist nach deutschem Recht eine besondere ausdrückliche Bestätigung nicht erforderlich.
[61] „Bilanz-Eid amerikanischer Manager beruhigt Anleger kaum", Artikel vom 15.08.2002.
[62] „Eid auf den Geschäftsbericht", Artikel vom 12.08.2002.

selbst – zumal die CEOs – fürchten weniger die persönliche Haftung als vielmehr den durch das Studium der Berichte erforderlichen enormen Zeitbedarf.[63]

Die Einführung eines „Bilanzeids" in Deutschland stellt sicherlich eine Maßnahme gegen Bilanzdelikte dar, die in die Überlegungen einbezogen werden sollte.

4.1.3 Interne Revision

– *Verbesserung von Governance-Prozessen*
Gute Corporate Governance beruht wesentlich auf der etablierten Firmenkultur und dem richtigen „Tone at the Top".[64] Im Rahmen ihrer „Compliance-Funktion" ist es Aufgabe der Internen Revision, die von der UL u. a. in „Mission Statements" normativ vorgegebenen und kommunizierten Werte und Ziele zu beurteilen sowie den Erhalt dieser Werte und die Zielerreichung im Unternehmen zu überwachen.[65] Der Internen Revision kann deshalb die Prüfung der Einhaltung des Ethik-Kodex übertragen werden. Zudem könnte sie vertrauliche Hinweise und Beschwerden von Mitarbeitern, insbesondere auch Informationen über fragwürdige Buchungsvorgänge und rechtliche Gestaltungen, entgegennehmen und dokumentieren.[66]

– *Verbesserung der Effektivität des Risikomanagements*
Wie im Aufgabengebiet Governance hat sich die Interne Revision auch im Bereich Risikomanagement etabliert: ihr wird eine Katalysatorrolle bei der Implementierung und dem Ausbau des RMS zugeschrieben, wozu Aktiengesellschaften nach § 91 II AktG verpflichtet sind. § 91 II AktG wurde durch das KonTraG in das Aktiengesetz eingefügt und besitzt eine Ausstrahlungswirkung auch auf Unternehmen anderer Rechtsformen. Wenngleich die Vorschrift zwar explizit nur die Einrichtung eines Überwachungssystems fordert, damit den Fortbestand der Gesellschaft gefährdende Entwicklungen früh erkannt werden, so ist ein solches Risikofrüherkennungssystems i. e. S. dennoch stets in ein umfassenderes RMS eingebettet.

---

[63] Vgl. Wirtschaftswoche 12/2003, „Überraschend gelassen".
[64] Vgl. *Studer/Chiomento* (2002, S. 30).
[65] Vgl. *Schweizer* (2004, S. 149) in Anlehnung an das Professional Practices Framework for Internal Auditing des IIA. Zur definitorischen Abgrenzung des Begriffs „Interne Revision" vgl. *Peemöller* in *Förschle/Peemöller* (2004, S. 152 f.) und *Peemöller* (2001, S. 1347). Zum Compliance-Management bzw. zur Sicherstellung des Handelns in Einklang mit den geltenden Rechtsnormen vgl. ausführlich *Hauschka* (2004b, S. 257 ff.) und *Bürkle* (2005, S. 565 ff.).
[66] Vgl. *Buderath* (2004, S. 45, 49 f.).

Ein isolierter Fokus auf die Einrichtung eines Frühwarnsystems erscheint deshalb unzureichend.[67]

Das operative Risikomanagement hat allerdings durch das Risikocontrolling bzw. das Ressort des „Chief Risk Officers" zu erfolgen. Die Interne Revision wirkt lediglich unterstützend bei der Erkennung und Bewertung der wesentlichen Risikopotenziale.[68] Vor allem bei der Ermittlung und Konkretisierung der möglichen unternehmensinternen, führungsprozessbezogenen Risikofaktoren aus dem Bereich Governance/Compliance kann sie jedoch einen wichtigen Beitrag zu einer risikoorientierten Unternehmensführung leisten.[69] Schließlich obliegt ihr auch die fallweise, prozessunabhängige Ad-hoc-Prüfung der Wirksamkeit des RMS und die Berichterstattung über die Qualität der Strukturen und der Arbeit im Risikomanagement.

– *Verbesserung der Steuerungs- und Kontrollsysteme*
Die Interne Revision hat zudem die UL bei der Aufrechterhaltung einer wirksamen Unternehmenssteuerung und -kontrolle zu unterstützen, indem sie insbesondere die Angemessenheit und die Effizienz des IKS bewertet und durch die Identifikation von Schwachstellen sowie die Entwicklung von Lösungsansätzen dessen kontinuierliche Verbesserung fördert.[70]

Eine große Bedeutung kommt der Internen Revision in diesem Zusammenhang etwa bei den sog. „SOA-Readiness-Projekten" zu: der von Sarbanes-Oxley geforderte IKS-Bericht stellt für CEO und CFO eine enorme Herausforderung dar, weil sie kaum in der Lage sein werden, die umfangreiche Prüfung des IKS selbst durchzuführen. Deshalb werden sie diese Aufgabe in aller Regel an die Interne Revision delegieren.[71]

Allerdings muss sich der Revisor einer wesentlichen – grundsätzlichen – Schwachstelle von internen Kontrollen bewusst sein: die fehlende Einbindung der Führungsspitze des Unternehmens. Das Top-Management steht außerhalb bzw. oberhalb des IKS. Aufgrund seiner Autorität, seinen Machtbefugnissen und seiner intimen Systemkenntnis kann es sich der Wirkung interner Kontrollen entziehen.[72]

---

[67] Vgl. *Baumeister/ Freisleben* (2002, S. 13).
[68] Zu einer ausführlichen Beschreibung des gesamten Risikomanagementprozesses von der Festlegung der Risikoziele bis hin zur risikoorientierten Ergebniskontrolle vgl. *Baumeister/Freisleben* (2002, S. 7 ff.). Hinsichtlich der Ausgestaltung eines CRO-Ressorts zur Gewährleistung eines systematischen Umgangs mit Risiken vgl. *Weber* (2002, S. I).
[69] Vgl. *Theisen* (2003, S. 1427) und *Palazzesi/Pfyffer* (2004, S. 10 f.).
[70] Vgl. *Schweizer* (2004, S. 149) sowie *Peemöller* in *Förschle/Peemöller* (2004, S. 157).
[71] Vgl. *Buderath* (2004, S. 46 f.) und *Merkl* (2003, S. 1045). Für *Studer/Chiomento* (2004, S. 34) hat mit dem SOA gar eine „neue Ära" für die Interne Revision begonnen.
[72] Zur bewussten Umgehung bzw. Außerkraftsetzung interner Kontrollen („Management Override") vgl. näher *Gisler* (1994, S. 132 ff.).

Da die Interne Revision in aller Regel in hohem Maße abhängig von der UL ist und auch an diese berichtet, sind ihr bei der Prävention von Bilanzdelikten, denen stets Top Management Fraud zugrunde liegt, gewisse natürliche Grenzen gesetzt. So wurden in den untersuchten Skandalfällen Bilanzmanipulationen auf Anweisung der UL regelmäßig nicht von der Internen Revision aufgegriffen.

– *Unterstellung unter das Audit Committee und Outsourcing von Revisionsleistungen*
Die Interne Revision ist grundsätzlich ein Überwachungsinstrument des Vorstands. Sowohl nach ihrer Aufgabenstellung als auch nach ihren Berichtspflichten hat sie sich deshalb an den Vorgaben der UL zu orientieren.[73]

Aus CG-Gesichtspunkten – vor allem aber zur Vermeidung von Bilanzdelikten – erscheint eine Zuordnung zum Aufsichtsrat, idealerweise zu einem ständigen Prüfungsausschuss dieses Gremiums (dem Audit Committee), sinnvoller. Dadurch würde die Unabhängigkeit und Objektivität der Internen Revision gestärkt und so erst die Voraussetzungen für ein Management Auditing geschaffen. Allerdings wäre dann das Vertrauensverhältnis zur UL erheblich belastet und deren Unterstützung für die über die Geschäftsführungsprüfung hinausgehende Revisionstätigkeit nicht mehr gegeben, was die tägliche Arbeit des Revisors massiv erschweren würde.[74]

Zielführend wäre in diesem Zusammenhang auch die Vergabe von Revisionsaufträgen an professionelle Prüfungsträger außerhalb des Unternehmens, zumindest in Form eines Teiloutsourcings. Neben einer Auslagerung des Management Auditing würde sich etwa auch ein Financial Auditing durch Wirtschaftsprüfer – zur Vermeidung von Abhängigkeiten nicht durch den Jahresabschlussprüfer – sowie ein Operational Auditing durch Unternehmensberater anbieten.[75]

---

[73] Vgl. *Theisen* (2003, S. 1428).
[74] Ganz so *Malik* (2002, S. 227). Zum Management Auditing als „Kernmaßnahme" zur Bekämpfung von Bilanzdelikten vgl. näher Kapitel 4.2.3.
[75] Vgl. *Peemöller/Richter* (2000, S. 67 ff.).

Auch bei der Internen Revision öffnet sich eine Erwartungslücke. So wird im Zusammenhang mit Bilanzdelikten häufig auch die Frage gestellt: „Warum hat die Interne Revision diese Dinge nicht schon längst entdeckt?"[76]

In jedem Fall muss sie daher – gleich ob organisatorisch durch interne oder externe Kräfte durchgeführt – als umfassendes „Business Audit" angelegt sein und so unabhängig von der Qualität des RMS und des IKS in verstärktem Umfang zur Unternehmensüberwachung beitragen: „Die Revision in Zusammenhang mit dem Jahresabschluss genügt nicht. Ihr Zeitintervall ist zu groß, sie ist zu restriktiv und zu kalkulierbar. (…) Schon das Wissen in einer Organisation, dass es eine (interne) Revision gibt, verhindert Missbrauch (…), mag man auch Argumente in Richtung Beschnüffelung, Bespitzelung, Freiheitsrestriktion, „Big Brother" usw. dagegen vorbringen."[77]

Um sich innerhalb des Überwachungsgefüges klar zu positionieren und um das eigene Profil zu schärfen, muss die Interne Revision ihr Tätigkeitsfeld klar von den Aufgabengebieten des Controllings, des Audit Committees und des Abschlussprüfers abgrenzen. Sie darf aber mit diesen nicht konkurrieren, sondern sollte vielmehr eine auf effizienter Kommunikation beruhende konstruktive Zusammenarbeit anstreben.[78] Auf diese Weise kann die Interne Revision wertsteigernd agieren: sie kann entscheidend dazu beitragen, die Geschäftsprozesse zu verbessern und zumindest Employee Fraud aufzudecken bzw. zu verhindern.

---

[76] *Gisler* (1994, S. 61).
[77] *Malik* (2002, S. 225 ff.).
[78] Vgl. *Palazzesi/Pfyffer* (2004, S. 8, 16) und *Schweizer* (2004, S. 149).

4.1.4 Aufsichtsrat

– *Detaillierte AR-Geschäftsordnung*
Die wichtigsten Pflichten des Aufsichtsrats einer AG sind gemäß § 84 AktG die Bestellung und Abberufung des Vorstands sowie gemäß § 111 I AktG die Überwachung der Geschäftsführung.

Hinsichtlich der Bestellung und Abberufung des Vorstands besteht gesetzlich eine Alleinzuständigkeit des AR. In der Praxis wird davon aber gelegentlich abgewichen, die Initiativen gehen nicht immer vom AR aus. Nach DCGK Tz. 5.1.2 soll der AR sogar gemeinsam mit dem Vorstand für eine langfristige Nachfolgeplanung sorgen. DCGK Tz. 5.1.2 fordert ferner, dass bei Erstbestellungen die maximal mögliche Dauer von fünf Jahren nicht die Regel sein sollte.[79]

Die Überwachung der Geschäftsführung ist das notwendige Korrelat zur eigenständigen Verantwortlichkeit des Vorstands für die Geschäftsführung (§ 76 I AktG).[80] In Anlehnung an *Steinmann/Schreyögg* hat sie sowohl als selektive, gerichtete strategische Prämissen- bzw. Durchführungskontrolle als auch in Form einer globalen, ungerichteten Überwachung („strategisches Radar" durch den Aufbau eines organisationsweiten Spektrums von Sensoren) zu erfolgen. An die Stelle einer reinen ex post-Kontrolle tritt eine feedforward-orientierte unternehmerische ex ante-Kontrolle.[81]

Um diese Aufgaben erfüllen zu können, stehen dem AR eine Reihe von Befugnissen zur Verfügung. Zu nennen ist vor allem das Recht auf Berichterstattung durch den Vorstand (§ 90 AktG). Üblicherweise besitzt dieser einen so erheblichen Wissensvorsprung, dass sich der AR eher in einer Außenseiterposition befindet.[82] Gemäß § 111 II AktG besitzt der AR ferner diverse Einsichts- und Prüfungsrechte.

Wenngleich das Aktiengesetz bzw. der DCGK hierzu ausgewogene Regelungen vorsehen, sollten dennoch die Rechte und Pflichten der AR-Mitglieder sowie die Bestimmungen zum Vorsitz, zum stellvertretenden Vorsitz und zur Organisation der AR-Arbeit bzw. der Sitzungen in einer maßgeschneiderten Geschäftsordnung im Detail fixiert werden.[83]

---

[79] *Peltzer* (2004, S. 97) empfiehlt gerade bei Erstbestellungen von außen eine Begrenzung auf zwei bis drei Jahre.
[80] Vgl. DCGK Tz. 5.1.1 sowie *Elsing/Schmidt* (2002, S. 1705).
[81] Vgl. *Bea/Scheurer* (1994, S. 2150 ff.).
[82] Vgl. *Peltzer* (2004, S. 83 ff.).
[83] Vgl. *Peltzer* (2004, S. 91 sowie S. 161 ff.).

Einen verlässlichen „Ordnungsrahmen" stellen auch die Grundsätze ordnungsmäßiger Überwachung (GoÜ) dar, an denen sich der AR zu orientieren hat. Dieser sollte aber auch die Grundsätze ordnungsmäßiger Unternehmensleitung (GoU) berücksichtigen, denn Vorstand und AR verhalten sich wie „Topf und Deckel" zueinander, wie es *Potthoff* anschaulich formuliert hat.[84]

– *Fachliche und persönliche Voraussetzungen*
Die spektakulären Bilanzskandale in Deutschland wurden häufig erst durch die Oberflächlichkeit und das wenig professionelle Verhalten der Aufsichtsräte ermöglicht. Die Missstände in der AR-Praxis, die vielfach Zweifel an der Effizienz des deutschen CG-Systems aufkommen ließen, können zutreffend wie folgt beschrieben werden:
„Großer Name, persönliche Vorlieben, gute Verbindungen – nach diesen Kriterien suchten sich Deutschlands Vorstandsriegen ihre Aufsichtsräte zusammen. (...) Es entstand ein vielschichtiges und mächtiges Old-Boys-Network. Man kennt sich, man schätzt sich, man unterstützt sich. Ernsthafte Kritik war in vielen Gremien Mangelware. Im System der Zweckbündnisse schanzten sich Vorstände und Aufsichtsräte verschiedener Unternehmen gegenseitig begehrte Posten zu, die großen Einfluss sicherten. Manager hielten Mandate im Dutzend, kassierten stattliche Zubrote – ohne viel dafür zu tun." [85]
Es drängt sich daher die Frage nach der notwendigen Qualifikation der AR-Mitglieder auf. Wenn auch die Forderung *Strengers* nach einem speziell ausgebildeten „Berufsaufsichtsrat" – womöglich mit entsprechendem Diplom – nur bedingt sinnvoll erscheint, so kann in Anlehnung an den DCGK doch ein detailliertes Anforderungsprofil an den „idealen AR" definiert werden:[86]

– Mindestkenntnisse allgemeiner, wirtschaftlicher, rechtlicher und organisatorischer Art
Es muss in dem Gremium nicht „jeder alles können". Gleichwohl sind vor allem kaufmännische Kenntnisse und Erfahrungen unentbehrlich, um die Tragweite der Entscheidungen beurteilen zu können. Unabdingbar ist ferner die Kenntnis der gesetzlichen und satzungsmäßigen Aufgaben.

---

84 Vgl. – auch zur Verknüpfung der GoÜ und der GoU – *von Werder* (1999, S. 2221).
85 Wirtschaftswoche 6/2003; vgl. auch *Theisen* (2001). Nach einer Umfrage des Meinungsforschungsinstitutes *Emnid* im Jahr 2004 war jeder fünfte private Aktionär der Ansicht, dass die Aufsichtsräte von deutschen börsennotierten Unternehmen ihre Aufgaben „mangelhaft" oder „ungenügend" erfüllen. Kritisiert wurde dabei vor allem die Ämterhäufung; 81% der Befragten vertraten die Auffassung, dass ein Aufsichtsrat nicht mehr als drei Mandate wahrnehmen dürfe. Vgl. Manager Magazin vom 26.03.2004.
86 Vgl. DCGK Tz. 5.4.1–5.4.5 und im Folgenden *Peltzer* (2004, S. 106 ff.), *Säcker* (2004, S. 1462 ff.), *Schiffer* (2004, S. 7 f.), *Smend* (2005, S. 3 f.) und *Oechsler* (2004, S. 5 f.).

– Strategische Kompetenzen
Oft steht das „Tagesgeschäft", insbesondere der Vergleich der Ist-Zahlen mit dem Budget und dem Vorjahr im Vordergrund. Zur langfristigen Unternehmensplanung sowie zur Beurteilung der Wirtschaftlichkeit und Zweckmäßigkeit von Führungsentscheidungen sind zudem regelmäßige Strategiegespräche zu führen. Hierfür ist ein Verständnis der internationalen Geschäftstätigkeit, der strategischen Positionierung und des Produkt-Markt-Konzepts erforderlich.

– Ausreichende zeitliche Ressourcen und hinreichende Unabhängigkeit
Der AR darf sich nicht auf die Rolle des interessierten Beobachters beschränken. Die eigenen Initiativen müssen über die Teilnahme an den Präsenzsitzungen hinausgehen. Aufgrund des hiermit verbundenen zeitlichen Aufwands dürfen AR-Mitglieder nur eine bestimmte Anzahl von Mandaten wahrnehmen.[87] Potenzielle Interessenskonflikte sind nach Möglichkeit zu vermeiden.

– Altersgrenze
Hier gelten ähnliche Überlegungen wie für den Vorstand. Allerdings wird diese Grenze beim AR aufgrund des abweichenden Anforderungsprofils im Allgemeinen höher angesetzt. Sinnvoll erscheint ein Verbot der (Wieder-) Wahl nach Vollendung des 70. Lebensjahres.

Angesichts der Tatsache, dass in 17 der 30 DAX-Unternehmen ehemalige Vorstände an der Spitze des Aufsichtsrats stehen, wurde zuletzt die Frage der Zulässigkeit früherer Vorstandsmitglieder im AR intensiv diskutiert.

Die jüngsten Beispiele sind Rolf E. Breuer (Deutsche Bank), Albrecht Schmidt (Hypo Vereinsbank), Henning Schulte-Noelle (Allianz), Jürgen Weber (Lufthansa) und Heinrich von Pierer (Siemens). *Theisen* nennt diesen nahtlosen Rollenwechsel eine „personifizierte Katastrophe" und warnt, dass „solche Jobs nicht als prestigeträchtige Ruhesitze für abgehalfterte Chefs missbraucht werden dürfen." *Von Werder* fürchtet den „Automatismus, der sich eingeschlichen hat."[88]

In einer Argumentenbilanz scheinen die gegen eine solche Rochade vom „Lenker zum Kontrolleur" sprechenden Punkte zu überwiegen:[89]

---

[87] § 100 II AktG verbietet die AR-Mitgliedschaft in mehr als zehn Handelsgesellschaften. Nach DCGK Tz. 5.4.5 soll ein Vorstand einer börsennotierten AG insgesamt nicht mehr als fünf AR-Mandate in konzernexternen börsennotierten Gesellschaften wahrnehmen.

[88] Die Zeit 21/2003 („Sie wollen ewig herrschen – Bosse, die nicht loslassen können") und Der Spiegel 20/2003 („In bester Gesellschaft").

[89] Vgl. *Peltzer* (2004, S. 108 f.) und HB vom 26.08.2004 („Grüne drohen mit Gesetz für Aufsichtsräte"). DCGK Tz. 5.4.2 besagt, dass dem AR nicht mehr als zwei ehemalige Vorstände angehören sollen. Im Juni 2005 beschloss die Regierungskommission DCGK als neue Empfehlung zur guten Unternehmensführung und -überwachung, dass ein Wechsel des bisherigen Vorstandsvorsitzenden oder eines Vorstandsmitglieds in den AR-Vorsitz oder in den Vorsitz eines AR-Ausschusses zukünftig „nicht die Regel sein soll". Ist dies dennoch geplant, soll es der HV „besonders begründet" werden (DCGK Tz. 5.4.4).

Argumente für einen Wechsel in den AR	Argumente gegen einen Wechsel in den AR
Nutzung des Insiderwissens des Ex-Vorstands über Unternehmen und Branche	Gefahr des Absegnens der eigenen Fehler: Kontrolle der eigenen früheren Geschäftspolitik
Sicherung der Kontinuität der Unternehmensführung („vorgegebene Leitplanken")	Erschwernis einer Korrektur unternehmerischer Fehlentwicklungen bzw. eines Strategiewechsels
	Verhinderung der Möglichkeit eines Neubeginns bzw. des Aufbrechens verkrusteter Strukturen durch einen Generationswechsel („Altherrenriege Aufsichtsrat")

Nach h. M. ist ein generelles Berufsverbot für Ex-Vorstandsmitglieder im AR durch gesetzliche Regelungen nicht angebracht. Ob ein Wechsel in den AR – zumal in dessen Vorsitz – sinnvoll ist, muss unter Beachtung der jeweiligen Personalsituation und der VFE-Lage des Unternehmens im Einzelfall beurteilt werden. Zur Wahrung der notwendigen kritischen Distanz erscheint aber eine angemessene Wartepause („cooling-off-period") empfehlenswert.

– *Vermeidung von Interessenskonflikten der AR-Mitglieder*
Bei jedem AR können *ad hoc* Interessenskonflikte auftreten. Diese sind sofort offen zu legen; durch eine Nichtteilnahme an der entsprechenden Beratung bzw. Abstimmung kann das Problem in der Regel gelöst werden. Problematischer sind *institutionelle* Interessenskonflikte, die in der Position des AR-Mitglieds als Vertreter eines Großaktionärs, als Kreditgeber oder als Lieferant bzw. Kunde begründet sind. Bei strikter Auslegung der Prämisse der Unabhängigkeit dürften Aufsichtsräte keine Geschäftsbeziehungen mit dem jeweiligen Unternehmen unterhalten.[90]

Berechtigt ist zudem die schon seit langer Zeit erhobene Forderung, simultane Mitgliedschaft in Aufsichtsräten von konkurrierenden Unternehmen gesetzlich zu verbieten.[91] *Peltzer* führt den vielzitierten Fall „Steinkühler" an, in dem die Unternehmen (Daimler-Benz und VW) wesentlich miteinander im Wettbewerb standen. Da in der Praxis die Frage, ab wann Unternehmen miteinander konkurrieren, nicht eindeutig zu beantworten ist, empfiehlt dieser, die Grenze im Zweifelsfalle „weit zu ziehen". Schließlich weist *Schiffer* auf das Dilemma hin, dass AR-Mitglieder zwar nicht aus dem unmittelbaren oder mittelbaren Konkurrenzumfeld kommen dürfen, Branchenkenntnisse aber als Qualitätsmerkmal des AR zwingend erforderlich sind.[92]

---

[90] Vgl. *Beyer* (2004b, S. 10).
[91] Vgl. DCGK Tz. 5.4.2.
[92] Vgl. *Peltzer* (2004, S. 106) sowie *Schiffer* (2004, S. 8).

Aufsichtsrat darf nicht zum Beruf, sondern sollte vielmehr zur ehrenvollen Berufung werden. Hauptberufliche „Vielfachaufsichtsräte" und lobbyistische Multifunktionäre sind nicht zu empfehlen. Benötigt werden vor allem aufrechte, geradlinige, unbequeme, konfliktfähige und konfliktbereite Aufsichtsräte. Das Unternehmen braucht keinen „Schönwetteraufsichtsrat", der sich weitgehend auf die Pflege des harmonischen Verhältnisses zum Vorstand beschränkt.

Der AR sollte auf den Vorstand Druck ausüben und diesem „auf die Füße treten", anstelle sich auf einen „Schmusekurs" einzulassen. Für *Säcker* ist in diesem Zusammenhang eine an den Leitsprüchen „Kontrolle ist gut, Vertrauen ist besser!" und „Reden ist Silber, Schweigen ist Gold!" orientierte AR-Arbeit „auf breiter Front zu beenden".[93] Bloße „Abnicker", die oberflächlich Aktenberge sichten und „flächendeckend" Checklisten abhaken sowie reine „Schau-Aufsichtsräte" sind ebenso ungeeignet wie die sprichwörtlichen „Honoratiorenclubs".[94]

Insofern sind vor allem die Professionalität, die Expertise, das Verantwortungsbewusstsein und die Unabhängigkeit der AR-Mitglieder deutlich zu steigern. *Säcker* befürchtet, dass sonst auch in Zukunft die Antwort des legendären *Abs* auf die Frage, wodurch sich ein Aufsichtsrat und eine Hundehütte unterscheiden, ihre Gültigkeit behalten wird: „Die Hundehütte ist für den Hund, der Aufsichtsrat für die Katz'".[95]

Fachlich qualifizierte und persönlich integre Aufsichtsräte sind der Schlüssel zu einer besseren Kontrolle der Unternehmen. „Family-and-Friends-Gremien", d. h. nahe Angehörige oder enge persönliche Freunde im AR – wie etwa im Fall *Comroad* –, sind abzulehnen.[96] Kann diesem „Reformbedarf" nachgekommen werden, dann ist das deutsche „two tier"-System aus Vorstand und Aufsichtsrat aufgrund seiner Machtbalance dem Board-System wohl überlegen.[97]

– *Vergütung: keine Aktienoptionen für AR-Mitglieder*
Die Vergütung des AR wird durch Beschluss der HV oder in der Satzung und nicht durch den AR selbst festgelegt. Sie soll in einem angemessenen Verhältnis zum Tätigkeitsumfang und zur Verantwortung der AR-Mitglieder sowie zur wirtschaftlichen Lage der Gesellschaft stehen.[98]

§ 113 I AktG allerdings gewährt den AR-Mitgliedern keinen Anspruch auf Vergütung. Das Gesetz bestimmt lediglich, dass eine solche gewährt werden *kann*.

---

[93] Vgl. *Säcker* (2004, S. 1462).
[94] *Schiffer* (2004, S. 7) räumt allerdings ein, dass durch eine „prominente" AR-Besetzung für das Unternehmen positive Marketingeffekte geschaffen werden können.
[95] Vgl. *Säcker* (2004, S. 1464).
[96] Vgl. auch HB vom 08.11.2004 („Freunde im Aufsichtsrat schaffen keine Kontrolle").
[97] Ganz so HB vom 11.06.2004 („Corporate Governance: Zu viele Kontrolleure?").
[98] Vgl. DCGK Tz. 5.4.7.

Es ist aber nahe liegend, dass die AR-Tätigkeit angemessen vergütet werden muss, soll sie qualitativ hochwertig sein.

Der DCGK spricht sich neben der – aus CG-Perspektive unproblematischen – *festen* Vergütung auch für eine *erfolgsorientierte* Vergütung aus.[99] Diese soll auch auf den langfristigen Unternehmenserfolg bezogene Bestandteile enthalten.

Eine *aktienkursbasierte* AR-Vergütung hat der BGH in seinem Urteil vom 16.02.2004 für unzulässig erklärt. Aufsichtsräte dürfen somit künftig keine Stock Options mehr erhalten. Dies gilt sowohl für Optionsprogramme, die mit einer bedingten Kapitalerhöhung, als auch für solche, die mit erworbenen eigenen Aktien der Gesellschaft unterlegt sind. Der BGH hat zudem in einem Obiter dictum deutliche Vorbehalte gegenüber Optionsprogrammen über die Begebung von Wandel- bzw. Optionsanleihen geäußert.[100] Die Aufgabe des AR, den Vorstand zu überwachen, diene nicht der Erreichung geschäftspolitischer Ziele und rechtfertige es daher nicht, den Mitgliedern des AR eine derartige Vergütung zu gewähren.

Auch nach Auffassung des BMJ wird die Überwachung in Frage gestellt, wenn für Aufsichtsräte und Vorstände die gleichen Anreize bei der Vergütung bestehen. Aus Sicht von *von Rosen* hingegen dürfen die Anreizsysteme nicht konfligieren: sowohl Vorstand als auch AR hätten den Aktionärsinteressen zu dienen und sollten eine Steigerung des Unternehmenswertes anstreben, die Kenngrößen zur Bemessung der Vergütung müssten deshalb in die gleiche Richtung zielen.[101]

Die Gesamtbezüge des AR-Gremiums sind nach § 285 Nr. 9 bzw. § 314 Nr. 6 HGB im Anhang bzw. Konzernanhang anzugeben. DCGK Tz. 5.4.7 empfiehlt eine individualisierte und nach den einzelnen Bestandteilen aufgegliederte Publizierung. Die Harvard-Professorin *Cynthia Montgomery* schlägt über die individualisierte Offenlegung der Vergütung hinausgehend vor, dass den Aktionären bei wichtigen Entscheidungen auch die Stimmentscheidungen der einzelnen AR-Mitglieder mitzuteilen wären. Sie fordert insofern eine Abkehr von der bisherigen strikten Vertraulichkeit der AR-Arbeit.[102]

Zu beachten ist, dass durch die Höhe der Bezüge aus einem AR-Mandat im Verhältnis zu den Gesamteinkünften nicht die Unabhängigkeit des AR-Mitglieds beeinträchtigt wird. Hier gelten ähnliche Überlegungen wie beim AP.[103]

---

[99] *Peltzer* (2004, S. 114 f.) empfiehlt eine Überleitungsrechnung unter Anknüpfung an den Jahresüberschuss nach § 275 II HGB, um möglichst nahe an das operative Ergebnis heranzukommen.

[100] Vgl. HB vom 08.04.2004 („Keine Aktienoptionen für Aufsichtsräte"); zu einer ausführlichen Analyse des Urteils vgl. *Bürgers* (2004, S. 3022 ff.) und *Richter* (2004, S. 949 ff.).

[101] Vgl. *von Rosen* (2004, S. I).

[102] Vgl. Die Zeit 21/2003 (Fn. 88).

[103] Vgl. *Peltzer* (2004, S. 113, 116).

– *Einrichtung spezialisierter Ausschüsse, insbesondere eines Audit Committees*
Ein zentrales Problem des AR liegt in Deutschland – bedingt durch die Mitbestimmung – in dessen Übergröße. Ein Gremium mit bis zu 21 Mitgliedern (§ 95 AktG) ist nicht mehr arbeitsfähig.[104]

Da eine Lösung in Form einer Verkleinerung der mitbestimmten Aufsichtsräte derzeit nicht realisierbar erscheint,[105] hat man sich zur Steigerung der Effizienz der AR-Arbeit verstärkt auf die Bildung von kleinen, fachlich qualifizierten Ausschüssen konzentriert. Der DCGK hat diesen Gedanken aufgenommen und regt in Tz. 5.3.3 einen Strategieausschuss, einen Vergütungsausschuss und einen Ausschuss für Investition und Finanzierung an. Denkbar sind grundsätzlich auch Personalausschüsse, sozialpolitische Ausschüsse, technisch-wissenschaftliche Ausschüsse, Marketing- und Vertriebsausschüsse und Kreditausschüsse. Diese können als ständige AR-Ausschüsse oder als Ad-hoc-Ausschüsse für konkrete Projekte und spezielle, komplexe Fragestellungen eingerichtet werden.[106]

In Tz. 5.3.2 des DCGK wird die Einrichtung eines Prüfungsausschusses (Audit Committee) empfohlen. Die häufig vorgenommene Gleichsetzung des (deutschen) Prüfungsausschusses mit dem (anglo-amerikanischen) Audit Committee ist missverständlich, kann zu einem falschen Verständnis der Aufgaben und Kompetenzen führen und sollte deshalb vermieden werden. Das AC stellt einen ständigen Ausschuss des Board of Directors dar. Seine zwingenden (Überwachungs-) Aufgaben sind systembedingt wesentlich weiter gefasst als jene des Prüfungsausschusses deutscher Prägung.[107]

Nach der Umsetzung des Entwurfs der EU-Kommission zur Modernisierung der Prüferrichtlinie vom März 2004 werden prüfungspflichtige Unternehmen des „öffentlichen Interesses" erstmals von Gesetzes wegen zur Einrichtung eines AC gezwungen sein.[108] Eine solche Pflicht ist für deutsche Unternehmen neu. In den USA hingegen sind Audit Committees bereits seit dem Jahr 1978 für alle an der NYSE notierten Gesellschaften obligatorisch.[109]

---

[104] Vgl. *Peltzer* (2004, S. 87, 92). Für *Beyer* (2004b, S. 10) liegt die optimale Größe eines AR – abhängig von den spezifischen Gegebenheiten des Unternehmens – bei einem Kreis von acht bis zwölf Mitgliedern.

[105] Gleichwohl wird Sinn und Zweck der deutschen Mitbestimmung kontrovers diskutiert. Von der Anteilseignerseite wird ins Feld geführt, dass auch die „Arbeitnehmer-Bank" im AR Unternehmenskrisen und Bilanzskandale nicht verhindert hat, obwohl diese „bei allen Entscheidungen dabei war". Vgl. u. a. die Krise bei der *Karstadt Quelle AG* (deren AR aus 21 Personen besteht).

[106] Vgl. *Schiffer* (2004, S. 8).

[107] Vgl. *Coenenberg/Reinhart/Schmitz* (1997, S. 989).

[108] Vgl. auch *Warncke* (2005, S. 97).

[109] Vgl. *Lanfermann/Maul* (2004, S. 3) und *Böckli* (2003, S. 559).

Der Richtlinienvorschlag weist dem AC folgende Aufgaben zu:[110]

- (Ex-ante-) Überwachung des Prozesses der Finanzberichterstattung und der Korrektheit der Rechnungslegung (im Gegensatz z. B. zu einem Ex-post-Enforcement)
- Überwachung der Wirksamkeit des RMS, des IKS und der Internen Revision
- Vorschlag für die Wahl des AP
- Überwachung der gesetzlichen Abschlussprüfung von Einzel- und Konzernabschluss
- Wahrung der Unabhängigkeit des AP, insbesondere Überwachung der Nichtprüfungsleistungen/Beratungsleistungen

Dieser Pflichtenkranz verdeutlicht die Schlüsselstellung, die dem AC als vermittelndes Bindeglied bzw. Koordinationsinstrument („integrative link") zwischen UL, Interner Revision, AP und AR zukommt. Es kann für sämtliche Überwachungsträger nutzbringend sein. Zwingende Voraussetzung hierfür ist allerdings die Unabhängigkeit sämtlicher Mitglieder des AC. Diese bildet erst die Basis für wirkungsvolle Arbeit.

Es ist heute allgemein anerkannt, dass jedes Mitglied zudem „financially literate", d. h. erfahren im Finanzwesen und vertraut mit den Rechnungslegungsstandards sein muss. Der SOA fordert darüber hinaus, dass jedem AC mindestens ein Finanzexperte („accounting and auditing expert") angehören soll.[111]

Das AC entwickelt sich – gerade auch aufgrund der hohen Anforderungen an seine Mitglieder – weg von einem bloßen Ausschuss hin zu einer „Expertenkommission". Es wird zum Teil sogar bereits als „Generalgarant" der Rechnungslegung verstanden. Hierin liegt die Gefahr einer neuen „Expectation Gap" begründet: es werden Erwartungen geweckt, die wohl nicht erfüllt werden können. Deshalb ist vor einer Überforderung der AC-Mitglieder zu warnen und es sind die folgenden Grenzen eines AC zu beachten:[112]

- Das AC darf sich nicht proaktiv in das operative Accounting einschalten. Insbesondere darf es auf keinen Fall ex ante Entscheidungen der Geschäftsführung genehmigen und z. B. „aggressive accounting practices" im Voraus absegnen. („Das AC führt nicht!")

---

[110] Zum Vorschlag einer neuen EU-Prüferrichtlinie vgl. Teil 5 des Anhangs sowie *Lanfermann* (2004, S. 609 ff.).
[111] Zum Anforderungsprofil eines „financial expert" vgl. ausführlich *Luttermann* (2003, S. 746 ff.).
[112] Vgl. *Böckli* (2003, S. 567 ff.).

– Die externe Prüfung ist Aufgabe des AP. Auch die Interne Revision darf nicht dem AC übertragen werden – es ist keine firmeninterne Untersuchungskommission. Das AC überwacht die Compliance, besorgt diese aber nicht selbst. („Das AC prüft nicht!")
– Je besser das AC arbeitet, desto mehr führt dies zu einer inneren Emigration der übrigen Aufsichtsräte, die sich auf das AC verlassen und sich kein eigenständiges Bild des Abschlusses mehr machen (sog. „Leaning Back Syndrome"/ „LBS-Krankheit").
– Die Arbeit des AC kann nur vorbereitenden Charakter haben. Die abschließende Prüfung von Jahresabschluss, Lagebericht und Gewinnverwendungsvorschlag sowie die Billigung des Abschlusses obliegt dem AR als Plenum (§ 107 III i. V. m. § 171 AktG).

Eine zu starke Verlagerung der Arbeit in Ausschüsse birgt erhebliche Gefahren: der AR wird durch eine solche Arbeitsdelegation aufgeteilt und segmentiert, es entstehen verschiedene „Klassen" von AR-Mitgliedern, und die jeweiligen Ausschussmitglieder sind erheblich besser informiert als die Nicht-Ausschussmitglieder. Hierunter leiden zwangsläufig die Gesamtverantwortung und der „esprit de corps".[113] Es gilt daher, die Anzahl der Ausschüsse überschaubar zu halten und eine optimale Verteilung der Arbeit auf die Ausschüsse und das Plenum zu finden.

– *Haftungsverschärfung*

In den letzten Jahren haben sich die Haftungsrisiken im Unternehmensbereich zulasten der Organmitglieder deutlich verschärft. Auf die gestiegene Anspruchsmentalität der Geschädigten wurde bereits hingewiesen.

Eine weitere – austarierte – Ausweitung der Haftung erscheint richtig. Empfohlen wird jedoch, dass diese Haftung begrenzt („gedeckelt") wird. Nicht unerwähnt bleiben soll an dieser Stelle aber die alte „Praktikerweisheit" von *H. J. Abs*: „Es ist leichter, ein eingeseiftes Schwein am Schwanz festzuhalten, als einen Aufsichtsrat in die Haftung zu nehmen." Vor dem Hintergrund der aktuellen Entwicklungen ist diese Aussage allerdings wohl zumindest teilweise zu revidieren.

Eine Haftung des Aufsichtsrats ist – analog zu § 93 AktG für den Vorstand einer AG und § 43 GmbHG für den GmbH-Geschäftsführer – nach § 116 AktG in der allgemeinen Sorgfaltspflicht begründet. Es sei deshalb an dieser Stelle auf die Ausführungen in Kapitel 4.1.2 verwiesen. Eine Verletzung des DCGK kann nicht

---

[113] Vgl. *Peltzer* (2004, S. 83, 93), für den sich ein echter „Korpsgeist" im AR aber schon deshalb nicht entwickeln kann, weil sich zum einen aufgrund der Mitbestimmung in Deutschland Anteilseigner- und Arbeitnehmervertreter gegenüberstehen und zum anderen das Gremium zu selten – im Allgemeinen viermal im Jahr – zusammenkommt.

haftungsbegründend wirken; zur Beurteilung der Sorgfaltspflicht kann dieser aber herangezogen werden.[114]

Bei Verstößen des AC haften Nicht-Ausschussmitglieder nur bei einer fehlerhaften Auswahl oder wegen nicht sorgfältiger Überwachung des Ausschusses. Die Konkretisierung der Aufgaben des AC durch den Richtlinienvorschlag der EU bedingt nicht zwingend eine Haftungsverschärfung.

Intensiv diskutiert wird die haftungsrechtliche Stellung des „financial expert." Grundsätzlich haftet der Finanzexperte wie jedes andere AR-Mitglied. Eine verschärfte Haftung wäre wohl nicht angebracht, weil sie eine kontraproduktive Wirkung („adversely effect") auf die angestrebte Steigerung der Qualität der Rechnungslegung haben würde: trotz D&O-Policen würden sich vermutlich nur noch wenige Finanzexperten zur Verfügung stellen. Die SEC schließt daher im Sinne eines „safe harbor" eine ausgeweitete Sorgfaltspflicht („due diligence") und Haftung des „Audit Committee financial expert" aus.[115]

– *Effizienzprüfung*
Der DCGK empfiehlt in Tz. 5.6, dass der AR regelmäßig die Effizienz seiner Tätigkeit überprüfen soll. Derzeit werden jedoch nur in 1 % der deutschen AR-Gremien solche Prüfungen durchgeführt. In den entsprechenden Gremien Frankreichs und Großbritanniens sind es hingegen 23 bzw. 52 %.[116]
Die Evaluationsverfahren könnten z. B. die Bereiche Teamdynamik, Diskussionskultur und Effektivität der Kommunikation bzw. des Informationsflusses, aber auch die Sachkenntnis und das Engagement der einzelnen AR-Mitglieder umfassen.
Eine solche Selbstevaluierung – ggf. mit Unterstützung externer Personalberatungsgesellschaften – erscheint grundsätzlich sinnvoll.[117] Aufgrund der damit verbundenen Schwierigkeiten – der AR wird gewissermaßen zum „Richter in eigener Sache" – ist allerdings zu überlegen, ob nicht ein Peer Review für Aufsichtsräte analog zur externen Qualitätskontrolle beim AP zielführender wäre.[118]

---

[114] Zur AR-Haftung vgl. näher *Schiffer* (2004, S. 8) und *Lanfermann/Maul* (2004, S. 4).
[115] Vgl. *Luttermann* (2003, S. 748).
[116] Vgl. *Beyer* (2004b, S. 10).
[117] Anders *Bernhardt* (2004b, S. 458), der jegliche AR-Evaluierung ablehnt: „Aufsichtsräte in Klassenzimmern und auf Schulbänken oder Ratings für Aufsichtsräte mögen eine gut gemeinte Vorstellung sein, aber gut gemeint ist nicht immer gut getan. (…) TÜV-Plaketten für Aufsichtsräte kann es nicht geben." Auch *Peltzer* (2004, S. 119) betont, dass eine solche Beurteilung des AR mit wenig greifbaren Parametern eine komplexe Tätigkeit ist.
[118] Vgl. *Peemöller* (2003a, S. I).

4.1.5 Abschlussprüfer

– *Stärkung der Aus- und Fortbildung*
Um ein hohes Leistungsniveau in der Berufsausübung zu gewährleisten und die großen Erwartungen an den Berufsstand der Wirtschaftsprüfer zu erfüllen – vor allem aber auch, um im Kampf gegen Bilanzdelikte gerüstet zu sein – ist eine qualitativ hochwertige *Ausbildung* Grundvoraussetzung.[119]

Dabei sollte bereits das *wirtschaftswissenschaftliche Studium* verstärkt praxisorientiert ausgerichtet werden. Zu denken wäre etwa an Pflichtpraktika, Praktikerseminare bzw. -gastvorlesungen, Workshops, Exkursionen, Firmenbesichtigungen und den Einsatz von Planspielen bzw. Case Studies (Lernen an realen Fällen).[120]

Während der *Praxiszeit* von drei bzw. vier Jahren müsste die Gelegenheit bestehen, bei Abschluss- und Sonderprüfungen von Unternehmen aus unterschiedlichen Branchen möglichst alle relevanten Prüfungsgebiete selbständig zu bearbeiten und durch „Training on the job" umfassende Erfahrungen zu sammeln.

Mit der 5. WPO-Novelle wurden die Zugangswege zum *WP-Examen* modifiziert, die Anerkennung von Studienleistungen geregelt sowie die Prüfungsinhalte gestrafft, an die aktuellen Entwicklungen angepasst und auf die Kernkompetenzen des Wirtschaftsprüfers bzw. die Anforderungen der Praxis fokussiert:[121]

– Das Prüfungsfach „Betriebswirtschaft/Volkswirtschaft" wird umgewandelt in „Angewandte BWL/VWL". Die Allgemeine BWL entfällt ebenso wie branchenspezifische Kenntnisse und die Teilbereiche Arbeits- und Wettbewerbsrecht.
– Neu in den Fächerkanon aufgenommen werden Internationale Rechnungslegung, IT, Risikofrüherkennungssysteme und Europarecht.
– Das wirtschaftliche Prüfungswesen wird um die Unternehmensbewertung (Verlagerung von der BWL), die Jahresabschlussanalyse und das Berufsrecht erweitert.

---

[119] Vgl. *Peemöller* in *Förschle/Peemöller* (2004, S. 769). Aus der Sicht von *Nonnenmacher* (2003, S. 479) sind insbesondere Kenntnisse über die IAS/IFRS und das prüferische Vorgehen zur Aufdeckung betrügerischer Handlungen i. S. d. IDW PS 210 zu vermitteln. *Peemöller/Förschle* (2004) betonen zudem die neuen Entwicklungen bezüglich des RMS und kapitalmarkttheoretische Kenntnisse.

[120] Eine stärkere Verzahnung der theoretischen Inhalte des Studiums mit der Praxis fordern übereinstimmend auch *Behr* (2004, S. 195), *Kämpfer* in Stellungnahme zu *Siegel/Rückle/Sigloch* (2001, S. 1087) und *Lück/Bungartz/Henke* (2002, S. 1088). Letztere weisen darüber hinaus auf die Bedeutung der Internationalisierung der universitären Ausbildung (Auslandsaufenthalte, interkulturelle Erfahrung, exzellente Sprachkenntnisse) hin.

[121] Vgl. im Folgenden *Peemöller* in *Förschle/Peemöller* (2004, S. 771).

Basisziel der Reform war die Aufrechterhaltung des bisherigen Qualitätsstandards; es sollte nicht die Möglichkeit eines „WP light" geschaffen werden. Zum Teil wurde allerdings die Befürchtung geäußert, man wolle durch eine Absenkung der strengen Anforderungen an den Berufszugang und eine Reduzierung der Ausbildungszeit die Attraktivität des Berufs steigern.

Im Bereich der *berufsbegleitenden Weiterbildung* sollte neben dem notwendigen Studium der aktuellen Literatur die kontinuierliche Teilnahme an Fortbildungsveranstaltungen mit einem bestimmten Mindeststundenvolumen – weit mehr als 40 Stunden pro Jahr – obligatorisch sein. Das Konzept der „Continuing Professional Education" (CPE) in den USA sieht hierbei die verpflichtende Erfüllung der sog. „4 Ups" vor:[122]

- *„Catch-up":* hinsichtlich der Kenntnisse, die für eine qualifizierte Berufsausübung erforderlich sind, die aber durch die bisherige Ausbildung nicht vermittelt werden konnten, müssen vorhandene Wissenslücken geschlossen werden.
- *„Brush-up":* um Vergessenskurveneffekten entgegenzuwirken, muss das notwendige Grundlagenwissen („basics") erhalten und laufend aufgefrischt werden.
- *„Keep-up":* die neuesten Entwicklungen in Rechnungslegung und Prüfung müssen vermittelt und diskutiert werden.
- *„Move-up":* der AP muss auf sich abzeichnende Veränderungen vorbereitet werden.

- *Einführung einer Honorarordnung*

Die Regelung einer angemessenen Vergütung des AP erscheint als zentraler Ansatzpunkt bei der Bekämpfung von Bilanzdelikten: gute Arbeit ist nicht für wenig Geld zu haben, eine qualitativ hochwertige Prüfung hat ihren Preis.[123] Höhere Honorare sind allerdings am Markt gegenwärtig nicht durchsetzbar, im Gegenteil: zwischen den WP-Gesellschaften findet ein nicht mehr zu verantwortender Preiswettbewerb statt. Dies ist ein interessantes Phänomen, da die Wettbewerbstheorie davon ausgeht, dass in oligopolistischen Märkten wie dem Prüfungsmarkt die Preise steigend bzw. zumindest nicht fallend sind.[124] Die bisherigen Prüfer werden stattdessen bei Neuausschreibungen von Mandaten regelmäßig durch geringere Honorare anderer Prüfer unterboten (sog. „Low-Balling"), Abschlussprüfungen

---

[122] Vgl. *Lück/Bungartz/Henke* (2002, S. 1089).
[123] Vgl. *Peemöller/Förschle* (2004) und *Nonnenmacher* (2003, S. 479).
[124] Vgl. *Dörner/Menold/Pfitzer/Oser* (2003, S. 588).

häufig nicht mehr kostendeckend durchgeführt. Vor allem bei Flughäfen, Messegesellschaften, Stiftungen und öffentlichen Auftraggebern werden Prüfungsaufträge zu nicht auskömmlichen Honoraren angenommen.[125]

Da der Honorarverfall unbestritten zu einem Verlust an Prüfungsqualität führt, besteht wohl die Notwendigkeit des Eingriffs in die Marktmechanismen und der Einführung einer verbindlichen Gebührenordnung für gesetzlich vorgeschriebene Prüfungen.

Baetge schlägt beispielsweise eine mehrdimensionale Gebührenvorschrift mit Mindest-Honorarsätzen und einer bestimmten Anzahl an Tagewerken (z. B. nach Umsatz, Branche, Bilanzsumme, Mitarbeiterzahl oder der Komplexität des Geschäfts) vor. Die Gebühren und Tagewerke sollten dabei von einem unabhängigen Gremium, z. B. der WPK, festgelegt und in regelmäßigen Abständen überprüft werden. Freilich ist auch eine solche Maßnahme kein Garant für eine höhere Prüfungsqualität. Zudem impliziert der Vorschlag, dass eine Prüfung beendet ist, wenn die geplante Prüfungszeit verbraucht ist.

§ 55 WPO enthält bereits die Ermächtigungsbefugnis für das BMWA, diesbezüglich eine Rechtsverordnung zu erlassen, womit in nächster Zeit aber nicht zu rechnen ist. *Peemöller/Förschle* weisen darauf hin, dass eine solche Honorarordnung in einer marktlichen Wirtschaftsordnung – und zumal in einem freien Beruf – problematisch ist. Auch müsste einer WP-Gesellschaft zugestanden werden, ein prestigeträchtiges Mandat im Ausnahmefall auch mit einem eng kalkulierten Honorar anzunehmen. Gleiches gilt nach *Niehus* für Mandate, die im Hinblick auf ihre Bilanzierungs- und Prüfungsaspekte einen modellhaften Charakter besitzen und somit für die WP-Praxis einen hohen internen Wert besitzen bzw. für Mandate, die der Verstärkung der Position in einer spezifischen Branche („Arrondierung") dienen.[126]

Trotzdem sollten sich die Prüfer von erwerbswirtschaftlichen Grundsätzen loslösen und sich in der Vergütungsfrage wieder den ehernen Grundsatz *Schmalenbachs* ins Gedächtnis zurückrufen: „Die Wirtschaftsprüfung darf kein Geschäft sein, sondern muss ein Amt im besten Sinne des Wortes werden."[127] Die Abschlussprüfung ist eine öffentliche Aufgabe. Die Führung von WP-Gesellschaften nach den gleichen Grundsätzen wie Industriekonzerne ist daher abzulehnen.

---

[125] Vgl. *Baetge* (2002, S. I) und illustrierend auch das HB vom 23.04.2004 („Die Preise sinken, die Qualität auch"), das beispielhaft die Dumpingangebote von Deloitte und KPMG anführt, durch die diese die Zuschläge für die Prüfung des Münchner bzw. Frankfurter Flughafens erhielten. Zum „Low-Balling" vgl. ausführlich *Bauer* (2004, S. 180 ff.).

[126] Vgl. *Peemöller/Förschle* (2004) sowie *Niehus* (2002, S. 623).

[127] Vgl. *Baetge* (2002, S. I).

– *Aufbrechen der oligopolistischen Struktur des Prüfungsmarktes*
Vielfach wird postuliert, den Preiswettbewerb der Prüfungsgesellschaften durch einen Qualitätswettbewerb zu ersetzen.[128] Um diese Forderung realisieren zu können, ist eine gesunde Wettbewerbsintensität zwischen den WP-Gesellschaften wohl unabdingbar. Der Prüfungsmarkt in Deutschland hingegen ist gegenwärtig von einer hohen Konzentration geprägt, wie die folgende Untersuchung von *Küting* bestätigt:[129]

Verteilung der Prüfungsmandate (2003)					
	KPMG	PwC	Ernst&Young	Deloitte	Sonstige
DAX	50 %	28 %	6 %	3 %	13 %
M-DAX	27 %	29 %	12 %	2 %	30 %
TecDAX	20 %	20 %	27 %	10 %	23 %

Die Vormachtstellung der großen Prüfungsgesellschaften ist offensichtlich. Über 70 % der untersuchten Unternehmen werden von den sog. „Big Four" geprüft.[130] Zu berücksichtigen ist ferner die Tatsache, dass der Markt in bestimmten Branchen – etwa der Elektrotechnik oder der Automobilindustrie – nahezu vollständig von den beiden dominierenden deutschen WP-Gesellschaften, KPMG und PwC, allein beherrscht wird. Eine Akkreditierungspflicht für WP-Gesellschaften zur Prüfung börsennotierter Unternehmen[131] würde die Dominanz der „Großen Vier" allerdings wahrscheinlich noch vergrößern.

Inwieweit der Konzentrationsprozess von den ehemals „Big Seven" auf diese auch als „Final Four" bezeichneten WP-Gesellschaften Auswirkungen auf die Prüfungsqualität haben wird, bleibt abzuwarten. Gleichwohl wäre mehr Pluralität im deutschen Prüfungswesen sehr begrüßenswert. Insbesondere mittelständische Wirtschaftsprüfer sollten daher ihre Chancen nutzen, bei mittleren Unternehmen verstärkt Prüfungsmandate zu akquirieren. Sie können den Kampfpreisen der „Big Four" individuelle Betreuung, „Chefkontakt", flache Hierarchien und breit ausgebildete Mitarbeiter entgegensetzen.[132]

---

[128] Vgl. z. B. *Baetge* (2002, S. I) oder *Rödl* (2001, S. I), der von der Notwendigkeit einer „Qualitäts-Offensive" spricht.

[129] Vgl. *Küting/Boecker/Busch* (2003, S. 317); zur Vorjahresstatistik vgl. *Küting/Boecker* (2002, S. 836). Die Entwicklungstendenz einer stetig fortschreitenden Konzentration wird auch durch die Umfrage des HB vom 23.04.2004 unter Wirtschaftsprüfern bestätigt: „Die großen Dampfer verdrängen die kleinen Skipper. 86 % der Prüfer sehen die großen WP-Gesellschaften (…) im Mittelstand Mandanten wildern. 58 % der kleineren Kanzleien beklagen bereits Mandatsabwanderungen zu Größeren."

[130] Vgl. auch die Wirtschaftswoche 12/2002 („Die fetten Vier"), die von „geballter Macht" spricht.

[131] Vgl. *Baetge*, FAZ vom 15.07.2002 („Acht Forderungen").

[132] Vgl. *Zitzelsberger* in *Förschle/Peemöller* (2004, S. 61).

– *Stärkung der Unabhängigkeit*
Zur Sicherung der Qualität der Abschlussprüfung kommt der Unabhängigkeit des AP eine ganz besondere Bedeutung zu. Diese ist weltweit das zentrale Thema der Reformbemühungen des Revisionsrechts in den letzten Jahren.[133] Nach h. M. ist ein Prüfer unabhängig, wenn die ungehinderte und objektive Erfüllung seiner Aufgaben gewährleistet ist. Für *Baetge/Lutter* ist ein AP dann objektiv, wenn er sein Urteil unabhängig von allen Einflüssen, die sein Urteil verfälschen können, fällt („independence in mind") und die Öffentlichkeit von seiner Unabhängigkeit überzeugen kann („independence in appearance").[134]

Als Reaktion auf die Bilanzskandale wurde dabei zunächst eine strikte *Trennung von gleichzeitiger Prüfung und Beratung* gefordert: die Prüfungsgesellschaften hatten sich immer stärker zu Multi-Service-Organisationen entwickelt und vermehrt sog. „value-added (non-audit) services" angeboten. So lautete das Motto: „Diversification: from accounting brand name to global professional services".[135] PwC gestand den Zielkonflikt sogar öffentlich ein: „In essence, we have become an organization trying to follow two missions at the same time. (…) One goal demands objectivity and independence. The other demands a direct interest in our clients' financial success."[136] Von den Unternehmensberatern wurde den WP-Gesellschaften vielfach vorgeworfen, die Abschlussprüfung nur als „Türöffner" zu benutzen.

Die wirtschaftliche Bedeutung dieser Nicht-Prüfungsleistungen zeigt beispielsweise eine Untersuchung der Aufteilung der von amerikanischen börsennotierten Gesellschaften an den jeweiligen AP gezahlten Honorare:[137]

	Abschlussprüfung	Financial Services	Beratungsleistungen
KPMG	29 %	15 %	56 %
PwC	25 %	14 %	61 %
Ernst & Young	28 %	6 %	66 %
Deloitte	31 %	11 %	58 %

---

[133] Vgl. *Druey* (2004, S. 66 f.); einen guten vergleichenden Überblick der Unabhängigkeitsanforderungen an den AP durch den SOA, die EU-Kommission und die Bundesregierung geben z. B. *Ferlings/Lanfermann* (2002, S. 2121), *Schmidt* (2003, S. 779 ff.) und *Veltins* (2004, S. 445 ff.). Vgl. auch die Teile 2, 3, 5 und 6 des Anhangs.

[134] Vgl. *Baetge/Lutter* (2003a, S. I) sowie auch *Bauer* (2004, S. 179 ff.).

[135] Vgl. *Lenz* (1999, S. 543) und *Niehus* (2002, S. 616).

[136] Vgl. WSJ vom 22.02.2000.

[137] Studie aus dem Jahr 2002; vgl. *Bauer* (2004, S. 180).

Trotz der durch die gewinnträchtigen Beratungshonorare bedingten Gefahr der materiellen Abhängigkeit von dem geprüften Unternehmen existiert bislang kein generelles Verbot von gleichzeitiger Prüfung und Beratung.

Der SOA sieht kasuistisch einen bloßen Katalog einzelner unzulässiger Beratungsleistungen vor („rule-based approach"), die EU-Kommission hingegen verfolgt einen prinzipienorientierten Ansatz („framework approach"). Der deutsche Gesetzgeber, der bislang eine Mischung aus Einzelfallregelungen und einem auf Grundsätzen beruhenden Gesamtansatz verfolgte, hat mit dem zum 01.01.2005 in Kraft getretenen BilReG ebenfalls bestimmte Nichtprüfungsleistungen konkretisiert, die als unvereinbar mit der Abschlussprüfung angesehen werden (vgl. §§ 319, 319a HGB).

International unumstritten ist jedoch der Grundsatz, dass ein AP nicht prüfen darf, was er zuvor als Berater maßgeblich mitgestaltet hat (sog. „Selbstprüfungsverbot"). Richtungsweisend war die sog. *Allweiler-Entscheidung* des BGH (Urteil vom 21.04.1997), nach der eine Beratung durch den AP solange zulässig ist, wie sich dieser darauf beschränkt, Handlungsalternativen und ihre Konsequenzen aufzuzeigen. Die Umsetzungsentscheidung muss demnach dem Mandanten selbst vorbehalten bleiben. Der AP darf nicht über die Bereitstellung von Entscheidungshilfen hinausgehen.[138]

Ohne die Vorteile einer Prüfung und Beratung „aus einer Hand" zu negieren, erscheinen in der Frage der Beratungsmandate des AP die folgenden grundsätzlichen Handlungsempfehlungen vernünftigerweise geboten:[139]

– *Keine generelle Trennung von Prüfung und Beratung, aber restriktiver „Scope of services":* Verbot bestimmter Beratungsleistungen durch den AP, sofern gegen das Selbstprüfungsverbot verstoßen wird bzw. Interessenskonflikte entstehen
– *Pflicht zur Genehmigung von Nicht-Prüfungsleistungen* durch den AR bzw. das AC
– *Begrenzung der Beratungshonorare* auf einen bestimmten Prozentsatz des Prüfungshonorars (Deckelung)
– *Verbesserte Honorartransparenz:* Offenlegung der Prüfungs- und Beratungshonorare gegenüber dem AR und im Jahresabschluss gegenüber der Öffentlichkeit
– *Senkung der Umsatzabhängigkeitsgrenze:* Beschränkung des gesamten Honoraranteils aus einem Mandat auf 10–15 % des Honorarvolumens der WP-Gesellschaft insgesamt

---

[138] Vgl. *Ring* (2002, S. 1351).
[139] Vgl. *Nonnenmacher* (2003, S. 476).

Eine ausreichende Distanz zum Prüfungsobjekt ist in jedem Fall zu gewährleisten. Gleichwohl ist zu berücksichtigen, dass Prüfungs- und Beratungstätigkeiten in weiten Teilen eine integrale und damit nicht trennbare Einheit bilden. Kritiker einer strikten Trennung befürchten deshalb eine Verminderung der Prüfungsqualität aufgrund des Wegfalls von Synergieeffekten bzw. von „Knowledge Spillovers". Zudem sehen sie die Entwicklung hin zu einem ausschließlichen Prüferberuf („audit-only profession") als problematisch.[140]

Zu einer Gefährdung der Unabhängigkeit des AP führen insbesondere auch *geschäftliche, finanzielle oder persönliche Mandantenbeziehungen*. Bei derartigen Verflechtungen mit der zu prüfenden Gesellschaft muss daher zwingend ein Prüfungsverbot bestehen (sog. „Poisoning": nicht übliche Geschäftsbeziehungen mit dem geprüften Unternehmen, finanzielle Beteiligungen, personelle Verbindungen, Verwandtschaft o. ä.). Fraglich ist die personelle Reichweite der Unvereinbarkeit, d. h. inwieweit das einer Person anhaftende „Gift" auch andere „ansteckt".[141]

Ein hohes Unabhängigkeitsrisiko ist ferner dann zu sehen, wenn ein Mitglied des Prüfungsteams die WP-Gesellschaft verlässt, um bei einem Mandanten eine leitende Managementposition zu übernehmen. Die Statuierung einer – mindestens zweijährigen – *Wartefrist* bzw. *Abkühlungsphase („Cooling-off-Periode")* vor einem Wechsel zum Mandanten (wie es die EU-Kommission in ihrem Entwurf zur Modernisierung der 8. EU-Richtlinie für Unternehmen von öffentlichem Interesse vorsieht[142]) scheint somit angemessen. Gleiches gilt für den Wechsel von Führungskräften des Mandanten zur WP-Gesellschaft.

Um einer Betriebsblindheit und einer zu großen Vertrautheit zwischen AP und Mandant entgegenzuwirken, hat sich der periodische Wechsel der Prüfungsleiter im Sinne einer „job rotation" bewährt. Diskutiert wird allerdings, ob neben den verantwortlichen Prüfungspartnern auch die Audit-Manager von der Rotationspflicht erfasst werden sollten und ob eine Verkürzung des Rotationszykluses auf fünf Jahre zielführend wäre.

Während diese *interne Rotation* generell begrüßt wird, so wird die Frage, ob auch eine *externe Rotation*, d. h. ein turnusmäßiger Wechsel der WP-Gesellschaft, zu einer Steigerung der Prüfungsqualität beitragen könnte, unterschiedlich beurteilt:[143]

---

[140] Vgl. u. a. *Ring* (2002, S. 1349 f.).
[141] Vgl. *Druey* (2004, S. 66 f.).
[142] Vgl. hierzu Teil 5 des Anhangs.
[143] Vgl. *Niehus* (2004, S. 886 ff.).

Argumente für eine externe Rotation	Argumente gegen eine externe Rotation
"Fresh look on the engagement": Verhinderung von „Gewöhnungseffekten" bzw. des unveränderten „Abspulens" von routinemäßigen Prüfungshandlungen	*Risiko des Nichtaufdeckens von Bilanzdelikten* durch fehlende unternehmensspezifische Kenntnisse und Erfahrungen des AP
Tendenziell *verringerte Anwendung fraglicher bzw. ordnungswidriger Bilanzierungsmethoden* durch die Unternehmen bei neuem AP	*Kostensteigerungen auf Seiten des AP:* Abgabe von Angeboten zur Mandatsgewinnung (Proposal), Erstjahres-Prüfungskosten (Einarbeitung in das neue Mandat)
Verstärkte Widerstandsfähigkeit des AP gegen Druck von Seiten des Mandanten (z. B. zur Tolerierung einer nicht ordnungsmäßigen Bilanzierung): reduzierte finanzielle Anreize aufgrund zeitlich begrenzter Mandatsdauer	*Kostensteigerungen auf Seiten des Unternehmens:* Ausschreibungsverfahren, „Orientierungshilfen" für neuen AP („support costs")
Signal-Wirkung des Prüferwechsels: wachsender Eindruck der Unabhängigkeit des AP in der Öffentlichkeit	*Einschränkung der verfassungsrechtlich zugesicherten Freiheit der Prüferwahl*
	Zunahme der Konzentration im Berufsstand

Ein neuer AP kann nicht sofort über das für eine ordnungsgemäße Prüfung notwendige Wissen um die Verhältnisse des neuen Mandanten verfügen. Nach h. M. benötigt er eine Einarbeitungsphase von zwei bis drei Jahren bis er auf dem Kenntnisstand seines Vorgängers angelangt ist. Hierin liegt natürlich ein erhöhtes Risiko von prüferischem Fehlverhalten – zumal bei Erstprüfungen – begründet. *Schruff* betont, dass bei Einführung einer externen Rotation kriminellen Bilanzerstellern somit regelmäßig ein „Vorsprung" von mindestens zwei Jahren verschafft werden würde.[144]

Die allgemeine Tendenz geht bei einem Wechsel des AP dahin, dass eine der „Big Four"-Gesellschaften das Prüfungsmandat erhält. *Niehus* weist darauf hin, dass sich deren Prüfungsansätze soweit angeglichen hätten, dass ein tatsächlicher Neubeginn nicht unbedingt garantiert sei.[145]

Eine verpflichtende externe Rotation ist im internationalen Vergleich unüblich. Es werden eher die Nachteile einer solchen Regelung gesehen. Sicherlich kann das für die Abschlussprüfung nötige firmenspezifische Know-how nur in einem kontinuierlichen Erfahrungs- und Lernprozess erworben werden. Wenn jedoch bei der „Audit Firm Rotation" ein qualitätsmindernder Verlust von Firmenwissen vermieden und ein angemessenes Verhältnis von Kontinuität und Wechsel sichergestellt wird, so kann auch diese als ein mögliches geeignetes Instrument zur Stärkung des Vertrauens in die Integrität der Abschlussprüfung und zur Bekämpfung von Bilanzdelikten gesehen werden.

---

[144] Vgl. *Schruff* (2004, S. 25).
[145] Vgl. *Niehus* (2004, S. 889).

Bezüglich der maximalen Zeitdauer, nach der eine externe Rotation zu erfolgen hat, erscheinen sieben bis zehn Jahre vernünftig. In jedem Fall müsste durch eine Pflicht zur ordnungsmäßigen „Überleitung" auf den Nachfolge-Prüfer ein Wegfall der angesammelten Erfahrung vermieden werden. Der Wechsel könnte dabei durch die Aufbewahrung und Weitergabe der Arbeitspapiere erleichtert werden. Gleichwohl wäre der neue Prüfer bei seiner Erstprüfung natürlich zu „additional procedures" verpflichtet. Sicherzustellen wäre ferner, dass der bisherige Prüfer auch gegen Ende der Pflichtdauer seines Mandats noch qualifizierte und erfahrene Mitarbeiter einsetzt und diese nicht für die Akquisition neuer Mandate verwendet.[146]

- *Externe Qualitätskontrolle (Peer Review vs. Monitoring)*

Qualitätssicherung gehört seit jeher zum freiberuflichen Selbstverständnis.[147] Auch den Berufsstand der Wirtschaftsprüfer beschäftigt das Thema „Quality Control" schon seit langem.[148] Um dem durch die Bilanzskandale bedingten zunehmenden Vertrauensschwund in die Prüfungsqualität entgegenzuwirken, schuf der deutsche Gesetzgeber mit der 4. WPO-Novelle die rechtliche Grundlage zur Einführung des sog. „*Peer Reviews*", dessen Ausgestaltungsmerkmale gemäß den §§ 57a–h WPO wie folgt skizziert werden können:[149]

– Jeder WP bzw. vereidigte Buchprüfer, der gesetzlich vorgeschriebene Abschlussprüfungen durchführt, muss sich in einem dreijährigen Turnus einer Qualitätskontrolle durch einen anderen Berufsangehörigen, den „Peer", unterziehen.
– Die Auswahl des Qualitätskontrollprüfers erfolgt durch den zu prüfenden WP bzw. die zu prüfende WP-Gesellschaft selbst („firm-on-firm"); wechselseitige Qualitätskontrollen und „Ringprüfungen" sind untersagt.
– Der Prüfer für Qualitätskontrolle muss bestimmte Zulassungsvoraussetzungen erfüllen, insbesondere muss er mindestens seit drei Jahren als WP bestellt sein, über Kenntnisse in der Qualitätssicherung verfügen und bei der WPK als „PfQK" registriert sein.
– Prüfungsgegenstand ist zum einen das interne Qualitätssicherungssystem einer Prüferpraxis (d. h. die allgemeine Praxisorganisation) und zum anderen die ganz

---

[146] Vgl. *Niehus* (2004, S. 887).

[147] Vgl. *Lindgens* (2004, S. 43). Nach *Lück/Bungartz/Henke* (2002, S. 1089) kann dabei allgemein immer dann von „Qualität" gesprochen werden, wenn die Handlungsempfehlung „Do the right things right, first time every time" umgesetzt wird.

[148] Vgl. nur *Dörner* (1991, S. 566) und *Forster* (1994, S. 793). Die Pflicht zur gewissenhaften Berufsausübung nach § 43 WPO zwingt den Wirtschaftsprüfer zur Einhaltung der erforderlichen Qualitätsmaßstäbe.

[149] Vgl. statt vieler *Keller/Schlüter* (2003, S. 2168 ff.) sowie *Veidt/Clauß* in *Förschle/Peemöller* (2004, S. 714 ff.).

> konkreten Maßnahmen zur Qualitätssicherung bei der Abwicklung einzelner Prüfungsaufträge (sog. „Engagement Review"; dieser stellt eine Systemprüfung und keine zweite Jahresabschlussprüfung dar). Es handelt sich grundsätzlich um „On-Site-Reviews", d. h. um Prüfungshandlungen vor Ort in den Räumen der geprüften WP-Gesellschaft.
> - Für sämtliche Berufsträger, vom „Einzelkämpfer" bis hin zu den „Big Four", gilt ohne Unterschied stets ein einheitlicher Qualitätsmaßstab („An audit is an audit").
> - Fällt der PfQK ein positives Prüfungsurteil, so erteilt die WPK eine Teilnahmebescheinigung am System der Qualitätskontrolle. Ohne diesen Nachweis ist die Prüferpraxis nach § 319 II, III HGB als AP ausgeschlossen. Bei Mängeln im Qualitätssicherungssystem können Auflagen zur Beseitigung dieser Mängel erteilt, eine Sonderprüfung angeordnet bzw. ein Zwangsgeld festgesetzt werden. Als Ultima Ratio droht ein Berufsverbot.

Ein richtig praktizierter Peer Review kann sicherlich dazu beitragen, ein hohes Niveau an Qualität in der Berufsausübung zu gewährleisten. Gleichwohl ist das Verfahren seit seiner Einführung erheblicher Kritik ausgesetzt.

Kritisch gesehen wird vor allem der administrative Aufwand, die Problematik der Preisgabe von Prüfungs-Know-how und Mandanten-Daten an die Konkurrenz sowie aus berufsrechtlicher Sicht die Einschränkung der Verschwiegenheitspflicht der geprüften WP-Gesellschaft. Da die Prüfungsergebnisse aus dem Peer Review in den Jahren 2002 und 2003 jeweils zu knapp 95 % uneingeschränkt positiv waren, kam zudem schnell der Vorwurf auf „Eine Krähe hackt der anderen kein Auge aus!" *Rödl* weist darauf hin, dass sich die „Big Four" de facto gegenseitig prüfen, worauf die Öffentlichkeit zweifellos negativ reagieren wird („Da beißt sich am Ende die Katze in den Schwanz – eine wirkliche Kontrolle kann so nicht entstehen").[150]

Da es in den USA mit der Verabschiedung des SOA zu einer Abkehr von diesem System der externen Qualitätskontrolle kam, wird derzeit diskutiert, nach amerikanischem Vorbild auch in Deutschland den Peer Review abzuschaffen und durch das sog. *„Monitoring"* einer (quasi-) staatlichen Behörde zu ersetzen.[151] Allerdings erscheint bei einem solchen Systemwechsel Vorsicht geboten: nicht das angewandte System, sondern die Art der Durchführung sichert den Erfolg. Der Berufsstand muss zeigen, dass er in der Lage ist, die geforderte Qualität zu leisten und muss geschlossen an der Qualitätssicherung weiterarbeiten.[152]

---

[150] Vgl. *Rödl* (2001, S. I).
[151] Zur externen Qualitätskontrolle nach dem SOA durch das PCAOB vgl. ausführlich Teil 2 des Anhangs.
[152] Vgl. *Peemöller/Förschle* (2004).

Auch wenn nicht auf ein neues System umgeschwenkt wird, sind Anpassungen des bestehenden Peer Reviews daher unerlässlich: aktuelle Initiativen zielen u. a. darauf ab, die freie Prüferwahl einzuschränken, die PfQK einer speziellen Fortbildungspflicht zu unterwerfen und von diesen explizite Unabhängigkeitserklärungen zu verlangen sowie die Anforderungen an den Inhalt und den Aufbau des Qualitätskontrollberichts zu erweitern und zu präzisieren, um damit das Verfahren insgesamt transparenter und objektiver auszugestalten.[153]

- *Stärkung der Berufsaufsicht*

Die 5. WPO-Novelle hat bereits einige der bisherigen Schwachpunkte der Berufsaufsicht und -gerichtsbarkeit der Wirtschaftsprüfer aufgegriffen und in der Diskussion stehende, sinnvolle Lösungsansätze in Gesetzesänderungen umgesetzt:[154]

– Erweiterung und Verschärfung des Sanktionenkatalogs der Berufsgerichtsbarkeit (Geldbußen bis zu 100.000 €, Berufsverbote von bis zu fünf Jahren bzw. Ausschluss aus dem Beruf bei schuldhaften Pflichtverletzungen)
– Öffentlichkeit der Hauptverhandlungen in berufsgerichtlichen Verfahren, wenn die Pflichtverletzungen in Zusammenhang mit einer Prüfung nach § 316 HGB stehen
– Aufhebung der Regelung, wonach ein berufsrechtliches Verfahren während der Dauer eines Strafverfahrens auszusetzen ist
– Gesteigerte Durchsetzungsmöglichkeiten der WPK in berufsaufsichtlichen Verfahren (umfangreichere Auskunftsrechte und Ermittlungsbefugnisse)
– Intensivierte Mitteilungspflichten zwischen WPK und Staatsanwaltschaft bei verdachtsbegründenden Tatsachen (Beseitigung von Informationsdefiziten)
– Möglichkeit der unmittelbaren Einleitung eines Widerrufsverfahrens zur Rücknahme der Bestellung von Wirtschaftsprüfern (Wegfall des Vorrangs des berufsrechtlichen Verfahrens)

Diese Maßnahmen werden zwar als erforderlich, jedoch nicht als ausreichend angesehen:[155]

– Zusätzlich müsste insbesondere die Ahndung der sog. fachlichen Pflichtverletzungen als vordringlichste Aufgabe der Berufsaufsicht forciert werden, da bisher überwiegend Maßnahmen gegen Verletzungen berufsrechtlicher Pflichten im Vordergrund standen.

---

[153] Vgl. *Heininger/Bertram* (2004, S. 1741) und *Lenz* (2004b, S. 1952).
[154] Vgl. *Sommerschuh* (2003, S. 1167 ff.).
[155] Vgl. *Peemöller/Förschle* (2004) und *Sommerschuh* (2003, S. 1169 ff.).

> - Die Informationsquellen der WPK (Bundesanzeiger, bei den Amtsgerichten eingereichte Unterlagen, Bundestagsdrucksachen, Internet) werden als unzureichend eingestuft: nur öffentlich zugängliche Unterlagen sind Gegenstand der jährlichen stichprobenartigen Prüfungen der WPK. Um nicht nur formale Fehler aufzudecken, müsste die Berufsaufsicht zudem über die Durchsicht der formellen Richtigkeit der Abschlüsse hinausgehen; diese müssten auch inhaltlich geprüft werden.
> - Schließlich müssten die berufsrechtlichen Entscheidungen umfassender veröffentlicht werden, um eine regelmäßige, ausreichend detaillierte und zeitnahe Information der Berufsangehörigen und der Öffentlichkeit zu gewährleisten. Die Ursachen der Fehler in den aufgetretenen Fällen sind lückenlos zu dokumentieren.

Um die Berufsaufsicht weiter zu stärken, hat der Gesetzgeber im Rahmen der 6. WPO-Novelle[156] durch das *APAG* die Schaffung einer „Abschlussprüferaufsichtskommission" (APAK) beschlossen: dieses neue, berufsstandsunabhängige Gremium soll die öffentliche Fachaufsicht über die der WPK obliegenden Aufgaben übernehmen. Durch diese weitgehende Abkehr von der Selbstverwaltung des Berufsstandes soll beim US-amerikanischen PCAOB die Anerkennung des deutschen Aufsichtssystems als gleichwertig erreicht werden.[157]

Wenngleich viele Wirtschaftsprüfer die APAK als „aufgepfropft" ansehen und sich überreguliert fühlen, erscheint das Gesetz dennoch grundsätzlich sinnvoll: es eröffnet Möglichkeiten, etwaige Pflichtverletzungen mit einer hinreichenden Wahrscheinlichkeit aufzudecken und angemessen zu ahnden, so dass die Berufsaufsicht ihre beabsichtigte präventive Wirkung entfalten kann.

- *Joint Audits (Gemeinschaftsprüfungen)*

Als eine geeignete Maßnahme zur Verbesserung der Prüfungsqualität erscheinen auch die sog. „Joint Audits":[158] zwei an sich konkurrierende Berufsträger bzw. Prüfungsgesellschaften arbeiten – eigenverantwortlich – innerhalb des gleichen Mandats konstruktiv zusammen, klären kritische Bilanzierungsfragen im Dialog und dokumentieren die Ergebnisse der Abschlussprüfung in einem gemeinsamen Prüfungsbericht und einem gemeinsamen Bestätigungsvermerk.

---

[156] Darüber hinaus ist bereits eine 7. WPO-Novelle in Vorbereitung, die Neuregelungen insbesondere zur Verantwortlichkeit des Konzernabschlussprüfers und zur Veröffentlichung von Transparenzberichten vorsieht; vgl. *Heininger/Bertram* (2004, S. 1737).
[157] Zum APAG (Abschlussprüferaufsichtsgesetz) vgl. ausführlich Teil 6 des Anhangs.
[158] Ganz so *Rödl* (2001, S. I), der sich hierdurch – im Gegensatz z. B. zum Peer Review in seiner bisherigen Form – einen „Qualitäts-Push" für die Wirtschaftsprüfung erhofft. Zur Regelung der Anforderungen von Joint Audits vgl. näher IDW PS 208.

Der Ursprung für diese Gemeinschaftsprüfungen – es handelt sich dabei selbstverständlich nicht um „Doppelprüfungen" – liegt in den großen Fusionen der „Merger Mania", nach denen das fusionierte Unternehmen die bisherigen Prüfungsgesellschaften beider Fusionspartner beibehielt. Auch bei Joint Venture-Gesellschaften ist es nicht unüblich, sich auf zwei Prüfungsgesellschaften zu stützen, so dass keine von beiden allein den AP stellen kann.[159]

Durch diesen „Concurring Review" wird das Vier-Augen-Prinzip als ein wesentlicher Eckpfeiler eines jeden IKS während der Auftragsdurchführung erfüllt, denn letztlich kontrollieren sich die Berufskollegen bei den Prüfungen vor Ort gegenseitig. Zudem wird die Stellung des AP gegenüber Vorstand und AR gestärkt.

Allerdings widersprechen Joint Audits dem „One auditor worldwide"-Konzept. Gerade der Fall *Parmalat* hat deutlich die Probleme aufgezeigt, wenn der Konzernabschlussprüfer nur mit einem Teil des Konzerns befasst ist und sich auf Testate einer anderen WP-Gesellschaft verlässt. Insofern könnte es sinnvoll sein, wenn der Konzernabschlussprüfer in sämtlichen in den Konsolidierungskreis einbezogenen Gesellschaften zum AP bestellt wird. Die derzeitige internationale Praxis sieht es als ausreichend an, wenn der Konzernabschlussprüfer mehr als 50 % des Konzernprüfungsvolumens selbst prüft.

– *Internationalisierung der Wirtschaftsprüfung und „Networking"*
Zur Unterstützung des Know-how-Transfers und des Erfahrungsaustauschs über Bilanzdelikte sind die länderübergreifenden Netzwerkorganisationen der WP-Gesellschaften auszubauen und die Infrastrukturen dieser Netzwerke zu stärken, so dass eine effektive Kommunikation und Kooperation zwischen den einzelnen Ländergesellschaften möglich ist. Den global agierenden Unternehmen müssen entsprechende multinationale Organisationen der Prüfungsgesellschaften gegenüberstehen. Der Internationalisierungsprozess der Wirtschaftsprüfung ist allerdings bereits weit vorangeschritten: alle großen und auch viele der mittelständischen deutschen WP-Gesellschaften sind mittlerweile einem internationalen Dachverband angeschlossen.[160]

---

[159] Vgl. *Dörner*, WPg-Sonderheft 2001, S. S19. *Eick* berichtete auf dem „Deutschen Wirtschaftsprüfer Congress 2003" von sehr positiven Erfahrungen bezüglich des Joint Audits der Deutschen Telekom AG, die von Ernst & Young und PwC gemeinschaftlich geprüft wird (vgl. WPg-Sonderheft 2003, S. S121).

[160] Vgl. *Lenz* (1999, S. 542), *Lück/Bungartz/Henke* (2002, S. 1087) und HB vom 05.05.2004 („Kleine Wirtschaftsprüfer ganz groß").

Im Kampf gegen Fraud sollte ferner die Zusammenarbeit des AP mit den staatlichen Ermittlungsbehörden und der Steuerfahndung intensiviert werden. Zu beachten ist allerdings die gesetzliche Pflicht zur Verschwiegenheit: bislang war die Weitergabe von Insiderwissen nur dann gestattet, wenn es sich um einen aufgabenbedingten Informationsfluss handelte, der für die Mandatsarbeit zwingend notwendig war („need to know").[161] Nach dem zum 30.10.2004 in Kraft getretenen Anlegerschutzverbesserungsgesetz (AnSVG) können nunmehr grundsätzlich alle Informationen weitergegeben werden, sofern die Empfänger gesetzlich zur Verschwiegenheit verpflichtet sind.[162]

- *Professionelle Prüfungsmethoden und -technologien*

Die fortschreitende Entwicklung und Anwendung moderner Informations- und Kommunikationstechnologien führt auch zu einer zunehmenden Relevanz von IT-Kenntnissen für den AP.[163]

Fundierte Kenntnisse der Standardanwendungssoftware (z. B. Tabellenkalkulation, Textverarbeitung, elektronische Präsentationen) sind nicht mehr ausreichend. Der AP sollte auch Erfahrungen im Umgang mit berufsspezifischer Anwendungssoftware und mit den aktuellen Versionen der betrieblichen ERP-Systeme (SAP, Baan, Oracle) besitzen sowie über Wissen in den Bereichen Internet und digitale Kommunikation verfügen. „Computer-Assisted Audit Techniques" sind im Prüfungsinstrumentarium zeitgemäßer „Audit Approaches" unverzichtbar.

Von zunehmender Bedeutung ist in der Prüfungspraxis der Einsatz von Standard-Prüfprogrammen. Die Finanzverwaltung setzt beispielsweise große Erwartungen in die Prüfsoftware IDEA, die auch bereits in vielen WP-Kanzleien zur Anwendung gelangt.

IDEA ermöglicht einheitliche Prüfroutinen, die sowohl einzelne Prüfungsschwerpunkte als auch vollständige Prüfungsabläufe unterstützen. So kann mit Hilfe von IDEA z. B. die Altersstruktur und die Reichweite des Vorratsvermögens lückenlos nachverfolgt werden und es kann festgestellt werden, ob der Kassenbestand stets positiv war bzw. ob Rechnungsnummern fehlen oder doppelt vergeben wurden. Zudem können für verschiedene Bilanz- bzw. GuV-Positionen Vergleichs- oder Kennzahlenberechnungen vorgenommen und die Ergebnisse gefiltert werden.

---

[161] Vgl. Kapitel 4.2.2 sowie *Falkenhausen/Widder* (2004, S. 165).
[162] Vgl. *Rodewald/Tüxen* (2004, S. 2252).
[163] Vgl. *McKee/Quick* (2004, S. 541).

Zur Beurteilung und Prognose des Fraud-Risikos werden neben den klassischen mathematisch-statistischen Verfahren verstärkt wissensbasierte Systeme eingesetzt („Künstliche Intelligenz"): vor allem Expertensysteme, Künstliche Neuronale Netze und das Maschinelle Lernen haben sich bei der Identifikation von Fraud-Mustern gegenüber der in praxi vorherrschenden Verwendung von Red Flag-Checklisten als überlegen erwiesen. So können u. a. ungewöhnliche Vorfälle identifiziert werden, die nicht in ein festes Schema passen, und nicht-lineare Zeitreihen analysiert und vorhergesagt werden.[164]

– *Anwendung analytischer Prüfungshandlungen*
Der Schwerpunkt der Prüfungshandlungen zur Aufdeckung von Bilanzdelikten muss im Rahmen der Abschlussprüfung vor allem in der Erkennung von außergewöhnlichen Bilanzpositionen und -relationen liegen.[165] *Analytische Prüfungshandlungen* können dabei helfen, fiktive Umsätze und Forderungen, unterlassene Abschreibungen, überbewertete Vorräte oder nicht passivierte Verbindlichkeiten aufzudecken.

Durch *Plausibilitätschecks*, d. h. durch die Beurteilung des Verhältnisses prüfungsrelevanter Daten zueinander, können Bilanzdelikte erkannt werden. Regelmäßig sind hier Kennzahlenanalysen oder Zeitvergleiche, idealerweise ergänzt durch Prognosetechniken, nutzbringend. Bei einfachen Trendanalysen ist jedoch Vorsicht geboten, um nicht in die „Trend-Extrapolationsfalle" zu geraten.

In der steuerlichen Außenprüfung hat sich z. B. die sog. „Richtsatzsammlung" der Finanzverwaltung sehr bewährt: so kann etwa bei einem Bäcker bei Vorliegen des Mehl- und Backpulvereinkaufs relativ genau auf Umsatz und Gewinn eines Jahres geschlossen werden.

Wertvoll ist auch ein *Benchmarking* der Berichtsfirma mit Wettbewerbsunternehmen der Branche. Um der Gefahr des Schmalenbach'schen Vergleichs des „Schlendrians mit dem Schlendrian" vorzubeugen, sind als Benchmarks bei diesen externen Betriebsvergleichen Best-Practice-Unternehmen heranzuziehen.

Die Anwendung analytischer Prüfungshandlungen setzt umfangreiche Kenntnisse des Prüfers über das Geschäftsmodell, das Branchenumfeld und das Rechnungswesen des zu prüfenden Unternehmens voraus. Gleichwohl kann durch deren Einsatz der Umfang der zusätzlich durchzuführenden Belegprüfungen erheblich reduziert werden. Hat der Prüfer jedoch durch analytische Prüfungshandlungen kritische Prüffelder bzw. Falschaussagen im Jahresabschluss aufgedeckt, so sind stets Detailprüfungen erforderlich.[166]

---

[164] Vgl. *Knabe/Mika/Müller/Rätsch/Schruff* (2004, S. 1059 ff.).
[165] Vgl. im Folgenden *Sell* (1999, S. 177 ff.).
[166] Sog. „Attention-directing-Funktion" von analytischen Prüfungshandlungen; vgl. *Sell* (1999, S. 189).

Sell beschreibt reale Fälle, in denen wirtschaftlich orientierte Kontrollrechnungen Bilanzdelikte aufdeckten:[167]

- Ein Unternehmen hatte seine Wellblechvorräte erheblich überbewertet. Der Prüfer rechnete zunächst den vorgegebenen Inventurwert der Vorräte in m³ Wellblech um, anschließend ermittelte er das Volumen des Lagerraums. Es zeigte sich, dass höchstens die Hälfte der ausgewiesenen Wellbleche hätte gelagert werden können. Zudem stellte er bei einer Prüfung der Etiketten an den Wellblechrollen fest, dass einige dieser Rollen 25.000 kg wiegen sollten; allerdings konnte der Gabelstapler, mit denen die Rollen im Unternehmen transportiert wurden, maximal 1.500 kg heben.
- Im Fall der Firma *Cenco Medical Health* war das Vorratsvermögen innerhalb von drei Jahren stark angestiegen, was vom Management mit Absatzwachstum begründet wurde. Der prozentuale Anstieg beim Vorratsvermögen lag aber ganz erheblich über dem entsprechenden Absatzwachstum; zudem war die Umschlagshäufigkeit gegenüber den Vorjahren signifikant gesunken und lag deutlich unter dem Branchendurchschnitt. Es ergab sich, dass 50 % der mengenmäßig angegebenen Warenvorräte in Wirklichkeit nicht existierten.
- Beim Pharmaproduzenten *Generics Corp.* ermittelte der Prüfer ebenfalls eine – gegenüber dem Vorjahr von 1,3 auf 0,8 – gesunkene Umschlagshäufigkeit der Warenvorräte; dies bedeutete, dass die Vorräte durchschnittlich 15 Monate lang auf Lager waren, was die gesetzliche Lagerzeit von Pharmazeutika in erheblichem Maße überstieg.
- Die mit erheblichem Wettbewerbsdruck konfrontierte *United States Surgical Corp.* hatte im Berichtsjahr 22 neue Produkte auf den Markt gebracht – im Vergleich zu je ein bis zwei Produkten in den Vorjahren. Gleichzeitig sanken merkwürdigerweise aber die Aufwendungen für F&E um 60 %. Das Unternehmen hatte in großem Umfang unzulässigerweise F&E-Aufwendungen aktiviert.
- Schließlich war bei der Fluggesellschaft *Flight Transportation Corp. (FTC)* die Zahl der Flüge angeblich von 120 bzw. 260 in den Vorjahren auf 365 im Berichtsjahr angestiegen. FTC wies erhebliche Ertragszuwächse aus, während sowohl das gesamtwirtschaftliche Wachstum als auch die Konjunktur in der Flugbranche in einer Rezession waren. Der AP ermittelte die Zahl der angestellten Piloten sowie die gesetzlich zulässige Stundenzahl, die ein Pilot pro Jahr fliegen darf, und deckte auf, dass FTC die angegebene Zahl von Flügen mit den angestellten Piloten gar nicht hätte durchführen können. FTC hatte seine Umsätze in den drei Jahren um 62 %, 54 % bzw. 32 % zu hoch ausgewiesen.

---

[167] Vgl. *Sell* (1999, S. 183, 186 f.).

Sell weist aber auch auf die Grenzen analytischer Prüfungshandlungen hin:[168] diese können insbesondere dann keinen Hinweis auf Bilanzdelikte liefern, wenn sich gegenläufige Entwicklungen ausgleichen oder wenn Verstöße kontinuierlich in sukzessive erhöhtem Ausmaß begangen werden, so dass von Jahr zu Jahr keine auffälligen Abweichungen festgestellt werden können (wie etwa im Fall *Parmalat*). Grundvoraussetzung ist zudem die Zuverlässigkeit des zur Verfügung stehenden Datenmaterials.

- <u>Durchführung von „Forensischen Prüfungen"</u>

Die Abschlussprüfung wird nach h. M. nicht als „Misstrauensauftrag" verstanden, der dazu zwingt, bereits von gefälschten Zahlen und Belegen auszugehen. Sie ist somit nicht gezielt auf die Aufdeckung von Fraud ausgelegt.[169] Dies würde einen anderen Prüfungsansatz erfordern.

Verschiedentlich wird daher postuliert, die klassische Abschlussprüfung durch sog. „Forensische Prüfungen" zu ergänzen oder sogar zu ersetzen, was allerdings aufgrund der Unterschiedlichkeit der jeweiligen Prüfungsansätze zweifelhaft erscheint:[170]

	Abschlussprüfung	**Forensic Services**
Auftragsbestätigung bzw. -umschreibung (Engagement Letter)	standardisiert (Zeitplan, Hinweis auf Möglichkeiten und Grenzen der Prüfung, Honorar)	detailliert (Ausgangslage, Vorgehen, Ziele der Arbeit, Haftungsbeschränkung)
Ausgangsprämisse des Prüfers	Integrität des Managements; keine wesentlichen Fehler oder vorsätzliche Falschaussagen im Jahresabschluss	Nicht-Integrität zumindest von Teilen des Managements; Vorliegen von mehr oder weniger klaren Indizien
Kommunikation mit Mandant	in der Regel im Wesentlichen Vorbesprechung (Client Service Meeting) und Schlussbesprechung (Audit Closure Meeting)	laufende Kommunikation mit Entscheidungen zum weiteren Vorgehen (inkl. Kostenentwicklung)
Prüfungsdurchführung (Arbeitsmethode)	Systemprüfung sowie Stichprobenprüfung bei allen wesentlichen Positionen des Jahresabschlusses	Lückenlose Vollprüfung in einem eingegrenzten Bereich (z. B. Anlagevermögen, Warenvorräte, Kasse)
Prüfungsberichterstattung (Produkt der Arbeit)	standardisiert	individuell je Auftrag („Unikat")
Periodizität	jährlich wiederkehrend	einmalig

---

[168] Vgl. *Sell* (1999, S. 189 ff.).
[169] Vgl. auch Kapitel 4.2.2 und im Folgenden *Schruff* (2003, S. 903 ff.).
[170] Vgl. *Schiesser/Burkart* (2001, S. 474).

Schiesser/Burkart betonen, dass die – häufig unterschätzten – Unterschiede der beiden Prüfungsansätze die Gemeinsamkeiten überwiegen. Insbesondere bewegt sich der forensische Prüfer regelmäßig in emotional angespannten sowie in geschäftspolitisch und führungsmäßig hochsensiblen Situationen. Neben den notwendigen vertieften Kenntnissen im Handels- und Gesellschaftsrecht sowie im Bereich der EDV (Informationsbeschaffung, Datenverwaltung und -rekonstruktion) muss er vor allem spezielle Kenntnisse der Kriminalistik besitzen (Interviewtaktiken, Wissen über gängige Schematas vorsätzlich widerrechtlichen Handelns).

Schwerpunkte bilden bei Forensischen Prüfungen z. B. die Rekonstruktion der durchgeführten kriminellen Handlungen, die Identifikation der ausgenutzten Schwachstellen in der Unternehmensorganisation, die Erbringung entsprechender Beweise, die Ermittlung der verursachten Schadenshöhe oder die Erstellung von vor Gericht verwertbaren Gutachten.

Forensische Prüfungen dienen vor allem der Aufklärung von Tatbeständen aufgrund eines bestehenden Verdachts (z. B. unerklärliche Veränderungen von Kennzahlen oder auffällige Beobachtungen von und an Mitarbeitern). Zu Beginn einer Abschlussprüfung hingegen liegt ein solcher Verdacht nicht vor.

Häufig stehen hinter einem solchen Anfangsverdacht zudem aber gar keine Gesetzesverstöße, sondern nur Unklarheiten, Mutmaßungen oder Mobbing.[171] Primäre Zielsetzung der Forensic Services ist es daher, durch Betreuung und Beratung umfassende Klarheit für die Geschädigten zu schaffen. Sie konkurrieren dadurch nicht mit den Strafverfolgungsbehörden, sondern ergänzen diese vielmehr: deren Aufgabe ist es, die Straftat zu beurteilen und aufgrund ihrer hoheitlichen Kompetenzen den staatlichen Strafanspruch durchzusetzen.

Es erscheint sinnvoll, bei Bedarf kriminaltechnische Spezialisten zur Abschlussprüfung hinzuzuziehen und in die Prüfungsteams zu integrieren. Die Einbeziehung forensischer Prüfer aufgrund des Verdachts einer Straftat beinhaltet allerdings die Gefahr, dass sich die Beziehung zwischen Prüfern und Geprüften erheblich verschlechtert. Die Bereitschaft der Unternehmen zur Kooperation wird zurückgehen, Geheimhaltungsüberlegungen werden zunehmen.[172]

---

[171] Vgl. *Wülser* (2001, S. 477).
[172] Vgl. *Gisler* (1994, S. 163 f.).

– *Haftungsverschärfung*
Nach geltendem Recht (§ 323 II HGB) haftet der AP gegenüber der geprüften Gesellschaft bei Fahrlässigkeit mit bis zu 4 Mio. € für eine Prüfung. Gegenüber Dritten kommt eine Haftung nur aus deliktischen Ansprüchen in eng begrenzten Ausnahmefällen in Betracht. Zur Stärkung der Abschlussprüfung und als Maßnahme zur Vermeidung von Bilanzskandalen wird deshalb eine (erneute) Verschärfung der Haftungsvorschriften – der Höhe und dem Personenkreis nach – diskutiert. Im Wesentlichen werden dabei die folgenden beiden Ansatzpunkte vorgeschlagen:

1. *Anhebung der Haftungsbegrenzung* des § 323 HGB
2. *Regelung der Dritthaftung* mit dem Ziel, den Aktionären einen Schaden, der von unrichtigen und im Bestätigungsvermerk nicht beanstandeten Rechnungslegungsinformationen herrührt, zu ersetzen[173]

Diese Vorschläge zur Erweiterung der – zivilrechtlichen – Haftung des AP müssen daran gemessen werden, ob und inwieweit sie zu einer Steigerung der Prüfungsqualität beitragen können. In der Diskussion sind daher die folgenden Gesichtspunkte zu berücksichtigen:[174]

- Die Verantwortung für eine korrekte Unternehmensberichterstattung liegt primär bei Vorstand und AR: dieses „Verantwortungsgefälle" gegenüber dem AP muss auch in den Haftungsregelungen zum Ausdruck kommen.
- Es ist unklar, wie der „Anteil" des AP an der Schadensverursachung festgestellt werden kann und ob dieser im Verhältnis zur Verantwortlichkeit der Unternehmensorgane überhaupt sachgerecht bemessen werden kann.
- Wie die Erfahrungen in den USA zeigen, kann selbst durch eine unbegrenzte Haftung des AP berufliches Fehlverhalten nicht verhindert werden; eine Haftungsverschärfung kann somit eine verbesserte Prüfungsqualität nicht erzwingen.
- Die Sanktionsmechanismen des Marktes, insbesondere der drohende Reputationsverlust bei Fehlleistungen des AP, können disziplinierender wirken als eine Ausweitung der Haftung.
- Die Übernahme von Prüfungsaufträgen darf nicht zu einem unkalkulierbaren und existenziellen Risiko für den AP werden, da sonst die Gefahr einer weiteren Konzentration am Prüfungsmarkt besteht.
- Haftungsverschärfungen führen zu Kostenerhöhungen, weil die Versicherungsprämien des AP in dessen Kalkulation als Kosten eingehen.

---

[173] Vgl. den RefE des KapInHaG (Teil 6 des Anhangs), der jedoch vorübergehend wieder zurückgenommen wurde.

[174] Vgl. *Nonnenmacher* (2003, S. 478 f.), *Peemöller/Oehler* (2004a, S. 545) und *Schlüter/Tielmann* (WPg-Sonderheft 2003, S. S 124 ff.).

Trotz dieser Einschränkungen darf der entscheidende Vorteil einer Haftungsverschärfung nicht übersehen werden: deren abschreckende Wirkung und präventive Drohung, im Fall von Fehlverhalten hierfür zur Rechenschaft gezogen zu werden. Insofern können verschärfte Haftungsregeln dazu beitragen, dass die Abschlussprüfer wieder vermehrt ihren in der WPO festgelegten Berufsgrundsätzen (zumal den Grundsätzen der Sorgfalt, der Gewissenhaftigkeit und des Verantwortungsbewusstseins)[175] gerecht werden und dadurch das Vertrauen in die geprüften Abschlüsse erhöht sowie kriminelle Energie unterbunden wird.

---

[175] Vgl. hierzu ausführlich *Ludewig* (2003, S. 1095 ff.) und *Zitzelsberger* in *Förschle/Peemöller* (2004, S. 64 ff.).

4.1.6 Rechnungslegung / Finanzberichterstattung

– *Intensivierte Berichtspflichten*
In der Vergangenheit beschränkte sich die Finanzberichterstattung im Rahmen eines „Financial Accounting" im Wesentlichen auf die retrospektive Darstellung der wirtschaftlichen Lage. Die steigenden Anforderungen der Kapitalmärkte führten jedoch zu einem Wandel der externen Rechnungslegung hin zum „Business Reporting": neben einer zeitnaheren Bereitstellung und Veröffentlichung von entscheidungsrelevanten, zukunftsbezogenen Informationen[176] wurde vor allem eine inhaltliche Ausweitung der Unternehmenspublizität[177] gefordert. Um den Bedürfnissen der Informationsadressaten Rechnung zu tragen, wurden die Unternehmen somit zu einer bislang nicht gekannten Transparenz gezwungen.[178]

Gemäß § 297 I HGB gehörten bisher schon eine Kapitalflussrechnung, eine Segmentberichterstattung sowie ein Eigenkapitalspiegel zu den Pflichtbestandteilen des Konzernabschlusses von Mutterunternehmen, die einen organisierten Markt im Sinne des § 2 V WpHG in Anspruch nehmen: mit dem TransPuG erhielten diese drei Rechenwerke den gleichen Stellenwert wie die „klassischen" Bestandteile des Konzernabschlusses, Konzernbilanz, -GuV und -anhang.[179] Das BilReG sieht vor, dass nunmehr auch der Konzernabschluss *nicht* kapitalmarktorientierter Muttergesellschaften eine Kapitalflussrechnung und einen Eigenkapitalspiegel enthalten muss. Die Segmentberichterstattung ist nach dem Gesetz für diese Unternehmen optional.[180]

Zur Aufstellung einer *Kapitalflussrechnung* waren börsennotierte Mutterunternehmen bereits seit dem KonTraG von 1998 verpflichtet. Während im angelsächsischen Bereich „Cash flow statements" schon seit langem integraler Pflichtbestandteil der Rechnungslegung der Unternehmen sind (vgl. IAS 7, SFAS 95), führte die KFR in Deutschland hingegen vielfach ein „Schattendasein": ihre Aufstellung wurde lange Zeit mehr als lästige Pflichtübung angesehen und auch Prüfer und Jahresabschlussadressaten unterschätzten zunächst ihre Bedeutung.[181]

---

[176] „Wer ständig nur in den Rückspiegel schaut, fährt irgendwann gegen die Wand!" Vgl. *Volmer*, VDI-Nachrichten vom 21.09.2001 („Die Blickrichtung muss sich ändern").
[177] So beschränken sich heute die Berichtspflichten nicht mehr ausschließlich auf die Finanzperspektive, sondern erstrecken sich – im Sinne der „Balanced Scorecard" – gleichfalls auf die Kunden-, die Prozess- und die Lern-, Innovations- und Wachstumsperspektive; zu sämtlichen vier Perspektiven der BSC vgl. ausführlich schon *Kaplan/Norton* (1992, S. 71 ff.).
[178] Vgl. *Eggemann/Petry* (2002, S. 1639).
[179] Vgl. ausführlich *Busse von Colbe* (2002, S. 1584).
[180] Vgl. u. a. *Busse von Colbe* (2004, S. 2065) und *Bömelburg/Keller* (2004, S. 17).
[181] Vgl. *Scheffler* (2002, S. 295).

Die KFR ist eine zahlungsstromorientierte Bewegungsrechnung und liefert als eigenständiges Instrument wichtige und notwendige Informationen zur Finanzlage, die aus Bilanz und GuV nicht zu entnehmen sind. Es erscheint daher sinnvoll, eine angemessen erläuterte KFR aufgrund ihrer Aussagekraft als generellen Bestandteil der Rechnungslegung zu fordern. Die KFR kann zudem frühzeitige Hinweise auf Schieflagen liefern, weil der Cash flow aus laufender Geschäftstätigkeit ein guter Indikator für den Unternehmenserfolg ist: der Zu- bzw. Abfluss von Finanzmitteln wird nicht von Bewertungsmaßnahmen beeinflusst.[182]

Auch die *Segmentberichterstattung* fand schon 1998 über das KonTraG Eingang in die deutsche Rechnungslegung. Der Gesetzgeber verpflichtete in § 297 I HGB börsennotierte Muttergesellschaften für Geschäftsjahre, die nach dem 31.12.1998 beginnen, explizit, den Konzernanhang neben einer KFR auch um eine Segmentberichterstattung zu erweitern.[183]

Im Zuge der Diversifikation und Globalisierung von Unternehmen führte eine Aggregation der unterschiedlichen Tätigkeitsfelder bzw. der regionalen Märkte im Konzernabschluss – insbesondere durch die Nivellierung der spezifischen Chancen und Risiken einzelner Aktivitäten – zunehmend zu Informationsverlusten. Durch die Pflicht zur Darstellung von disaggregierten Segmentdaten auf Konzernebene wurde dem entgegengewirkt.[184]

Obwohl gesetzlich nicht vorgeschrieben, so hat sich dennoch in den letzten Jahren bei kapitalmarktorientierten Unternehmen die sog. *„Wertorientierte Berichterstattung"* zum Standard entwickelt. Ziel dieses freiwilligen *Value Reporting* ist es, Zusatzinformationen zur adäquaten Bewertung der Ertragskraft bereitzustellen: nach dem SHV-Konzept von Rappaport ist der Unternehmenserfolg nicht mehr durch den buchhalterischen Gewinn, sondern durch ein positives Ergebnis mindestens in Höhe der (kalkulatorischen) Kapitalkosten definiert. Dabei werden die Renditeforderungen von Eigen- und Fremdkapitalgebern zugrunde gelegt. Gewichtet mit der Kapitalstruktur des Unternehmens ergeben diese zusammen den sog. WACC.[185] Es konkurrieren im Wesentlichen zwei Ansätze: die an absoluten

---

[182] Zur KFR vgl. statt vieler *Peemöller* (2003, S. 348 ff.); diese kann in Anlehnung an *Käfer* als „dritte Jahresrechnung" bezeichnet werden.

[183] Vgl. *Coenenberg/Mattner* (2000, S. 1827). Zum „Segment reporting" nach internationalen Standards – bei börsennotierten Unternehmen dort seit längerem obligatorischer Bestandteil der Financial Statements – vgl. IAS 14 und SFAS 131.

[184] Zur Abgrenzung der Segmente nach den unternehmensinternen Organisations- und Entscheidungsstrukturen (sog. „Management Approach") bzw. nach Risiko- und Chancenaspekten (sog. „Risk and Reward Approach"), zu den jeweils auszuweisenden Segmentinformationen und zur Prüfung des Segmentberichts vgl. im Detail *Peemöller* (2003, S. 387 ff.) und *Geiger* (2002, S. 1903 ff.).

[185] Zur wertorientierten Steuerung vgl. ausführlich *Peemöller* (2003, S. 392 ff.) und *Peemöller* (2005, S. 168 ff.); zum Value Reporting näher *Coenenberg/Mattner* (2000, S. 1829 ff.).

Größen orientierte Methode ökonomischer Übergewinne des EVA und die an relativen Renditegrößen orientierte Methode des CFROI.[186]

Neben wertrelevanten Aussagen gewinnen ferner auch die sog. *„Nachhaltigkeitsberichte"* an Bedeutung: die Reportingpraxis steht zunehmend vor der Herausforderung, auch „Intangible Assets", also nur schwer greifbare Faktoren, messbar und vermittelbar zu machen. Durch ein *Sustainability Reporting* sollen gerade die weichen sozialen Werttreiber wie das Firmenimage, die Mitarbeitermotivation und das Intellektualkapital des Unternehmens quantifiziert und im Sinne eines ganzheitlichen Ansatzes auch das Reputations-, Social Responsibility-, Umwelt-, Technologie- und Knowledge-Management erfasst werden – ganz im Sinne von Albert Einstein: „Sometimes what counts can't be counted, and what can be counted doesn't count."[187]

Schließlich sieht das BilReG nunmehr vor, die *Risikoberichterstattung im Lagebericht* durch eine Pflicht zur *Chancenberichterstattung* zu ergänzen.

Der Risikobericht wurde bereits mit dem KonTraG Pflichtbestandteil des Lageberichts nach § 289 I HGB (bzw. des Konzernlageberichts nach § 315 I HGB) und unterliegt einer expliziten Prüfungspflicht durch den AP. Gleichwohl blieben die Risikoinformationen, insbesondere die Zukunftsprognosen, eher formelhaft und vage. Ursache für diese Defizite in der Berichterstattung war wohl der als gering eingeschätzte Anreiz zu einer detaillierten Offenlegung der Risiken. Aus Wettbewerbsgründen nutzten die Unternehmen ihre Gestaltungsfreiräume zu einer wenig aussagefähigen Publizität. Hinzu kamen methodische Probleme bei der Generierung verlässlicher Risikoinformationen.[188]

Die einseitige Fokussierung auf Risiken soll durch eine ausgewogene Chancen- und Risikodarstellung im Sinne einer SWOT-Analyse abgelöst werden: so ist künftig über Geschäftsverlauf, Lage und voraussichtliche Entwicklung umfassend unter Einbezug von finanziellen und nicht-finanziellen Leistungsindikatoren zu berichten. Hinzu kommen spezielle Vorschriften zur Berichterstattung über Finanzrisiken und deren Management. Nicht in das BilReG aufgenommen wurde allerdings die ursprünglich vorgesehene Verpflichtung, im Lagebericht die wesentlichen Ziele und Strategien des Unternehmens darzustellen.

---

[186] Zum EVA nach Stern/Stewart vgl. *Hostettler* (1995, S. 307 ff.), zum CFROI der BCG *Lorson* (1999, S. 1329 ff.).

[187] Vgl. auch *Schmackpfeffer/Henkel* (2003), deren Ansicht nach nachhaltigkeitsorientierte Leistungsindikatoren langfristig das wichtigste Kriterium für Investoren darstellen. Ausfluss dieser Überlegungen sind die von den Unternehmen freiwillig erstellten Sozial-, Umwelt- und Technologiebilanzen.

[188] Vgl. *Küting/Heiden* (2002, S. 934 ff.) und *Kajüter/Winkler* (2004, S. 258 ff.).

Durch die Neuregelungen werden die Inhalte des Lageberichts verstärkt auf die Informationsbedürfnisse des Kapitalmarkts ausgerichtet. Hierdurch soll der Lagebericht sein Dasein als „Stiefmütterchen der Rechnungslegung" überwinden.[189] Allerdings werden auch die Anforderungen an die Prüfung des Lageberichts im Sinne von „Understanding your client's business" steigen.

An die Seite des jährlichen Einzel- und Konzernabschlusses sind – internationalen Entwicklungen folgend – das sog. *„Interim Financial Reporting"* und die tagesaktuelle *Ad-hoc-Publizität* getreten. So hat die Deutsche Börse die angelsächsische Praxis einer immer kurzatmigeren Berichterstattung aufgegriffen und je nach Marktsegment halbjährliche bzw. quartalsweise Zwischenberichte vorgeschrieben.[190] Einen umfassenden Einblick in die VFE-Lage können diese Kurzberichte allerdings nicht gewährleisten. Auch ist für sie keine Pflichtprüfung vorgesehen: es erfolgen lediglich Reviews im Sinne von Plausibilitätschecks (sog. „prüferische Durchsicht").

Nach § 15 I WpHG sind Wertpapieremittenten zudem verpflichtet, neue, nicht öffentlich bekannte und kursrelevante Informationen unverzüglich zu veröffentlichen.[191] Allerdings nutzten die Investor Relations-Verantwortlichen der Unternehmen diese Pflicht zur Ad-hoc-Publizität alsbald als Marketinginstrument: insbesondere am Neuen Markt überbot man sich gegenseitig mit euphorischen Mitteilungen über die Unternehmenserfolge, um die Aufmerksamkeit der Öffentlichkeit zu gewinnen (vgl. nur die Fälle *EM.TV* und *Infomatec*). Seitdem wurde von Aktionären auch vermehrt der Missbrauch der Ad-hoc-Publizität zu Werbungszwecken beklagt und eine explizite Prüfungspflicht für Ad-hoc-Meldungen gefordert.[192]

Die Intensivierung der Berichtspflichten stellt zweifelsohne ein wirksames Tool zum Schutz der Anleger und zur Prävention von Bilanzskandalen dar, allerdings befindet sich der Gesetzgeber in einem gewissen regulatorischen Dilemma: die Gesetzesflut und die häufig noch unausgereiften Vorschriften stellen insbesondere den Mittelstand vor große Probleme. Vor allem die KMUs stellen vermehrt Cost-Benefit-Überlegungen an. Verschiedentlich wird bereits befürchtet, Hauptzweck

---

[189] Vgl. *Kajüter* (2004, S. 433) sowie *Ballwieser* (2004, S. 12 ff.), Vortrag im Rahmen des 20. Münsterischen Tagesgesprächs des Instituts für Revision der Westfälischen Wilhelms-Universität Münster („Die Entwicklungen beim Lagebericht").
[190] Vgl. *Peemöller* (2003, S. 57 ff.) und *Merkt* (2003, S. I). Nach IAS 34 müssen „interim financial reports" mindestens folgende Komponenten enthalten: condensed balance sheet, condensed income statement, condensed cash flow statement, capital transactions with owners and distributions to owners sowie selected explanatory notes. Bezüglich der Mindestanforderungen an eine Zwischenberichterstattung nach US-GAAP siehe APB 28 und SFAS 3.
[191] Vgl. erläuternd *Peemöller* (2003, S. 69 f.).
[192] Vgl. *Rodewald/Siems* (2001, S. 2437).

des Unternehmens wäre nicht mehr die betriebliche Leistungserstellung, sondern die Rechnungslegung. Zudem verleitet die Pflicht zur unterjährigen Publizität zu einer kurzsichtigen, auf einen sofortigen Gewinnausweis ausgerichteten Bilanzpolitik. Sie ist mit einer langfristigen, wertorientierten Unternehmensstrategie unvereinbar.

Um mögliche Bilanzdelikte aufzudecken, wird in Zukunft die qualitative Bilanzanalyse gegenüber dem klassischen – rein quantitativen – kennzahlenbasierten Analyseansatz erheblich an Bedeutung gewinnen.[193] Besonders kritisch sind dabei die „freiwilligen Zusatzinformationen" zu würdigen.

- *Beschleunigung der Jahresabschlusserstellung: Fast Close*
Der Trend zur Veröffentlichung von Informationen in immer kürzeren Abständen forcierte den Druck auf die Unternehmen, ihre Abschlussprozesse unter Zeitgesichtspunkten zu optimieren. Die Investoren kritisierten vermehrt, dass die Abschlüsse zum Zeitpunkt ihrer Veröffentlichung bereits veraltet sind. Nach deren Wünschen sollten die Jahres- oder Quartalszahlen möglichst sofort nach dem Periodenende publiziert werden, d. h. ein „Just-in-time-Reporting" erfolgen.

Es setzte daher – gleich einem „race against time" – ein Wettbewerb um stets früher aufgestellte und veröffentlichte Abschlüsse ein:[194] der sog. „Fast Close" wurde zu einer zentralen Herausforderung für die Unternehmen, um strategische Wettbewerbsvorteile zu realisieren, und teilweise zugleich zu einem generellen Indikator für die Effizienz einer Organisation.[195]

In der Unternehmenspraxis werden im Rahmen von Fast Close- bzw. Rapid Close-Projekten immer größere zeitliche Einsparungspotenziale angestrebt. Die Bemühungen zur Rationalisierung und Beschleunigung der Abschlusserstellung sind in der Mehrzahl prozessorientiert: die Abläufe werden verkürzt, die Bilanzierungs- und Bewertungsmethoden vereinfacht und nicht notwendigerweise am Bilanzstichtag durchzuführende Tätigkeiten vorverlagert.[196] Grundgedanke ist es,

---

[193] Zur Auswertung verbaler Unternehmensinformationen vgl. näher *Küting/Boecker* (2003, S. 97 ff.) und *Peemöller* (2003, S. 225 ff.).

[194] Die vergleichsweise langen Veröffentlichungsfristen nach deutschem Aktienrecht werden z. B. von den Unternehmen des DAX deutlich unterschritten; ein Großteil erfüllt sogar bereits die wesentlich strengeren Vorgaben der US-GAAP und des DCGK (jeweils 90 Tage für den Konzernabschluss und 45 Tage für Zwischenberichte). Vgl. *Eggemann/Petry* (2002, S. 1635 f.).

[195] Vorstufe eines solchen „schnellen Abschlusses" ist regelmäßig ein sog. „Hard Close", ein in Qualität eines Jahresabschlusses erstellter Monatsabschluss, der dem Bilanzstichtag vorangeht.

[196] Vgl. *Pfister/Sure* (2003, S. 232 ff.).

die Abschlusserstellung nicht als ein einmal jährliches Ereignis zu begreifen, sondern als einen kontinuierlichen und standardisierten Prozess („non-event"). Dies führt letztlich dazu, dass auch die Prüfer während des ganzen Jahres im Unternehmen sind (sog. „continuous auditing").[197]

Durch die Eliminierung nicht wertschöpfender manueller Aktivitäten, einen intelligenten, geschäftsprozessorientierten Informationsfluss und verbesserte Softwarelösungen bzw. IT-Tools (zum Beispiel werden in integrierten IT-Systemen einmal erfasste Daten sofort in alle Bereiche „durchgebucht") soll der Fast Close schließlich zu einem täglichen Abschluss weiterentwickelt werden, der quasi Real-Time-Informationen bereitstellt.

So positiv eine zeitnahe Vermittlung relevanter und aktueller Informationen zu sehen ist, so kritisch sind aber auch Qualität und Verlässlichkeit dieser Daten zu hinterfragen. Die Anforderungen an den Bilanzersteller steigen durch Fast Close weiter. Es besteht die Gefahr, dass die kurzfristig ermittelten Zahlen ungenau oder qualitativ minderwertig sind.[198] Beispielsweise werden im Bereich der sonstigen Rückstellungen vielfach nur Schätzungen möglich sein.

Zudem verkürzt sich nicht nur der Aufstellungszeitraum des Abschlusses, sondern auch die Zeitspanne der Prüfung, so dass sich der Prüfer – trotz Arbeitsverlagerung „nach vorne" – letztlich in kürzerer Zeit ein Bild über die VFE-Lage des Unternehmens verschaffen muss. Hinsichtlich der Bekämpfung und Prävention von Bilanzskandalen ist der Fast Close-Ansatz („quick and dirty") wohl kritisch zu sehen. Der Vorteil von aktuellem Zahlenmaterial darf aber keinesfalls unterschätzt werden.

– *Financial Reporting über das Internet mit XBRL*

Angesichts der Tendenz zum Fast Close wird auch dem Internet als schneller Kommunikationsplattform seitens der Kapitalmarktakteure eine immer größere Bedeutung beigemessen. Der gedruckte Geschäftsbericht als Papierdokument, der als Entscheidungsgrundlage der Investoren viel zu spät erscheint, wird den Bedürfnissen der internetgeprägten „Financial Community" nicht mehr gerecht. Deren visionäre Zielvorstellung sind vielmehr auf Knopfdruck, in Echtzeit und wahlweise nach HGB, IFRS oder lokalen GAAP sowie beliebigen Ordnungsmerkmalen erstellte Auswertungen.[199]

Derzeit werden im Internet die meisten Finanzinformationen im PDF- oder HTML-Format vorgehalten. Die Möglichkeiten einer direkten inhaltlichen Auswertung sowie der Datenweitergabe sind dadurch aber noch stark eingeschränkt.

---

[197] Vgl. *Eggemann/Petry* (2002, S. 1637 ff.).
[198] Vgl. *Küting/Weber/Boecker* (2004, S. 8).
[199] Vgl. *Hüttche* (2002, S. 1639).

Hier stellt die auf XML aufbauende, frei verfügbare und gebührenfreie Web-Sprache XBRL, die sich zum Standard für das „E-Reporting" entwickeln soll, eine – bereits international akzeptierte – Grundlage für die Erstellung, die Verbreitung, die Auswertung und den Vergleich von finanziellen und nicht-finanziellen Unternehmensinformationen dar. Derzeit veröffentlicht bereits ein Konsortium von über 220 Unternehmen (darunter u. a. *Reuters* und *Microsoft*), WP-Gesellschaften und Aufsichtsbehörden seine Finanzdaten in XBRL über das Internet. Als erstes deutsches Unternehmen publizierte in 2003 die *Fraport AG* – in Zusammenarbeit mit dem Verein XBRL Deutschland e.V., PwC und der *Datev eG* – einen Quartalsbericht im XBRL-Format.[200]

XBRL legt keine neuen Berichtspflichten fest und nimmt auch keinen Einfluss auf die angewendeten Bilanzierungsstandards. Es handelt sich lediglich um ein Mittel zur strukturierten Informationsdarstellung, das standardisierte Auswertungen ermöglicht und hilft, bestehende Medienbrüche zu überwinden.

Somit unterliegt auch die Form der Berichterstattung einem Wandel: XBRL kann eine grundlegende Änderung der Infrastruktur der „Financial Supply Chain" bewirken, weil es in der Lage ist, den gesamten Informationsfluss von der Quelle bis zum Empfänger zu beschleunigen und qualitativ zu verbessern. Insbesondere müssen sich die Informationsempfänger nur noch auf ein einheitliches Format für alle ankommenden Daten einstellen und brauchen diese nicht mehr manuell in ihre eigenen Analysetools zu übernehmen, wodurch sich die Verarbeitungszeiten reduzieren und die Fehlerquote erheblich sinkt.[201]

- *Verbesserte Durchsetzung der Pflichten zur Offenlegung des Financial Reporting*

In den vergangenen Jahren wurde die Offenlegung von Abschlüssen trotz der eindeutigen Regelungen der §§ 325–328 HGB von über 95 % der deutschen Gesellschaften unterlassen. Weniger als 5 % kamen der gesetzlichen Publizitätspflicht nach.[202] Ursächlich für das im internationalen Vergleich zurückhaltende Offenlegungsverhalten waren eine „Publizitätsverweigerungstradition", die in zahlreichen Maßnahmen zur Publizitätsvermeidung zum Ausdruck kam, sowie unzureichende Prüfungen durch die Registergerichte. Diese mahnten nicht eingereichte Jahresabschlüsse nur dann an, wenn entsprechende Anfragen vorlagen. Die deutschen Justizbehörden tolerierten dieses „Kartell des Schweigens".[203]

---

[200] Vgl. *Hamscher* (2004), Vortrag im Rahmen der Schmalenbach-Tagung der Schmalenbach-Gesellschaft für Betriebswirtschaft e.V. („Financial Reporting on the Internet with XBRL").
[201] Vgl. *o.V.* (2004k).
[202] Vgl. (auch im Folgenden) *Marx/Dallmann* (2004, S. 929 ff.).
[203] Vgl. Die Zeit 41/2003 („Betriebsgeheimnisse").

Auch das im Jahr 2000 in Kraft getretene KapCoRiLiG, das für Zwecke der Aufstellung, Prüfung und Offenlegung des Jahresabschlusses auf die Gleichstellung bestimmter Personenhandelsgesellschaften – insbesondere der „kapitalistischen" GmbH & Co. KG – mit der Kapitalgesellschaft abzielte, konnte trotz der eingeführten erweiterten Sanktionsmechanismen bei unterlassener Offenlegung die ganz überwiegende Anzahl der Unternehmen nicht dazu bewegen, ihren Abschluss zu veröffentlichen.

Zur Sicherstellung der Publizität erscheinen daher weitere Maßnahmen erforderlich. In der Diskussion sind neben der sog. „Registersperre" (solange die Offenlegung unterlassen wird, sollen keine weiteren Eintragungen in das Handelsregister erfolgen) vor allem die nochmalige Verschärfung der Sanktionen, die Kriterien, die eine Offenlegungspflicht auslösen, sowie das Medium der Informationsübermittlung.

Ob sich eine weitere *Verschärfung der Sanktionsmechanismen* empfiehlt, muss angesichts der weitgehenden Wirkungslosigkeit des eingeführten Ordnungsgeldverfahrens des § 335a HGB (max. 25.000 € pro Offenlegungsverstoß) als fraglich bezeichnet werden.

Nachgedacht werden sollte in jedem Fall – losgelöst von den Größenmerkmalen des § 267 HGB – über die *Bestimmung objektiver Kriterien* für eine an der Intensität der Marktteilnahme ausgerichtete Publizitätspflicht. *Marx/Dallmann* diskutieren etwa ein dreistufiges Schema, wonach (1) die Inanspruchnahme eines organisierten Kapitalmarktes, (2) die Pflicht zur Aufstellung eines Konzernabschlusses und (3) das Überschreiten eines kritischen, noch näher zu definierenden Verschuldungskoeffizienten zu einer fristgerechten Offenlegung der vollständigen Jahresabschlussunterlagen zwingt.[204]

Vor allem muss jedoch bezweifelt werden, ob das *Medium Handelsregister* in seiner derzeitigen Form – auch im Vergleich zu den Registersystemen im europäischen Ausland – zur Erfüllung seiner Funktionen noch zeitgemäß ist.

Gernoth bezeichnet in diesem Zusammenhang das zentral organisierte und voll akzeptierte Unternehmensregister in Großbritannien, das „Companies House", das Informationssuchenden schnellen, qualitativ hochwertigen Service auf hohem technischen Niveau offeriert, als vorbildlich. Er kritisiert insbesondere die Dezentralität des deutschen Handelsregisters bzw. die große örtliche Streuung der Registergerichte, die „Papierberge" und die erheblichen Wartezeiten bei Anfragen.[205]

---

[204] Vgl. *Marx/Dallmann* (2004, S. 934 f.).
[205] Vgl. *Gernoth* (2004, S. 837 ff.). Anders *Ries* (2004, S. 2145 ff.), der die gerichtlich geführten Handelsregister für besser als ihren Ruf hält und eine Auslagerung auf andere – vermeintlich effizientere – Stellen als nicht erforderlich erachtet.

Die Baums-Kommission schlug zur Reduzierung des Arbeitsaufwands der Registergerichte und zur Verbesserung der Aktualität der Informationsvermittlung die *Einführung eines bundesweit zentral geführten elektronischen Handelsregisters* vor, auf das jedermann über ein Internet-Portal online zugreifen kann.

Während einer solchen Elektronisierung des Handelsregisters[206] eine hohe Priorität eingeräumt werden muss und auch die Tendenzen zu einer weitestmöglichen Zusammenfassung auf ein oder einige wenige zentrale Register zu befürworten sind, so erscheint eine *Übertragung der Aufgaben der Registergerichte auf die IHKs* – häufig gefordert und auch bereits in dem Entwurf eines „Handelsregisterführungsgesetzes" (HFüG) konkretisiert – nicht geeignet, um die bestehenden Defizite des derzeitigen antiquierten Systems zu beseitigen.

Es erscheint nicht realistisch, dass die IHKs die zentralen Anforderungen an eine Reform des rückständigen Handelsregisterwesens – insbesondere weniger Bürokratie bei gleich bleibendem Leistungsstandard, höhere Kosteneffizienz und weniger Aufwand für alle Beteiligten – erfüllen können. Vor allem sind die IHKs ebenfalls dezentral organisiert, so dass insofern durch eine Lösung der Register von den Amtsgerichten nur wenig gewonnen wäre. Allerdings sind dezentrale Strukturen – früher wegen der höheren Bürgernähe favorisiert – heute angesichts der neuen Medien nicht mehr zwingend erforderlich.[207]

Die Erzwingung einer verbesserten Offenlegungsmentalität durch entsprechende Druckmittel wird in jedem Fall mehr als nur eine flankierende Maßnahme im Hinblick auf die Vermeidung von Bilanzskandalen darstellen.[208]

---

[206] Einen ersten Schritt zu einer umfassenden Publizität in elektronischen Medien stellte bereits die Änderung des § 25 AktG zur Einrichtung eines elektronischen Bundesanzeigers für die Bekanntmachung von Unternehmensmitteilungen und amtlichen Verlautbarungen dar.

[207] Vgl. *Gernoth* (2004, S. 839 ff.).

[208] Empfohlen wird zum Teil auch die vollständige Offenlegung des Prüfungsberichts im Handelsregister. Allerdings könnten dann dessen Aussagen in Sprachweise und Urteilskraft noch vorsichtiger und deutungsbedürftiger werden als sie es heute schon sind. Vgl. *Dörner/Menold/Pfitzer/Oser* (2003, S. 589); zur problemorientierteren Ausrichtung und aussagefähigeren Gestaltung des Prüfungsberichts vgl. näher *Gross/Möller* (2004, S. 317 ff.) sowie die Neufassung des IDW PS 450.

4.2 Diskussion von Kernmaßnahmen

Die weitgehende Diskussion zur Corporate Governance verdeutlicht, dass in den Unternehmen eine umfassende, ausgewogene, angemessene und wirksame Überwachungskultur entwickelt, angewendet und gepflegt werden muss, deren Bestandteile mit den Stichworten Unabhängigkeit, Kompetenz, Transparenz, Effizienz und vor allem Qualität zu beschreiben sind.[209] Abschließend soll auf – aus Sicht der Verfasser – zentrale Gegenmaßnahmen aus den Bereichen Rechnungslegung, Prüfung und Strafrecht eingegangen werden.

4.2.1 Einführung von klaren, eindeutigen und harmonisierten Rechnungslegungsstandards

Rechnungslegung dient der Rechenschaftslegung und schafft dadurch Vertrauen bei den Stakeholdern. Sie übernimmt als „Sprache des Unternehmens" die Aufgabe, über die aktuelle VFE-Lage zu berichten und die effektiven ökonomischen Sachverhalte transparent abzubilden. Insofern kommt ihr eine bedeutende Informationsfunktion im Rahmen der Kommunikation nach außen zu. Allerdings ist sie – wie auch die Abschlussprüfung – keine Marketing-Veranstaltung, sondern ein Rechtsakt.[210]

Es wird zum Teil die Ansicht vertreten, Ursache der Bilanzskandale wäre zunächst das Versagen der Rechnungslegungsvorschriften gewesen. Die Fallstudien zeigen jedoch, dass die Bilanzskandale nicht durch „fehlerhafte" Rechnungslegungsstandards entstanden sind, sondern durch bewusste Manipulationen der Accounting-Daten.[211]

Interessanterweise sind Bilanzskandale bei allen Rechnungslegungssystemen (HGB, IAS/IFRS, US-GAAP und lokalen GAAP) aufgetreten: gegen kriminelle Handlungen von Managern – eventuell sogar gedeckt durch den Wirtschaftsprüfer – ist jedes Rechnungslegungssystem machtlos. Die Rechnungslegung kann nicht besser sein, als es das Unternehmensmanagement will.[212] Ein richtig verstandenes und angewandtes Accounting – ganz so *Meyer* – ist aber bestens in der Lage, die ökonomische Realität abzubilden.[213] Die Qualität der Rechnungslegung hängt damit weniger von den eigentlichen Normen als vielmehr von deren Umfeld und Rahmenbedingungen, insbesondere den Kontrollmechanismen, ab.

---

[209] Vgl. *Lück* (2004, S. I); sinngemäß ganz so *Peemöller* (2003a, S. I).

[210] Vgl. *Luttermann*, HB vom 30.01.2002 („Der Fall Enron entzaubert die amerikanischen Bilanzregeln") sowie *Böcking/Link*, Börsen-Zeitung vom 31.12.2002 („Grundlagen für eine bessere Corporate Governance in Deutschland").

[211] Vgl. auch *Meyer* (2003, S. 702).

[212] Vgl. *Küting* im Interview des Manager Magazins vom 15.03.2002 („Das muss weh tun"): „Jede Bilanzierung ist so gut, wie der Bilanzierende es wünscht."

[213] Vgl. *Meyer* (2003, S. 701).

Die Bilanzskandale sind somit nicht primär eine Frage des Bilanzierungssystems. In jedem System werden Ermessensspielräume bestehen und Sachverhaltsgestaltungen möglich sein.[214] Nicht realistisch ist daher die Vorstellung, die Rechnungslegung müsse exakt sein: wahre Werte in der Bilanzierung und Bewertung sind und bleiben ein Mythos, zumal zunehmend Informationen generiert werden müssen, die sich aus der Perspektive der Zukunft als relevant erweisen.

In der Vergangenheit wurden vor allem die US-GAAP-Normen geradezu euphorisch als Inbegriff einer verlässlichen Bilanzierung gepriesen. Sie galten gegenüber den Vorschriften des HGB, die als „Spielbälle der Bilanz-Jongleure" angesehen wurden, als weit überlegen.[215] Spätestens mit dem Fall *Enron* erwies sich dieses Schwarz-Weiß-Denken als zu sehr vereinfacht.

Im Gegensatz zum HGB, das im Sinne eines „Code Law" einen prinzipienorientierten Ansatz verfolgt, zeichnen sich die US-GAAP als „Case Law" durch umfangreiche Einzelregelungen aus. *Böcking/Link* betonen, dass die höhere Regelungsdichte jedoch nicht zwingend entscheidungsrelevantere Informationen zur Folge haben muss, wie die zahlreichen US-Skandale gezeigt haben. Auch *Behr* sieht in dem hohen Detaillierungsgrad der US-GAAP keine Stärke, sondern vielmehr eine Schwäche: „Je engmaschiger ein Regelwerk, desto schneller findet sich die Lücke. Das kennt man ja vom Steuerrecht her."[216] *Behr* führt folgenden Vergleich an: „Das ist wie mit einem Hasen, der Haken schlägt. Mit einem scharf zielenden Gewehr treffen Sie ihn kaum, mit einer Schrotflinte schon."

Die grundsätzliche Problematik der Ausnutzung bilanzpolitischer Spielräume lässt sich weder durch prinzipienorientierte noch durch einzelregelorientierte Standards lösen. Die amerikanischen Standardsetter mussten erkennen, dass nicht für jeden theoretischen Spezialfall Lösungen angeboten werden können. Prinzipienorientierte Systeme hingegen bergen die Gefahr von Regelungslücken in sich und eröffnen weitgehende gesetzliche Wahlrechte. Wenngleich in der GAAP-Landschaft nur wenige solcher Wahlmöglichkeiten existieren, so treten an ihre Stelle Ermessensspielräume und Sachverhaltsgestaltungen. Hinzukommen eine Vielzahl unbestimmter Rechtsbegriffe. Durch diese „Hintertüren" zieht auch bei US-GAAP die Bilanzpolitik ein. *Küting* weist darauf hin, dass bei Abschlüssen

---

[214] Vgl. nur *Pellens* im Interview der Wirtschaftswoche 5/2002 („Die Mega-Blamage: Drastisch Reagieren") und *Küting* im Interview des Manager Magazins (Fn. 212). Ganz so *Wahrenburg* (Die Zeit 28/2002: „Tricks im Zahlenwerk"), für den das gegenwärtige Problem kein Problem von US-GAAP, IFRS oder HGB ist; Schuld habe zunächst die UL. Schließlich bemerkt auch *Boemle* (bei *Schaller* (2003)), dass der Hebel zur Rückgängigmachung der Fehlentwicklungen sicher nicht primär bei den Rechnungslegungsvorschriften angesetzt werden müsse, sondern vielmehr bei der Mentalität der verantwortlichen Rechnungsleger.

[215] Vgl. *Küting* in „Die Zeit" 3/2003 („Tricksen nach internationalen Regeln").

[216] Zitiert u.a. bei *Wägli* (2003, S. 11).

nach HGB die Unternehmenskrisen und -zusammenbrüche aufgrund geänderter Ausübung der Wahlrechte erkannt und vorhergesagt werden konnten, die Skandale in den USA aber quasi „über Nacht" eintraten.

In Europa sind die IAS/IFRS auf dem Vormarsch: nach der am 19.07.2002 verabschiedeten IAS-Verordnung der EU müssen ab 2005 alle kapitalmarktorientierten Mutterunternehmen den Konzernabschluss nach IAS/IFRS erstellen (US-GAAP-Anwender ab 2007). Mit dem BilReG wird auch nicht-kapitalmarktorientierten Unternehmen die Möglichkeit eröffnet, nach IAS/IFRS zu bilanzieren. Gerade dieses Nebeneinander der unterschiedlichen Rechnungslegungssysteme in Deutschland ist allerdings überaus problematisch.[217] Es kann im Einzelfall zur Aufstellung

- eines *US-GAAP-Abschlusses* für die SEC
- eines *IAS/IFRS-Konzernabschlusses* für die Veröffentlichung in Deutschland
- eines *IAS/IFRS-Einzelabschlusses* auf freiwilliger Basis (z. B. für Ratingzwecke)
- eines *HGB-Einzelabschlusses* als Basis für die Ausschüttungsbemessung und die steuerliche Gewinnermittlung
- einer *„Steuerbilanz"* für die Steuererklärung sowie
- einer *Controlling-Steuerungsrechnung* für interne Zwecke

kommen. Die jeweiligen Ergebnisse weichen erheblich voneinander ab und sind nicht mehr miteinander vergleichbar. Die Versuchung für die UL ist daher groß, diese Informationsflut für bewusste Bilanzmanipulationen auszunutzen. Zielvorstellung sollte folglich die Entwicklung einheitlicher und harmonisierter Rechnungslegungsgrundsätze für alle Abschlüsse sein – wenngleich dies auch eine „Herkulesarbeit" sein mag.

Zu begrüßen ist daher das Bestreben von SEC und EU nach Konvergenz von US-GAAP und IAS/IFRS-Abschlüssen. Zur Verwirklichung dieses Ziels ist geplant, dass Unternehmen, die einen IAS/IFRS-Abschluss vorlegen, spätestens ab 2009 keine Überleitungsrechnung („Reconciliation") mehr vornehmen müssen, um an den US-amerikanischen Finanzmärkten anerkannt zu werden. SEC und EU haben sich in diesem Zusammenhang auf eine „Roadmap" zur gegenseitigen Anerkennung der Rechnungslegungssysteme geeinigt und ein Konvergenzprojekt initiiert.[218] In Deutschland könnte das in Vorbereitung befindliche Bilanzrechtsmodernisierungsgesetz (BilModG) eine Annäherung der HGB-Vorschriften an die IAS/IFRS bewirken. Das HGB würde sich damit in Richtung „IFRS-light" fortentwickeln.[219]

---

[217] So *Küting* (2004, S. I); es kann als Mitauslöser der aktuellen Vertrauenskrise gesehen werden.
[218] Vgl. *Berndt* (2005).
[219] Vgl. *Ringwald* (2005, S. 25 ff.). Banken und Ratingagenturen sehen langfristig für ihre Analysen keine getrennten Auswertungsmodule für HGB- und IAS/IFRS-Abschlüsse vor.

4.2.2 Weiterentwicklung des Risikoorientierten Prüfungsansatzes zu einem Fraud- & Error-orientierten Prüfungsansatz

> *„The auditor is not bound to be a detective or to approach his work with suspicion or with a foregone conclusion that there is something wrong. He is a watchdog, not a bloodhound."* [220]
>
> *„The responsibility of auditors to detect fraud is analogous to the responsibility of police officers to find criminals. It would be absurd for police officers to deny such a responsibility, but it would be unreasonable to expect them to always find criminals."* [221]

Wenngleich die Erwartungen der Öffentlichkeit an Gegenstand und Umfang der Jahresabschlussprüfung über die tatsächlich vorhandenen Möglichkeiten und den gesetzlichen Auftrag hinausgehen,[222] so kann sich der AP in Zukunft – auch um die vielzitierte „Erwartungslücke" zu schließen – dennoch nicht mehr nur auf die Funktion eines „Watchdogs" beschränken, sondern muss verstärkt Verantwortung bei der Aufdeckung von Top Management Fraud übernehmen.[223] Vor allem darf sich der AP nicht „aus der Verantwortung stehlen wollen", wie es zuweilen in der Öffentlichkeit den Eindruck erweckt. Der AP ist integraler Bestandteil der Corporate Governance. Er bestätigt als „Treuhänder der Kapitalmärkte" mit seinem Testat die Ordnungsmäßigkeit der Rechnungslegung gegenüber den externen Adressaten und verleiht dieser dadurch erst Vertrauenswürdigkeit.[224]

Die Primärverantwortung für die Vermeidung und Aufdeckung von Fraud liegt beim Vorstand. Dieser hat nach § 91 II AktG hierzu geeignete organisatorische Vorkehrungen zu treffen. Darüber hinaus ergibt sich aus § 111 I AktG die Pflicht des AR, die Geschäftsführung zu überwachen, so dass bei Bilanzdelikten auch der AR zur Verantwortung gezogen wird.

---

[220] Für den Berufsstand der Prüfer wegweisender Urteilsspruch im britischen *„Kingston Cotton Mill"*-Fall von 1896. Vgl. *Gisler* (1994, S. 48).
[221] *Winters/Sullivan*, „Auditing for Fraud", 1994, zitiert bei *Sell* (1999, S. 1).
[222] So wurde nach jedem Bilanzskandal die Frage gestellt „Where were the auditors?" und oftmals unmittelbar Rückschluss gezogen auf ein Versagen des AP. § 317 I S. 3 HGB verlangt vom AP, die Abschlussprüfung so anzulegen, dass Unrichtigkeiten und Verstöße gegen gesetzliche Vorschriften und sie ergänzende Bestimmungen des Gesellschaftsvertrages oder der Satzung, die sich auf die Darstellung eines den tatsächlichen Verhältnissen entsprechenden Bildes der VFE-Lage des Unternehmens wesentlich auswirken, bei gewissenhafter Berufsausübung erkannt werden.
[223] Vgl. im Folgenden *Schruff* (2003, S. 901 ff.).
[224] So *Küting*, FAZ vom 25.11.2002; vgl. auch *Wiedmann*, Börsen-Zeitung vom 15.05.2003.

Der AP muss entscheiden, ob er von der Integrität des Vorstands ausgehen kann oder ob er damit rechnen muss, von diesem getäuscht zu werden. Im Kern geht es somit um das Konzept der kritischen Grundhaltung des IDW PS 200, wonach bei der Prüfungsplanung und -durchführung von der Vertrauenswürdigkeit und Ehrlichkeit der Geschäftsführung ausgegangen werden kann, solange keine gegenteiligen Umstände bekannt sind. Ein über diese kritische Grundhaltung hinausgehendes besonderes Misstrauen des AP ist nach den Berufsgrundsätzen in der Regel aber nicht erforderlich. In der Praxis wird dieses Konzept regelmäßig so interpretiert, dass kein Top-Manager von vornherein als potenzieller Betrüger anzusehen ist.

Es wird empfohlen, dieses „Fraud Awareness-Konzept" dahingehend weiterzuentwickeln, dass der AP die Unehrlichkeit des Top-Managements bereits ex-ante in Betracht zieht. Der AP darf nicht von der prinzipiellen Richtigkeit der ihm erteilten Auskünfte ausgehen, sondern muss diese stets kritisch hinterfragen. Er sollte sich von seinen bisherigen Erfahrungen aus dem Mandatsverhältnis lösen und die Integrität der Mitglieder des Geschäftsführungsorgans nicht mehr als gegeben voraussetzen. Hierdurch könnte er verstärkt für etwaige Anzeichen von kriminellen Handlungen sensibilisiert werden.

Deckt er etwa Anzeichen dafür auf, die Zweifel an der Authentizität von Dokumenten aufkommen lassen, so muss seine berufliche Skepsis auch bei der Prüfung anderer Unterlagen steigen und deren bislang unterstellte Echtheit in Zweifel gezogen werden.[225] Aufgabe des AP muss es in der Folge sein, jeden geprüften Beleg auf Fälschungsspuren zu untersuchen.

Teilweise sind die Dokumente allerdings so professionell gefälscht, dass eine Aufdeckung der „Fakes" nur unter Mitwirkung kriminalistisch geschulter Spezialisten möglich ist. In diesen Fällen sollte der AP bei Identifizierung von Fraud-Risk-Indikatoren unverzüglich forensische Prüfer hinzuziehen. Überwiegend erfolgen Fälschungen von Verträgen, Rechnungen oder Kontoauszügen aber mit relativ trivialen Methoden (vgl. etwa die Fälle *Parmalat* oder *Flowtex*), z. B. durch Ausradieren, Überschreiben, Ausschneiden oder Zusammenkleben. Die „Ergebnisse" werden sodann kopiert und per Fax übermittelt. Missbräuchliche Gestaltungsmöglichkeiten eröffnen natürlich insbesondere auch die modernen IT-Systeme.

In der Prüfungspraxis ist der sog. *„Risikoorientierte Prüfungsansatz"* zwischenzeitlich zum Standard geworden.[226] Hierbei nimmt die Bedeutung von Detail- bzw. Einzelfallprüfungen zunehmend ab. Vielmehr wird zunächst versucht, im System Lücken oder Schwachstellen zu erkennen. Es erfolgt eine klare Ausrichtung auf die Prüfung der Geschäftsprozesse, durch die sämtliche Risiken identifi-

---

[225] Vgl. *Sell* (1999, S. 38 ff.).
[226] Vgl. nur den „KPMG Business Audit"-Ansatz (*KPMG* 2002a).

ziert werden sollen.²²⁷ Hintergrund ist die Überlegung, dass die Risiken im Geschäft des Mandanten schließlich auch die Risiken im Jahresabschluss darstellen. Eine wichtige Rolle spielen auch Materiality-Überlegungen sowie analytische Prüfungshandlungen.

Kernvoraussetzungen für die Anwendung eines risikoorientierten Prüfungsansatzes sind daher fundierte Kenntnisse über das Geschäftsmodell des geprüften Unternehmens und die Branche („Understanding your client's business"), so dass der AP vor allem Informationen über das Geschäftsumfeld des Mandanten benötigt.

Allerdings basiert dieses Konzept auf der Annahme eines vorhandenen IKS, welches im Falle von Top Management Fraud jedoch regelmäßig ausgeschaltet oder umgangen wird. Der risikoorientierte Prüfungsansatz muss daher im Sinne eines *„Fraud- & Error-orientierten Prüfungsansatzes"* weiterentwickelt werden, im Rahmen dessen der AP etwa die folgenden – erweiterten – Prüfungspflichten erfüllen muss, um Fraud-Risiken explizit beurteilen, typische wiederkehrende Tatmuster erkennen und letztlich die öffentlich wahrgenommene „Performance Gap" schließen zu können:²²⁸

– *Recherchen zu Unternehmen, Personen, Märkten und Ländern* (insbesondere bei Erstprüfungen bzw. Mandatsübernahmen) hinsichtlich verdachtsbegründender Informationen (z. B. über Pressenotizen und öffentliche Register)
– *Identifizierung von Red Flags und Prüffeldern mit hoher Fraud-Wahrscheinlichkeit* während der Prüfungsplanung im Rahmen von Erörterungen im Prüfungsteam; z. B. Brainstorming anhand des „Fraud Triangle"-Ansatzes => *„team fraud discussion"*: offener Austausch von Ideen und Einschätzungen auf Basis einer hinterfragenden Grundeinstellung („professional skepticism")
– *Befragung von Aufsichtsräten, internen Revisoren und leitenden Mitarbeitern des Unternehmens* (zumal aus den Bereichen IT, Personal und Tax sowie aus der Rechtsabteilung) bezüglich deren Einschätzung des Risikos von Top Management Fraud bzw. nach Kenntnissen über bestehenden, vermuteten oder behaupteten Fraud in einer frühen Phase der Prüfung („expanded inquiries")
– *Verstärkte Einbeziehung von Überraschungs- bzw. Zufallselementen* bei der Auswahl von Art, Zeitpunkt und Umfang der Prüfungshandlungen (z. B. durch Veränderungen bei den Verfahren der Stichprobenauswahl, die Durchführung von Prüfungshandlungen an vorher nicht bekannt gegebenen Standorten und die verstärkte Prüfung durch Beobachtung oder körperliche Inaugenscheinnahme)

---

[227] Vgl. *Sell* (1999, S. 94 ff. und S. 157 ff.).
[228] Vgl. *Montgomery/Beasley/Menelaides/Palmrose* (2002, S. 64 ff.), *Schruff* (2003, S. 906 ff.), *Schruff* (2005, S. 208) sowie *Schindler/Gärtner* (2004, S. 1238 ff.). Teilweise sind diese Prüfungshandlungen aber bereits Bestandteil des üblichen „Prüfungsprogramms".

- *Verpflichtung zur Durchführung von gezielten Prüfungshandlungen im Hinblick auf „Management Override"*
- *Verpflichtende Berücksichtigung des Risikos von Fraud im Rahmen der Umsatzrealisierung*, d. h. zwingend fraud-risk-bezogene aussagebezogene Prüfungshandlugen zum Thema „Revenue Recognition"
- *Verstärkte kritische Prüfung von Nachtrags- oder Korrekturbuchungen*, die nach dem offiziellen Buchungsschluss (häufig in der sog. „13. Buchungsperiode") im Rahmen der Erstellung des Abschlusses veranlasst wurden („year-end adjustments")
- *Vermehrte Stichprobenprüfungen von geschätzten und pauschal ermittelten Werten* (z. B. Rückstellungen) hinsichtlich möglicher Einflussnahmen durch das Top-Management
- *Plausibilisierung der wirtschaftlichen Hintergründe wesentlicher Transaktionen*

Hat sich ein Verdacht auf kriminelle Handlungen bestätigt, so ist der AP verpflichtet, hierüber unverzüglich den AR zu informieren. Eine Offenlegung gegenüber Dritten (z. B. Aktionären, Gläubigern oder der Staatsanwaltschaft) ist aufgrund der gesetzlichen Verschwiegenheitspflicht des AP gemäß § 43 I WPO, § 323 I HGB und § 203 I StGB unzulässig. Um Bilanzdelikte in Zukunft frühzeitig und effektiv bekämpfen zu können, wäre an eine Lockerung dieser Schweigepflicht zu denken. Bei bestehendem Tatverdacht sollte eine Anzeigepflicht des AP gegenüber den staatlichen Ermittlungsbehörden eingeführt werden.[229]

In Betracht gezogen werden könnte in diesem Fall auch die Niederlegung des Mandats. Eine Kündigung des Prüfungsauftrags ist nach § 318 VI HGB aus wichtigem Grund (z. B. wegen arglistiger Täuschung des Prüfers bzw. des Wegfalls der Vertrauensgrundlage) zulässig. Allerdings könnte dann in der Öffentlichkeit der Eindruck entstehen, der AP würde sich seiner Verantwortung entziehen, was die Erwartungslücke eher noch vergrößern würde.

---

[229] Die geforderte Einführung einer Redepflicht des AP bei Verdacht auf Straftaten (vgl. z. B. auch *Küting*, FAZ vom 25.11.2002) wird von *Schruff* (2003, S. 909 f.) allerdings abgelehnt. Zur Zielantinomie zwischen der Pflicht zur Berichterstattung und der Geheimhaltung vgl. näher *Gisler* (1994, S. 172 ff.).

4.2.3 Management Auditing

Die Erwartungshaltung der Stakeholder verlangt nach einer Ausweitung der Prüfungstätigkeit: so wird immer wieder gefordert, den gesetzlichen Prüfungsauftrag der handelsrechtlichen Jahresabschlussprüfung nach dem Vorbild der genossenschaftlichen Pflichtprüfung (§ 53 I GenG) um eine Prüfung der Geschäftsführung zu erweitern.[230]

Der Gedanke der Geschäftsführungsprüfung ist keineswegs neu: diese ist z. B. nach den §§ 142 und 171 II AktG (Sonderprüfungen, Prüfungen durch den AR) und auch bei Prüfungen der Unternehmen der öffentlichen Hand nach § 53 HGrG bereits verpflichtend vorgeschrieben. Bei der Einführung des Genossenschaftsgesetzes im Jahre 1889 sah der Gesetzgeber bereits „unter Berücksichtigung der Katastrophen, die bei den Genossenschaften eingetreten sind und ihre wesentlichen Ursachen haben in Ausschreitungen bei der Geschäftsführung und im Mangel einer genügenden Kontrolle über dieselbe" ein solches Management Auditing als erforderlich an.

In der Gesetzesbegründung waren u. a. die folgenden Punkte angesprochen: „Unredlichkeit von Vorstehern, Geldanlage in unsicheren Effekten, (…), mangelndes Verständnis über die Notwendigkeit der Ansammlung gesunden Eigenvermögens, Mängel in der Organisation, Fehlen einer eindringlichen Aufsicht". Da diese Missstände auch außerhalb des Genossenschaftswesens nach wie vor von hoher Aktualität sind, erscheint eine Geschäftsführungsprüfung zur Bekämpfung von Bilanzdelikten grundsätzlich sinnvoll. Eine solche Prüfung müsste sowohl ein Funktionsaudit als auch ein Struktur- und Prozessaudit beinhalten und sich vor allem auf folgende Bereiche erstrecken:[231]

– Geschäftsführungsorganisation:
z. B. ordnungsgemäße Besetzung der Führungspositionen (Persönlichkeit, Kompetenz, Alter und Potenzial der Manager); Gliederung der Geschäftsbereiche im Vorstand; Unterstützung durch leitende Mitarbeiter; Hierarchien im Unternehmen
– Geschäftsführungsinstrumentarium:
z. B. Planungsunterlagen; Steuerungs- und Kontrollinstrumente (insbes. RMS, IKS)
– Geschäftsführungstätigkeit:
z. B. Beachtung von Gesetz, Satzung und Geschäftsordnung; Einhaltung von bestimmten Verfahren zur Entscheidungsfindung; Wahrung des Vier-Augen-Prinzips

Gleichwohl ist ein Management Auditing durch den AP nicht unproblematisch. Gegen eine Führungsprüfung werden u. a. folgende Argumente vorgebracht:

---

[230] Vgl. *Peemöller/Finsterer/Weller* (1999, S. 345 f.).
[231] Vgl. *Peemöller/Husmann* (1997, S. 1064 ff.) und *Weller* (1998, S. XVII).

- Führungsentscheidungen werden großteils ad hoc und intuitiv getroffen, so dass eine hinreichend genaue und nachvollziehbare Dokumentation häufig nicht vorliegt.
- Ein Management Auditing stellt hohe Anforderungen an den Prüfer (insbes. setzt es Managementdenken voraus) und kann nicht von Prüfungsassistenten durchgeführt werden, die bislang nur mit routinemäßigen Jahresabschlussprüfungen betraut waren.
- Prüfung ist eine kritische Tätigkeit, die nicht so sehr die Erfüllung als vielmehr die Abweichung ermittelt. Der Prüfer könnte eine unfaire Auswahl der Prüfungsobjekte vornehmen und nur die Fehlentscheidungen aufgreifen, was Imageverluste der Führungskräfte zur Folge hätte.
- Der Prüfer dürfte nur den Informationsstand des Managers zur Zeit der jeweiligen Entscheidung zugrunde legen und diese nicht am Kenntnisstand der Gegenwart messen. Da er dazu kaum in der Lage ist, lässt sich Führung in diesem Sinne nur schwer prüfen.

Besonders kritisch wird eine Führungsprüfung durch die Interne Revision gesehen: die Abhängigkeit der Revisionsabteilung von der UL würde dem entgegenstehen. Außerdem würde durch den Nachweis von Fehlern oder Manipulationen deren Autorität untergraben. Erst die Unterstellung der Internen Revision unter das Audit Committee bzw. das Outsourcing von Revisionsleistungen würden eine solche Führungsprüfung ermöglichen.[232]

Umfassende Geschäftsführungsprüfungen können eine Verbesserung des Betriebsgeschehens herbeiführen und ein wichtiges Instrument zur Vermeidung von Bilanzdelikten darstellen: die Selbstkontrolle und Selbstkritik der UL allein reicht in keinem Fall aus. Es darf im Unternehmen keine prüfungsfreien Räume geben. Es müssen alle auf dem Prüfstand stehen.

---

[232] Zur Diskussion des Management Auditing durch die Interne Revision vgl. auch *Peemöller* in *Förschle/Peemöller* (2004, S. 156). Das Management Auditing ist – neben dem Financial Auditing und dem Operational Auditing – explizit als Aufgabe der Internen Revision anzusehen.

4.2.4 Enforcement der Rechnungslegung

Zur Rückgewinnung des Vertrauens der Stakeholder in richtige, verlässliche und glaubwürdige Unternehmensinformationen wurde in Deutschland seit einigen Jahren als weiteres CG-Element bzw. als „dritte Säule neben AR und AP" das sog. „Enforcement" gefordert,[233] die „Überwachung der Rechtmäßigkeit konkreter Unternehmensabschlüsse durch eine außerhalb des Unternehmens stehende, nicht mit dem gesetzlichen AP identische, unabhängige Stelle".[234]

Ein solches Enforcement muss stets in eine wirksame „Infrastruktur" eingebettet sein, die nach Auffassung der *EU* folgende fünf Komponenten zu enthalten hat:

- klar abgefasste Rechnungslegungsstandards
- deren zeitnahe Auslegung und Anleitung zur Umsetzung
- gesetzliche Abschlussprüfung
- Kontrollen durch Aufsichtsinstanzen und
- wirksame Sanktionen.

Daneben wären nach einer Forderung der *FEE* weitere Rahmenbedingungen (wie z. B. die verantwortungsvolle Abschlusserstellung durch die UL) zu erfüllen.[235] Hierdurch soll Unregelmäßigkeiten bei der Abschlusserstellung präventiv entgegengewirkt werden; sofern diese dennoch auftreten, sollen sie aufgedeckt und offen gelegt werden.

Kontrovers geführt wurde die Debatte hinsichtlich der Organisationsform bzw. der konkreten Ausgestaltung der Enforcement-Einrichtung. Einigkeit bestand lediglich insoweit, dass es in jedem Fall einer zusätzlichen Kontrollinstanz bedarf.[236] Neben den beiden „Grundformen" einer staatlichen Aufsichtsbehörde und eines privaten Panels[237] wurden in der Literatur verschiedene Kombinationsmodelle diskutiert. Die Diskussion beschränkte sich jedoch de facto auf die Gegenüber-

---

[233] Sinngemäße Übersetzung „die Erzwingung von richtigen Abschlüssen"; vgl. auch *Ernst* (2004, S. 936).

[234] So die Definition der Bundesregierung. Der *AKEU* (2002, S. 2173) bezeichnet das Enforcement als eine „über die Abschlussprüfung hinausgehende (...) Institution als Maßnahme zur Verbesserung der deutschen bzw. europäischen Finanzberichterstattung".

[235] Vgl. *Oberste-Padtberg* (2002, S. 272) und *Förschle* in *Förschle/Peemöller* (2004, S. 779).

[236] Zur „Enforcement-Lücke" im deutschen Recht vgl. z. B. *Baetge* (2003, S. 7), *Böcking* (2003, S. 692) und *Druey* (2004, S. 66). Auch nach Auffassung von *Hütten/Lorson* (2002, S. 122) ist „die Einrichtung einer solchen Institution eher überfällig denn überflüssig".

[237] Das *IDW* favorisierte lange Zeit den privatwirtschaftlichen Ansatz; demgegenüber traten viele Autoren (so z. B. *Küting* und *Böcking*) sowie der *AKEU* für eine staatliche Lösung ein: noch wäre das Vertrauen der Öffentlichkeit in staatliche Instanzen aufgrund der größeren Unabhängigkeit höher als in private Einrichtungen.

stellung zweier konkreter Referenzmodelle der Regulierungspraxis: der britischen FRRP- und der amerikanischen SEC-Lösung.

Argumente für eine *private* FRRP-Lösung	Argumente für eine *staatliche* SEC-Lösung
Selbstüberprüfung und Selbstbereinigung durch eine privatwirtschaftliche Kontrollinstanz	*Weitgehende Auskunfts- und Vorlagerechte*
	Umfangreiches Sanktionsinstrumentarium
Förderung der Kooperationsbereitschaft der Unternehmen durch Vermeidung eines hoheitlichen Über- und Unterordnungsverhältnisses	*Tatsächliche Durchsetzung der Beseitigung* festgestellter und nicht einvernehmlich beseitigter Bilanzierungsverstöße
Qualitativ hochwertige Besetzung des Enforcement-Gremiums	*Personelle, rechtliche und finanzielle Unabhängigkeit:* Freiheit von wirtschaftlichen und tatsächlichen Zwängen
SEC-Modell per se nicht auf deutsche Verhältnisse übertragbar:	*Uneingeschränkte Akzeptanz und Autorität*
– Aufbau einer staatlichen Behörde mit hoch spezialisierten und in permanenter Fortbildung befindlichen Fachleuten zumindest kurzfristig kostenmäßig nicht zu bewerkstelligen	*Erfüllung der Abschreckungsfunktion* des Enforcements
	Behördenstatus: Effektive Kooperation mit anderen nationalen und internationalen Institutionen
– Integration in das deutsche Behördensystem problematisch, da US-Enforcement-Institution mit legislativen, exekutiven und judikativen Aufgaben nicht mit dem deutschen verfassungsrechtlichen Grundsatz der Gewaltenteilung vereinbar	=> „Bilanzpolizeiliche Aufsicht eines autoritären Wachhundes" statt „honoriger britischer Herrenclub" (Küting 2002, S. I)

Hütten/Lorson bedauern, dass in der Debatte andere international anerkannte Durchsetzungsinstanzen wie die französische COB oder die italienische CONSOB unerwähnt blieben, obwohl diese Länder unserem Rechtssystem näher stehen als die USA oder Großbritannien".[238] Sowohl Frankreich als auch Italien haben ein einstufig-staatliches Enforcement-System.

Erstmals war es jedoch *Hommelhoff*, der mit seinem „Zwei-Säulen-Modell" einen vermittelnden „Sowohl-als-auch-Weg" empfahl.[239] Mit dem Bilanzkontrollgesetz (BilKoG) hat der Gesetzgeber diesen Vorschlag aufgegriffen und einen im internationalen Ländervergleich bislang einmaligen, „genuin deutschen" Ansatz, das „Zwei-Stufen-Enforcement" entwickelt. Letztlich versucht das BilKoG, die Vorteile sowohl des privatwirtschaftlichen Modells Großbritanniens als auch der US-amerikanischen Behördenlösung zu verwirklichen.[240] Durch ein Nacheinander von privatrechtlichem und behördlichem Prüfverfahren innerhalb eines einheitlichen Durchsetzungsprozesses will der Staat auf das vorhandene Selbstregulie-

---

[238] Vgl. *Hütten/Lorson* (2002, S. 124).
[239] Vgl. *Hommelhoff* (WPg-Sonderheft 2001, S. S39 ff.). Ein weiteres zweistufiges Modell entwickelte z. B. auch der Arbeitskreis Baetge/Lutter (vgl. ausführlich *Baetge* 2003, S. 32 ff.).
[240] Zu einer Würdigung des FRRP vgl. *Haller/Eierle/Evans* (2001, S. 1673 ff.), zum SEC-Enforcement *Wüstemann* (2002, S. 718 ff.).

rungspotenzial der Wirtschaft zurückgreifen. Insofern trägt das Gesetz dem Grundsatz „Soviel privat wie möglich, soviel staatlich als nötig" Rechnung.[241]

Das BilKoG wurde – wie auch das Bilanzrechtsreformgesetz (BilReG) – am 29.10.2004 mit den Stimmen aller Fraktionen vom Bundestag verabschiedet und trat zum 01.01.2005 in Kraft. Das HGB, das WpHG und das FinDAG wurden durch die Neuregelungen um zusätzliche Vorschriften zum Enforcement erweitert. Der Start des Bilanzkontrollverfahrens selbst erfolgte allerdings erst zum 01.07.2005 und damit sechs Monate später als ursprünglich geplant. Grund für die Verschiebung waren Probleme bei der Rekrutierung geeigneter Prüfer und bei der Finanzierung.[242]

Das vorgesehene Enforcement-System kann einen wesentlichen Beitrag zur Ordnungsmäßigkeit und zu einer verbesserten Qualität der Rechnungslegung leisten. Durch diese „weitere Stütze im Bestreben nach richtigen Jahres- und Konzernabschlüssen"[243] könnte zudem die Position des AP gegenüber dem Mandanten gestärkt werden. Diese Ansicht wird gleichwohl nicht von allen Wirtschaftsprüfern geteilt. Manche Wirtschaftsprüfer befürchten durch den Zuwachs an Regulierungsdichte eine weitere Untergrabung ihrer Autorität, die in den vergangenen Jahren (z. B. durch die Einführung des Peer Review) schon gelitten hat. Beim Anlegerpublikum hängt eine Akzeptanz wohl entscheidend davon ab, ob hierdurch weitere Bilanzskandale unterbunden werden können. Dies kann heute noch nicht abschließend beurteilt werden; gegenüber krimineller Energie wird letztendlich jeder Prüfer machtlos sein. Auch würden Zweifel an der persönlichen und fachlichen Kompetenz der „Wächter über die Wächter"[244] die Erfolgsaussichten des Systems schmälern.

Der *eine* globale Kapitalmarkt – derzeit noch Vision – erfordert einheitliche Rahmenbedingungen. Bezüglich des Enforcements haben derzeit aber noch nationale Ansätze Vorrang. Mittelfristig müsste zumindest auf europäischer Ebene eine Harmonisierung des Enforcement-Prozesses angestrebt werden, so dass das BilKoG wohl nur als Übergangslösung gesehen werden kann.

Um die europaweit einheitliche Auslegung und Anwendung der IAS/IFRS sicher zu stellen, aber auch um die EU – z. B. in der Diskussion mit der amerikanischen SEC – durch eine gemeinsame Institution („Enforcement-Holding") repräsentieren zu können, erscheint die Implementierung einer zentralen europäischen

---

[241] Zum Enforcement nach dem BilKoG vgl. näher Teil 6 des Anhangs.
[242] Vgl. HB vom 22.10.2004 („Bilanzpolizei startet später als geplant").
[243] Vgl. *Geiger*, WPg-Sonderheft 2003, S. S101.
[244] Vgl. *Küting* (2002, S. I): „Quis custodiet ipso custodes?"

Enforcement-Instanz geboten. Langfristig müsste sogar ein weltweit einheitliches Enforcement ins Auge gefasst werden, da angesichts des fortschreitenden Harmonisierungsprozesses Rechnungslegung und Prüfung in fernerer Zukunft nach globalen Normen erfolgen werden.[245]

4.2.5 Reform des Wirtschaftsstrafrechts

Das deutsche Wirtschaftsstrafrecht ist der Komplexität der modernen Wirtschaftskriminalität nicht mehr gewachsen.[246] Wenngleich es mittlerweile in fast allen Bundesländern Schwerpunktstaatsanwaltschaften für „White Collar Criminality" gibt und in diesen Zentralstellen auch Fachkräfte eingestellt wurden, so sind die Strafverfolgungsbehörden, insbesondere die Gerichte, dennoch personell und sachlich unzureichend ausgestattet.

In Deutschland gibt es keine spezielle Ausbildung zum Wirtschaftsstaatsanwalt, und bei der klassischen Juristenausbildung ist das Wirtschaftsstrafrecht auch nur ein Randgebiet. Die Richter werden grundsätzlich nach den erzielten Ergebnissen im zweiten juristischen Staatsexamen ausgewählt. Die „Wirtschaftswelt" kennen sie häufig nur aus den Akten, das Verständnis für schwierige Fragen der Rechnungslegung ist nicht immer in ausreichendem Maße vorhanden. Gleichwohl müssen sie Zeugen, Sachverständige und Gutachter befragen bzw. deren Aussagen würdigen, was regelmäßig betriebswirtschaftliche (Spezial-) Kenntnisse erfordert.[247]

Die Überforderung der Gerichte ist ein wesentlicher Grund für die zumeist übermäßig lange Dauer der Strafverfahren. *Blattner* erwähnt exemplarisch den Fall des Schweizer „Corporate Raiders" Werner K. Rey und dessen *Omni Holding*. *Rietz* nennt in diesem Zusammenhang die Fälle *Schneider* sowie *Balsam/Procedo* und weist darauf hin, dass sich die Strafverfahren in großen Prozessen mittlerweile über fünf Jahre hinziehen, womit gegen den verfahrensrechtlichen Grundsatz der Prozessbeschleunigung – der raschen Aburteilung der Straftäter – verstoßen wird.[248] Ziel sollte es daher sein, die Wirtschaftsstrafkammern personell zu verstärken, für eine effektive Fortbildung der dort tätigen Richter und Staatsanwälte zu sorgen sowie die Sachmittelausstattung zu verbessern.

Der deutsche Gesetzgeber hat mit den bestehenden Normen des StGB ein umfangreiches „Waffenarsenal" zur Bekämpfung von Wirtschaftskriminalität bereitgestellt:

---

[245] Vgl. *Böcking* (2003, S. 692 ff.).
[246] „Kernthese" der Ausführungen sowohl von *Rietz* (1995) als auch von *Loritz* (2002, S. 2 ff.).
[247] Vgl. *Rietz* (1995, S. 5) und HB vom 23.06.2004 („Auf ein Wort, Herr Staatsanwalt").
[248] Vgl. *Blattner* (2001, S. 412) und *Rietz* (1995, S. 1 f.).

§ 246	Unterschlagung
§ 263, § 263 a	Betrug, Computerbetrug
§ 264, § 264 a	Subventionsbetrug, Kapitalanlagebetrug
§ 265 b	Kreditbetrug
§ 266	Untreue
§ 267	Urkundenfälschung
§ 283, § 283 a–d	Insolvenzstraftaten: Verletzung der Buchführungspflicht, Gläubigerbegünstigung, Schuldnerbegünstigung

Das geltende Bilanzstraf- und -ordnungswidrigkeitenrecht befindet sich seit dem Bilanzrichtliniengesetz (BiRiLiG) von 1985 in den §§ 331–335 HGB. Tathandlungen beispielsweise des § 331 HGB sind die unrichtige Wiedergabe und das Verschleiern der Verhältnisse der Gesellschaft. Die Abgrenzung zwischen beiden Alternativen ist fließend. Grundsätzlich soll das Verbot der unrichtigen Wiedergabe die Bilanzwahrheit, das der Verschleierung die Bilanzklarheit schützen.[249]

Diese Strafvorschriften werden ergänzt durch die Spezialregelungen der §§ 400 AktG, 82 II Nr. 2 GmbHG und 147 II GenG.[250] Das Strafmaß umfasst in diesen Fällen regelmäßig Freiheitsstrafen von bis zu drei Jahren oder Geldstrafen. Zur Verstärkung der Abschreckungswirkung sollte darüber nachgedacht werden, diese strafrechtlichen Normen zu verschärfen.

Der SOA sieht etwa für Wertpapierbetrug in Section 807 einen Freiheitsentzug von bis zu 25 Jahren vor. Ähnlich hohe Strafen drohen auch bei der Vernichtung oder Manipulation von Geschäftsbüchern und bei Irreführung des AP. Nach Section 802 SOA sind bereits der Versuch der Fälschung, Verheimlichung und Zerstörung von Aufzeichnungen, Dokumenten und Gegenständen sowie der Versuch von bewusst fehlerhaften Eintragungen strafbar. Das Verbot der betrügerischen Beeinflussung des AP zum Zwecke der Herausgabe von Abschlüssen mit wesentlichen Fehlern wird in Section 303 SOA konkretisiert.[251]

Allerdings scheinen solche Strafen, deren Zweck sowohl in der Vergeltung als auch in der Abschreckung liegt, ihre „erzieherische Wirkung" auf Top-Manager weitgehend zu verfehlen, wie die auffällige Häufung der Bilanzskandale in den letzten Jahren zeigt. Es ist daher überlegenswert, diese Täter – in der Regel hochintelligente und vermögende Persönlichkeiten, die sich zudem teilweise selbst als Opfer eines fehlgeleiteten Systems sehen und denen häufig das Unrechtsbewusstsein fehlt – nicht wie „gewöhnliche Kriminelle" zu behandeln.

---

[249] Vgl. *Hellmann/Beckemper* (2004, S. 134).
[250] Vgl. *Hellmann/Beckemper* (2004, S. 132) und *Tiedemann* (2004, S. 41).
[251] Vgl. *Schmidt* (2002, S. 36 ff.).

Rietz äußert den Vorschlag, den „White Collar Criminals" gemeinnützige Aufgaben zu übertragen. Er hält in diesen Fällen gesellschaftlich wertvolle Arbeit, etwa karitative Dienstleistungen zur „Wiedergutmachung" – neben den Geld- bzw. Freiheitsstrafen – für angemessen und wirkungsvoll.[252]

Ein Kernproblem stellt schließlich die zunehmende Internationalisierung der Wirtschaftskriminalität und die „Regionalisierung" ihrer Bekämpfung dar.[253] Wie die Analyse der Bilanzskandale zeigt, basierten die Bilanzdelikte häufig auf einem weltweiten Netz von (Schein-) Firmen.

Es ist daher dringend erforderlich, die Zusammenarbeit und den Informationsaustausch zwischen den Ermittlungsbehörden der einzelnen Länder zu verbessern. Vorteilhaft wäre die Harmonisierung des Wirtschaftsstrafrechts innerhalb der EU und langfristig eine Angleichung auf internationaler Ebene.

---

[252] Vgl. *Rietz* (1995, S. 6).
[253] Vgl. *Müller/Wabnitz/Janovsky* (1997, S. V) und *Tiedemann* (2004, S. 4 f.).

Kapitel 5: Schlussbetrachtung: Fazit und Ausblick

Durch die spektakulären Bilanzskandale der vergangenen Jahre, die das Herzstück der vorangegangenen Ausführungen darstellen, hat das Ansehen der Corporate Governance in einem so bislang nicht gekannten Umfang weltweit Schaden genommen. Auch in Deutschland wurden Anleger „skalpiert":[1] es kann nur bedingt die Auffassung geteilt werden, wonach es lediglich einige wenige Hasardeure und schwarze Schafe waren, die den Anlegern finanziellen Schaden zufügten.[2]

Sicher richtig ist aber, dass der ganz überwiegende Teil der Unternehmensleiter, Aufsichtsräte und Prüfer seine Aufgaben den Gesetzen und Verordnungen entsprechend nach bestem Wissen und Gewissen erfüllt. Nicht die gesamte Schafherde ist schwarz. *Strenger* verweist auf die Analyse von deutschen Insolvenzen, die zeigt, dass es vor allem die „externen Faktoren" waren, die überraschende „Abstürze" auslösten. Unternehmerisch werde in Deutschland durchweg Überdurchschnittliches geleistet.[3]

Die Befürchtung, bei den aufgedeckten Bilanzdelikten handle es sich nur um die „Spitze des Eisbergs"[4], kann weder bestätigt noch entkräftet werden. Eine verlässliche Angabe der Dunkelziffer ist nicht möglich.

Im Rahmen der durch die Bilanzskandale ausgelösten Corporate Governance-Diskussion und der zunehmenden Kritik am Überwachungssystem der Aktiengesellschaften wurden vor allem die Abschlussprüfer, die „externen Garanten der öffentlichen Rechnungslegung", als die Hauptschuldigen angesehen.[5]

Bezeichnungen wie „kurzsichtige Pfadfinder im Gestrüpp der Bilanz-Zahlen" (Frankfurter Rundschau) bzw. „Wachhunde, die nicht gebellt haben" (FAZ) sind allerdings weniger Ausdruck der Erwartungslücke als vielmehr einer tendenziösen populistischen Kommunikationspolitik. Dies gilt auch für pauschale, verunglimpfende Bemerkungen wie „Nichts hören, nichts sehen, nichts sagen" (Die Zeit),

---

[1] Der Fachterminus „Scalping" stammt aus dem amerikanischen Kapitalmarkt, in dem schon frühzeitig Anleger durch Finanzmarktbetrüger um ihr Vermögen gebracht wurden; vgl. *Gerke* (2002, S. 13). Im engeren Sinn handelt es sich um den Kauf oder Verkauf von Wertpapieren durch einen Insider kurz vor der Veröffentlichung einer kursrelevanten Tatsache.

[2] So *Zypries* (2003, S. I).

[3] Vgl. *Strenger* (2003, S. I).

[4] Aussage eines KPMG-Mitarbeiters: „Jede WP-Gesellschaft hat ihren Fall Enron im Keller. (...) Und jeder ist am Ende des Tages froh, wenn er unentdeckt geblieben ist." Vgl. Wirtschaftswoche 27/2002.

[5] Vgl. *Hommelhoff/Mattheus* (2004, S. 93).

„Drum prüfe nicht mehr, wer sowieso nichts findet!" (Welt am Sonntag) und den Spruch „Die Sonne scheint zum Fenster 'rein, hak's ab, es wird schon richtig sein!"

Sicherlich sind hinsichtlich des Fachwissens, der Erfahrungen und der persönlichen Integrität der Wirtschaftsprüfer höchste Ansprüche zu stellen, doch regelmäßig ließen auch die unternehmensinternen Überwachungsorgane sowie die Banken und Ratingagenturen bei ihren Recherchen und Prüfungen die notwendige Sorgfalt vermissen: sie beschränkten sich auf oberflächliche „Reviews" oder verließen sich in hohem Maße auf die WP-Testate; gegenseitige Schuldzuweisungen folgten.

Es erscheint somit angezeigt, die vorhandenen „Überwachungsinstrumente" zu schärfen und insbesondere den Abschlussprüfer, den Aufsichtsrat und die Interne Revision verstärkt in die (persönliche) Verantwortung zu ziehen. Zudem ist die Zusammenarbeit zwischen diesen drei Institutionen innerhalb des Gefüges der Unternehmensüberwachung zu intensivieren.

Angesichts der dominanten Bedeutung von Top Management Fraud bei der Begehung von Bilanzdelikten ist ferner die Geschäftsführung durch ein Management Auditing stärker als bisher in die Prüfungen einzubeziehen. Auch die Schaffung einer zusätzlichen „Kontrolle der Kontrolleure" durch das Enforcement der Rechnungslegung ist grundsätzlich wohl ein „Schritt in die richtige Richtung".

Bei derartigen neuen CG-Elementen ist allerdings stets mit größter Vorsicht abzuwägen, ob durch ein weiteres „Anziehen der Regulierungsschraube" nicht das vernünftige Regulierungsmaß verloren geht und ob nicht das Motto „Weniger Regulierung ist mehr" zielführender wäre: ein Zuviel an Regulierung und Bürokratie schafft kein Vertrauen.[6]

Die gesetzlichen Anforderungen an die Finanzpublizität haben ohnehin deutlich zugenommen. Dies gilt sowohl inhaltlich hinsichtlich konkreter Erweiterungen der externen Berichterstattungspflichten als auch organisatorisch bezüglich der internen Prozesse und Dokumentationspflichten. „Viel Regelwerk" führt aber nicht zwingend zu einem verbesserten Schutz vor Bilanzdelikten: vielmehr besteht die Gefahr, dass diese (Über-) Regulierung „Information Overload" zur Folge hat und Transparenz nicht fördert, sondern eher erstickt. *Schipporeit* befürchtet sogar, dass durch diese immer engeren Fesseln des „Überregulierungsphänomens" Unternehmertum abgetötet werden kann.[7]

---

[6] Ganz so *Böcking* (2003, S. 703).

[7] Vgl. *Schipporeit* (2004), Vortrag auf der Schmalenbach-Tagung („Finanzpublizität im Spannungsfeld von Transparenz und regulatorischen Hindernissen"), sowie in diesem Zusammenhang auch *Peemöller* (2003a, S. I): „Immer weitere Pfeile werden aus dem Köcher verschärfender Maßnahmen gezogen. Schon fällt das böse Wort der Überregulierung, ohne dass sich bisher Erfolge abgezeichnet hätten. (...) Was die Regulierungsvorschläge (...) betrifft, ist irgendwann das Ende der Fahnenstange erreicht."

Letztlich sind alle Gesetze und Vorschriften gegenüber krimineller Energie machtlos. Insofern besteht nur die Hoffnung, dass große Bilanzskandale den Gesetzgeber nicht erneut herausfordern, über weitere Alternativen zu spekulieren.[8]

Reformen sollten aus Grundsatzerwägungen heraus erfolgen und nicht durch einen Fall *Enron*, *WorldCom* oder *Parmalat* ausgelöst werden. Leider erwecken viele Initiativen zur Verbesserung von Rechnungslegung und Prüfung – häufig kurzfristige Reaktionen auf einzelne Bilanzskandale – den Eindruck, der Gesetzgeber wolle um jeden Preis der Öffentlichkeit Maßnahmen präsentieren, um seine Handlungsfähigkeit zu demonstrieren.

Politische Hektik und solide Gesetzgebung sind unvereinbar. Gesetzgeberische Aktivitäten in unmittelbarem zeitlichem Zusammenhang zu Betrugsfällen sind deshalb grundsätzlich kritisch zu sehen: oftmals fehlt die notwendige Distanz zu den Vorfällen, um sie richtig gewichten zu können, und die eingeleiteten Maßnahmen schießen über das Ziel hinaus. Vielfach ist zudem unklar, ob die Maßnahmen überhaupt angemessen sind, deliktisches Handeln zu unterbinden.[9]

Sinnvoll erscheint eine Beschränkung auf die Sicherstellung der Einhaltung von Mindestnormen: zur Wahrung des Rechtsfriedens, zur Erhaltung funktionsfähiger Kapitalmärkte und zum Schutz der Minderheiten sind strenge Anlegerschutzgesetze, verstärkte sachkundige Prüfungen, zügigere Strafverfolgungen und abschreckendere Strafen erforderlich.[10]

Es steht außer Frage, dass eine gewisse individuelle Minimalmoral, ohne die gesellschaftliches Handeln in einer Marktwirtschaft langfristig nicht Bestand haben kann, aufrechterhalten werden muss.[11] Oberste Maxime muss es letztendlich sein, auf der Grundlage von Gesetz und Ordnung sowie einer Kultur des Vertrauens die Prinzipien der Wahrheit und der Klarheit der Rechnungslegung bestmöglich zu erfüllen.

---

[8] Vgl. *Peemöller/Oehler* (2004a, S. 546).
[9] Vgl. *Gisler* (1994, S. 59) sowie in diesem Sinne auch *Peemöller* (2003a, S. I): „Eine Notfallgesetzgebung ist zu vermeiden".
[10] Vgl. *Gerke* (2001, S. I) sowie *Gerke* (2002, S. 7, 17). Eine Deregulierung könnte z. B. durch die Ausweitung des Satzungsrechts zulasten des zwingenden Gesetzesrechts erfolgen.
[11] Vgl. *Lachmann* (2003, S. 6 f.) sowie *Zypries* (2003, S. I): „Aufgabe der Bundesregierung ist es, die Rahmenbedingungen zu schaffen, in denen Unternehmen in Deutschland erfolgreich arbeiten können. (...) Um das Vertrauen der Anleger wiederherzustellen, gilt es vor allem, eine Kultur persönlicher Verantwortung derer zu fördern, die börsennotierte Unternehmen lenken und öffentlich repräsentieren."

Hopt verlangt als Lehre aus den – weltweiten – Bilanzskandalen mehr Selbstbewusstsein hinsichtlich der Güte der deutschen Corporate Governance – „ohne dies mit Selbstzufriedenheit zu verwechseln": dies gilt insbesondere nach der „Entzauberung" von Rechnungslegung und Führungsverfassung in den USA.
Letztlich besteht kein Anlass, angelsächsische CG-Strukturen als vermeintlich „best practice" zu übernehmen, die sich offenkundig nicht bewährt bzw. sich zumindest nicht als überlegen erwiesen haben. Für *Bernhardt* gibt es keinen guten Grund, die über Jahrhunderte gewachsene deutsche Rechts- und Unternehmenskultur sowie die eigenen Wertvorstellungen in einem „Globalisierungsmeer" untergehen zu lassen.[12] Es gilt, bewährte Bausteine in den Harmonisierungsprozess einzubringen.

Dass mehr Selbstbewusstsein in Deutschland durchaus angebracht wäre, verdeutlicht auch ein Blick nach China, den „Markt der Zukunft". So zeigt eine Analyse z. B. des chinesischen Prüfungswesens ein erhebliches „moralisches Vakuum": bei einer Stichprobe im Jahr 2001 hatten chinesische WP-Gesellschaften 23 von 32 Abschlüssen uneingeschränkt testiert, obwohl ihnen gravierende Falschbuchungen (zumeist Ausweis nicht realisierter Umsätze) bekannt waren. Auch von 1997 bis 1999 mussten zahlreiche WP-Gesellschaften – insbesondere wegen mangelnder Unabhängigkeit – abgemahnt werden: ca. 1.000 erhielten Auflagen, knapp 1.200 wurden zeitweise geschlossen, 360 gar die Lizenz entzogen. Über 40 Prüfer wurden inhaftiert. Hinzu kommen Kompetenzdefizite: nur rd. 20 % aller zugelassenen Prüfer haben in China einen Hochschulabschluss. Da bis 1991 nur nach dem Senioritätsprinzip zugelassen wurde, sind über 50 % der Prüfer älter als 60 Jahre: die Prinzipien westlicher Rechnungslegung sind diesen kaum bekannt, obwohl man sich mit dem neuen „Accounting System for Business Enterprises" internationalen Rechnungslegungsstandards annäherte.[13]

Gleichwohl besteht auch in Deutschland noch großer Handlungsbedarf: eine aktuelle Umfrage von PwC[14] belegt, dass Corporate Governance von vielen Führungskräften noch weitgehend als die Erfüllung von gesetzlichen Auflagen verstanden wird. Die damit einhergehenden Veränderungen im Unternehmen werden oftmals weniger aus eigener Überzeugung initiiert, sondern eher als „Pflichtübung" angesehen.
Zwar gaben rd. 70 % der befragten Manager an, dass die Unternehmensleitung der Corporate Governance in den vorangegangenen zwei Jahren mehr „Nachdruck" verliehen habe und dass sich das Risikomanagement sowie die Prozessabläufe im Konzern signifikant verbessert hätten. Dennoch gelangte PwC zu der Erkenntnis,

---

[12] Vgl. *Bernhardt* (2002, S. 1845) sowie *Bernhardt* (2004a, S. 406).
[13] Vgl. *Luttermann/Hartwig* (2004, S. 511 ff.).
[14] „Governance: From compliance to strategic advantage"; vgl. *PwC* (2004).

dass die Veränderungen in der Unternehmensführung aufgrund des Drucks durch den Gesetzgeber bzw. durch die Vorgaben der Aufsichtsbehörden erfolgten, nicht aber, um die Qualität des Managements und des Unternehmens insgesamt zu verbessern.

Corporate Governance darf nicht als Funktionsbereich in einem Organigramm verstanden werden: verantwortungsvolle Unternehmensführung und -überwachung muss vielmehr eine generelle, gelebte Einstellung aller leitenden Mitarbeiter sein, um Prozesse zu optimieren, Risiken zu verringern und wertsteigernd zu wirken.

Im Hinblick auf die Vermeidung von Wirtschafts- und Bilanzdelikten sollten vor allem die elementaren organisatorischen Grundsätze des Vier-Augen-Prinzips, des Prinzips der Funktionstrennung und des Need-to-know-Prinzips im Unternehmen durchgängig verankert werden. „Management Override" gemäß dem Motto „In großen Höhen fliegt der Adler am besten alleine" würde zu prüfungsfreien Räumen führen und kann nicht akzeptiert werden.

Delikte müssen in erster Linie zukunftsorientiert verhindert anstatt vergangenheitsorientiert aufgedeckt werden: Prophylaxe ist der entscheidende Ansatzpunkt zur Bekämpfung von Wirtschaftskriminalität. „Wenn das Hälmchen nicht gejätet wird, braucht man schließlich Axt und Beil dafür. Wenn der Funke nicht gelöscht wird, welche Flammen lodern dann empor! Wenn der Tropfen nicht verstopft wird, so werden schließlich Fluss und Strom daraus!" lautet ein chinesisches Sprichwort. „Es ist besser, Deiche zu bauen, als darauf zu hoffen, dass die Flut Vernunft annimmt" sagt der deutsche Satiriker Hans Kasper.

KPMG hat mit dem sog. *„Drei-Ebenen-Modell"* einen gesamtgesellschaftlichen Präventionsansatz entwickelt, der wie folgt skizziert werden kann:[15]

- Auf der *politisch-rechtlichen Ebene* hat der Staat die Rechts- und Vertragssicherheit zu gewährleisten. Aufgabe der Wirtschafts- und Ordnungspolitik ist es, die Rahmenbedingungen so zu setzen, dass die Einhaltung der Regeln attraktiver ist als deren Umgehung.
- Die *zwischenbetriebliche Ebene* umfasst Kooperationen von Unternehmen. Branchenweit sollten im Rahmen von verbindlichen Selbstverpflichtungen einheitliche Integritätsstandards festgelegt und Verhaltensrichtlinien bzw. Codes of Conduct definiert werden.
- *Innerbetrieblich* haben die Unternehmen Compliance-Management-Systeme zu entwickeln. Die bei der Implementierung gewonnenen Erfahrungen sollten im Sinne einer lernenden Organisation revolvierend berücksichtigt werden, um die Strukturen für einen kontinuierlichen Verbesserungsprozess zu schaffen.

---

[15] Vgl. im Folgenden *KPMG* (2003d, S. 27).

Auf allen drei Ebenen müssen Anreize für integres Verhalten geschaffen werden. Gesetzeskonformes Verhalten ist zu belohnen, Verstöße sind zu sanktionieren. Es muss ein ausgewogenes System aus bindenden Vorschriften und funktionierenden Kontrollen installiert werden, das fortlaufend weiterentwickelt werden sollte. Um zu entscheiden, ob die jeweiligen Maßnahmen angemessen sind, sollten stets Nutzen-Kosten-Abwägungen durchgeführt werden.

Im Sinne des „Fraud Triangles" sollte es letztlich Zielvorstellung sein, dass Wirtschaftsdelikte selbst bei starken Anreizen bzw. großem Druck und günstiger Gelegenheit aufgrund von moralischen Einstellungen und Werthaltungen unterbleiben. Dazu wäre es hilfreich, wenn Immanuel Kants Kategorischer Imperativ wieder vermehrt alles Denken und Handeln bestimmen würde: „Handle stets so, dass die Maxime deines Wollens jederzeit Grundlage eines allgemeinen Gesetzes sein könnte!"

Die Wirtschaft steht seit jeher unter einem ethischen Vorbehalt; der Markt gilt seit der Antike als ein Ort unedler Motive. So war bei Griechen und Römern der Gott der Kaufleute, Hermes bzw. Merkur, gleichzeitig auch Schutzpatron der Diebe. In den Dekreten Gratians aus dem 12. Jahrhundert heißt es: „Nullus christianus debet esse mercator, aut si voluerit esse projiciatur de ecclesia Dei" (dt.: kein Christ darf Kaufmann sein, wenn er es jedoch sein möchte, muss er aus der Kirche ausgestoßen werden; ähnlich das Neue Testament in Kapitel 6, 24 des Matthäus-Evangeliums: „Niemand kann zwei Herren dienen. (…) Ihr könnt nicht Gott dienen und dem Mammon."). Auch die Apokryphen des Alten Testaments sehen den Kaufmann kritisch: „Schwerlich bleibt ein Kaufmann frei von Schuld; ein Händler wird sich nicht rein halten von Sünde. Denn um eitlen Gutes willen tun viele Unrecht; und die reich werden wollen, wenden die Augen ab."[16]

Der 1912 verstorbene schwedische Schriftsteller August Strindberg urteilte „Alle, die im Leben nichts erreicht haben, sind ins Hintertreffen geraten, weil sie moralisch gewesen sind", und ein amerikanischer Top-Manager wird heute mit den Worten zitiert „Es versteht sich von selbst, dass man nicht zugleich hohe Prinzipien und hohe Profite haben kann."[17]

Gleichwohl gab es eine Zeit, in der sich ethisches Verhalten wirtschaftlich lohnte: in der alten Kaufmannschaft förderte eine auf christlichen Moralvorstellungen basierende Ethik die langfristige Gewinnerzielung.[18] Der „ehrbare Kaufmann" konnte Geschäftskontakte nur unterhalten, indem er das ihm entgegengebrachte

---

[16] Buch Sirach, Kapitel 26, 29 – Kapitel 27, 1.

[17] Zitiert u. a. bei *Lachmann* (2003, S. 1). Ulrich Wickert sagt „Der Ehrliche ist der Dumme".

[18] Vgl. *Gerke* (2002, S. 6 ff.), der als Beispiel die Usancen der deutschen Hanse anführt, die auf einer allgemein akzeptierten kaufmännischen Moral beruhten.

Vertrauen rechtfertigte. Verletzungen des – weitgehend ungeschriebenen – Ehrenkodex sprachen sich in Kaufmannskreisen schnell herum. Schwarze Schafe wurden geächtet; diese mussten neben finanziellen Einbußen einen – noch schwerer wiegenden – gesellschaftlichen Gesichtsverlust hinnehmen: die handelsübliche Ethik verhinderte somit Betrügereien.

Mit dem Aufkommen des Turbo-Kapitalismus ging jedoch ein Moralverfall einher: in den „anonymen" Börsenmärkten zahlte sich Ethik nicht mehr aus und wurde als eher hinderlich gesehen. Dennoch schmückten sich – besonders in den letzten Jahren – zahlreiche Unternehmen mit einer ethisch geprägten Managementphilosophie. Es handelt sich dabei allerdings weniger um „ethischen Altruismus" als vielmehr um „strategische Nächstenliebe" und die Pflege der „Global Reputation", letztlich somit um einen ethisch verbrämten Utilitarismus. Absichtserklärungen zu ethischem Verhalten werden in öffentlichen Diskussionen relativ großzügig abgegeben, die Bereitschaft, für mehr Ethik persönliche Opfer zu erbringen, ist aber zumeist nicht gegeben. Nachhaltige Ethik bedeutet jedoch stets „Verzicht, Teilen und Selbstbeschränkung".[19] Eine der Realität wohl ziemlich nahe kommende Beschreibung der heute vorherrschenden Geschäftsusancen stammt von einem Top-Manager des ehemaligen US-Energiekonzerns Enron: „You can break the rules, you can cheat, you can lie, but as long as you make money, it's all right".[20]

„Corporate Governance matters", ist in Mode: Regierungspapiere, Stellungnahmen jeder Art und mannigfache Kodizes füllen Regale und lassen sich kaum noch überblicken: im Grunde geht es nach wie vor um die Suche nach den Tugenden des „ehrbaren Kaufmanns", der „Maß und Ziel" kennt und der „recht und billig" das „jus bonum et aequum" eigenverantwortlich zu wahren weiß.[21]

Notwendig sind deshalb mehr denn je echte Unternehmerpersönlichkeiten. Gute Unternehmensführung ist die beste Maßnahme zur Vermeidung von Bilanzskandalen in der Zukunft.

---

[19] Vgl. *Gerke* (2002, S. 8, 16).
[20] Zitiert bei *Peter/Maestretti* (2002, S. 1139).
[21] Vgl. *Bernhardt* (2004a, S. 405) und *Strenger* (2003, S. I).

Anhang: Reaktionen auf die Bilanzskandale

A/1   Ausgewählte Reaktionen im Überblick

Reformen in den USA

- Definition eines Rahmenwerks für das IKS durch das Committee of Sponsoring Organizations of the Treadway Commission (*COSO I*, 1992)
- Public Company Accounting Reform and Investor Protection Act (*Sarbanes-Oxley Act of 2002 (SOA)*, 30.07.2002)
- Weiterentwicklung des IKS-Rahmenwerks „COSO I" zu einem Enterprise Risk Management-Framework (*COSO II*, 2004)

Reformen in Europa

- *Empfehlungen der EU-Kommission zur Unabhängigkeit des Abschlussprüfers* (16.05.2002)
- Bericht der High Level Group of Company Law Experts (*Winter-Report*, 04.11.2002)
- *Mitteilung der EU-Kommission zur Stärkung der Abschlussprüfung* (21.05.2003)
- *Aktionsplan „Modernisierung des Gesellschaftsrechts und Verbesserung der Corporate Governance in der EU"* (21.05.2003)
- *Entwurf der EU-Kommission zur Modernisierung der 8. EU-Richtlinie (Abschlussprüferrichtlinie)* (16.03.2004)

Anhang

Reformen in Deutschland

- Gesetz zur Kontrolle und Transparenz im Unternehmensbereich (*KonTraG*, 27.04.1998)

- Vorlage des „*German Code of Corporate Governance*" durch den Berliner Initiativkreis GCCG unter Leitung von Professor *v. Werder* (06.06.2000)

- *4. WPO-Novelle* (Externe Qualitätskontrolle im wirtschaftsprüfenden Berufsstand, Inkrafttreten 01.01.2001)

- Gesetz zur Namensaktie und zur Erleichterung der Stimmrechtsausübung (Namensaktiengesetz – *NaStraG*, 18.01.2001)

- *Bericht der Regierungskommission „Corporate Governance" (Baums-Kommission)* nach Vorarbeiten der Frankfurter Grundsatzkommission Corporate Governance (u. a. Vorstellung eines „Code of Best Practice" im Januar 2000) (10.07.2001)

- Kapitalgesellschaften- und Co-Richtlinien-Gesetz (*KapCoRiLiG*, 24.02.2002)

- *Reformvorschläge zur Abschlussprüfung* in Deutschland durch die Professoren *Baetge* (15.07.2002) und *Küting* (25.11.2002)

- Gesetz zur weiteren Reform des Aktien- und Bilanzrechts, zu Transparenz und Publizität (*TransPuG*, 19.07.2002)

- „*10-Punkte-Programm*" der Bundesregierung („Maßnahmenkatalog zur Stärkung der Unternehmensintegrität und des Anlegerschutzes", 25.02.2003)

- *Deutscher Corporate Governance Kodex, erarbeitet durch die Regierungskommission DCGK (Cromme-Kommission)* (21.05.2003, aktuelle Fassung vom 02.06.2005)

- *Abschlussbericht des Arbeitskreises „Abschlussprüfung und Corporate Governance" von Baetge/Lutter* (31.07.2003)

- *5. WPO-Novelle* (Wirtschaftsprüferexamens-Reformgesetz – *WPRefG*, Inkrafttreten 01.01.2004)

- Referentenentwurf eines Kapitalmarktinformationshaftungsgesetzes (*KapInHaG*, 13.10.2004 – Ende 2004 vorübergehend zurückgezogen, veränderte Vorschläge unter Berücksichtigung der EU-Vorgaben in Aussicht gestellt)

- Anlegerschutzverbesserungsgesetz (*AnSVG*: Änderungen des WpHG u. a. in den Bereichen Insiderrecht, Ad-hoc-Publizität und Directors' Dealings, 30.10.2004)

- Gesetz zur Kontrolle von Unternehmensabschlüssen (Bilanzkontrollgesetz – *BilKoG*, 01.01.2005): Start des Enforcement-Verfahrens 01.07.2005

- Gesetz zur Einführung internationaler Rechnungslegungsstandards und zur Sicherung der Qualität der Abschlussprüfung (Bilanzrechtsreformgesetz – *BilReG*, 01.01.2005)

- 6. *WPO-Novelle* (Abschlussprüferaufsichtsgesetz – *APAG*, Inkrafttreten 01.01.2005)

- Gesetz zur Unternehmensintegrität und Modernisierung des Anfechtungsrechts (*UMAG*, vom Gesetzgeber verabschiedet, Inkrafttreten zum 01.11.2005)

- Kapitalanleger-Musterverfahrensgesetz (*KapMuG*, vom Gesetzgeber verabschiedet, Inkrafttreten zum 01.11.2005)

- Gesetz zur individualisierten Offenlegung der Gehälter von Vorstandsmitgliedern bei börsennotierten Aktiengesellschaften (*VorstOG*, vom Gesetzgeber verabschiedet, erstmalige Anwendung auf Jahres- und Konzernabschlüsse für Geschäftsjahre ab dem 01.01.2006)

- In Arbeit: Bilanzrechtsmodernisierungsgesetz (*BilModG*, Vorlage des Entwurfs mehrmals verzögert und derzeit noch nicht absehbar)

- In Arbeit: 7. *WPO-Novelle* (Berufsaufsichtsreformgesetz – *BARefG*)

A/2 Der Sarbanes-Oxley Act of 2002 als Antwort der USA

Der am 30.07.2002 vom US-Kongress verabschiedete „SOA" gilt als das bedeutendste Kapitalmarktgesetz seit dem „Securities Act of 1933" bzw. dem „Securities Exchange Act of 1934" unter Franklin Delano Roosevelt.

Gleichwohl kennen die USA interessanterweise bis heute keinen umfassenden Corporate Governance Kodex (vielmehr entwickelten die Unternehmen ihre eigenen individuellen Kodizes): es gab lediglich punktuelle CG-Empfehlungen wie z. B. die beiden COSO-Frameworks 1992 bzw. 2004 oder den Blue Ribbon-Report 1999. Dies ist erstaunlich, da in anderen angelsächsischen Ländern – vgl. nur den „Combined Code" 1998 als Standard-Kodex in Großbritannien – gute Corporate Governance traditionell über Kodizes durchgesetzt wird.

Das Gesetz ist die unmittelbare Reaktion auf diejenigen Schwachstellen der US-amerikanischen Corporate Governance, die bei den vorausgegangenen Bilanzskandalen – namentlich *Enron*, *Global Crossing* und *WorldCom* – offenkundig wurden. Aufgrund des enormen Zeitdrucks – die Regierung musste die Finanzmärkte beruhigen und der Öffentlichkeit gegenüber Entschlossenheit und Handlungsfähigkeit demonstrieren – ist es „mit heißer Nadel gestrickt".

Häufig wird daher kritisch die Frage gestellt, ob bei der Ausgestaltung des SOA die für eine Reform dieser Tragweite erforderliche Sorgfalt angewandt bzw. das nötige Augenmaß gewahrt wurde. Zum Teil war von hektischer Betriebsamkeit und sogar von überzogenem bis blindem Aktionismus die Rede.

In jedem Fall erfolgte die Verabschiedung auffällig schnell: damit wurde die Chance vertan, gleichzeitig grundsätzliche Fehler der US-amerikanischen Corporate Governance zu beheben wie etwa die weit verbreitete Praxis, dass der CEO gleichzeitig Chairman des Boards ist und somit dem Gremium vorsitzt, das ihn zu überwachen hat. Auch andere fundamentale Themen wie z. B. die Reform des Bilanzrechts oder die Begrenzung der Ausgabe von Stock Options wurden nicht in Angriff genommen.

Wenngleich der SOA somit keine ausgewogene Reform des US-Gesellschaftsrechts darstellt, so erscheint die tiefgreifende Reaktion des US-Gesetzgebers angesichts der massiven Häufung der Bilanzskandale im Sommer 2002 dennoch notwendig und richtig: es handelte sich nicht mehr um Verfehlungen einzelner Wirtschaftssubjekte, sondern um eine Systemkrise mit erheblichen gesamtwirtschaftlichen Auswirkungen.

Die Methodik des Gesetzes ist es, nicht etwa die Aktionärsrechte besonders zu stärken, sondern – vor allem auch aufgrund drastischer Strafandrohungen – den Druck auf das Unternehmensmanagement und den AP durch Auferlegung neuer Pflichten und Verantwortlichkeiten zu erhöhen. Durch einschneidende CG-Regelungen sollen zukünftige Bilanzskandale verhindert werden. Wenngleich in diesem Buch die Corporate Governance in Deutschland im Vordergrund steht, so erweist sich dennoch eine Thematisierung des SOA aus den folgenden Gründen als unverzichtbar:

- Die Hegemonialstellung der USA auf den Kapitalmärkten weltweit hat zu einem erheblichen Einfluss der amerikanischen Kapitalmarktkultur auch auf die deutsche Corporate Governance geführt.
- Institutionelle US-Investoren gewinnen für den deutschen Kapitalmarkt zunehmend an Bedeutung.
- Der SOA gilt unmittelbar für alle diejenigen Unternehmen, deren Wertpapiere an den amerikanischen Börsen (NYSE, NASDAQ, AMEX) gehandelt werden, also auch für die sog. „Foreign Private Issuers" wie z. B. deutsche SEC-registrierte Unternehmen einschließlich deren „Affiliates", für die eine Ausstrahlungswirkung besteht. Dem Gesetz kann nur durch einen freiwilligen Rückzug vom amerikanischem Kapitalmarkt („Delisting") entgangen werden. Insofern entfaltet der SOA intensive extraterritoriale Auswirkungen.
- Wenn auch nicht zu erwarten ist, dass in Deutschland die Strafandrohungen entsprechend den US-Vorgaben verschärft werden, so haben doch die inhaltlichen Bestimmungen des SOA die Initiativen der EU und den deutschen Gesetzgeber stark beeinflusst.

Im Folgenden werden deshalb diejenigen wichtigen Regelungsinhalte des Gesetzes, die wesentliche Impulse für die CG-Diskussion in Deutschland liefern, kurz dargestellt.

- *Public Company Accounting Oversight Board (Sections 101–109 SOA)*

Das Gesetz sieht durch die Abschaffung des über 20 Jahre lang vorherrschenden Peer Review-Verfahrens und dessen Ersatz durch das sog. „Monitoring", einem fortlaufenden Inspektionsverfahren, eine grundlegende Reformierung des externen Qualitätssicherungssystems in den USA vor.

Hierzu wurde mit dem PCAOB ein mit weitreichenden Kompetenzen ausgestattetes Kontrollorgan, das direkt der SEC unterstellt ist, eingerichtet. Es ist künftig für die Berufsaufsicht über die Wirtschaftsprüfer zuständig. Alle in- und ausländischen WP-Gesellschaften, deren Mandanten in den USA gelistet sind, müssen sich bei dem Oversight Board registrieren lassen. Die Registrierung ist zwingende rechtliche Voraussetzung für die Tätigkeit als AP. Insbesondere unterliegen somit auch alle jenen deutschen Prüfungsgesellschaften, die in Deutschland Prüfungsleistungen für SEC-registrierte Unternehmen erbringen, neben der Kontrolle durch die WPK zusätzlich der US-Berufsaufsicht.

Durch den SOA geht die Ära der Selbstverwaltung des Berufsstandes zu Ende: die Wirtschaftsprüfer werden faktisch unter Staatsaufsicht gestellt. Sie unterliegen den vom PCAOB festgelegten US-Qualitätssicherungs-, Unabhängigkeits- und Ethikstandards, die von diesem unmittelbar durchgesetzt werden können. Vor allem verlieren sie auch die Autonomie über die fachlichen Prüfungsstandards kapitalmarktorientierter Unternehmen.

Das PCAOB hat über diese Kompetenzen im Bereich des „Standard-Setting" hinaus eine Vielzahl von investigativen und disziplinarischen Befugnissen. Es überwacht fortlaufend die Einhaltung der Vorgaben des SOA bezüglich der Arbeit und der internen Organisation der WP-Gesellschaften und kann bei Pflichtverletzungen die folgenden Sanktionen verhängen:

- Öffentliche Rügen, Verpflichtung zu zusätzlichen Aus- und Weiterbildungsmaßnahmen und Geldstrafen bis zu 2 Mio. US-$ bei einmaliger Fahrlässigkeit
- Zeitweiliger oder dauernder Entzug der Registrierung (= Berufsverbot) und Geldstrafen bis zu 15 Mio. US-$ bei mehrfacher Fahrlässigkeit oder Vorsatz

Das PCAOB ist in der Rechtsform einer gemeinnützigen Körperschaft („non-profit corporation") organisiert. An deren Spitze steht eine fünfköpfige Kommission aus angesehenen Fachleuten, die den Interessen der Investoren und der Öffentlichkeit verpflichtet sind. Zwei dieser Personen – aber auch nicht mehr – müssen CPAs sein (oder gewesen sein). Das PCAOB wird finanziert durch Gebühren, die von den Emittenten im Rahmen einer Umlage erhoben werden, sowie über die Registrierungsgebühren der Prüfungsgesellschaften.

- *Verbot prüfungsfremder Dienstleistungen durch den AP (Section 201 SOA)*

Text	Übersetzung/Erläuterung
Bookkeeping or other services related to the accounting records or financial statements of the audit client	Mitwirkung bei der Buchführung oder anderen Dienstleistungen in Zusammenhang mit dem Rechnungswesen oder der Erstellung des Jahresabschlusses des Prüfungsmandanten (vor allem solche Dienstleistungen, die sich auf die Aufbereitung abschlussrelevanter Daten beziehen)
Financial information systems design and implementation	Entwicklung und Implementierung von Finanzinformationssystemen, insbesondere durch die Beratungsabteilung der WP-Gesellschaft
Appraisals, valuation services, fairness opinions, contribution-in-kind-reports	Bewertungs- und Schätzungsdienstleistungen, Gutachten z. B. zur Werthaltigkeit von Sacheinlagen
Actuarial services	Versicherungsmathematische Dienstleistungen
Internal audit outsourcing services	Erbringung interner Revisionstätigkeiten (Outsourcing der IR an den AP)

Management functions and human resources	Übernahme von Managementaufgaben und Personalberatungsdienstleistungen beim Mandanten
Broker or dealer, investment adviser or investment banking services	Broker- und Maklertätigkeiten, Investmentberatung und -bankingdienstleistungen
Legal and expert services unrelated to the audit	Rechtsberatung und Dienstleistungen eines sachverständigen Gutachters ohne Zusammenhang zur Pflichtprüfung

Neben diesen – grundsätzlich verbotenen – Leistungsarten, die mit der Abschlussprüfung als nicht vereinbar angesehen werden, kann das PCAOB nach eigenem Ermessen weitere Nicht-Prüfungsleistungen untersagen. Es kann daher nicht ausgeschlossen werden, dass auch die Steuerberatung („tax services") von dem Oversight Board zukünftig verboten wird. Derzeit sind aber die Erstellung von Steuererklärungen, die Steuerplanung und die steuerliche Gestaltungsberatung („tax compliance, tax planning and tax advice") sowie sämtliche sonstige Nicht-Prüfungsleistungen durch den AP zulässig, sofern das Audit Committee diesen vorab zugestimmt hat.

- *Prüferrotation (Section 203 SOA)*

Das Gesetz sieht keine zwangsweise externe Rotation der Prüfungsgesellschaften vor. Jedoch müssen der verantwortliche Prüfungspartner („lead audit partner") des für ein Mandat zuständigen Prüfungsteams („audit engagement team") sowie der für die Überprüfung des Prüfungsberichts zuständige Review Partner („concurring partner") mindestens fünf Jahre aussetzen („time-out"), wenn sie fünf Jahre hintereinander für denselben Mandanten Prüfungsleistungen erbracht haben. Dieser Pflicht zur internen Rotation unterliegen *nicht* die für Spezialfragen zuständigen Partner („speciality partners") wie Steuer- oder Bewertungsexperten bzw. Partner in Zentralabteilungen, die z. B. Qualitätskontrollfunktionen wahrnehmen.

- *Abkühlphase vor Wechsel des Prüfers zu Mandanten (Section 206 SOA)*

Um Interessenskonflikten vorzubeugen, wird für den verantwortlichen Prüfungspartner, den Review Partner und alle anderen Mitglieder des Prüfungsteams, die mehr als zehn Stunden an Prüfungen für den Mandanten („audit, review or attest services") mitgewirkt haben, ein sog. „Abkühlungsjahr" eingeführt, wenn sie eine verantwortliche Position im Management des geprüften Unternehmens übernehmen, die mit einer „Financial Reporting Oversight Role" verbunden ist (CEO, CFO, CAO, Controller o. ä.).

Anhang

- *Pflicht zur eidesstattlichen Bestätigung von Rechnungslegung und IKS (Sections 302, 404, 906 SOA)*

Die CEOs und CFOs aller unter den Anwendungsbereich des Gesetzes fallenden Unternehmen – auch die „Foreign Private Issuers" – müssen persönlich bestätigen, dass die von ihren Gesellschaften pflichtgemäß gegenüber der SEC abgegebenen Geschäftsberichte, insbesondere die darin enthaltenen Jahresabschlüsse, vollständig und inhaltlich korrekt sind. In den sog. „*Certifications*" muss schriftlich erklärt werden, dass

- die eingereichten veröffentlichungspflichtigen Berichte kritisch durchgesehen wurden
- keine Unwahrheiten und irreführenden Aussagen enthalten sind
- die Aussagen zur Finanzberichterstattung in allen wesentlichen Belangen ein den tatsächlichen Verhältnissen entsprechendes Bild der VFE-Lage vermitteln
- angemessene und wirksame unternehmensinterne Kontrollen bestehen.

Diese Bestätigungspflichten gelten ohne Einschränkung. CEOs und CFOs können sich später nicht auf Unkenntnis der Unrichtigkeit der gemachten Angaben berufen. Sie tragen die Verantwortung für die Einrichtung und Pflege der „Disclosure Controls and Procedures" und sind mit Abgabe der Certifications persönlich haftbar für das erstellte und offengelegte Financial Reporting. Bei falschen Angaben drohen Strafen bis zu 1 Mio. US-$ und/oder bis zu 10 Jahren Freiheitsentzug bei Fahrlässigkeit sowie von bis zu 5 Mio. US-$ und/oder 20 Jahren bei Vorsatz.

Im Bereich *Rechnungslegung* müssen bei allen eingereichten US-GAAP-Abschlüssen insbesondere auch die folgenden – bestätigten – Angaben enthalten sein:

- wesentliche Umbuchungen aufgrund der durch den AP aufgedeckten Fehler (sämtliche entdeckten Fehler müssen korrigiert werden)
- wesentliche „Off-balance-sheet-Transaktionen"
- Vereinbarungen, Verpflichtungen und andere Beziehungen zu nicht konsolidierten Unternehmen und Personen, die sich auf die künftige VFE-Lage wesentlich auswirken können

Im sog. „*Internal Control Report*" (IKS-Bericht) müssen die unterzeichnenden Manager vor allem folgende Aussagen tätigen:

- Anerkennung ihrer Verantwortung für die Einrichtung eines funktionsfähigen und effizienten IKS für Rechnungslegungszwecke
- Beurteilung der Wirksamkeit des IKS zum Ende des Geschäftsjahres
- Erklärung zur Mitteilung an den AP und an das Audit Committee über alle wesentlichen IKS-Schwächen, die das Buchführungssystem und den Prozess der Abschlusserstellung betreffen, sowie über alle Unregelmäßigkeiten bzw. betrügerische Handlungen von Managern und leitenden Angestellten mit bedeutenden Funktionen im IKS (sog. „Fraud Report")

- *Audit Committee (Sections 204, 301, 407 SOA)*

Jeder unter das Gesetz fallende Emittent muss über ein AC verfügen: dieses ist direkt verantwortlich für die Bestellung des AP, die Honorarvereinbarung sowie dessen Überwachung während der Prüfung. Es ist dessen zentraler Ansprechpartner. Das AC schlichtet bei Meinungsverschiedenheiten zwischen dem Management und dem AP. Beide haben deshalb dem AC zeitnah zu berichten über

- sämtliche kritische, anzuzweifelnde bilanzpolitische Maßnahmen („critical accounting policies and procedures")
- alle alternativen Abbildungsmöglichkeiten in der Rechnungslegung, die nach US-GAAP möglich sind (Wahlrechte bzw. Ermessensspielräume), sofern sie wesentliche Auswirkungen haben
- wesentlichen Schriftwechsel zwischen AP und Management (z. B. Management Letter, Aufstellung über „unadjusted audit differences").

Das AC hat alle Prüfungs- und Nicht-Prüfungsleistungen des AP im Voraus zu genehmigen. Die Mitglieder des AC müssen unabhängige Board-Mitglieder sein (sog. „Outside Directors"). Sie dürfen – abgesehen von ihrer Vergütung für die Tätigkeit im Board – keine Zahlungen des Unternehmens (z. B. aus Beratungsleistungen oder sonstigen Kompensationsleistungen) erhalten.

Jedem AC soll mindestens ein Finanzexperte angehören. Ist dies nicht der Fall, so ist der Grund hierfür im Geschäftsbericht anzugeben. Zur Stärkung des AC trägt schließlich auch bei, dass dieses sich auf Kosten des Unternehmens von außenstehenden Dritten beraten lassen kann.

- *Verbot von Darlehen an Board-Mitglieder (Section 402 SOA)*

Das Gesetz verbietet in Reaktion vor allem auf den *WorldCom*-Skandal die Gewährung fast aller Arten von Darlehen an Board-Mitglieder durch das Unternehmen bzw. eine seiner Tochtergesellschaften. Enge Ausnahmen von diesem Verbot bestehen für

- bereits gewährte Darlehen, wenn keine wesentlichen Änderungen an den Verträgen vorgenommen werden (sog. „Grandfather-Clause"; die Erhöhung von Darlehensbeträgen ist verboten)
- Konsumentenkredite, die im üblichen Geschäftsverkehr und zu üblichen Marktkonditionen gewährt werden
- Kredite von (US-) Banken, die von der U.S. Federal Deposit Insurance Corporation besichert sind.

- *Ethik-Kodex für das Senior Management (Section 406 SOA)*
Leitende Angestellte werden zur Befolgung eines „Code of Ethics" angehalten. Ob ein solcher Code existiert, muss in den bei der SEC periodisch eingereichten Berichten offengelegt werden. Besteht kein Ethik-Kodex, ist dafür eine Begründung anzugeben. Die Unternehmen sind verpflichtet, den Code zusammen mit dem Jahresabschluss bei der SEC einzureichen, ihn auf den Internetseiten zu veröffentlichen und auch deutlich zu machen, auf welchem Weg Interessenten den Kodex anfordern können.

- *Schutz von „Whistle Blowers" (Sections 806, 1107 SOA)*
Der SOA trifft umfangreiche Schutzvorkehrungen für Angestellte gelisteter Unternehmen, die Informationen über Buchführungsverstöße oder Unterschlagungen – auch an Behörden oder die Regierung – weitergegeben haben. Diese Mitarbeiter sind vor Kündigungen, Suspendierungen oder sonstigen Diskriminierungen (z. B. Gehaltskürzungen, Beförderungsstopps, Zwangsversetzungen) geschützt. Erfolgen solche Maßnahmen dennoch, steht ihnen ein Beschwerderecht beim „Secretary of Labour" zu, auch darf die Unterstützung durch das Audit Committee angefordert werden. Einschüchterungen oder Behinderungen der Informanten werden mit Geldstrafe und/oder Freiheitsstrafe bis zu zehn Jahren belegt.

Literatur:
***AKEIÜ** (2004);* ***Brühl/Hundt** (2004);* ***Buderath** (2004);* ***Bühler/Schweizer** (2002);*
***Emmerich/Schaum** (2003);* ***Kamann/Simpkins** (2003);* ***Lanfermann/Maul** (2002);*
***Lenz** (2002b);* ***Menzies** (2004), S. 13–23;* ***Peltzer** (2004), S. 140–148;* ***Ramos** (2004a, 2004b);*
***Schmidt** (2002), S. 25–48;* ***Wiesner** (2002).*
Wilder Westen, ***Wirtschaftswoche** 35/2002.*
Sarbanes-Oxley Act erfordert europäische Solidarität, ***Börsen-Zeitung** vom 16.08.2002.*
Anlegerschutz: Ernüchternde Bilanz, ***Der Spiegel** 46/2002.*

Der Sarbanes-Oxley Act of 2002

Abschnitt	Hauptthema	Erläuterung
I	Public Company Accounting Oversight Board (PCAOB)	– Schaffung einer Kontrollinstanz zur Überwachung von WP-Gesellschaften (Abkehr von der Selbstregulierung des Berufsstands) – Festlegung von Organisation und Aufgabenbereichen des Aufsichtsgremiums
II	Auditor Independence	Bestimmungen zur Sicherstellung der Unabhängigkeit der Wirtschaftsprüfer, insbesondere: – Verbot prüfungsfremder Dienstleistungen („non-audit services") – Offenlegung von Honorarinformationen (getrennt nach „audit fees, audit related fees, tax fees and all other fees") – Pflicht zur internen (Partner-) Rotation – Wartefrist („cooling-off-period") vor Annahme von Schlüsselpositionen bei Mandanten
III	Corporate Responsibility	Erweiterte CG-Verantwortlichkeiten der Unternehmen, insbesondere: – Einrichtung, Ausgestaltung und Pflege der „Disclosure Controls and Procedures" – Persönliche Verantwortung von CEO und CFO für das Funktionieren der Informationssysteme sowie für die Wahrheit und Vollständigkeit der Informationen (Eidesstattliche Erklärungen: „Certifications") – Verbot der Einflussnahme auf den AP – Stärkung der Position des Audit Committees
IV	Enhanced Financial Disclosures	– Erweiterte Veröffentlichungspflichten für Finanzinformationen im Rahmen der Jahresberichterstattung – „Management Assessment of Internal Control" – Unverzügliche Informationspflichten bei „material changes" der finanziellen Situation („real time disclosure") – Verbot von Darlehen an Board-Mitglieder – „Code of Ethics" für „Senior Financial Officers"
V	Analyst Conflicts of Interests	Vorschriften zur Verhinderung von Interessenskonflikten bei Finanzanalysten
VI	Commission Resources and Authority	Einzelregelungen bezüglich Finanzierung und Befugnissen der SEC
VII	Studies and Reports	Festlegung der Themen, zu denen US-Behörden Studien und Berichte zu erstellen haben
VIII	Corporate and Criminal Fraud Accountability	– Schutz von Informanten („Whistleblower Protection") – Erweiterte Aufbewahrungspflichten für Dokumente

Anhang

IX	*White-Collar Crime Penalty Enhancements*	Verschärfung der strafrechtlichen Bestimmungen bei unrichtigen eidesstattlichen Erklärungen
X	*Corporate Tax Returns*	Zwingende Verpflichtung des CEO zur Unterzeichnung der Steuererklärung des Unternehmens
XI	*Corporate Fraud Accountability*	– Bestimmungen zur Verantwortlichkeit der Geschäftsleitung im Falle von Unregelmäßigkeiten – Erleichterte Voraussetzungen zur Durchsetzung von Tätigkeitsverboten für Board-Mitglieder

A/3 Die Mitteilung der EU-Kommission zur Stärkung der Abschlussprüfung

Auch in Europa sind intensive Bestrebungen zur Wiederherstellung des Vertrauens der Investoren in die Kapitalmärkte erkennbar: so hat die EU-Kommission am 21.05.2003 ein Arbeitsprogramm verabschiedet, in deren inhaltlichem Mittelpunkt Maßnahmen zur Stärkung des Vertrauens in die Funktion der Abschlussprüfung stehen. Die Kommission knüpft damit an das von ihr im Jahre 1996 herausgegebene Grünbuch zur Rolle, Stellung und Haftung des AP in der EU, an die Mitteilung von 1998 „Abschlussprüfung in der EU: Künftiges Vorgehen" sowie an die Empfehlungen zur Unabhängigkeit des AP vom Mai 2002 an und entwickelt die darin vorgeschlagenen Maßnahmen weiter.

Die Vorschläge sind eher allgemein formuliert. Angesichts der heterogenen Gesetzgebung in den jeweiligen Ländern handelt es sich zumeist um die Vorschreibung von mittel- bis langfristig angelegten Mindeststandards auf übergeordneter Ebene, welche durch nationale Bestimmungen rechtsverbindlich umzusetzen sind. Gleichwohl signalisiert die Kommission den Mitgliedstaaten dadurch, nicht mit unausgewogenen gesetzgeberischen Aktionen auf die Bilanzskandale zu reagieren.

Literatur:
IDW (2003a); Menzies (2004), S. 27 f.; Peemöller (2003a); Schmidt (2003); van Hulle/Lanfermann (2003).

Die Mitteilung der EU-Kommission zur Stärkung der Abschlussprüfung

Maßnahme	Erläuterung
Modernisierung der regulatorischen Rahmenbedingungen der Abschlussprüfung	– Umwandlung der 8. EU-Richtlinie aus dem Jahr 1984 in eine umfassende prinzipienbasierte Richtlinie – Stärkung der Regulierungsinfrastruktur in der EU durch Einsetzung eines gesonderten Regelungsausschusses als zentrales Diskussionsforum für Fragen der Abschlussprüfung – Umwandlung des bestehenden „EU Committee on Auditing" in ein „Audit Advisory Committee" mit beratenden Aufgaben
Anwendung internationaler Prüfungsgrundsätze	Nach einem angemessenen Billigungsverfahren („Endorsement"): verbindliche Anwendung der ISA für sämtliche gesetzlichen Abschlussprüfungen in der EU ab 2005
Stärkung der öffentlichen Aufsicht über den Berufsstand der Abschlussprüfer	„Public Oversight": Vergleich und Harmonisierung der Aufsichtsstrukturen in den EU-Ländern

Anhang

	– Festlegung von Mindeststandards und Koordinationsmechanismen – Verknüpfung der nationalen öffentlichen Aufsichtssysteme zu einem effizienten EU-Netzwerk
Corporate Governance hinsichtlich der Abschlussprüfung	– Stärkere Professionalisierung der Überwachung von Rechnungslegung und Prüfung in Form von Audit Committees (Festschreibung von Prinzipien zur Bestellung, Abberufung und Vergütung von gesetzlichen Abschlussprüfern sowie zur Kommunikation mit ihnen) – Verstärkte Einbindung des Prüfers in die Beurteilung des IKS – Betonung der Notwendigkeit geeigneter Systeme der externen Qualitätssicherung – Systematische Verbindung zwischen negativen Qualitätskontrollergebnissen und Disziplinarmaßnahmen; Konvergenz der nationalen Disziplinarsysteme – Festschreibung des Grundsatzes der kontinuierlichen beruflichen Weiterbildung; Weiterentwicklung und Harmonisierung der Ausbildungserfordernisse – Untersuchung zur Haftung von Abschlussprüfern (primär gesehen als Mittel zur Qualitätssicherung) – Verbesserung des Binnenmarktes für AP-Dienstleistungen: Stärkung des Wettbewerbs durch Förderung der Bildung integrierter EU-Prüfungsgesellschaften (Erleichterung von Gründung, Niederlassung und Marktzugang) – Verbesserung der Transparenz der WP-Gesellschaften und ihrer Netzwerke (Mindestanforderungen der Offenlegung)
Stärkung der Unabhängigkeit von Abschlussprüfern und Analyse der allgemeinen Berufsgrundsätze	– Kodifizierung des Grundsatzes: „Der AP sollte eine Pflichtprüfung nicht durchführen, wenn zwischen ihm und seinem Mandanten Beziehungen bestehen, die seine Unabhängigkeit in Frage stellen könnten." – Analyse der bestehenden nationalen sowie internationalen Berufsgrundsätze, insbesondere des „IFAC Code of Ethics"

A/4 Der Aktionsplan „Modernisierung des Gesellschaftsrechts und Verbesserung der Corporate Governance in der EU"

Parallel zu der Mitteilung zur Abschlussprüfung hat die Kommission ebenfalls am 21.05.2003 in einer weiteren Mitteilung – weitgehend den Ideen und Empfehlungen des „Winter-Reports" folgend – einen Aktionsplan zur Stärkung der Aktionärsrechte, zur Verbesserung des Gläubigerschutzes sowie zur Erhöhung der Effizienz und Wettbewerbsfähigkeit der Unternehmen vorgelegt. Beide Mitteilungen, die in gewisser Weise eine europäische Reaktion auf den amerikanischen SOA darstellen, sollen einander ergänzen. Das Konsultationsverfahren der EU zu dem Aktionsplan ist im November 2003 abgeschlossen worden. Die Pläne sind nunmehr teilweise in Form von Empfehlungen konkretisiert.

Literatur:
Menzies *(2004), S. 28 f.;* ***Peltzer*** *(2004), S. 156–159; **o.V.** (2004g).*
EU will Aktionäre über Gehälter der Manager abstimmen lassen – EU-Kommissar Bolkestein schwächt Corporate Governance-Regeln zu Empfehlungen ab, ***HB*** *vom 05.10.2004.*

Anhang

Der Aktionsplan „Modernisierung des Gesellschaftsrechts und Verbesserung der Corporate Governance in der EU"

Maßnahme	Erläuterung
Schaffung eines gesetzlichen Rahmens zur Stärkung der Aktionärsrechte	Verbesserung und europaweite Vereinheitlichung wesentlicher Aktionärsrechte wie z. B. Fragerecht, Antragsrecht, Recht auf Vorlage von Beschlüssen, Recht auf Briefwahl oder Recht der HV-Teilnahme auf elektronischem Wege
Erhöhung der Transparenz für Aktionäre	Verbesserung der Informationen insbesondere bzgl. – des Verhaltens der institutionellen Anleger (z. B. Anlage- und Abstimmungsstrategien) – der Offenlegung der Vergütung von Vorstandsmitgliedern (detaillierte und individualisierte Angabe im Jahresabschluss inkl. des Ausweises der durch Stock-Options-Pläne entstehenden Aufwendungen)
Einführung einer jährlichen CG-Erklärung	Verpflichtung börsennotierter Unternehmen, dem Jahresabschluss eine Kurzbeschreibung der wichtigsten Strukturen und Praktiken, auf denen die Unternehmensführung und -überwachung basiert, beizufügen
Einrichtung eines europäischen CG-Forums	Koordinierung und Annäherung der nationalen Kodizes und Förderung deren Durchsetzung (bei gleichzeitiger Ablehnung eines – starren, einheitlichen – europäischen CG-Kodex)
Weitere CG-Initiativen	– Stärkung des Grundsatzes der Verhältnismäßigkeit zwischen Kapital und Kontrollrechten – Prüfung, inwieweit eine Aktionärsdemokratie („one share, one vote") für börsennotierte Gesellschaften EU-weit eingeführt werden kann – Freie Wahlmöglichkeit für börsennotierte Unternehmen zwischen monistischem und dualistischem CG-System – Förderung der Rolle der unabhängigen, nicht geschäftsführenden Board-Mitglieder („non-executive directors") bzw. der Aufsichtsräte, insbesondere bei Fragen der Vorstandsvergütung und der Beaufsichtigung der Jahresabschlussprüfung – Ausweitung der Verantwortung des Top-Managements für Jahresabschlüsse und sonstige Berichte (verbunden mit dem Recht der Aktionäre auf Sonderprüfung) – Verschärfung der Insolvenzverschleppungshaftung – Sanktionierung von Fehlverhalten im Management: EU-weites Tätigkeitsverbot als Organmitglied einer börsennotierten AG

A/5 Der Entwurf der EU-Kommission zur Modernisierung der 8. EU-Richtlinie (Abschlussprüferrichtlinie)

In Reaktion auf den italienischen *Parmalat*-Skandal hat die EU-Kommission am 16.03.2004 in Brüssel einen Vorschlag zur Modernisierung der sog. „Prüferrichtlinie" verabschiedet. Die Modernisierung stellt gleichzeitig den Kernpunkt der im Mai 2003 vorgelegten „Mitteilung zur Stärkung der Abschlussprüfung" dar. Die Verabschiedung des Richtlinienvorschlags durch das Europäische Parlament steht noch aus. Die EU-Mitgliedstaaten sind verpflichtet, die Regelungen anschließend in nationales Recht umzusetzen.

Der Vorschlag sieht eine wesentliche Verbreiterung der gesetzlichen Grundlagen für die Abschlussprüfung in der EU vor: in der neuen Richtlinie werden erstmals Grundprinzipien für sämtliche die Qualität der Abschlussprüfung bestimmenden Kriterien festgelegt, aber auch prüfungsrelevante CG-Aspekte werden erstmalig auf EU-Ebene geregelt. Die Anforderungen werden danach differenziert, ob ein Unternehmen von öffentlichem Interesse vorliegt oder nicht. Wenngleich kapitalmarktorientierte Unternehmen, Banken, andere Finanzinstitute und Versicherungen kraft Definition von öffentlichem Interesse sind, so bleibt den nationalen Gesetzgebern bei der Umsetzung der Richtlinie hierbei doch ein gewisser Spielraum.

Schließlich handelt es sich auch um eine international konsistente Lösung: die jüngsten Bilanzskandale weltweit operierender Konzerne haben die Notwendigkeit der Kooperation – z. B. der verschiedenen nationalen Berufsaufsichten – verdeutlicht.

Literatur:
*Ballwieser (2004); Beyer (2004a); **IDW** (2004a); **Klein/Tielmann** (2004); Lanfermann (2004); Lanfermann/Maul (2004); Schmidt (2005).*

Der Entwurf der EU-Kommission zur Modernisierung der 8. EU-Richtlinie (Abschlussprüferrichtlinie)

Wesentliche Regelungsvorschläge für alle gesetzlichen Abschlussprüfer

Ausweitung der Ausbildungserfordernisse (u. a. Kenntnisse bzgl. der IAS/IFRS, der ISA und des Managements von Prüfungspraxen)

Schaffung von elektronischen Registrierungssystemen und Einführung eines Katalogs von offen zu legenden, stets zu aktualisierenden Registrierungsangaben

Einführung von Ethikgrundsätzen auf EU-Ebene

Gesetzliche Festlegung von Grundprinzipien zur Unabhängigkeit mit Pflicht zur Dokumentation von Risiken und Sicherungsmaßnahmen („threats and safeguards-approach")

Regelung von Honoraren, die eine ausreichende Prüfungsqualität sicherstellen und das Verbot der Quersubventionierung (z. B. durch honorarintensive Beratungsleistungen) rechtfertigen

Einführung von internationalen Prüfungsgrundsätzen für alle EU-Abschlussprüfungen

Sicherstellung einer klaren Verteilung von Aufgaben und Verantwortlichkeiten, falls ein Konzern mit einer weltweit großen Zahl von Standorten von verschiedenen WP-Gesellschaften geprüft wird

Möglichkeit zum *Erlass eines einheitlichen Bestätigungsvermerks für IAS/IFRS-Abschlüsse*

Gesetzliche Festlegung von Anforderungen zur Qualitätskontrolle unter Betonung der Unabhängigkeit der Reviewer sowie der Finanzierung des Systems

Einführung von wirksamen Untersuchungs- und Sanktionssystemen

Besondere Regelungsvorschläge für Abschlussprüfer von Unternehmen von öffentlichem Interesse („Public Interest Companies")

Einführung eines jährlich zu erstellenden, öffentlich zugänglichen Transparenzberichtes für WP-Gesellschaften (u. a. mit ausführlichen Angaben zur Führungsstruktur („governance statement"), zum internationalen Netzwerk, zum internen Qualitätssicherungssystem, zur externen Qualitätskontrolle, zur Zusammensetzung der Honorare sowie zur beruflichen Weiterbildung)

Mitgliedstaatenwahlrecht zur zwangsweisen *internen Rotation* des hauptverantwortlichen Partners nach fünf Jahren *oder* zur *externen Rotation* der WP-Gesellschaft nach sieben Jahren

„Abkühlphase" von zwei Jahren für hauptverantwortliche Wirtschaftsprüfer vor einem Wechsel in eine Managementposition bei Mandanten

Verkürzung des Zyklus für externe Qualitätskontrollen auf drei Jahre

Pflicht des AP zur Information und zur Unterstützung des Audit Committees: Berichterstattung insbesondere zu festgestellten Schwächen im IKS

Wesentliche Vorschläge zur Berufsaufsicht und zur Kooperation innerhalb der EU und mit Drittstaaten

Festlegung von Eckpunkten zur öffentlichen Berufsaufsicht, die auf Mitgliedstaatenebene durch Nicht-Berufsausübende mit Kenntnissen und Erfahrungen im Bereich des Prüfungswesens („non-practitioners") dominiert werden soll

Schaffung eines Kooperationsmodells zwischen den Berufsaufsichten der Mitgliedstaaten auf Basis des Vorrangs der Heimataufsicht, insbesondere Einrichtung eines Verfahrens zum Informationsaustausch

Übertragung des EU-internen Kooperationsmodells auf Drittstaaten, sofern diese einen Gleichwertigkeitstest bestehen

Beaufsichtigung von Prüfern aus Drittstaaten, deren Aufsichtssysteme nicht gleichwertig sind (Registrierung, externe Qualitätskontrolle, Sonderuntersuchungen, Disziplinarmaßnahmen)

A/6 Das „10-Punkte-Programm" der Bundesregierung (Maßnahmenkatalog zur Stärkung der Unternehmensintegrität und des Anlegerschutzes)

In Deutschland hatten bereits Mitte der 90er Jahre der Beinahe-Zusammenbruch der *Metallgesellschaft* sowie die spektakulären Fälle *Schneider*, *Balsam/Procedo* und *Bremer Vulkan* deutliche CG-Defizite offenbart. Das KonTraG aus dem Jahre 1998 gilt als das „Ergebnis" dieser Mängel. Ab 2000 wurde die CG-Diskussion dann im Zuge der Skandale *Flowtex* und *Holzmann* „wiederbelebt". Sie führte über NaStraG und TransPuG bis hin zum „10-Punkte-Programm".

Diesen Maßnahmenkatalog mit einer Reihe von Forderungen zu verschiedenen kapitalmarktrelevanten Themen veröffentlichte die Bundesregierung im Sommer 2002 – zeitgleich zur Verabschiedung des SOA in den USA. Gewisse Parallelen sind unverkennbar.

Nach einer Überarbeitung wurde das Programm in einer detaillierteren Fassung am 25.02.2003 der Öffentlichkeit vorgestellt. Die Akzente liegen laut BMJ auf Transparenz und Verantwortung. Es handelt sich jedoch lediglich um Diskussionspunkte mit „offiziellem Charakter", die erst durch die Verabschiedung entsprechender Gesetze rechtsverbindlichen Status erhalten. Die Umsetzung erfolgt nicht en bloc, sondern in verschiedenen einzelnen Gesetzgebungsverfahren. Zu nennen sind insbesondere das UMAG, das KapInHaG und das KapMuG sowie die bereits in Kraft getretenen Gesetze BilReG, APAG und BilKoG, auf die im Folgenden näher eingegangen wird.

– *Gesetz zur Unternehmensintegrität und Modernisierung des Anfechtungsrechts (Punkt 1 des 10-Punkte-Programms)*

Das im Juni 2005 vom Bundestag verabschiedete UMAG sieht vor, dass Aktionäre, deren Anteile zusammen 1 % des Grundkapitals oder einen Nennbetrag von 100.000 € erreichen, bereits in eigenem Namen den Schadensersatzanspruch der Gesellschaft gegen deren Organe einklagen können. Als „Gegengewicht" zu dieser gegenüber dem KonTraG weiteren Erleichterung von Haftungsklagen werden die eingehenden Klagen allerdings durch ein gerichtliches Zulassungsverfahren gefiltert. In einem neu gefassten § 93 I AktG wird nach US-amerikanischem Vorbild die sog. „Business Judgment Rule" eingeführt. Das Gesetz sieht dazu folgende Regelung vor:

„*Eine Pflichtverletzung liegt nicht vor, wenn das Vorstandsmitglied bei einer unternehmerischen Entscheidung ohne grobe Fahrlässigkeit annehmen durfte, auf der Grundlage angemessener Information zum Wohle der Gesellschaft zu handeln.*"

Leicht fahrlässiges Handeln verpflichtet somit nicht mehr zum Schadensersatz, wenn die folgenden fünf Tatbestandmerkmale vorliegen:

- Unternehmerische (Ermessens-) Entscheidung
- Gutgläubigkeit („Good Faith")
- Handeln ohne Sonderinteressen und sachfremde Einflüsse (Unbefangenheit und Unabhängigkeit)
- Handeln zum Wohle der Gesellschaft
- Handeln auf der Grundlage angemessener Information („Informed Judgment" anstatt „Instinkt, Erfahrung, Phantasie und Gespür")

- *Kapitalmarktinformationshaftungsgesetz (Punkt 2 des 10-Punkte-Programms)*
Nach dem RefE des KapInHaG sollen Vorstände und Aufsichtsräte künftig persönlich für bewusst falsche Angaben über das Unternehmen bzw. für das Verschweigen wichtiger, kursrelevanter Informationen haften. Die betrogenen Aktionäre haben im Rahmen dieser sog. „Außenhaftung" zivilrechtlich Anspruch auf Schadensersatz, wenn sie die Aktien innerhalb von drei Monaten nach der – grob fahrlässigen oder vorsätzlichen – Falschaussage erworben haben. Die bisherige Beweispflicht für Anleger, die durch eine bewusst falsche Börsenmitteilung Aktien gekauft haben und später Verluste hinnehmen mussten, entfällt.

Die Schadensersatzansprüche beschränken sich pro Fall auf maximal vier Bruttojahresgehälter. Bei einer Vielzahl von Anlegern erhält der einzelne Geschädigte damit nur einen anteiligen Schadensersatz. Mit der Begrenzung der Haftsumme soll gewährleistet werden, dass die Haftung wirtschaftlich versicherbar bleibt und das Risiko für die Manager überschaubar gehalten wird. Andererseits sieht das Gesetzesvorhaben aber ausdrücklich einen mindestens 50 %igen Selbstbehalt vor. Ein Anleger kann dabei nicht seinen gesamten Schaden geltend machen, sondern nur – pauschal – die Differenz zwischen dem Kaufpreis und dem durchschnittlichen Börsenkurs der ersten 30 Tage nach der Falschmeldung. Damit will der Gesetzgeber verhindern, dass auch das allgemeine Markt- und Anlegerrisiko in die Haftung eingeht.

Die Schadensersatzpflicht gegenüber den Aktionären beschränkt sich nach dem Gesetzesentwurf nicht auf schriftliche Falschangaben – etwa in den Jahresabschlüssen, bei Ad-hoc-Mitteilungen oder in Börsenprospekten. Auch mündliche Äußerungen auf von Unternehmen initiierten Veranstaltungen, d. h. offizielle Auskünfte z. B. auf der HV, bei Analystenkonferenzen oder im Rahmen von „Roadshows" führen zur Haftung. Freiwillige, private Statements in Presseinterviews oder in Fernseh-Talkshows sind rechtlich noch ohne Bedeutung.

Wenngleich somit nicht jede fehlerhafte Information zu einer möglichen Grundlage für eine Klage gemacht werden kann, so befürchten Kritiker der ausgeweiteten Haftungsrisiken – die eine einseitige Bevorzugung der Anleger sehen – dennoch eine tendenziell abnehmende Bereitschaft der Vorstände und Aufsichtsräte zu offener Kommunikation.

Mit dem KapInHaG sollen überdies auch die Wirtschaftsprüfer stärker in die Haftung genommen werden: wenn diese unrichtige oder unvollständige Angaben in Prospekten für einen Börsengang oder eine Kapitalerhöhung bestätigt haben, haften sie gegenüber den Aktionären pro Fall mit bis zu 4 Mio. €.

Aufgrund heftiger Interventionen von Lobbyisten wurde der Gesetzesentwurf, dessen Verabschiedung durch das Kabinett ursprünglich für November 2004 vorgesehen war, vorübergehend auf Eis gelegt. Der weitere Zeitplan für das Gesetz ist nun offen.

– *Kapitalanleger-Musterverfahrensgesetz (Punkt 2 des 10-Punkte-Programms)*
Verfahren wegen Fehlinformationen des Kapitalmarkts zeichneten sich typischerweise dadurch aus, dass eine sehr große Anzahl von Geschädigten jeweils relativ kleine Beträge einklagte. Die Geltendmachung dieser Massenschäden in unzähligen Einzelverfahren stieß häufig an die Grenze der wirtschaftlichen Verhältnismäßigkeit und legte die Gerichte lahm.

Das im Juni 2005 vom Bundestag verabschiedete KapMuG regelt nunmehr, dass alle diesbezüglichen Schadensersatzklagen örtlich und sachlich bei dem Landgericht konzentriert werden, an dem das jeweilige beklagte Unternehmen seinen Sitz hat. Außerdem werden die jeweils strittigen, gleichgelagerten Fragen – wie z. B. die Richtigkeit eines Jahresabschlusses oder einer Ad-hoc-Meldung – für alle Kläger „gebündelt" in einem kollektiven Musterverfahren entschieden, das dann den einzelnen Individualrechtsstreiten zugrunde gelegt wird.

Jeder geschädigte Anleger kann die Einleitung eines solchen Musterverfahrens beantragen. Der Antrag wird vom Prozessgericht im elektronischen Bundesanzeiger bekannt gemacht. Kommen mehr als zehn solche Anträge zur Klärung derselben Frage zusammen, werden die einzelnen Verfahren ausgesetzt. Es wird nach Ermessen des Gerichts ein Kläger zum „Musterkläger" bestimmt. Die übrigen Kläger werden ergänzend beigeladen und können als „Streithelfer" ebenfalls aktiv an dem Verfahren mitwirken. Die strittige Musterfrage wird dann verbindlich für alle Beteiligten geklärt. Laut BMJ reduziert sich dadurch das Prozesskostenrisiko für den einzelnen Kläger erheblich; zudem kann die Gefahr eines „Run to the Courtroom" verhindert werden. Im Unterschied zu den Sammelklagen nach US-amerikanischem Recht („Class Actions") bleibt in den Musterverfahren allen Beteiligten der Anspruch auf rechtliches Gehör erhalten.

– _Bilanzrechtsreformgesetz (Punkte 4, 5 des 10-Punkte-Programms)_
Die inhaltlichen Schwerpunkte des BilReG liegen in den Bereichen des Bilanzrechts und der Abschlussprüfung. Der bilanzrechtliche Teil zielt auf die Fortentwicklung und Internationalisierung des nationalen Handelsrechts ab. Anlass der Reform ist die Pflicht zur Umsetzung europäischer Vorgaben im Rahmen der „neuen Rechnungslegungsstrategie" der EU:

Anpassung an die IAS-Verordnung vom 19.07.2002	Umsetzung der Modernisierungsrichtlinie vom 18.06.2003
Pflicht zur Anwendung von IAS/IFRS im Konzernabschluss kapitalmarktorientierter Mutterunternehmen ab 2005 bzw. 2007 (§ 315a I HGB)	Zusätzliche Berichtspflichten in Lagebericht und Konzernlagebericht (§§ 289, 315 HGB)
Freiwilliger Konzernabschluss nach IAS/IFRS für nicht-kapitalmarktorientierte Mutterunternehmen (§ 315a II HGB)	Neufassung des § 297 I HGB hinsichtlich der Bestandteile des Konzernabschlusses
Zusätzlicher freiwilliger Einzelabschluss nach IAS/IFRS nur zu Informationszwecken für kapitalmarkt- und nicht-kapitalmarktorientierte Unternehmen (§ 325 IIa HGB)	Inhaltliche Erweiterung und Vereinheitlichung des Bestätigungsvermerks (Neufassung des § 322 HGB)
Formelle Aufhebung von § 292a HGB	Einschränkung der Befreiung von der Konzernabschlusserstellungspflicht (§ 291 III Nr. 1 HGB)
	Abschaffung des Konsolidierungsverbots nach § 295 HGB
	Sonstige Änderungen von geringerer Tragweite (stringentere Transparenzanforderungen)
Umsetzung der Fair-Value-Richtlinie vom 27.09.2001	**Umsetzung der Schwellenwertrichtlinie vom 13.05.2003**
Anhangangaben zu Art und Umfang, beizulegendem Zeitwert und angewandter Bewertungsmethode sämtlicher Kategorien von derivativen Finanzinstrumenten (§ 285 I Nr. 18 HGB)	17 %ige Anhebung der Schwellenwerte von § 267 HGB, anhand derer die Kategorisierung von Kapitalgesellschaften in klein, mittelgroß und groß vorgenommen wird
Ergänzende Angaben für Finanzinstrumente des Finanzanlagevermögens (§ 285 I Nr. 19 HGB)	Analoge Erhöhung der Werte von § 293 I HGB, die die größenabhängige Befreiung von der Aufstellungspflicht eines Konzernabschlusses regeln
Spezielle zukunftsbezogene Risikoberichterstattung über Finanzinstrumente im Lagebericht (§ 289 II Nr. 2 HGB)	Zusätzliche „Verschärfungen" durch Modifikation der §§ 267 III und 293 V HGB

Den zweiten thematischen Schwerpunkt des Gesetzes bildet die Stärkung der Unabhängigkeit des AP: im Vordergrund steht dabei die Neufassung des § 319 HGB (Auswahl der Abschlussprüfer und Ausschlussgründe). Darüber hinaus wird durch die Neueinführung eines § 319a HGB (Ausschlussgründe in besonderen Fällen, „lex specialis") ein strengerer Maßstab hinsichtlich der Unabhängigkeit von Abschlussprüfern von Unternehmen des öffentlichen Interesses (Unternehmen, die einen organisierten Kapitalmarkt i. S. d. § 2 V WpHG in Anspruch nehmen, Kredit- bzw. Finanzdienstleistungsinstitute, Versicherungen und Pensionsfonds) angelegt.

§ 319 HGB Allgemeine Regelungen zur Abschlussprüfung	§ 319a HGB Spezifische Regelungen zur Abschlussprüfung von Unternehmen des öffentlichen Interesses
Teilnahme an der Qualitätskontrolle nach § 57a WPO als explizite Voraussetzung zur Wahl als AP Ausschlussgründe: 1) Besorgnis der Befangenheit aufgrund geschäftlicher, finanzieller oder persönlicher Beziehungen 2) Anteilsbesitz und andere nicht nur unwesentliche finanzielle Interessen 3) Selbstprüfungsverbot (Verbot der Mitwirkung bei der Buchführung oder der Aufstellung des zu prüfenden Jahresabschlusses; Verbot der Mitwirkung bei der Durchführung der internen Revision in verantwortlicher Position; Verbot der Erbringung von Management- oder Finanzdienstleistungen; Verbot von eigenständigen versicherungsmathematischen oder Bewertungsleistungen, die sich auf den zu prüfenden Jahresabschluss nicht nur unwesentlich auswirken) 4) Umsatzgrenze von 30 % der jeweiligen Gesamteinnahmen des AP in den letzten fünf Jahren (wie bisher)	Herabsetzung der Umsatzgrenze auf 15 % der jeweiligen Gesamteinnahmen des AP in den letzten fünf Jahren Verbot der Erbringung von Rechts- oder Steuerberatungsleistungen, die über das Aufzeigen von Gestaltungsalternativen hinausgehen und sich auf die VFE-Lage unmittelbar und nicht nur unwesentlich auswirken Verbot der Mitwirkung an der Entwicklung, Installation und Einführung von Rechnungslegungsinformationssystemen, sofern die Tätigkeit nicht von untergeordneter Bedeutung ist Pflicht zur internen Rotation: Ausschluss, falls der AP den Bestätigungsvermerk bereits in sieben oder mehr Fällen gezeichnet hat (=> Wartezeit von drei Jahren) Offenlegungspflichten von Honoraren im (Konzern-) Anhang (§ 285 I Nr. 17 HGB, § 314 I Nr. 9 HGB): – Angabe des insgesamt gezahlten Honorars – Aufschlüsselung des Honorars nach Abschlussprüfung, sonstigen Bestätigungs- oder Bewertungsleistungen, Steuerberatungsleistungen und sonstigen Leistungen *Anders als noch im RegE vorgesehen, ist die Abschlussprüfung nun doch (aus Rücksicht auf die kleinen bzw. mittleren Unternehmen und Praxen) mit der gerichtlichen Interessenvertretung im zu prüfenden Geschäftsjahr bzw. bis zur Erteilung des Bestätigungsvermerks vereinbar.*

– *Abschlussprüferaufsichtsgesetz (Punkt 5 des 10-Punkte-Programms)*
Ziel des APAG ist es, den Berufsstand der Wirtschaftsprüfer in Deutschland – internationalen Maßstäben folgend – unter eine öffentliche, letztverantwortliche und berufsstandsunabhängige fachbezogene Aufsicht zu stellen. Zu diesem Zweck wurde der WPK, die bislang als Körperschaft des öffentlichen Rechts in mittelbarer Staatsverwaltung für die Berufsaufsicht zuständig war, eine „Abschlussprüferaufsichtskommission" APAK vorangestellt.

Diese Kommission ging aus dem bereits bestehenden Qualitätskontrollbeirat hervor und übernimmt mit der Überwachung des Qualitätskontrollsystems auch dessen Aufgaben. Sie erhält weitreichende Informations- und Einsichtsrechte gegenüber der WPK und kann Entscheidungen der WPK unter Angabe von Gründen zur nochmaligen (Zweit-) Prüfung an diese zurückverweisen, bei Nichtabhilfe kann sie schließlich unter Aufhebung deren Entscheidungen Weisungen erteilen (sog. Letztentscheidungsbefugnis).

Die APAK, die sich „unterhalb" der staatlichen Rechtsaufsicht des BMWA befindet, steht somit „oberhalb" der WPK: ihr wird die Verantwortung übertragen, dass die WPK ihre Aufgaben entsprechend § 4 I WPO i.V.m. § 57 WPO angemessen erfüllt. Sie wird damit zur „Aufsicht über die Aufsicht". Durch ihre Letztverantwortlichkeit soll sie in den Bereichen Berufsaufsicht und Qualitätskontrolle zum zentralen Ansprechpartner für andere europäische Berufsaufsichtsstellen und für das amerikanische PCAOB werden. Eine diesbezügliche internationale Kooperation ist vor allem notwendig, um mögliche grenzüberschreitende Pflichtverletzungen von Berufsangehörigen untersuchen zu können.

Die Kommission setzt sich derzeit aus sechs ehrenamtlichen Mitgliedern zusammen. Diese dürfen nach dem Gesetz in den letzten fünf Jahren vor ihrer Ernennung nicht persönliche Mitglieder der WPK gewesen sein und müssen insbesondere in den Bereichen Rechnungslegung, Finanzwesen, Wirtschaft, Wissenschaft oder Rechtsprechung tätig bzw. tätig gewesen sein. Diese – vom Berufsstand unabhängigen – Mitglieder werden vom BMWA für vier Jahre ernannt; sie sind nicht weisungsgebunden. Die durch die Arbeit der APAK anfallenden Kosten werden über die Pflichtbeiträge der Mitglieder der WPK finanziert.

Während man in den USA alle Aufsichtsfunktionen betreffend Abschlussprüfungen bei kapitalmarktorientierten Unternehmen vollständig vom Berufsstand separiert hat, wählt man in Deutschland mit der WPK und der APAK den Weg einer „modifizierten Selbstverwaltung". Gleichwohl wird durch dieses Konzept, das für alle Abschlussprüfer und Prüfungsgesellschaften gelten soll, das System der beruflichen Selbstregulierung wesentlich eingeschränkt.

– *Bilanzkontrollgesetz (Punkt 6 des 10-Punkte-Programms)*
Das BilKoG führt ein zweistufiges Verfahren zum „Enforcement der Rechnungslegung" ein: es sieht vor, dass auf der ersten Stufe des Durchsetzungssystems – auf der die Enforcement-Arbeit im Wesentlichen erledigt werden soll – die von einer privatrechtlich organisierten Prüfstelle, der DPR, aufgedeckten Bilanzierungsfehler in Einvernehmen mit dem Unternehmen festgestellt werden. Wird keine Einigung erzielt, soll auf der zweiten Stufe die BaFin als behördliche Sanktionsinstanz die „Durchsetzung der Durchsetzung" („enforced enforcement") in einem Über-/Unterordnungsverhältnis gegenüber dem Unternehmen öffentlich-rechtlich gewährleisten. Das Gesetz ist so konzipiert, dass sämtliche Enforcement-Aufgaben notfalls auch von der BaFin allein übernommen werden können. Bleibt das „Kombinationskonzept" ohne nachhaltigen Erfolg, so hält der Gesetzgeber eine einstufige, durchgängig staatliche Lösung „in Reserve".

Die Prüfung auf der ersten Stufe basiert ganz wesentlich auf der freiwilligen Mitwirkung der Unternehmen. Die DPR begegnet diesen auf gleicher Augenhöhe. Sie nimmt sowohl reaktiv bei Vorliegen eines Anfangsverdachts sowie auf Verlangen der BaFin als auch proaktiv auf Stichprobenbasis Prüfungen vor. Die Aktivitäten der DPR beschränken sich auf die Fehlerfeststellung. Sie ist weder befugt, eine konkrete Korrektur zu fordern noch die Fehlerbeseitigung zu überwachen. Sie hat jedoch in jedem Fall der BaFin über ihr Prüfergebnis zu berichten.

Um der DPR ein „präventiv wirkendes Abschreckungspotenzial" zu verleihen, greift die BaFin als „mächtige Verbündete" bzw. „tatsächliche Herrin des Procederes" nach dem Subsidiaritätsprinzip immer dann ein, wenn der kooperative Ansatz auf der ersten Stufe scheitert. Die BaFin ordnet in diesem Fall eine staatliche Enforcement-Prüfung per Verwaltungsakt an. Gelangt sie zu der Überzeugung, Rechnungslegung oder Lagebericht seien fehlerhaft, veranlasst sie die sog. „adverse Publizität", d. h. die Bekanntmachung des Fehlers. Auch sie besitzt aber nicht die Kompetenz zur Erzwingung der Korrektur fehlerhafter Rechnungslegung. Nach dem historischen Leitgedanken des deutschen Aktienrechts gehen private Initiativen zur Fehlerkorrektur einer staatlichen Intervention vor. Änderungen können nur mit Hilfe von gesellschafts- bzw. aktienrechtlichen Instrumenten (z. B. Nichtigkeitsklagen, Sonderprüfungen) herbeigeführt werden. Von der BaFin bestandskräftig festgestellte Fehler muss das Unternehmen zukünftig selbstverständlich vermeiden.

Die Konzeption des zweistufigen Verfahrens gilt für alle Unternehmen, deren Wertpapiere an einer inländischen Börse zum Handel im amtlichen oder geregelten Markt zugelassen sind. Nicht-kapitalmarktorientierte Unternehmen sind zunächst nicht in das Enforcement einbezogen. Keine Voraussetzung des Enforcements ist der Unternehmenssitz im Inland. Geprüft wird, ob der zuletzt festgestellte Jahresabschluss und Lagebericht oder Konzernabschluss und Konzernlagebericht eines

Unternehmens den geltenden gesetzlichen Vorschriften einschließlich der GoB entsprechen. Dies gilt für alle Abschlüsse der Geschäftsjahre, die am 31.12.2004 oder später enden. Zwischenberichte und Ad-hoc-Meldungen sind nicht Gegenstand der Prüfung, weil diese nach HGB (noch) keiner gesetzlichen Prüfungspflicht durch den AP unterliegen. Die „Zweitprüfung" durch DPR bzw. BaFin kann und soll keine nochmalige, umfassende Abschlussprüfung darstellen. Sie hat sich aus Praktikabilitäts- und Kostengründen auf bestimmte abgrenzbare Bilanzierungsthemen zu beziehen bzw. auf die Punkte zu beschränken, hinsichtlich derer Anhaltspunkte für Fehler bestehen. Die Prüfung muss sich auf kapitalmarktgerichtete Informationen fokussieren. Eine Prüfung des RMS nach § 317 IV HGB kann unterbleiben.

Nach Schätzungen von *Lutter* und *Knorr* werden von den rund 1300 durch das Enforcement erfassten Unternehmen – von denen ca. 1000 deutsche sind – pro Jahr rd. 50 ohne besonderen Anlass durch Stichproben und rd. 20 anlassbezogen bei Verdacht auf Unrichtigkeiten überprüft, was zunächst sieben Vollzeitprüfer und rd. 5 Mio. € p. a. erfordern wird. Die gesamten Kosten der DPR (für Verwaltung sowie für individuelle Prüfungen) und die allgemeinen Enforcement-Kosten der BaFin sind durch Erhebung einer Umlage von den Enforcement-Adressaten zu tragen. Problematisch bleibt nach wie vor der Umlageschlüssel. Die direkt zurechenbaren Prüfungskosten der zweiten Stufe dagegen werden dem betroffenen Unternehmen gesondert auferlegt. Für Bund, Länder und Kommunen entstehen somit keine zusätzlichen Kosten.

Literatur:
- *zum „10-Punkte-Programm":*
Ernst *(2003b);* **Menzies** *(2004), S. 29 f.;* **Seibert** *(2003);* **Theisen** *(2005);* **Zypries** *(2003).*

- *zum UMAG:*
BMJ *(2004c, 2005b);* **Hauschka** *(2004a);* **IDW** *(2004b);* **Lenzen/Kleinert** *(2004b);* **Roth** *(2004);* **Seibert** *(2004).*
Aktiengesellschaften droht Zunahme von Eilverfahren, **HB** *vom 03.11.2004.*
Regierung will Klagerecht von Kleinaktionären stärken, **HB** *vom 16.11.2004.*

- *zum KapInHaG:*
Gerke *(2004);* **Spindler/Christoph** *(2004).*
Berlin schließt Lücke im Anlegerschutz, **HB** *vom 14.07.2004.*
Corporate Governance: Vorstände sollen persönlich haften, **FAZ** *vom 24.08.2004.*
KapInHaG und Co für geprellte Anleger, **TAZ** *vom 01.09.2004.*
Managerhaftung: Mehr Aktionärsdemokratie, Kommentar **HB** *vom 28.09.2004.*
Anlegerschutz: Spät, aber immerhin, Kommentar **HB** *vom 30.09.2004.*
Manager in der Bredouille, **TAZ** *vom 14.10.2004.*
Geteiltes Echo auf neuen Anlegerschutz, **Die Welt** *vom 14.10.2004.*
Die direkte Managerhaftung verzögert sich, **FAZ** *vom 10.11.2004.*
Regierung schiebt Managerhaftung auf, **HB** *vom 10.11.2004.*

– *zum KapMuG:*
BMJ *(2004c, 2005c);* **Zypries** *(2004).*
Zypries will getäuschten Anlegern Weg zu Schadensersatz ebnen, **HB** *vom 08.04.2004.*

– *zum BilReG:*
BMJ *(2004a, 2004b);* **Bömelburg/Keller** *(2004), S. 4–19;* **Busse von Colbe** *(2004);*
Hüttemann *(2004);* **IDW** *(2004c);* **Lenz** *(2004a);* **Peemöller/Oehler** *(2004a, 2004 b);*
Ringwald *(2005), S. 14 ff.;* **Veltins** *(2004);* **Wendlandt/Knorr** *(2004).*

– *zum APAG:*
Heininger/Bertram *(2004);* **Lenz** *(2004b); o.V. (2004e, 2004 f);* **Schruff** *(2004), S. 22 f..*

– *zum BilKoG:*
BMJ *(2004a, 2004b);* **Ernst** *(2004);* **Hommelhoff/Mattheus** *(2004);* **IDW** *(2004c, 2004 d);*
Kämpfer *(2005);* **Mattheus/Schwab** *(2004); o.V. (2004a, 2004b);* **Pellens/Detert/Nölte/Sellhorn**
(2004); **Ringwald** *(2005), S. 19 ff..*

Das „10-Punkte-Programm" der Bundesregierung (Maßnahmenkatalog zur Stärkung der Unternehmensintegrität und des Anlegerschutzes)

Punkt	Maßnahme
1	Persönliche Haftung von Vorstands- und AR-Mitgliedern gegenüber der Gesellschaft: Verbesserung des Klagerechts der Aktionäre (leichtere Erzwingbarkeit von Schadensersatzprozessen des Unternehmens gegen seine Organe)
2	– Einführung der persönlichen Haftung von Vorstands- und AR-Mitgliedern gegenüber den Aktionären bei vorsätzlicher oder grob fahrlässiger Falschinformation des Kapitalmarkts – Verbesserung der kollektiven Durchsetzung der Ansprüche der Aktionäre (gesetzlich geregelte Musterverfahren)
3	Weiterentwicklung des DCGK, insbesondere zur Transparenz von aktienbasierten oder anreizorientierten Vergütungen der Vorstände (Aktienoptionspläne)
4	Fortentwicklung der Bilanzregeln und Anpassung an internationale Rechnungslegungsstandards: – Umsetzung der durch die EU-Verordnung vom 19.07.2002 eingeräumten Wahlrechte zur Anwendung der IAS/IFRS in Einzel- und Konzernabschluss – Modernisierung des HGB („Durchforstung und Entrümpelung"), u.a. Abschaffung nicht mehr zeitgemäßer Wahlrechte; Prüfung von Ansatz- und Bewertungsmöglichkeiten bei immateriellen Vermögensgegenständen und Rückstellungen; Fair-Value-Bewertung von Finanzinstrumenten im Konzernabschluss; Änderung der Schwellenwerte der §§ 267, 293 HGB
5	Stärkung der Rolle des AP: – Sicherung der Unabhängigkeit durch Unvereinbarkeit bestimmter Beratungsdienstleistungen mit der Abschlussprüfung – Vollständige Transparenz aller erbrachten Leistungen

	– Erweiterte Regelungen zur personellen Verflechtung und finanziellen Abhängigkeit des Prüfers – Erweiterung der Haftung – Stärkung der Berufsaufsicht über Wirtschaftsprüfer
6	Überwachung der Rechtmäßigkeit konkreter Unternehmensabschlüsse durch eine unabhängige Stelle (*„Enforcement"*) bei kapitalmarktorientierten Unternehmen
7	*Fortführung der Börsenreform und Weiterentwicklung des Aufsichtsrechts, u. a.:* – Konkretisierung des Verbots der Kurs- und Marktpreismanipulation und Abgrenzung zur erlaubten Kurspflege – Sicherstellung eines aktionärsfreundlichen Zugangs zu Unternehmensbekanntmachungen, z. B. unter Einsatz des elektronischen Bundesanzeigers
8	*Verbesserung des Anlegerschutzes im Bereich des „Grauen Kapitalmarkts", u. a.:* – Bessere Aufklärung der Verbraucher durch Bundesregierung, Verbände, Medien und in den Schulen – Einführung einer Prospektpflicht für öffentlich angebotene Kapitalanlagen, bei denen besonders hohe Schäden der Anleger festzustellen sind – Stärkere Zusammenarbeit der Aufsichts- und Strafverfolgungsbehörden – Überprüfung der Gewerbeordnung, insbesondere des Aufsichtsinstrumentariums
9	*Sicherstellung der Verlässlichkeit von Unternehmensbewertungen durch Finanzanalysten und Ratingagenturen:* – Weiterentwicklung und Ausdehnung der Wohlverhaltens- und Compliance-Regeln – Definition der Anforderungen an ein Rating für Zwecke bankaufsichtlicher Risikobegrenzungsnormen (Prozess Basel II)
10	*Verschärfung der Strafvorschriften für Delikte im Kapitalmarktbereich:* Überprüfung der Straftatbestände im Zusammenhang mit Insiderhandel, mit Kurs- und Marktmanipulationen sowie mit Falschangaben des Vorstands und des Abschlussprüfers zum Jahresabschluss

A/7 Der Deutsche Corporate Governance Kodex

> *„Ein German Code of Corporate Governance stärkt die Qualität und Transparenz der Führung deutscher Unternehmen.*
> *Im Mittelpunkt der Leitlinien (...) steht der Vorstand. Der Aufsichtsrat spielt durch die Auswahl und Überwachung des Vorstandes eine bedeutsame Rolle in der Unternehmensführung. Er hat aber keine leitende Funktion.*
> *Governanceregeln müssen tatsächlich gelebt werden. Eine offene Diskussionskultur im Vorstand und Aufsichtsrat sowie zwischen den Organen ist maßgeblicher Erfolgsfaktor der Corporate Governance.*
> *Die Unternehmensführung muss die Interessen der verschiedenen Stakeholder sinnvoll austarieren. Informationen über die Leistungsfähigkeit des Unternehmens sichern das Vertrauen der Stakeholder und sind daher von strategischer Bedeutung.*
> *Regelmäßige Evaluationen fördern die kontinuierliche Verbesserung der Corporate Governance eines Unternehmens.*
> *Das deutsche Modell der Unternehmensverfassung ist auch im globalen Wettbewerb konkurrenzfähig."*
>   „Berliner Thesen zur Corporate Governance" des Initiativkreises GCCG

Im Rahmen der CG-Reformbewegung machten sich Ende der 90er Jahre zwei voneinander unabhängige Gruppen aktienrechtlich und kapitalmarktmäßig interessierter Praktiker und Wissenschaftler – die Frankfurter Grundsatzkommission Corporate Governance und der Berliner Initiativkreis – jeweils an die Entwicklung eines einheitlichen deutschen CG-Kodex. Als keine der beiden Gruppen das Ziel – die allgemeine Anerkennung ihres Kodex – erreichte, berief die Bundesregierung eine amtliche Kommission unter der Leitung des Frankfurter Rechtsprofessors Theodor Baums, deren Arbeitsergebnis sich aber nur auf ideenreiche Empfehlungen beschränkte.

Im Herbst 2001 wurde vom BMJ schließlich eine zwölfköpfige Kommission unter Leitung des Thyssen Krupp-Aufsichtsratsvorsitzenden Gerhard Cromme berufen, die – unter Rückgriff auf die Vorarbeiten von somit drei Kommissionen – den inzwischen allgemein akzeptierten DCGK ausarbeitete. Dieser liegt aktuell in einer bereits mehrmals novellierten Fassung vor; im Juni 2005 wurde er insbesondere hinsichtlich einer verbesserten Aufsichtsratstätigkeit nochmals weiterentwickelt. Die Cromme-Kommission versteht sich als ständige Einrichtung: laut Präambel zum DCGK wird der Kodex in der Regel einmal jährlich vor dem Hintergrund nationaler und internationaler Entwicklungen überprüft und bei Bedarf angepasst.

Der Kodex hat hauptsächlich eine Kommunikations-, weniger eine Regelungsfunktion: die Vorschriften entsprechen materiell teilweise den zwingenden aktienrechtlichen Vorgaben. Häufig nehmen sie Detaillierungen und Ergänzungen existierender Rechtsnormen vor. Gemäß dem neu eingefügten § 161 AktG müssen die Unternehmen seit 2002 jährlich erklären, welchen der insgesamt 72 Empfehlungen („Soll-Vorschriften") entsprochen und welchen Empfehlungen nicht gefolgt wurde (sog. „Entsprechenserklärung" nach dem angelsächsischen Prinzip des „Comply or explain"). Der Kodex enthält ferner 19 Anregungen („Sollte- bzw. Kann-Vorschriften"), von denen ohne Offenlegung abgewichen werden kann.

Die Standards des DCGK sollen somit durch freiwillige Selbstbindung der Unternehmen Geltung erlangen. Bei Nichteinhaltung drohen keine Strafen, so dass sich der Kodex – gerade im Kampf gegen Bilanzskandale – mangels Sanktionen wohl als „stumpfe Waffe" erweisen wird. Erste empirische Untersuchungen unter den Unternehmen des DAX, des M-DAX und des TecDAX zeigen folgende Empfehlungen (E) und Anregungen (A), von denen am häufigsten abgewichen wurde:

- Veröffentlichung der individuellen Vorstandsgehälter (E)
- Vereinbarung eines angemessenen Selbstbehalts bei Haftpflichtversicherungen von Managern (E)
- Veröffentlichung der individuellen Vergütung von Aufsichtsräten (differenziert nach Vorsitz, stellvertretendem Vorsitz und Umfang der Ausschussarbeit) (E)
- Vorhandensein einer erfolgsorientierten Vergütung der Aufsichtsräte (E)
- Einrichtung eines Prüfungsausschusses des Aufsichtsrats (E)
- Einhaltung der Veröffentlichungsfristen für Konzernabschlüsse bzw. Zwischenberichte (E)
- Übertragung der HV im Internet (A)
- Bezug der Aufsichtsratsvergütung auch auf den langfristigen Unternehmenserfolg (A)

Der Kodex richtet sich primär an börsennotierte Gesellschaften. Die Präambel empfiehlt die Beachtung seiner Regelungen aber analog auch Unternehmen mit anderen Eigentümerstrukturen.

Die zentralen Elemente des DCGK – Transparenz, verbesserte Kommunikation und intensivierte Aufsicht – sind sicherlich auch für den Mittelstand von Bedeutung. Vor allem hat zumindest der GmbH-Geschäftsführer – wie der AG-Vorstand – die von § 93 I AktG abgeleitete Sorgfaltspflicht des DCGK zu erfüllen. Der DCGK wird von mittelständischen Unternehmen häufig aber als überzogen angesehen. Vor diesem Hintergrund wird vermehrt gefordert, einen speziellen, maßgeschneiderten Anforderungskatalog zu entwickeln, der mittelstandstypische Fragen aufgreift. Ein solcher „Mittelstandskodex" müsste die strukturellen Besonderheiten und Probleme der KMUs abbilden: z. B. die Gesellschaftsstruktur, die schmale

Eigenkapitalbasis und die damit verbundene hohe Fremdfinanzierungsquote, das oft mangelhafte Berichtswesen oder die häufig vernachlässigte Strategie- bzw. Nachfolgeplanung. Er sollte somit deutlich andere Empfehlungen und Anregungen beinhalten als der DCGK bei börsennotierten Unternehmen.

Infolge des immer lauter werdenden Rufes nach „Corporate Social Responsibility" wurde auch im Ausland vermehrt der Weg in Richtung von – freiwillig einzuhaltenden – Kodizes mit Wohlverhaltensregeln für eine gute Unternehmensführung und -überwachung („soft laws") eingeschlagen.

So präsentierte z. B. Österreich nach den Insolvenzen der Softwarefirma *Y Line* (vgl. Kapitel 2.2) und der Buchhandelskette *Libro* sowie den Skandalen um den oberösterreichischen Kunststoffhersteller *Steiner*, die *Bank Burgenland* und die *Riegerbank* ebenfalls einen eigenen CG-Kodex.

Auch in der Schweiz wurde unter dem Eindruck der Vorkommnisse bei Unternehmen wie *Swissair* oder *ABB* (vgl. ebenfalls Kapitel 2.2) vom Wirtschaftsdachverband „Economiesuisse" ein „Swiss Code of Best Practice" ausgearbeitet. Hinzu kam eine von der Schweizer Börse SWX erlassene „Transparenzrichtlinie betreffend Informationen zur Corporate Governance".

Kodizes sollten nicht als einengende Regelwerke, sondern als Hilfestellung und Chance verstanden werden. Ausgebaut zu Scoring-Modellen, mit denen die Unternehmen Umfang und Qualität der eigenen Corporate Governance gezielt einschätzen können, sind sie positiv zu beurteilen. Ob allerdings ein „europäischer Superkodex" mit einer zentralgesteuerten Regulierungswelle zielführend sein kann, muss bezweifelt werden. Hier erscheint die Devise von *Bernhardt*: „Maßanzug statt Einheitsware! Flexibilisierung statt – neuer – Regulierung!" überzeugender.

Die Cromme-Kommission lehnte im Juni 2005 auf ihrer jährlichen Corporate Governance-Konferenz einen einheitlichen Verhaltenskodex für die gesamte europäische Wirtschaft ab. Cromme verwies dabei auf die unterschiedlichen Rechtssysteme und Unternehmenskulturen der EU-Länder.

Literatur:
Beller-Heinacher (2000); Berliner Initiativkreis German Code of Corporate Governance (2000); Bernhardt (2002); Böckli (2002); Gahleitner/Leitsmüller (2003); Hofstetter (2002); Maul/Lanfermann (2004); Oser/Orth/Wader (2004); Peltzer (2004), insbesondere S. 1–31; Rötheli (2002); Schmidt (2002), S. 17–20; Strenger (2003); Thümmel (2004); Wiesner (2004). Der große Bluff, **Wirtschaftswoche** *6/2002.*
Unternehmensregeln für die GmbH – Deutsche Agentur für Aufsichtsräte schlägt Mittelstandskodex vor, **Die Welt** *vom 28.07.2003.*
Gespielte Offenheit, **Wirtschaftswoche** *25/2004.*

Der Deutsche Corporate Governance Kodex
(Fassung vom 02.06.2005)

1.	Präambel
2.	**Aktionäre und Hauptversammlung**
2.1	Aktionäre
2.2	Hauptversammlung
2.3	Einladung zur Hauptversammlung, Stimmrechtsvertreter
3.	**Zusammenwirken von Vorstand und Aufsichtsrat**
4.	**Vorstand**
4.1	Aufgaben und Zuständigkeiten
4.2	Zusammensetzung und Vergütung
4.3	Interessenskonflikte
5.	**Aufsichtsrat**
5.1	Aufgaben und Zuständigkeiten
5.2	Aufgaben und Befugnisse des Aufsichtsratsvorsitzenden
5.3	Bildung von Ausschüssen
5.4	Zusammensetzung und Vergütung
5.5	Interessenskonflikte
5.6	Effizienzprüfung
6.	**Transparenz**
7.	**Rechnungslegung und Abschlussprüfung**
7.1	Rechnungslegung
7.2	Abschlussprüfung

Quellenverzeichnis

1. Literaturverzeichnis

1.1 Bücher

Baetge, Jörg / Lutter, Marcus (Hrsg., 2003): „Abschlussprüfung und Corporate Governance", Abschlussbericht des gleichnamigen Arbeitskreises vom 31.07.2003, Köln 2003
Bantleon, Ulrich / Schorr, Gerhard (2004): Kapitaldienstfähigkeit – Grundlagen, Ermittlung, Strategien, Düsseldorf 2004
Baums, Theodor (Hrsg., 2001): Bericht der Regierungskommission Corporate Governance (Unternehmensführung – Unternehmenskontrolle – Modernisierung des Aktienrechts), Köln 2001
Bierach, Barbara (2005): Das herrschende Geschlecht – Warum Bosse zu Barbaren werden, Berlin 2005
Born, Karl (2001): Rechnungslegung nach IAS, US-GAAP und HGB im Vergleich, 2. Auflage, Stuttgart 2001
Byron, Christopher (2004): Testosterone Inc. – Tales of CEOs gone wild, Hoboken/New Jersey 2004

Coenenberg, Adolf G. (2003): Jahresabschluss und Jahresabschlussanalyse – Betriebswirtschaftliche, handelsrechtliche, steuerrechtliche und internationale Grundlagen, 19. Auflage, Landsberg/Lech 2003

Dahnz, Werner (2002): Manager und ihr Berufsrisiko – Die zivil- und strafrechtliche Haftung von Aufsichtsräten, Vorständen und Geschäftsführern, 2. Auflage, München 2002
Daum, Renate (2003): Außer Kontrolle – Wie Comroad & Co. Deutschlands Finanzsystem austricksen, München 2003
Dörner, Dietrich / Menold, Dieter / Pfitzer, Norbert / Oser, Peter (Hrsg., 2003): Reform des Aktienrechts, der Rechnungslegung und der Prüfung – KonTraG, Corporate Governance, TransPuG, 2. Auflage, Stuttgart 2003

Ebert, Udo (2001): Strafrecht – Allgemeiner Teil, 3. Auflage, Heidelberg 2001
Enzweiler, Tasso (1999): Die Bilanzjongleure – Wie die deutschen Unternehmen ihre Aktionäre und die Öffentlichkeit in die Irre führen, Frankfurt 1999

Förschle, Gerhart / Peemöller, Volker H. (2004): Wirtschaftsprüfung und Interne Revision, Heidelberg 2004

Fritz, Günter (2004): Der Parmalat-Skandal – Die grenzenlose Gier des Managements in der globalisierten Wirtschaft, Wien 2004

Gisler, Markus G. (1994): Wirtschaftsdelikte: Herausforderung für die Revision – Prävention und Aufdeckung von sowie Berichterstattung über Wirtschaftsdelikte durch die Externe und Interne Revision, Dissertation St.Gallen, Winterthur 1994

Gössweiner, Theodor (1970): Wesen und Probleme der Bilanzdelikte, Neuwied/Berlin 1970

Gräfer, Horst (2001): Bilanzanalyse, 8. Auflage, Herne/Berlin 2001

Heintges, Sebastian (2005): Bilanzkultur und Bilanzpolitik in den USA und in Deutschland – Einflüsse auf die Bilanzpolitik börsennotierter Unternehmen, 3. Auflage, Sternenfels 2005

Hellmann, Uwe / Beckemper, Katharina (2004): Wirtschaftsstrafrecht, Stuttgart 2004

Knief, Peter (2004): Steuerberater- und Wirtschaftsprüfer-Jahrbuch 2004, Düsseldorf 2004

KPMG Deutsche Treuhand-Gesellschaft (Hrsg., 2002a): KPMG Audit Manual, Berlin 2002

KPMG Deutsche Treuhand-Gesellschaft (Hrsg., 2002b): Fraud Risk Aide-Memoire, Berlin 2002

KPMG Deutsche Treuhand-Gesellschaft (Hrsg., 2003a): IFRS im Vergleich mit deutschem HGB und US-GAAP, Berlin 2003

KPMG Deutsche Treuhand-Gesellschaft (Hrsg., 2003b): Rechnungslegung nach US-amerikanischen Grundsätzen – Grundlagen der US-GAAP und SEC-Vorschriften, 3. Auflage, Düsseldorf 2003

KPMG Deutsche Treuhand-Gesellschaft (Hrsg., 2003c): International Financial Reporting Standards – Eine Einführung in die Rechnungslegung nach den Grundsätzen des IASB, 2.Auflage, Stuttgart 2003

Lachmair, Wilhelm (2001): Vorsicht Luftgeschäfte! – Schwindelhafte Kapitalanlagen, die Anbieter und ihre Tricks, Frankfurt 2001

Leffson, Ulrich (1984): Bilanzanalyse, 3. Auflage, Stuttgart 1984

Luther, Thomas (2003): Die 30 verhängnisvollsten Skandale der Finanzgeschichte, Frankfurt 2003

Lutter, Marcus (Hrsg., 2001): Der Wirtschaftsprüfer als Element der Corporate Governance, Düsseldorf 2001

Malik, Fredmund (2002): Die neue Corporate Governance – Richtiges Top-Management, wirksame Unternehmensaufsicht, 3. Auflage, Frankfurt 2002

Marten, Kai-Uwe / Quick, Reiner / Ruhnke, Klaus (2003): Wirtschaftsprüfung – Grundlagen des betriebswirtschaftlichen Prüfungswesens nach nationalen und internationalen Normen, 2. Auflage, Stuttgart 2003

Menzies, Christof (Hrsg., 2004): Sarbanes-Oxley Act – Professionelles Management interner Kontrollen, Stuttgart 2004

Meyer, Claus (1996): Bilanzierung nach Handels- und Steuerrecht unter Einschluss der Konzernrechnungslegung, 11. Auflage, Herne/Berlin 1996

Moser, Sepp (2001): Bruchlandung – Wie die Swissair zugrunde gerichtet wurde, Zürich 2001

Müller, Rudolf / Wabnitz, Heinz-Bernd / Janovsky, Thomas (1997): Wirtschaftskriminalität – Eine Darstellung der typischen Erscheinungsformen mit praktischen Hinweisen zur Bekämpfung, 4. Auflage, München 1997

Mulford, Charles W. / Comiskey, Eugene E. (2002): The Financial Numbers Game – Detecting Creative Accounting Practices, New York 2002

Oberste-Padtberg, Stefan (2002): Qualität und Stellung der deutschen Wirtschaftsprüfung im Spannungsfeld der Institutionen, Dissertation Erlangen-Nürnberg, München 2002
Ogger, Günther (1992): Nieten in Nadelstreifen – Deutschlands Manager im Zwielicht, München 1992
Ogger, Günther (1994): Das Kartell der Kassierer – Die Finanzbranche macht Jagd auf unser Geld, München 1994
Ogger, Günther (2003): Die Ego-AG. Überleben in der Betrüger-Wirtschaft, München 2003

Packmohr, Arthur (1984): Bilanzpolitik und Bilanzmanagement – Leitlinien für die optimale Gestaltung des Jahresabschlusses mit Checkliste der bilanzpolitischen Aktivitäten, Köln 1984
Peemöller, Volker H. (2003): Bilanzanalyse und Bilanzpolitik – Einführung in die Grundlagen, 3. Auflage, Wiesbaden 2003
Peemöller, Volker H. (2005): Controlling – Grundlagen und Einsatzgebiete, 5. Auflage, Herne/Berlin 2005
Peemöller, Volker H. / Richter, Martin (2000): Entwicklungstendenzen der Internen Revision – Chancen für die unternehmensinterne Überwachung, Berlin 2000
Peltzer, Martin (2004): Deutsche Corporate Governance – Ein Leitfaden, 2. Auflage, München 2004
Pfleger, Günther (1999): „Bilanz-Lifting" – Legale und illegale Praktiken zur Schönung von Bilanzen, Freiburg 1999
Podobnik, Gerald (2001): Bilanzdelikte – Financial Statement Fraud, Dissertation Graz, Graz 2001

Riße, Stefan (2004): Manager außer Kontrolle – Wie Gier und Größenwahn unsere Wirtschaft ruinieren, Berlin 2004

Scheffler, Eberhard (2001): Bilanzen richtig lesen – Was Bilanzen aussagen und verschweigen, 5. Auflage, München 2001
Schiffer, Jan K. / Rödl, Christian / Rott, Eberhard (2003): Haftungsgefahren im Unternehmen – Ein Handbuch für Unternehmer, Führungskräfte und deren Berater, Herne/Berlin, Oktober 2003
Schmeh, Klaus (2002): Die 55 größten Flops der Wirtschaftsgeschichte – Krimis, Krisen, Kuriositäten, Frankfurt 2002
Schmolcke, Nikolaj (1999): Das ABC der frisierten Bilanz – Grundlagen, Feinheiten und Unfeinheiten des Buchens, 2. Auflage, München 1999
Schürmann, Christof (2003): Die Bilanztrickser – Wie Unternehmen ihre Zahlen frisieren und den Anleger täuschen, Frankfurt 2003
Sell, Kirsten (1999): Die Aufdeckung von Bilanzdelikten bei der Abschlussprüfung – Berücksichtigung von Fraud & Error nach deutschen und internationalen Vorschriften, Dissertation Münster, Düsseldorf 1999

Tiedemann, Klaus (2004): Wirtschaftsstrafrecht, Köln 2004

Wambach, Martin / Rödl, Bernd (2001): Rating, Frankfurt 2001
Warncke, Markus (2005): Prüfungsausschuss und Corporate Governance – Einrichtung, Organisation und Überwachungsaufgabe, Berlin 2005
Weber, Claus (Hrsg., 2000): Creifelds Rechtswörterbuch, 16. Auflage, München 2000
Weyand, Raimund (1998): Insolvenzdelikte – Unternehmenszusammenbruch und Strafrecht, 4. Auflage, Bielefeld 1998

1.2 Aufsätze

Aders, Christian / Hebertinger, Martin / Schaffer, Christian / Wiedemann, Florian (2003):
Shareholder Value-Konzepte – Umsetzung bei den DAX-100-Unternehmen,
in: FinanzBetrieb 11/2003, S. 719–725

Arbeitskreis „Externe und Interne Überwachung der Unternehmung" der Schmalenbach-Gesellschaft für Betriebswirtschaft e.V. (2003): Probleme der Prognoseprüfung,
in: DB 3/2003, S. 105–111

Arbeitskreis „Externe und Interne Überwachung der Unternehmung" der Schmalenbach-Gesellschaft für Betriebswirtschaft e.V. (2004): Auswirkung des Sarbanes-Oxley Act auf die Interne und Externe Unternehmensüberwachung, in: BB 44/2004, S. 2399–2407

Arbeitskreis Externe Unternehmensrechnung der Schmalenbach-Gesellschaft für Betriebswirtschaft e.V. (2002): Enforcement der Rechnungslegung – Stellungnahme des AKEU,
in: DB 2002, S. 2173–2176

Arbeitskreis Externe Unternehmensrechnung der Schmalenbach-Gesellschaft für Betriebswirtschaft e.V. (2004): Stellungnahme zum Referentenentwurf eines Bilanzkontrollgesetzes,
in: DB 2004, S. 329–332

Backhaus, Klaus / Meffert, Heribert / Bongartz, Michael / Eschweiler, Maurice (2003):
Selbst- und Fremdbild der Wirtschaftsprüfer – Empirische Befunde zur Positionierung des Wirtschaftsprüfers in der Öffentlichkeit, in: WPg 12/2003, S. 625–637

Baetge, Jörg (2002): Wirtschaftsprüfung – ein schwieriges Amt, in: BB 26/2002, Die erste Seite

Baetge, Jörg / Lutter, Marcus (2003a): Die Unabhängigkeit des Abschlussprüfers,
in: BB 11/2003, Die erste Seite

Ballwieser, Wolfgang (2002): Rechnungslegung im Umbruch – Entwicklungen, Ziele, Mißverständnisse, in: Der Schweizer Treuhänder 4/2002, S. 295–304

Ballwieser, Wolfgang (2004): Entwurf zur Modernisierung der EU-Abschlussprüferrichtlinie: neue Transparenzvorschriften für Abschlussprüfer und Geprüfte,
in: BB 17/2004, Die erste Seite

Bauer, Michael (2004): Abschlussprüfung und Beratung – Wess' Brot ich ess, dess' Lied ich sing?!, in: WiSt 3/2004, S. 178–185

Baums, Theodor / Fischer, Christian (2003): Haftung des Prospekt- und des Abschlussprüfers gegenüber den Anlegern, Arbeitspapier Nr. 115 des Instituts für Bankrecht der Johann Wolfgang Goethe-Universität Frankfurt am Main

Bea, Franz Xaver / Scheurer, Steffen (1994): Die Kontrollfunktion des Aufsichtsrats,
in: DB 43/1994, S. 2145–2152

Beasley, Mark S. / Carcello, Joseph V. / Hermanson, Dana R. (2001): Top 10 Audit Deficiencies – Lessons from fraud-related SEC-Cases, in: JoA, April 2001, S. 63–66

Behr, Giorgio (2004): Wirtschaftsprüfung – Neue Wege in der Ausbildung: Berufspraxis spielt eine wichtige Rolle, in: Der Schweizer Treuhänder 3/2004, S. 193–196

Benner-Heinacher, Jella (2000): Corporate Governance – die Messlatte für Unternehmen ist international, in: BB 50/2000, Die erste Seite

Berenz, Bernd / Voit, Franz (2003): Die Geschäftsprozessorientierung in der Abschlussprüfung,
in: WPg 22/2003, S. 1233–1243

Berliner Initiativkreis German Code of Corporate Governance (2000): German Code of Corporate Governance (GCCG), in: DB 32/2000, S. 1573–1581

Berndt, Thomas (2005): EU/SEC: „Roadmap" zur gegenseitigen Anerkennung,
in: BB aktuell, BB 18/2005

Bernhardt, Wolfgang (2002): Der deutsche Corporate Governance Kodex: Zuwahl (comply) oder Abwahl (explain)? – Unternehmensführung zwischen „muss", „soll", „sollte" und „kann", in: DB 36/2002, S. 1841–1846

Bernhardt, Wolfgang (2004a): Corporate Governance statt Unternehmensführung? – Eine Widerrede, in: RIW 6/2004, S. 401–408

Bernhardt, Wolfgang (2004b): Notenkonferenzen für Aufsichtsräte?, in: BB 9/2004, S. 457 f.

Beyer, Georg (2004a): Geplante Modernisierung und Vereinheitlichung der Abschlussprüfung innerhalb der EU, in: Mandantenbrief Rödl & Partner Mai 2004, S. 1–3

Beyer, Georg (2004b): Die Steigerung der Effizienz des Aufsichtsrates oder Beirates, in: Mandantenbrief Rödl & Partner Juli 2004, S. 9–11

Bilgri, Anselm / Stadler, Konrad (2005): Ethik im Aufsichtsrat, in: Der Aufsichtsrat 2/2005, S. 2

Blattner, Lucius Richard (2001): Übersicht über die wichtigsten Tatbestände des StGB wirtschaftskriminellen Charakters – Wirksames Waffenarsenal zur Bekämpfung der Wirtschaftskriminalität, in: Der Schweizer Treuhänder 5/2001, S. 407–412

Böckem, Hanne (2000): Die Durchsetzung von Rechnungslegungsstandards in Deutschland – Zur Notwendigkeit institutioneller Neuerungen, in: DB 2000, S. 1185–1191

Böcking, Hans-Joachim (2003): Audit und Enforcement: Entwicklungen und Probleme, in: Zfbf 55 (November), S. 683–706

Böcking, Hans-Joachim / Orth, Christian (1998): Kann das KonTraG einen Beitrag zur Verringerung der Erwartungslücke leisten? – Eine Würdigung auf Basis von Rechnungslegung und Kapitalmarkt, in: WPg 8/1998, S. 351–364

Böckli, Peter (2002): Harte Stellen im Soft Law – Zum Swiss Code of Best Practice for Corporate Governance, in: Der Schweizer Treuhänder 11/2002, S. 981–996

Böckli, Peter (2003): Leitung eines „Audit Committee": Gratwanderung zwischen Übereifer und Unsorgfalt, in: Der Schweizer Treuhänder 8/2003, S.559–572

Brühl, Georg Graf / Hundt, Irina (2004): Eine Umfrage zum Sarbanes-Oxley Act unter großen deutschen Wirtschaftsprüfungsgesellschaften, in: Stbg 3/2004, S. 140–143

Buderath, Hubertus M. (2004): Auswirkungen des SOA auf die Interne Revision, in: BFuP 1/2004, S. 39–50

Buderath, Hubertus M. / Amling, Thomas (2005): Neue Aspekte der Qualitätssicherung in der Internen Revision: Quality Assurance Review, in: BB 20/2005, S. 8–13 (Beilage)

Bühler, Peter / Schweizer, Markus (2002): Was bedeutet der Sarbanes-Oxley Act für die Swiss Corporate Governance? – Seine inhaltliche Stoßrichtung hat Modellcharakter, in: Der Schweizer Treuhänder 11/2002, S. 997–1002

Bürgers, Tobias (2004): Keine Aktienoptionen für Aufsichtsräte – Hindernis für die Professionalisierung des Aufsichtsrats?, in: NJW 42/2004, S. 3022–3026

Bürkle, Jürgen (2005): Corporate Compliance – Pflicht oder Kür für den Vorstand der AG?, in: BB 11/2005, S. 565–570

Burger, Anton / Ulbrich, Philipp (2004): Kapitalmarktorientierung in Deutschland – eine Studie vor dem Hintergrund der Änderungen der Rechnungslegung, in: KoR 6/2004, S. 235–246

Busse von Colbe, Walther (2002): Kleine Reform der Rechnungslegung durch das TransPuG – ein weiterer Schritt zur Internationalisierung und Kapitalmarktorientierung, in: BB 31/2002, S. 1583–1588

Busse von Colbe, Walther (2004): Anpassung der Konzernrechnungslegungsvorschriften des HGB an internationale Entwicklungen, in: BB 38/2004, S. 2063–2070

Coenenberg, Adolf G. / Reinhart, Alexander / Schmitz, Jochen (1997): Audit Committees – Ein Instrument zur Unternehmensüberwachung? Reformdiskussion im Spiegel einer Befragung der Vorstände deutscher Unternehmen, in: DB 20/1997, S. 989–997

Coenenberg, Adolf G. / Mattner, Gerhard R. (2000): Segment- und Wertberichterstattung in der Jahresabschlussanalyse – das Beispiel Siemens, in: BB 36/2000, S. 1827–1834

Dobler, Michael (2005): Unabhängigkeit des Abschlussprüfers, in: Der Aufsichtsrat 4/2005, S. 9
Dörner, Dietrich (1991): Entwicklungstendenzen in der Qualitätssicherung von Abschlussprüfungen, in: WPg 19–20/1991, S. 566–571
Dörner, Dietrich (2000): Zusammenarbeit von Aufsichtsrat und Wirtschaftsprüfer im Lichte des KonTraG – Schlüssel zur Verbesserung der Corporate Governance,
in: DB 3/2000, S. 101–105
Donald, David C. (2002): US-amerikanisches Kapitalmarktrecht und Corporate Governance nach Enron, Arbeitspapier Nr. 104 des Instituts für Bankrecht der Johann Wolfgang Goethe-Universität Frankfurt am Main
Druey, Jean Nicolas (2004): Der Abschlussprüfer – weiterhin ein Brennpunkt des Wirtschaftsrechts, in: Der Schweizer Treuhänder 1–2/2004, S. 65–70

Edelmann, Hervé (2004): Haftung von Vorstandsmitgliedern für fehlerhafte Ad-hoc-Mitteilungen – Besprechung der Infomatec-Urteile des BGH, in: BB 38/2004, S. 2031–2033
Eggemann, Gerd / Petry, Martin (2002): Fast Close – Verkürzung von Aufstellungs- und Veröffentlichungszeiten für Jahres- und Konzernabschluss, in: BB 32/2002, S. 1635–1639
Elsing, Siegfried H. / Schmidt, Matthias (2002): Individuelle Informationsrechte von Aufsichtsratsmitgliedern einer Aktiengesellschaft, in: BB 34/2002, S. 1705–1711
Emmerich, Gerhard / Schaum, Wolfgang (2003): Auswirkungen des Sarbanes-Oxley Act auf deutsche Abschlussprüfer – Berufsaufsicht, Registrierung, Unabhängigkeit,
in: WPg 13/2003, S. 677–691
Ernst, Christoph (2003a): Die Einheitlichkeit des Wirtschaftsprüferberufs,
in: WPg 1–2/2003, S. 18–25
Ernst, Christoph (2003b): Auswirkungen des 10-Punkte-Programms „Unternehmensintegrität und Anlegerschutz" auf das Bilanzrecht, in: BB 28–29/2003, S. 1487–1491
Ernst, Christoph (2004): Regierungsentwurf des BilKoG, in: BB 17/2004, S. 936 f.

Falkenhausen, Joachim Freiherr von / Widder, Stefan (2004): Die Weitergabe von Insiderinformationen innerhalb einer Rechtsanwalts-, Wirtschaftsprüfer- oder Steuerberatersozietät,
in: BB 4/2004, S. 165–169
Ferlings, Josef / Lanfermann, Georg (2002): Unabhängigkeit von deutschen Abschlussprüfern nach Verabschiedung des Sarbanes-Oxley Acts, in: DB 41/2002, S. 2117–2122
Forster, Karl-Heinz (1994): Zur Erwartungslücke bei der Abschlussprüfung,
in: WPg 23/1994, S. 789–795
Frey, Bruno S. (2004): Zurück zu fixen Managerlöhnen!, in: BB 21/2004, Die erste Seite

Geiger, Thomas (2002): Ansatzpunkte zur Prüfung der Segmentberichterstattung nach SFAS 131, IAS 14 und DRS 3, in: BB 37/2002, S. 1903–1909
Gerke, Wolfgang (2001): Anleger zwischen Klagen und Wehklagen – Nur in seltenen Fällen lohnt sich für düpierte Anleger der Klageweg, in: BB 45/2001, Die erste Seite
Gerke, Wolfgang (2004): Gestopptes KapInHaG träfe Manager an sensibler Stelle – Die Intervention der Lobbyisten ist zu Unrecht erfolgreich, in: BB 46/2004, Die erste Seite
Gerke, Wolfgang (2005): Corporate Governance-Kodex für Asset-Management verlangt unabhängiges Aufsichtsratsmitglied – Der neue Kodex folgt den Interessen der Anleger,
in: BB 21/2005, Die erste Seite
Gernoth, Jan P. (2004): Das deutsche Handelsregister – telekommunikative Steinzeit im Zeichen des europäischen Wettbewerbs, in: BB 16/2004, S. 837–844

Graumann, Matthias (2002a): Auswirkungen des Internationalisierungsprozesses auf Abschlussprüfung und Abschlussprüfer, in: StuB 4/2002, S. 157–163

Graumann, Matthias (2002b): Initiativen und Maßnahmen zur Harmonisierung der Abschlussprüfung in der EU, in: StuB 7/2002, S. 313–323

Graumann, Matthias (2002c): Die künftige Rolle des Wirtschaftsprüfers im Rahmen der Corporate Governance, in: StuB 9/2002, S. 436–441

Gross, Gerhard / Möller, Manuela (2004): Auf dem Weg zu einem problemorientierten Prüfungsbericht, in: WPg 7/2004, S. 317–324

Gross, Gerhard (2005): Vom Abschlussprüfer zum Fahndungsprüfer?, in: Der Aufsichtsrat 4/2005, S. 7 f.

Habersack, Mathias (2002): Ein Seehafenbetrieb und die Folgen – 20 Jahre „Holzmüller", in: BB 9/2002, Die erste Seite

Hagel, Joachim (2002): Unabhängigkeit als ethisch-moralische Herausforderung, in: WPg 24/2002, S. 1355–1360

Haller, Axel / Eierle, Brigitte / Evans, Elisabeth (2001): Das britische Financial Reporting Review Panel – ein Vorbild für ein deutsches Enforcement-Gremium?, in: BB 33/2001, S. 1673–1680

Hauschka, Christoph E. (2004a): Grundsätze pflichtgemäßer Unternehmensführung – Entwurf eines Gesetzes zur Unternehmensintegrität und Modernisierung des Anfechtungsrechts, in: ZRP 3/2004, S. 65–67

Hauschka, Christoph E. (2004b): Compliance, Compliance-Manager, Compliance-Programme: Eine geeignete Reaktion auf gestiegene Haftungsrisiken für Unternehmen und Management?, in: NJW 5/2004, S. 257–261

Heiman-Hoffman, Vicky B. / Morgan, Kimberly P. / Patton, James M. (1996): The warning signs of fraudulent financial reporting – What do auditors believe are the best ways to spot fraud?, in: JoA, Oktober 1996, S. 75–77

Hein, Jan von (2002): Die Rolle des US-amerikanischen CEO gegenüber dem Board of Directors im Lichte neuerer Entwicklungen, in: RIW 7/2002, S. 501–509

Heininger, Klaus / Bertram, Klaus (2004): Neue Anforderungen an Berufsaufsicht und Qualitätskontrolle durch das Abschlussprüferaufsichtsgesetz (APAG), in: DB 33/2004, S. 1737–1741

Henze, Hartwig (2000): Leitungsverantwortung des Vorstands – Überwachungspflicht des Aufsichtsrats, in: BB 5/2000, S. 209–216

Henze, Hartwig (2002): Pünktlich zur Hauptversammlungssaison: Ein Rechtsprechungsüberblick zu Informations- und Auskunftsrechten, in: BB 18/2002, S. 893–903

Henze, Hartwig (2005): Neuere Rechtsprechung zu Rechtsstellung und Aufgaben des Aufsichtsrats, in: BB 4/2005, S. 165–175

Heussen, Benno (2001): Wer kontrolliert den Kontrolleur? Neue Probleme bei der Corporate Governance, in: BB 41/2001, Die erste Seite

Hinrichs, Heike (2004): Neues zur ungeschriebenen Mitwirkungsbefugnis der Hauptversammlung der Aktiengesellschaft, in: Mandantenbrief Rödl & Partner September 2004, S. 6 f.

Hoffmann, Volker H. / Sandrock, Stefan (2001): Der Ombudsmann – betriebliche Möglichkeit zur Bekämpfung von Wirtschaftskriminalität, in: DB 8/2001, S. 433–435

Hoffmann, Volker H. / Knierim, Thomas C. (2002): Falsche Berichterstattung des Abschlussprüfers, in: BB 44/2002, S. 2275–2277

Hofstetter, Karl (2002): Erkenntnisse aus der Corporate Governance-Diskussion in der Schweiz – Positive Zwischenbilanz und optimistischer Ausblick, in: Der Schweizer Treuhänder 11/2002, S. 975–980

Hommelhoff, Peter / Mattheus, Daniela (2004): Verlässliche Rechnungslegung – Enforcement nach dem geplanten Bilanzkontrollgesetz, in: BB 2/2004, S. 93–100

Hostettler, Stephan (1995): „Economic Value Added" als neues Führungsinstrument, in: Der Schweizer Treuhänder 4/1995, S. 307–315

Hüttche, Tobias (2002): Virtual Close – Ordnungsmäßigkeit virtueller Jahresabschlüsse, in: BB 32/2002, S. 1639–1642

Hüttemann, Rainer (2004): Internationalisierung des deutschen Handelsbilanzrechts im Entwurf des Bilanzrechtsreformgesetzes, in: BB 4/2004, S. 203–209

Hütten, Christoph / Lorson, Peter (2002): Staatliches versus privates Enforcement – Ein Beitrag zur Objektivierung der Enforcement-Diskussion, in: StuB 2002, S. 122–128

Hunecke, Jörg (2004): Innerbetriebliche Beratungsleistungen im Aufgabenkomplex der Internen Revision, in: BFuP 1/2004, S. 25–38

Jänig, Ronny (2005): Aktienrechtliche Sonderprüfung und UMAG, in: BB 18/2005, S. 949–955

Jahn, Joachim (2004): Verhaltene Schritte zu größerer Bilanzwahrheit, in: ZRP 3/2004, S. 68–71

Junker, Abbo (2005): Konzernweite „Ethikregeln" und nationale Betriebsverfassungen, in: BB 11/2005, S. 602–605

Kämpfer, Georg (2005): Enforcementverfahren und Abschlussprüfer, in: BB 20/2005, S. 13–16 (Beilage)

Kajüter, Peter (2004): Berichterstattung über Chancen und Risiken im Lagebericht – Auswirkungen des Referentenentwurfs für das Bilanzrechtsreformgesetz, in: BB 8/2004, S. 427–433

Kajüter, Peter / Winkler, Carsten (2004): Praxis der Risikoberichterstattung deutscher Konzerne, in: WPg 6/2004, S. 249–261

Kamann, Hans-Georg / Simpkins, Martina (2003): Sarbanes-Oxley Act – Anlass zu verstärkter internationaler Kooperation im Bereich der Corporate Governance?, in: RIW 3/2003, S. 183–189

Kaplan, Robert S. / Norton, David P. (1992): The Balanced Scorecard – Measures that drive performance, in: Harvard Business Review Januar–Februar 1992, S. 71–79

Keller, Gernot / Schlüter, Kai Grit (2003): Peer Review: Perspektiven nach dem Sarbanes-Oxley Act of 2002, in: BB 41/2003, S. 2166–2174

Kirsten, Roland (2004): Deutscher Corporate Governance Kodex: Die rechtmäßige Besetzung von Aufsichtsratsausschüssen am Beispiel des Prüfungsausschusses, in: BB 4/2004, S. 173–175

Klein, Klaus-Günther / Schaum, Wolfgang / Tielmann, Sandra (2003): Abschlussprüfung und Corporate Governance: Aktuelle Diskussionspapiere der FEE, in: WPg 20/2003, S. 1100–1107

Klein, Klaus-Günther / Tielmann, Sandra (2004): Die Modernisierung der Abschlussprüferrichtlinie – Vorschlag der EU-Kommission zur Überarbeitung der 8. EU-Richtlinie, in: WPg 10/2004, S. 501–510

Klein, Uwe / Poesch, Anja (2003): Handeln in Unternehmenskrisen, in: Wirtschaftspsychologie aktuell 2/2003, S. 64–68

Knabe, Stephan / Mika, Sebastian / Müller, Klaus-Robert / Rätsch, Gunnar / Schruff, Wienand (2004): Zur Beurteilung des Fraud-Risikos im Rahmen der Abschlussprüfung, in: WPg 19/2004, S. 1057–1068

Knorr, Liesel (2004): Gewährleistung der Einhaltung internationaler Rechnungslegungsstandards – zum Referentenentwurf des Bilanzkontrollgesetzes in seinem internationalen Umfeld, in: KoR 3/2004, S. 85–89

Kraus, Stefan (2003): Die Zusammenarbeit von Rechtsanwälten und Wirtschaftsprüfern nach Sarbanes-Oxley, in: BB 41/2003, Die erste Seite

Kübler, Friedrich (2002): Der CEO: Ein Fremdkörper im deutschen Recht?, in: BB 12/2002, Die erste Seite

Küting, Karlheinz (2002): Wer wacht über die Wächter?, in: BB 39/2002, Die erste Seite

Küting, Karlheinz (2004): Saarbrücker Thesen zur Fortentwicklung des deutschen Bilanzrechts, in: BB 30/2004, Die erste Seite

Küting, Karlheinz / Boecker, Corinna (2002): Qualitätsurteil Testat? – Der Bestätigungsvermerk und die Konzentration am Prüfungsmarkt in Deutschland, in: StuB 17/2002, S. 833–836

Küting, Karlheinz / Heiden, Matthias (2002): Zur Informationsqualität der Lageberichterstattung in deutschen Geschäftsberichten – Branchenangaben, Risikobericht, Prognosebericht, in: StuB 19/2002, S. 933–937

Küting, Karlheinz / Zwirner, Christian (2002): Bilanzierung nach HGB – ein Auslaufmodell? – Internationalisierung der Rechnungslegung, in: StuB 16/2002, S. 785–790

Küting, Karlheinz / Boecker, Corinna (2003): Die Synthese von Information und Ertragsstärke in der externen Unternehmensanalyse, in: StuB 3/2003, S. 97–101

Küting, Karlheinz / Boecker, Corinna / Busch, Julia (2003): Rechnungslegungs- und Prüfungspraxis in Deutschland – Entwicklungstendenzen und aktuelle empirische Bestandsaufnahme, in: DSWR 11/2003, S. 316–319

Küting, Karlheinz / Dürr, Ulrike / Zwirner, Christian (2003): Das Deutsche Rechnungslegungs Standards Committee – Standortbestimmung und künftige Aufgabenschwerpunkte, in: Betrieb und Wirtschaft 4/2003, S. 133–138

Küting, Karlheinz / Zwirner, Christian (2003): Ergebnisse einer mehrjährigen empirischen Analyse der Informationsqualität deutscher Geschäftsberichte, in: StuB 5/2003, S. 193–200

Küting, Karlheinz / Weber, Claus-Peter / Boecker, Corinna (2004): Fast Close – Beschleunigung der Jahresabschlusserstellung: (zu) schnell am Ziel?, in: StuB 1/2004, S. 1–10

Lanfermann, Georg (2004): Vorschlag der EU-Kommission zur Modernisierung der EU-Prüferrichtinie, in: DB 12/2004, S. 609–613

Lanfermann, Georg / Maul, Silja (2002): Auswirkungen des Sarbanes-Oxley Act in Deutschland, in: DB 34/2002, S. 1725–1732

Lanfermann, Georg / Maul, Silja (2004): Audit Committees: Anforderungen nach dem Vorschlag für eine neue EU-Prüferrichtlinie, in: Der Aufsichtsrat 4/2004, S. 3 f.

Langenbucher, Günther / Blaum, Ulf (1997): Die Aufdeckung von Fehlern, dolosen Handlungen und sonstigen Gesetzesverstößen im Rahmen der Abschlussprüfung, in: DB 9/1997, S. 437–443

Lenz, Hansrudi (1999): Entwicklungstendenzen in der Wirtschaftsprüfung, in: WPg 14/1999, S. 540–549

Lenz, Hansrudi (2002a): Der Fall Enron – Rechnungslegung und Wirtschaftsprüfung im Kreuzfeuer der Kritik, in: BB 10/2002, Die erste Seite

Lenz, Hansrudi (2002b): Sarbanes-Oxley Act of 2002 – Abschied von der Selbstregulierung der Wirtschaftsprüfer in den USA, in: BB 44/2002, S. 2270–2275

Lenz, Hansrudi (2004a): Beschränkung von Beratungstätigkeiten durch den Abschlussprüfer: mangelhafter Umgehungsschutz im Entwurf des BilReG, in: BB 13/2004, S. 707–712

Lenz, Hansrudi (2004b): Referentenentwurf eines Abschlussprüferaufsichtsgesetzes: noch unzureichende Kontrolle des Berufsstandes, in: BB 36/2004, S. 1951–1956

Lenzen, Ursula / Kleinert, Jens (2004a): Referentenentwurf eines Gesetzes zur Kontrolle von Unternehmensabschlüssen (Bilanzkontrollgesetz), in: GmbHR Blickpunkt, Heft 3/2004

Lenzen, Ursula / Kleinert, Jens (2004b): Der Entwurf eines Gesetzes zur Unternehmensintegrität und Modernisierung des Anfechtungsrechts, in: GmbHR Blickpunkt, Heft 5/2004

Lévy, Philippe (2001): Sind Regierungen und Unternehmen moralischer geworden? Neuere Entwicklungen – Ausdruck eines Wertewandels in der zeitgenössischen Wirtschaftswelt?, in: Der Schweizer Treuhänder 5/2001, S. 403–406

Lindgens, Ursula (2004): Die externe Qualitätskontrolle als Herausforderung für die mittelständische WP-/vBP-Praxis, in: WPK-Magazin 1/2004, S. 43–45

Lohse, Dieter (1996): Wirtschaftskriminalität – Prävention und Prüfung, in: Die Bank 4/1996, S. 196–200

Loritz, Karl-Georg (2002): Manager-Haftung und Vermeidungsstrategien, in: VersicherungsPraxis 1/2002, S. 2–7

Lorson, Peter (1999): Shareholder Value-Ansätze – Zwecke, Konzepte und Entwicklungsperspektiven, in: DB 26/27/2002, S. 1329–1339

Ludewig, Rainer (2003): Zur Berufsethik der Wirtschaftsprüfer, in: WPg 20/2003, S. 1093–1099

Lück, Wolfgang (2004): Risiko- und Chancenmanagement in Unternehmen: nicht nur ein theoretisches Problem!, in: BB 33/2004, Die erste Seite

Lück, Wolfgang / Bungartz, Oliver / Henke, Michael (2002): Internationalisierung – eine conditio sine qua non für die Wirtschaftsprüfung, in: BB 21/2002, S. 1086–1090

Lück, Wolfgang / Henke, Michael (2004): Die Interne Revision als zentraler Bestandteil der Corporate Governance, in: BFuP 1/2004, S. 1–14

Lüdenbach, Norbert / Hoffmann, Wolf-Dieter (2002): Enron und die Umkehrung der Kausalität bei der Rechnungslegung, in: DB 55/2002, S. 1169–1175

Luttermann, Claus (2003): Unabhängige Bilanzexperten in Aufsichtsrat und Beirat – Reformvorschläge anhand des „Audit Committee Financial Expert" zum Anlegervertrauen, in: BB 15/2003, S. 745–750

Luttermann, Claus / Hartwig, Tim (2004): Unternehmensformen und Bilanzrecht in der Volksrepublik China für ausländische Investoren, in: RIW 7/2004, S. 506–513

Marten, Kai–Uwe (2004): Externe Qualitätskontrolle für Wirtschaftsprüfer: Die Zeit läuft!, in: BB 4/2004, Die erste Seite

Marx, Franz Jürgen / Dallmann, Holger (2004): Jahresabschlusspublizität mittelständischer Unternehmen – Empirische Befunde und konzeptionelle Überlegungen, in: BB 17/2004, S. 929–935

Mattheus, Daniela / Schwab, Martin (2004): Fehlerkorrektur nach dem Rechnungslegungs-Enforcement: Private Initiative vor staatlicher Intervention, in: BB 20/2004, S. 1099–1106

Maul, Silja / Lanfermann, Georg (2004): Europäische Corporate Governance – Stand der Entwicklungen, in: BB 35/2004, S. 1861–1867

McKee, Thomas E. / Quick, Reiner (2003): IT-Kenntnisse der wirtschaftsprüfenden Berufsstände – eine empirische Untersuchung, in: WPg 10/2003, S. 541–547

Meitner, Matthias / Hüfner, Felix / Kleff, Volker / Lehmann, Erik / Lüders, Erik (2002): Bilanzskandale und Börsencrash: Neue Herausforderungen an die Aktienanalyse, in: FinanzBetrieb 9/2002, S. 537–540

Merkl, Georg (2003): Auswirkungen des Sarbanes-Oxley Act auf die Rechnungslegung von Unternehmen in der Schweiz – Erhebliche extraterritoriale Wirkungen des SOA, in: Der Schweizer Treuhänder 12/2003, S. 1045–1054

Merkt, Hanno (2003): Quartalsbericht light: EU-Kommission auf dem Königs- oder dem Holzweg?, in: BB 18/2003, Die erste Seite

Mertin, Dietz / Schmidt, Stefan (2001): Die Aufdeckung von Unregelmäßigkeiten im Rahmen der Abschlussprüfung nach dem überarbeiteten ISA 240, in: WPg 22/2001, S. 1303–1311

Meyer, Conrad (2003): Rechnungslegung und Corporate Governance – Postulate für ein glaubwürdiges Rechnungswesen, in: Der Schweizer Treuhänder 9/2003, S. 701–710

Mochty, Ludwig (2002): Die Aufdeckung von Manipulationen im Rechnungswesen: was leistet das Benford's Law?, in: WPg 55/2002, S. 725–736

Montgomery, Daniel D. / Beasley, Mark S. / Menelaides, Susan L. / Palmrose, Zoe V. (2002): Auditors' new procedures for detecting fraud – ED's proposed changes address fraudulent financial statements, in: JoA, Mai 2002, S. 63–66

Müller, Christof (1995): Wirtschaftskriminalität: Analyse eines interdisziplinären Phänomens, in: Der Schweizer Treuhänder 10/1995, S. 839–846

Näser, Christian (2005): Die Geschäftsführervergütung in Deutschland, in: Der Aufsichtsrat 2/2005, S. 7 f.

Naumann, Klaus-Peter (2003): Europa braucht dringend eine Antwort auf den PCAOB!, in: BB 20/2003, Die erste Seite

Niehues, Michael (2002): Unabhängigkeit der Wirtschaftsprüfer: Regulierungs- oder Vertrauensfrage?, in: BB 23/2002, Die erste Seite

Niehus, Rudolf J. (2002): Das Honorar und der Abschlussprüfer: Stärkung der Unabhängigkeit durch Offenlegung?, in: WPg 12/2002, S. 616–625

Niehus, Rudolf J. (2004): Auswirkungen einer externen Pflichtrotation des Abschlussprüfers, in: DB 17/2004, S. 885–890

Noack, Ulrich (2002): Hauptversammlung im Wandel, in: BB 18/2002, Die erste Seite

Noack, Ulrich (2004): Vorstandsvergütungen im Kreuzfeuer, in: BB 13/2004, Die erste Seite

Nonnenmacher, Rolf (2003): Stärkung der Abschlussprüfung durch strengere Unabhängigkeitsregeln und erweiterte Haftung?, in: Der Konzern 7/2003, S. 476–479

Oechsler, Walter A. (2004): Anforderungen an die Aufsichtsratsbesetzung, in: Der Aufsichtrat 3/2004, S. 5 f.

Oser, Peter / Orth, Christian / Wader, Dominic (2004): Beachtung der Empfehlungen des Deutschen Corporate Governance Kodex – Erste Ergebnisse einer empirischen Folgeuntersuchung der Entsprechenserklärungen börsennotierter Unternehmen, in: BB 21/2004, S. 1121–1126

o.V. (2004a): Einrichtung einer Bilanzprüfstelle, in: BB aktuell, BB 11/2004

o.V. (2004b): Trägerverein für die privatrechtlich organisierte Prüfstelle zur Überwachung der Rechnungslegung gegründet, in: BB aktuell, BB 21/2004

o.V. (2004c): Ergebnisse der Berufsaufsicht über Wirtschaftsprüfer im Jahr 2003, in: BB aktuell, BB 22/2004

o.V. (2004d): WPK stellt Qualitätssteigerung bei Abschlussprüfungen fest, in: BB aktuell, BB 28–29/2004

o.V. (2004e): Referentenentwurf eines Abschlussprüferaufsichtsgesetzes (APAG), in: BB aktuell, BB 30/2004

o.V. (2004f): WPK begrüßt Reform der Aufsicht über Abschlussprüfer, in: BB aktuell, BB 38/2004

o.V. (2004g): EU: Gründung eines europäischen Corporate Governance-Forums, in: BB aktuell, BB 44/2004

Palazzesi, Mauro / Pfyffer, Hans-Ulrich (2004): Interne Revision und Unternehmensüberwachung – Von der Konkurrenz zur Kooperation: Vielerorts noch Handlungsbedarf, in: Der Schweizer Treuhänder 1–2/2004, S. 7–16

Pechtl, Ernst (2004): Die Tagesordnung für die Aufsichtsratssitzung, in: Der Aufsichtsrat 4/2004, S. 5 f.

Peemöller, Volker H. (2000): Corporate Governance,
in: Gabler Wirtschaftslexikon, 15. Auflage, S. 653–657

Peemöller, Volker H. (2001): Qualitätssicherung der Internen Revision,
in: BB 26/2001, S. 1347–1353

Peemöller, Volker H. (2003a): EU-Mitteilung zur Stärkung der Abschlussprüfung: Kein neues Patentrezept – Die EU-Mitteilung beschränkt sich zu sehr auf das Altbewährte,
in: BB 25/2003, Die erste Seite

Peemöller, Volker H. / Husmann, Rainer (1997): Neue Ansätze für das Management Auditing durch die Interne Revision, in: BBK 1997, Fach 28, S. 1061–1070

Peemöller, Volker H. / Finsterer, Hans / Weller, Heino (1999): Vergleich von handelsrechtlichem und genossenschaftlichem Prüfungswesen, in: WPg 9/1999, S. 345–353

Peemöller, Volker H. / Spanier, Günther / Weller, Heino (2002): Internationalisierung der externen Rechnungslegung: Auswirkungen auf nicht kapitalmarktorientierte Unternehmen,
in: BB 35/2002, S. 1799–1803

Peemöller, Volker H. / Förschle, Gerhart (2004): Wirtschaftsprüfer im Kreuzfeuer der Kritik – was hilft wirklich bei der Bewältigung der Krise des Berufsstandes?, BB-Interview,
in: BB 17/2004 (Beilage)

Peemöller, Volker H. / Oehler, Ralph (2004a): Referentenentwurf eines Bilanzrechtsreformgesetzes: Neue Regelung zur Unabhängigkeit des Abschlussprüfers,
in: BB 10/2004, S. 539–546

Peemöller, Volker H. / Oehler, Ralph (2004b): Regierungsentwurf des BilReG: Änderungen gegenüber dem Referentenentwurf, in: BB 21/2004, S. 1158–1161

Pellens, Bernhard / Detert, Karsten / Nölte, Uwe / Sellhorn, Thorsten (2004): Enforcement von Rechnungslegungsregeln – zum Referentenentwurf eines Bilanzkontrollgesetzes,
in: KoR 1/2004, S. 1–4

Peter, Henry / Maestretti, Massimiliano (2002): Corporate Governance and Special Purpose Vehicles – Understanding the Enron Case, in: Der Schweizer Treuhänder 12/2002,
S. 1131–1140.

Pfister, Thomas / Sure, Matthias (2003): Rapid Close – die Optimierung von Abschlussprozessen unter Zeit- und Qualitätsgesichtspunkten, in: FB/IE 5/2003, S. 232–235

Preißler, Gerald (2002): „Prinzipienbasierung" der IAS?, in: DB 46/2002, S. 2389–2395

Quick, Reiner (2004): Geheimhaltungspflicht des Abschlussprüfers: Strafrechtliche Konsequenzen bei Verletzung, in: BB 27/2004, S. 1490–1494

Ramos, Michael (2003): Auditors' Responsibility for Fraud Detection – SAS no. 99 introduces a new era in auditors' requirements, in: JoA, Januar 2003, S. 28–36

Ramos, Michael (2004a): Sarbanes-Oxley 404 Compliance: Evaluate the Control Environment,
in: JoA, Mai 2004, S. 75–78

Ramos, Michael (2004b): Section 404 Compliance in the Annual Report,
in: JoA, Oktober 2004, S. 43–48

Richter, Stefan (2004): Aktienoptionen für den Aufsichtsrat – Eine kritische Analyse des BGH-Urteils vom 16.02.2004, in BB 18/2004, S. 949–957

Ries, Peter (2004): Das deutsche Handelsregister – ein Relikt aus der Steinzeit?,
in: BB 40/2004, S. 2145–2147

Ring, Harald (2002): Trennung von gleichzeitiger Prüfung und Beratung – ein geeigneter Weg zur Überwindung der aktuellen Vertrauenskrise?, in: WPg 24/2002, S. 1345–1354

Ring, Harald (2005): Gesetzliche Neuregelungen der Unabhängigkeit des Abschlussprüfers,
in: WPg 5/2005, S. 197–202

Rodewald, Jörg / Siems, Mathias (2001): Haftung für die „frohe Botschaft" – Rechtsfolgen falscher Ad-hoc-Mitteilungen, in: BB 48/2001, S. 2437–2440

Rodewald, Jörg / Tüxen, Andreas (2004): Neuregelung des Insiderrechts nach dem Anlegerschutzverbesserungsgesetz (AnSVG) – Neue Organisationsanforderungen für Emittenten und ihre Berater, in: BB 42/2004, S. 2249–2252

Rödl, Bernd (2001): Joint Audit: Wirtschaftsprüfung braucht Qualitäts-Push – Der Peer Review gehört in das operative Geschaft, in: BB 40/2001, Die erste Seite

Rötheli, Jürg (2002): Ambitiöse Swisscom Governance – Swisscom will in Sachen Corporate Governance Vorbild sein!, in: Der Schweizer Treuhänder 11/2002, S. 1049–1058

Roth, Markus (2004): Das unternehmerische Ermessen des Vorstandes – Neuerungen durch den UMAG-Referentenentwurf?, in: BB 20/2004, S. 1066–1069

Sablowski, Thomas (2003): Bilanz(en) des Wertpapierkapitalismus: Deregulierung, Shareholder Value, Bilanzskandale, in: Prokla – Zeitschrift für kritische Sozialwissenschaft 131/2003

Säcker, Franz Jürgen (2004): Corporate Governance und Europäisches Gesellschaftsrecht – Neue Wege in der Mitbestimmung, in: BB 27/2004, S. 1462–1464

Scheffler, Eberhard (2002): Kapitalflussrechnung – Stiefkind in der deutschen Rechnungslegung, in: BB 6/2002, S. 295–300

Scheffler, Eberhard (2005): Corporate Governance – Auswirkungen auf den Abschlussprüfer, in: WPg 9/2005, S. 477–486

Schenk, Alexandra / Leipold, Michael A. (2004): Internethauptversammlung – Folgen für den Aufsichtsrat, in: Der Aufsichtsrat 3/2004, S. 9

Schiesser, Werner / Burkart, André (2001): Wirtschaftsprüfung und Forensic Services – Ähnlichkeiten und Unterschiede, in: Der Schweizer Treuhänder 5/2001, S. 471–476

Schiffer, Jan K. (2004): Anforderungen an einen erfolgreichen Beirat, in: Der Aufsichtsrat 4/2004, S. 7 f.

Schildbach, Thomas (2004): Rechnungslegung im Spannungsfeld zweier Kulturen der Regulierung – Gute Gründe für die Kombination privater mit obrigkeitlicher Regulierung, in: Der Schweizer Treuhänder 3/2004, S. 159–172

Schindler, Joachim / Gärtner, Michael (2004): Verantwortung des Abschlussprüfers zur Berücksichtigung von Verstößen (fraud) im Rahmen der Abschlussprüfung – Eine Einführung in ISA 240 (rev.), in: WPg 22/2004, S. 1233–1246

Schmackpfeffer, Ralf / Henkel, Torsten (2003): Sustainability reporting as a promotion tool for important business values – Nachhaltigkeitsberichte können wichtige Unternehmenswerte kommunizieren, in: B.A.U.M. Jahrbuch 2003

Schmidt, Manfred (2005): Die 8. EU-Richtlinie: Anlass für eine verstärkte Regulierung der Berufsausübung des Wirtschaftsprüfers?, in: WPg 5/2005, S. 203–206

Schmidt, Stefan (2003): Neue Anforderungen an die Unabhängigkeit des Abschlussprüfers: SEC-Verordnung im Vergleich mit den Empfehlungen der EU-Kommission und den Plänen der Bundesregierung, in: BB 15/2003, S. 779–786

Schneider, Sven H. (2005): Selbstbefreiung von der Pflicht zur Ad-hoc-Publizität, in: BB 17/2005, S. 897–902

Schruff, Wienand (2003): Zur Aufdeckung von Top-Management-Fraud durch den Wirtschaftsprüfer im Rahmen der Jahresabschlussprüfung, in: WPg 17/2003, S. 901–911

Schruff, Wienand (2005): Neue Ansätze zur Aufdeckung von Gesetzesverstößen der Unternehmensorgane im Rahmen der Jahresabschlussprüfung, in: WPg 5/2005, S. 207–211

Schruff, Wienand / Rothenberger, Manuel (2002): Zur Konsolidierung von Special Purpose Entities im Konzernabschluss nach US-GAAP, IAS und HGB, in: WPg 14/2002, S. 755–765

Schweizer, Markus T. (2004): Internal Audit im internationalen Konzern, in: Der Schweizer Treuhänder 3/2004, S. 147–152

Seibert, Ulrich (2003): Das 10-Punkte-Programm „Unternehmensintegrität und Anlegerschutz", in: BB 14/2003, S. 693–698
Seibert, Ulrich (2004): Der Referentenentwurf des UMAG, in: Der Aufsichtsrat 4/2004, S. 2
Siebenmorgen, Marcus (2003): Der Wirtschaftsprüfer im Spiegel der Presse, in: WPg 8/2004, S. 394–403
Siegel, Theodor / Rückle, Dieter / Sigloch, Jochen (2001): Reform des WP-Examens: Beibehaltung des Fachs BWL in modifizierter Form – Ein Beitrag zur Qualitätssicherung der Ausbildung des Wirtschaftsprüfers, in: BB 21/2001, S. 1084–1087
Smend, Axel (2005): Plötzlich Aufsichtsrat oder Beirat? – Prüfsteine für eine Mandatsübernahme, in: Der Aufsichtsrat 3/2005, S. 3 f.
Sommerschuh, Nicole (2003): Strengere Berufsaufsicht durch die 5. WPO-Novelle: Ein neuer Ansatz zur Kontrolle der Wirtschaftsprüfer, in: BB 22/2003, S. 1166–1171
Spindler, Gerald / Christoph, Fabian L. (2004): Die Entwicklung des Kapitalmarktrechts in den Jahren 2003/2004, in: BB 41/2004, S. 2197–2205
Stein, Peter (2004): Die rechtsmissbräuchliche Strafanzeige, in: BB 36/2004, S. 1961–1964
Strenger, Christian (2003): Corporate Governance: Braucht der Mittelstand einen speziellen Kodex?, in: BB 32/2003, Die erste Seite
Strobel, Frank (2001): Was bringt ein unternehmensweiter Ethik-Kodex?, in: Der Schweizer Treuhänder 5/2001, S. 413–418
Studer, Martin / Chiomento, Cherrie (2004): Berichterstattung über finanzielle Kontrollen – eine aktive Rolle für die Interne Revision, in: Der Schweizer Treuhänder 1–2/2004, S. 29–36
Sunder, Shyam (2003): Polit-Ökonomische Betrachtungen zum Zusammenbruch der Rechnungslegung in den USA, in: WPg 4/2003, S. 141–150

Tanski, Joachim S. (2002): WorldCom: Eine Erläuterung zu Rechnungslegung und Corporate Governance, in: DStR 46/2002, S. 2003–2007.
Theisen, Manuel René (2003): Risikomanagement als Herausforderung für die Corporate Governance, in: BB 27/2003, S. 1426–1430
Thümmel, Roderich C. (2002): Aufgaben und Haftungsrisiken des Managements in der Krise des Unternehmens, in: BB 22/2002, S. 1105 ff.
Thümmel, Roderich C. (2004): Corporate Governance – auch für mittelständische Unternehmen aktuell, in: BB 27/2004, Die erste Seite
Tielmann, Sandra (2001): Durchsetzung ordnungsmäßiger Rechnungslegung – Fortentwicklung der Vorschläge des IDW zur Umsetzung der Empfehlungen der Regierungskommission „Corporate Governance" zur Schaffung eines deutschen Review Panel, in: DB 2001, S. 1625–1634

Van Hulle, Karel / Lanfermann, Georg (2003): Mitteilung der Europäischen Kommission zur Stärkung der Abschlussprüfung, in: BB 25/2003, S. 1323–1328
Vater, Hendrik (2004): Enforcement durch die „Deutsche Prüfstelle für Rechnungslegung" – Anforderungen an den Aufsichtsrat, in: Der Aufsichtsrat 3/2004, S. 3 f.
Veltins, Michael A. (2004): Verschärfte Unabhängigkeitsanforderungen an Abschlussprüfer, in: DB 9/2004, S. 445–452
Von Rosen, Rüdiger (2004): Aktienbasierte Vergütung von Aufsichtsräten ist besser als ihr Ruf, in: BB 37/2004, Die erste Seite
Von Ruckteschell, Nicolai (2002): Die Hauptversammlung 2002 – Zwischen NaStraG und TransPuG, in: BB 27/2002, Die erste Seite
Von Werder, Axel (1999): Grundsätze ordnungsmäßiger Unternehmensleitung in der Arbeit des Aufsichtsrats, in: DB 44/1999, S. 2221–2224

Weber, Thorsten (2002): „Chief Risk Officer" – ein Troubleshooter für deutsche Unternehmen?,
in: BB 44/2002, Die erste Seite
Weller, Heino (1998): Prüfung nach § 53 GenG unter dem Aspekt der Reformüberlegungen zur Prüfung der Kapitalgesellschaft, Arbeitspapier Bd. 25 des Forschungsinstituts für Genossenschaftswesen an der FAU Erlangen-Nürnberg
Wells, Joseph T. (2004a): New Approaches to Fraud Deterrence, in: JoA, Februar 2004, S. 72–76
Wells, Joseph T. (2004b): Build an Antifraud Practice, in: JoA, März 2004, S. 48–51
Wendlandt, Klaus / Knorr, Liesel (2004): Der Referentenentwurf des „Bilanzrechtsreformgesetzes" – Darstellung der wesentlichen bilanzrechtlichen Änderungen des HGB und der Folgen für die IAS/IFRS-Anwendung in Deutschland, in: KoR 2/2004, S. 45–50
Wiesner, Peter M. (2002): Zwischen Scylla und Charybdis: Sarbanes Act greift in die Satzungsautonomie deutscher Unternehmen ein, in: BB 35/2002, Die erste Seite
Wiesner, Peter M. (2004): Corporate Governance: Aus Brüssel droht das Ende der nationalen Kodizes, in: BB 35/2004, Die erste Seite
Will, Markus (2005): Wer überwacht die Unternehmenskommunikation?,
in: Der Aufsichtsrat 3/2005, S. 7 f.
Winnefeld, Robert (2002): Bilanzfälschungen – eine neue Gefahrenquelle für Organe der Kapitalgesellschaften?, in: BB 45/2002, Die erste Seite
Wülser, Hans (2001): Forensic Services – Beauftragte der Geschädigten: Begleitung in geschäftspolitisch und führungsmäßig hochsensiblen Situationen,
in: Der Schweizer Treuhänder 5/2001, S. 477–480
Wüstemann, Jens (2002): Normdurchsetzung in der deutschen Rechnungslegung – Enforcement nach dem Vorbild der USA?, in: BB 14/2002, S. 718–725

Zünd, André (2001): Wirtschaftskriminalität und Wirtschaftsethik – Revisionsethik als Herausforderung für die Wirtschaftsprüfung, in: Der Schweizer Treuhänder 5/2001, S. 399 f.
Zypries, Brigitte (2003): Rechtspolitik für mehr Vertrauenskapital,
in: BB 17/2003, Die erste Seite
Zypries, Brigitte (2004): Musterverfahren stärken Anlegerschutz, in: BB 23/2004, Die erste Seite
Zypries, Brigitte (2005): Vorstandsgehälter bei börsennotierten Unternehmen – weit mehr als eine Privatsache, in: BB 15/2005, Die erste Seite

2. Verzeichnis der verwendeten Gesetze, Verordnungen und Entscheidungen

Bürgerliches Gesetzbuch: 55. Auflage, Beck-Texte im dtv, München 2004
International Financial Reporting Standards: Die amtlichen EU-Texte, IDW-Textausgabe, 2. Auflage, Düsseldorf 2005
Strafgesetzbuch: 39. Auflage, Beck-Texte im dtv, München 2004
Wirtschaftsgesetze: HGB, AktG, GmbHG, GenG, PublG, KWG, VAG, WpHG, WpÜG, UmwG, UmwStG, BetrVG, MitbestG, WPO, WiPrPrüfV, StBerG u.a. unter Berücksichtigung der Änderungen durch BilReG, BilKoG u.a., IDW-Textausgabe, 21. Auflage, Düsseldorf 2004

3. Verzeichnis der Internetquellen

Brenner, Robert (2002): Enron Metastasized: Scandals and the economy – Plummeting Profits, Skyrocketing Stocks, www.sf.indymedia.org/news/2002

Bundesministerium der Justiz (2004a): Bilanzrechtsreform und Bilanzkontrolle stärken Unternehmensintegrität und Anlegerschutz, Pressemitteilung vom 21.04.2004, www.bmj.bund.de

Bundesministerium der Justiz (2004b): Bundestag verabschiedet Bilanzrechtsreformgesetz und Bilanzkontrollgesetz, Pressemitteilung vom 29.10.2004, www.bmj.bund.de

Bundesministerium der Justiz (2004c): Bundesregierung stärkt Aktionärsrechte – Eckpunkte zum Entwurf eines Gesetzes zur Unternehmensintegrität und Modernisierung des Anfechtungsrechts (UMAG) und zum Entwurf eines Kapitalanleger-Musterverfahrensgesetzes (KapMuG), Pressemitteilung vom 17.11.2004, www.bmj.bund.de

Bundesministerium der Justiz (2005a): Kabinett beschließt individualisierte Offenlegung der Managergehälter, Pressemitteilung vom 18.05.2005, www.bmj.bund.de

Bundesministerium der Justiz (2005b): Zypries: UMAG ist ein gutes Signal für die Reformfähigkeit unseres Wirtschaftsrechts, Pressemitteilung vom 16.06.2005, www.bmj.bund.de

Bundesministerium der Justiz (2005c): Musterverfahren bündeln und beschleunigen Schadensersatzklagen von Anlegern, Pressemitteilung vom 16.06.2005, www.bmj.bund.de

Gahleitner, Helmut / Leitsmüller, Heinz (2003): Corporate Governance als Antwort auf Bilanzskandale? Stellungnahme der AK Wien, www.arbeit-wirtschaft.at/aw_01_2003/art3

Hauschildt, Jürgen (2004): Krisenmanagement: Eine Herausforderung für die Betriebswirtschaftslehre – Checklisten zum betrieblichen Krisenmanagement, www.krisenkommunikation.de/akfo

Institut der Wirtschaftsprüfer in Deutschland e.V. (2003a): Stellungnahme zur Mitteilung der EU-Kommission: „Stärkung der Abschlussprüfung in der EU", 28.05.2003, www.idw.de

Institut der Wirtschaftsprüfer in Deutschland e.V. (2003b): Stellungnahme zu den Vorschlägen des Arbeitskreises „Abschlussprüfung und Corporate Governance" vom 31.07.2003, www.idw.de

Institut der Wirtschaftsprüfer in Deutschland e.V. (2003c): Comment Letter on the Enterprise Risk Management Framework (COSO II), 06.11.2003, www.idw.de

Institut der Wirtschaftsprüfer in Deutschland e.V. (2004a): IDW zum Entwurf der 8. EU-Richtlinie (Abschlussprüferrichtlinie), 16.03.2004, www.idw.de

Institut der Wirtschaftsprüfer in Deutschland e.V. (2004b): Stellungnahme zum Entwurf eines Gesetzes zur Unternehmensintegrität und Modernisierung des Anfechtungsrechts (UMAG), 02.04.2004, www.idw.de

Institut der Wirtschaftsprüfer in Deutschland e.V. (2004c): IDW zu den Regierungsentwürfen des Bilanzrechtsreform- und Bilanzkontrollgesetzes vom 21.04.2004, www.idw.de

Institut der Wirtschaftsprüfer in Deutschland e.V. (2004d): IDW begrüßt Gründung einer Deutschen Prüfstelle für Rechnungslegung, 17.05.2004, www.idw.de

KPMG Deutsche Treuhand-Gesellschaft (1997): Umfrage zur Wirtschaftskriminalität, www.kpmg.de

KPMG Deutsche Treuhand-Gesellschaft (1999): Integrity Services: Umfrage zur Wirtschaftskriminalität, www.kpmg.de

KPMG Deutsche Treuhand-Gesellschaft (2003d): Wirtschaftskriminalität in Deutschland 2003/04, www.kpmg.de

Kreinbucher, Tanja (2002): Bilanzskandale: Nur ein paar schwarze Schafe?, www.derfunke.at/zeitung/f45

Krehm, William (2004): Auditing our Auditors, www.comer.org/2004/auditors

o.V. (2002a):
Halliburton: Dick Cheneys Ex-Firma unter Bilanzverdacht, www.netzeitung.de/wirtschaft
Cheney gerät in den Strudel der Bilanzskandale, www.ftd.de

o.V. (2002b):
Walt Disney korrigiert Jahresgewinne nach oben, www.netzeitung.de/wirtschaft
Disney-Bilanz nicht korrekt, www.n-tv.de

o.V. (2002c):
Messier mit dem Rücken zur Wand – Dünne Luft für Vivendi-Chef Messier, www.faz.net
Vivendi Universal steht am Abgrund: Medienkonzern wollte Bilanz 2001 schönen –
Der Enron-Virus greift auf Europa über: Drohender Bilanzskandal bei Vivendi sorgt für Aktien-Ausverkauf, www.welt.de
Justiz interessiert sich für die Bücher von Vivendi – Ermittlungen der US-Justiz bringen Vivendi in Bedrängnis, www.ftd.de

o.V. (2003): Die größten Pleitefälle Deutschlands, www.gilthserano.de/businesswissen

o.V. (2004h): Neuer Finanz-Skandal: Software-Firma Finmatica im Visier, www.tagesspiegel.de/newsticker

o.V. (2004i):
Fehler in der Bilanz bedrohen Nortel – Nortel-Finanzchef zurückgetreten, www.ftd.de
Chef von Nortel Networks nach neuem Bilanzskandal gefeuert, www.welt.de
Neue Vorwürfe gegen Nortel, www.computerwoche.de

o.V. (2004j): Vor dem Skandal kommt das Gerücht, www.akomag.ch

o.V. (2004k):
Was ist XBRL?, www.xbrl-deutschland.de
XBRL bald Standard in der Finanzberichterstattung? – PwC prophezeit dem XML-basierten Datenformat große Akzeptanz, www.diht.de/informationen/news

o.V. (2004l): Anlegerschutzverbesserungsgesetz in Kraft – Sofortiger Handlungsbedarf, www.haarmannhemmelrath.com

PwC (2003): Wirtschaftskriminalität 2003 – Internationale und deutsche Ergebnisse, www.pwc.com/de/publikationen

PwC (2004): Governance: From compliance to strategic advantage, www.pwc.com/financialservices

Rietz, Michael (1995): Time constraints in criminal proceedings, www.rietz.de/vortrag

Ringwald, Rudolf (2005): Aktuelle Entwicklung der handelsrechtlichen Rechnungslegung – Bilanzrechtsreformgesetz, Bilanzkontrollgesetz, Bilanzrechtsmodernisierungsgesetz, www.dws-steuerberater-online.de

Schaller, Roland (2003): „Schärfere Bilanzierungsregeln bringen nichts", Interview mit Prof. Max Boemle, www.secjeunesse.ch

Schneck, Ottmar (2003): Die ganz legalen Bilanztricks der großen und kleinen „WorldComs" in Deutschland, www.berateragentur.de/aktuell_artikel/bilanzen

Theisen, Manuel René (2001): Die Deutschland AG – Club der Unfähigen und Selbstgefälligen?, www.dbwnet.de/Archiv/Editorials

Theisen, Manuel René (2005): Anlegerschutz und Aktionärsdemokratie – aktuelle Tendenzen in Deutschland, www.iva.or.at

Wägli, Jürg (2003): Creative Accounting – Moderne Raubritter in Maßanzügen, Kreative Tricks, Maßnahmen gegen die Fehlentwicklungen und Auswirkungen, www.homepage.hispeed.ch/jwaegli/docs/CA_Skript.pdf

4. Verzeichnis der sonstigen Quellen und Hilfsmittel

4.1 Artikel aus Zeitschriften, Zeitungen und Informationsdiensten

Börsen-Zeitung
Computerwoche
Der Spiegel
Die Welt
Die Zeit
Financial Times Deutschland
Frankfurter Allgemeine Zeitung
Handelsblatt
Manager Magazin
Neue Zürcher Zeitung
Süddeutsche Zeitung
TAZ – Die Tageszeitung
Wirtschaftswoche

4.2 Tagungsunterlagen

FinanzColloquium Heidelberg (2004): Bilanzmanipulationen & Gesteuerte Kundeninsolvenzen, 16./17.06.2004, Düsseldorf
Institut der Wirtschaftsprüfer in Deutschland e.V. (2001): Reformbedarf der Corporate Governance im globalen Wettbewerb, IDW-Symposium 19./20.09.2001, Berlin (WPg-Sonderheft 2001)
Institut der Wirtschaftsprüfer in Deutschland e.V. (2003): Wirtschaftsprüfer im Blickpunkt der Öffentlichkeit – Wiedergewinnung öffentlichen Vertrauens in Kapitalmarktinformationen, Deutscher Wirtschaftsprüfer Congress 15./16.10.2003, Hamburg (WPg-Sonderheft 2003)
Institut für Revision, Westfälische Wilhelms-Universität Münster (2004): Anpassung des deutschen Bilanzrechts an internationale Vorgaben – Bilanzrechtsreformgesetz und Bilanzkontrollgesetz, 20. Münsterisches Tagesgespräch, 27.05.2004, Münster
Lehrstuhl für Prüfungswesen, FAU Erlangen-Nürnberg (2002): Zukunft der Rechnungslegung und Prüfung in Deutschland, Praktikerseminar SS 2002, 19.04.2002, Nürnberg
Lehrstuhl für Prüfungswesen, FAU Erlangen-Nürnberg (2003a): Aktuelle Fragen der Wirtschaftsprüfung, Praktikerseminar SS 2003, 11.04.2003, Nürnberg

Lehrstuhl für Prüfungswesen, FAU Erlangen-Nürnberg (2003b): Internationale Rechnungslegung und Prüfung, Praktikerseminar WS 2003/2004, 23.10.2003, Nürnberg

Lehrstuhl für Prüfungswesen, FAU Erlangen-Nürnberg (2004a): Die Rolle der Prüfung im Rahmen der Corporate Governance, Praktikerseminar SS 2004, 23.04.2004, Nürnberg

Lehrstuhl für Prüfungswesen, FAU Erlangen-Nürnberg (2004b): Umstellung der Rechnungslegung auf IAS/IFRS, Praktikerseminar WS 2004/2005, 22.10.2004, Nürnberg

Schmalenbach-Gesellschaft für Betriebswirtschaft e.V. (2004): Financial Reporting, Audit & Enforcement, Schmalenbach-Tagung 2004, 29.04.2004, Köln

4.3 Vortragsunterlagen

Baetge, Jörg (2003): Abschlussprüfung und Corporate Governance – Enforcement der Rechnungslegung, Unterlagen zum Vortrag im Rahmen der Ringvorlesung „Aktuelles aus Steuerberatung und Wirtschaftsprüfung", FAU Erlangen-Nürnberg, 30.10.2003

Baumeister, Alexander / Freisleben, Norbert (2002): Prüfung des Risikomanagements nach KonTraG und des Risikolageberichts – Zielsetzungen und Umsetzungsprobleme von Prüfkonzepten, Langfassung zum Vortrag beim 4. Symposium zur Theorie und Praxis der Wirtschaftsprüfung der Universität Potsdam und der KPMG, 11.10.2002

Bömelburg, Peter / Keller, Bernd (2004): Bilanzrechtsreform – Das Handelsrecht und die Internationalität, Unterlagen zum Vortrag im Rahmen des „Mittelstandstages" von Rödl & Partner, Nürnberg, 2004

Coenenberg, Adolf G. (2003): Shareholder Value – Betriebswirtschaftliche Sicht und öffentliche Wahrnehmung, Unterlagen zum Vortrag anlässlich der Ehrenpromotion an der TU München, 15.01.2003

Gerke, Wolfgang (2002): Ethik in der Kapitalmarktkommunikation, Unterlagen zum Vortrag im Rahmen der „Ludwig-Erhard-Ringvorlesung", FAU Erlangen-Nürnberg, SS 2002

Kämpfer, Georg (2003): Zukunft der Wirtschaftsprüfung, Unterlagen zum Vortrag im Rahmen der Ringvorlesung „Aktuelles aus Steuerberatung und Wirtschaftsprüfung", FAU Erlangen-Nürnberg, 15.05.2003

Lachmann, Werner (2003): Die Soziale Marktwirtschaft aus Sicht des christlichen Menschenbildes, Unterlagen zum Vortrag im Rahmen der „Ludwig-Erhard-Ringvorlesung", FAU Erlangen-Nürnberg, SS 2003

Schmidt, Stefan (2002): Die Nachwirkungen der Enron-Krise, Unterlagen zum Gastvortrag an der Universität Mannheim (Lehrstuhl Prof. Wüstemann), 11.12.2002

Schruff, Wienand (2004): Neue Gesetze für die Wirtschaftsprüfer: Schutz vor neuen Bilanzskandalen?, Unterlagen zum Gastvortrag an der Universität Augsburg (Lehrstuhl Prof. Coenenberg), 15.06.2004

Winkeljohann, Norbert (2004): Überblick über einige Bilanzskandale und deren Auswirkungen auf den Beruf des Wirtschaftsprüfers, Unterlagen zur Vorlesung „Einführung in die Wirtschaftsprüfung" an der Universität Osnabrück (Fachgebiet Bilanz-, Steuer- und Prüfungswesen), SS 2004

Stichwortverzeichnis

A
ABB 78 f.
ABB-Urteil 160
Abschlussprüfer
- Analytische Prüfungshandlungen 206 ff., 226
- Aus- und Fortbildung 192 f.
- Berufsaufsicht 202 f.
- Externe Qualitätskontrolle 200 ff.
- Haftung 210 f.
- Honorarordnung 193 f.
- Internationalisierung der Wirtschaftsprüfung und Networking 204 f.
- Joint Audits (Gemeinschaftsprüfungen) 203 f.
- Professionelle Prüfungsmethoden und -technologien 205 f.
- Struktur des Prüfungsmarktes 195
- Unabhängigkeit 196 ff.
Adecco 76 f.
Adelphia Communications 54 f.
Ad-hoc-Publizität 104, 106, 215
Aggressive accounting practices 189
Aggressive capitalization of cost - policy 40, 128
Ahold 66 ff.
Aktionsplan „Modernisierung des Gesellschaftsrechts und Verbesserung der Corporate Governance in der EU" 245, 259 f.
Allweiler-Entscheidung 197
Altana/Milupa-Entscheidung 160
Altersgrenze
- Aufsichtsrat 184
- Vorstand 164
AnSVG 205, 247
AOL Time Warner 56 f.
APAG 203, 247, 268
ARAG/Garmenbeck-Entscheidung 175
Arm's-lenghts-Prinzip 174
Asset Backed Securities 25
Asset light-Strategie 32, 128
Audit Committee 180, 188 ff., 253

Aufsichtsrat
- Effizienzprüfung 191
- Fachliche und persönliche Voraussetzungen 183 ff.
- Geschäftsordnung 182
- Haftung 190 f.
- Interessenskonflikte 185 f.
- Spezialisierte Ausschüsse 188 ff.
- Vergütung 186 f.

B
Back-to-back-Deals 37
BaFin 269 f.
Bakschisch 36
Balanced Scorecard 212
Balsam / Procedo 92 f.
Bank Burgenland 275
Bankgesellschaft Berlin 122 ff.
Barings-Bank 82
Baums-Kommission 246, 273
Benchmarking 206
Besorgnis der Befangenheit 267
Bestechung 18, 36
Bestellte Gutachten 90, 134
Big Bath Accounting 153
Bilanzdelikte
- Abgrenzung von Grauzonen 23 f.
- Auslöser wesentlicher Entwicklungsschritte im Prüfungswesen 26
- Begriffliche Abgrenzung Bilanzdelikt – Bilanzskandal 23
- Definition *Le Coutre* 21
- Systematisierung 21 f.
Bilanzeid auf den Geschäftsbericht 177 f.
Bilanzierung
- progressive 25, 117
- konservative 25, 117
Bilanzpolitik 24
Bilanzskandale
- Erkennbarkeit 144 ff.
- Umstände und Rahmenbedingungen 138 ff.
- Ursachen 152 ff.

297

BilKoG 231 f., 247, 269 f.
BilModG 223, 247
BilReG 212, 214, 223, 247, 266 f.
BiRiLiG 234
Blue Ribbon-Report 248
Borgward 97
Boss, Hugo 117 f.
Bremer Vulkan 94 ff.
Business Judgment Rule 263 f.

C
Cenco Medical Health 207
Certifications 252
CFROI 154, 214
Chancenberichterstattung 214
Channel-Stuffing 117
Checks and Balances 28
Chief Ethics Officer 170
Chief Risk Officer 179
Class Actions 265
Clean-Up 152
CMS Energy 37 f.
Code of Best Practice 246
Code of Ethics 168 f., 254
Combined Code 248
Completed Contract Method 130
Compliance 77, 178, 241
Comply or explain 274
Computer-Assisted Audit Techniques 205
Computer Associates 58 f.
Computer-Kriminalität 82
Comroad 111 ff.
Continuing Professional Education 193
Cooling-off-Periode 185, 198, 251
Co op 85 f.
Co-opetition-Modell 37
Corporate Governance
– CG-Erklärung 260
– CG-Forum 260
– Dualistisches Modell 28
– Monistischer Ansatz (Board-System) 28
Corporate Raider 233
Corporate Social Responsibility 275
COSO 141 f., 245, 248
Creative Accounting 24
Creative Transaction Awards 57
Cromme-Kommission 246, 273, 275
Cut-off-Manipulation 131
Cybercrime 18
Cyber-HV 161

D
Deckadressen 73
Delisting 249
Deutscher Corporate Governance Kodex 246, 273 ff.
Devisenspekulationen 80, 93
Diebstahl 18, 21
Divide-et-impera-Prinzip 74
Dolose Handlungen 20 f.
Doppelerfassungen 130 f.
D&O-Versicherungen 176 f., 191
DPR 269 f.
Drehtürgeschäfte 49, 135
Drei-Ebenen-Modell der Prävention 241
Dreiecksgeschäfte 135
Due Diligence 105, 115, 191
Dummy-Konten 131
Dynegy 37 f.

E
Economies of scale 139
Empfehlungen der EU-Kommission zur Unabhängigkeit des Abschlussprüfers 245
Employee Fraud 27, 181
EM.TV 102 ff.
Endorsement 257
Enforcement der Rechnungslegung 230 ff., 238, 269 f.
Enron 29 ff.
Entwurf der EU-Kommission zur Modernisierung der 8. EU-Richtlinie (Abschlussprüferrichtlinie) 188, 245, 261 f.
Equity-Swap-Geschäfte 61
Erwartungslücke 181, 224
Ethik-Hotline 169
EVA 154, 214
Exaggeration of reported revenues 41
Expanded inquiries 226
Expertensysteme 206
Externe Rotation 198 ff., 251

F
Factoring 25, 92 f., 121, 132
Fair-Value-Richtlinie der EU 266
Fakturiergesellschaften 71, 133
Family-and-Friends-Gremien 112, 186
F&E-Bericht 137
Filzkultur 62, 140
Financial Auditing 180, 229

Financial Supply Chain 218
Flight Transportation Corp. 207
Flowtex 98 ff.
Forced ranking 35
Forensische Prüfungen 208 f.
Fraport AG 218
Fraud Awareness 151, 225
Fraud- & Error-orientierter Prüfungsansatz 224 ff.
Fraud Report 253
Fraud Triangle 151, 226, 242
FRRP 231
Frühwarnindikatoren 144
Funktionstrennung 241

G
Gatekeeper 35
Gefälligkeitstestate 74, 140
Geheimbuchführung 132
Gelatine-Entscheidungen 158
Geldwäsche 132
Generics Corp. 207
German Code of Corporate Governance 246, 273
Global Crossing 49 ff.
Going-concern-Prämisse 142 f.
Grauer Kapitalmarkt 272

H
Handelsregister 219 f.
Hard Close 216
Hauptversammlung
– Informations- und Auskunftsrechte von Aktionären 159 f.
– Mitwirkungsbefugnisse der Aktionäre bei der strategischen Ausrichtung 157 ff.
– Virtuelle Hauptversammlung 161 f.
Hausbank-Beziehung 100
Hedging 34, 87
Herdentrieb 67
Herstatt-Bank 80 ff.
HFüG 220
Höherfakturierungen 56, 71
Hoesch/Hoogovens-Entscheidung 160
Holzmann, Philipp 108 ff.
Holzmüller-Entscheidung 157 f.
Hunter-Strategie 60 f.

I
IAS-Verordnung der EU 223, 266

IDEA (Prüfsoftware) 205
IKS-Bericht (Internal Control Report) 179, 252
Incident Management-Systeme 173
Independence
– in appearance 196
– in mind 196
Indikator-Modell 20
Infomatec 106 f.
Information Overload 238
In-sich-Geschäfte 124
Insiderhandel 107, 113, 115
In-substance-defeasance 25
Interim Financial Reporting 215
Interne Revision
– Compliance-Funktion 178
– Risikomanagement 178 f.
– Outsourcing von Revisionsleistungen 180
– Steuerungs- und Kontrollsysteme 179 f.
– Unterstellung 180
Interne Rotation 198, 251

J
Just-in-time-Reporting 216

K
KapCoRiLiG 219, 246
KapInHaG 175, 210, 246, 264 f.
Kapitalanlagebetrug 18, 234
Kapitalflussrechnung 212 f.
KapMuG 175, 247, 265
Karussellgeschäfte 135
Kategorischer Imperativ 242
Kavaliersdelikte 19
Kirch Media 143
Kollusion 27
Konsum 86
KonTraG 175, 212, 213, 246
Konzernsteuerquote 152
Korruption 18, 21
Kreditbetrug 18, 90 f., 234
Krediterschleichung 134
Kritische Grundhaltung 225 f.
Künstliche Intelligenz 206
Künstliche Neuronale Netze 206
Kursmanipulation 107, 113

L
Leaning Back Syndrome 190
Leasing 45, 128

Lernout & Hauspie 63 ff.
Libro 275
Lock-up Period 104
Low-Balling 193 f.
Luftforderungen 92 f.

M
Management Auditing 180, 228 f., 238
Management Override 27, 140, 179, 227, 241
Manipulationen
- Abschreibungen 128 f.
- Anhang 136 f.
- Aufwendungen der GuV 136
- Eigenkapital 133
- Forderungen 131 f.
- Guthaben bei Kreditinstituten 132
- Immaterielle Vermögensgegenstände und Sachanlagen 127 f.
- Investitionszulagen 129
- Lagebericht 137
- Rückstellungen 133 f.
- Umsatzerlöse 135 f.
- Verbindlichkeiten 134
- Vorräte 130 f.

Maschinelles Lernen 206
Maßnahmenkatalog zur Stärkung der Unternehmensintegrität und des Anlegerschutzes („10-Punkte-Programm") 246, 263 ff.
Materiality-Überlegungen 226
McKesson & Robbins, Inc. 26
Megalomanie 100
Merck 52 f.
Metallgesellschaft 87 ff.
Minderheitenschutz 159
Mission Statements 178
Mitbestimmung 188
Mitteilung der EU-Kommission zur Stärkung der Abschlussprüfung 245, 257 f.
Mittelstandskodex 274 f.
MLP 119 ff.
Modernisierungsrichtlinie der EU 266
Money drivenness 165
Monitoring 142, 201
Multivariate Diskriminanzanalyse 144

N
Nachhaltigkeitsberichte 214
Nachtragsbericht 137

NaStraG 246
Need-to-know-Prinzip 205, 241
Neidkomplex 165
Neue Heimat 83 f.
Nichtüberwachungskultur 61
Nullsummenspiele 49

O
Off-Balance-Sheet-Behandlung von Risiken und Verbindlichkeiten 32 f.
Offshore-Briefkastenfirmen 71
Offshore-Tax Havens 74
Old-Boys-Network 183
Ombudsmann 147, 170 f.
Omni-Holding 233
One auditor worldwide-Konzept 204
Operational Auditing 180, 229
Opinion-Shopping 148
Outside Directors 253

P
Parmalat 71 ff.
PCAOB 249 f.
Peer Review 191, 200 ff.
Percentage of Completion Method 130
Persönliche Bereicherung 47, 54, 89, 100
Phantomkunden 132
Phantompartner 111
Phantom Stocks 167
Phenomedia 114 ff.
Pipeline-Filling 118
Plausibilitätschecks 206, 215
Poisoning 198
Ponzi-Finanzierung 30
Porteur 61
Produktpiraterie 18
Professional skepticism 226
Pro-forma-Ergebnisse 137
Prognosebericht 137
Prognosetechniken 206
Proxy-Voting 161
Publizitätsvermeidung 218
Pyramidenspiel 30

Q
Qualitative Bilanzanalyse 216
Qwest Communications International 49 ff.

R
Rating 152, 154

Rechnungslegung / Finanzberichterstattung
- Berichtspflichten 212 ff.
- Durchsetzung der Pflichten zur Offenlegung des Financial Reporting 218 ff.
- Fast Close (Rapid Close) 216 f.
- Financial Reporting über das Internet 217 f.

Red Flags
- Entwicklung der Geschäftstätigkeit während des Geschäftsjahres 149
- Externe Geschäftsfaktoren und Branchenumfeld 145
- Kontrollumfeld 146
- Personalpolitik 149
- Unstimmigkeiten bei Buchungsroutinen und Zahlungsvorgängen 149 f.
- Unternehmenscharakteristika (Geschäfts- und Organisationsstruktur) 145 f.
- Unternehmensleitung 147
- Verhältnis zwischen Unternehmensleitung und Abschlussprüfer 148

Red Flags-Questionnaires 150, 206
Registersperre 219
Regula Benedicti 155
Reliant Resources 37 f.
Renditespirale 154
Revenue Recognition 227
Ringgeschäfte 132, 135
Risikobericht 137, 214
Risikofaktoren 144
Risikofrüherkennungssystem 178
Risikoorientierter Prüfungsansatz 225 f.
Roundtrip-Deals 31, 37, 49 ff., 56, 135
Rückdatierung 58

S
SAirGroup 60 f.
Sale-and-lease-back 25, 98, 108, 128, 134
Sarbanes-Oxley Act 171, 174, 177, 234, 245, 248 ff.
Scalping 237
Scheidemantel II-Entscheidung 160
Scheinfirmen 127
Scheingeschäfte 124, 135
Scheinrechnungen 134
Schneeballsysteme 90, 93, 98, 120, 139
Schneider, Jürgen 90 f.
Schütt-aus-Hol-zurück-Verfahren 109
Schuldentarnung 134
Schwarzgeldkonten 71, 132

Schwarzmarktdarlehen 134
Schwellenwertrichtlinie der EU 266
SEC 231
Securities Act 248
Securities Exchange Act 248
Segmentberichterstattung 213
Selbstprüfungsverbot 197, 267
Self-fulfilling-prophecy 144
Shareholder Value-Philosophie 153 ff.
Side Letters 67
SOA-Readiness-Projekte 179
Soft Audits 74, 140
Sozialbilanzen 214
Special Purpose Entities 32 f., 134, 136
Spionage 18
Steinkühler 185
Steueroasen 32, 85
Stille Reserven 160
Stock Options (Aktienoptionen) 166, 186 f.
Strategische Prämissen- bzw. Durchführungskontrolle 182
Strategisches Radar 182
Subsequent events 137
Subventionsbetrug 94 f., 234
Sunbeam 155
Sustainability Reporting 214
Swap-Deals 49
SWOT-Analyse 214

T
Tarnfirmen 64, 83, 86
Team fraud discussion 226
Technologiebilanzen 214
Thin capitalization 74, 142
Tone at the Top 178
Top Management Fraud 27, 180, 226, 238
Top-side entries 149
Transparenzbericht 262
TransPuG 212, 246
Trendanalysen 206
Tyco International 46 ff.

U
Überleitungsrechnungen (Reconciliations) 150, 223
Überregulierung 238
UMAG 161, 175, 247, 263 f.
Umsatzsteuerhinterziehung 47
Umweltbilanzen 214
Umweltkriminalität 18

301

Unadjusted audit differences 253
United States Surgical Corp. 207
Unternehmensleitung
– Fachliche und persönliche
  Voraussetzungen 164
– Geschäftsordnung 163
– Haftung 174 ff.
– Interessenskonflikte 173 f.
– Vergütung 165 ff.
Unterschlagung 21, 234
Untreue 21, 234
Urkundenfälschung 21, 91, 98, 234

V
Value Reporting 213
Verdeckte Darlehen 119
Verdeckte Privatentnahmen 100, 133
Veruntreuung öffentlicher Mittel 94
Vetternwirtschaft 36
Vier-Augen-Prinzip 204, 241
Vordatierung 133
VorstOG 167, 247
Vorteilsnahme 101

W
WACC 213 f.
Wagenburg-Mentalität 167
Warnsignale 144
Warnsignal-Checklisten 150 f.
Warnzeichen 144, 151

Wash-Trades 31, 38
Wertorientierte Berichterstattung 213 f.
Wettbewerbsverbot 173
Whistleblowing 140 f.
Whistleblower Protection 171 ff., 254
White-collar-criminality 19, 233
Window dressing 24
Winter-Report 245
Wirtschaftsbericht 137
Wirtschaftsdelikte
– nicht das Bilanzrecht betreffende 20 f.
– das Bilanzrecht betreffende 21
Wirtschaftskriminalität 17 ff.
Wirtschaftsstrafrecht 233 ff.
WPRefG 246
WorldCom 39 ff.

X
XBRL 217 f.
Xerox 44 f.

Y
Year-end adjustments 149, 227
YLine 69 f.

Z
Zusatzvereinbarungen 45
Zweckgesellschaften 128
Zweischneidigkeit der Bilanz 142
Zwischenfakturierungen 83

Autorenportrait

Professor Dr. Volker H. Peemöller ist Inhaber des Lehrstuhls für Betriebswirtschaftslehre, insbesondere Prüfungswesen, an der Friedrich-Alexander-Universität Erlangen-Nürnberg und Vorstand des Forschungsinstituts für Genossenschaftswesen. Schwerpunkte seiner zahlreichen Veröffentlichungen sind Bilanzanalyse und Bilanzpolitik, Internationale Rechnungslegung und Prüfung, Corporate Governance, Controlling und Unternehmensbewertung. Er ist Herausgeber der Zeitschrift „Unternehmensbewertung und Management" (UM) sowie der „Zeitschrift für das gesamte Genossenschaftswesen" (ZfgG). Außerdem ist er Mitglied des Verwaltungsrats und des Wissenschaftlichen Beirats des Deutschen Instituts für Interne Revision.

Diplom-Kaufmann Stefan Hofmann studierte an der Friedrich-Alexander-Universität Erlangen-Nürnberg Betriebswirtschaftslehre mit den Schwerpunkten Prüfungswesen, Unternehmensführung und Internationales Management. Danach war er für eine internationale WP-Gesellschaft im Bereich Audit tätig. Er verfügt über praktische Erfahrungen in der Prüfung von Unternehmen unterschiedlicher Größenordnungen, Branchen und Rechtsformen sowie in der Prüfung von Konzernabschlüssen. Derzeit promoviert er bei Professor Dr. Volker H. Peemöller; seine Interessen gelten vor allem den Bereichen Top Management Fraud und Anlegerschutz sowie Fragen der Unternehmensethik.